SCRIPTORVM CLASSICORVM
BIBLIOTHECA OXONIENSIS

OXONII

E TYPOGRAPHEO CLARENDONIANO

L. ANNAEI SENECAE

TRAGOEDIAE

INCERTORVM AVCTORVM
HERCVLES [OETAEVS]
OCTAVIA

RECOGNOVIT
BREVIQUE ADNOTATIONE CRITICA INSTRVXIT
OTTO ZWIERLEIN

OXONII
E TYPOGRAPHEO CLARENDONIANO

Oxford University Press, Walton Street, Oxford OX2 6DP

Oxford New York Toronto
Delhi Bombay Calcutta Madras Karachi
Kuala Lumpur Singapore Hong Kong Tokyo
Nairobi Dar es Salaam Cape Town
Melbourne Auckland Madrid

and associated companies in
Berlin Ibadan

Oxford is a trade mark of Oxford University Press

Published in the United States
by Oxford University Press Inc., New York

© Oxford University Press 1986
Reprinted with corrections

British Library Cataloguing in Publication Data
Data available

Library of Congress Cataloging in Publication Data
Seneca, Lucius Annaeus, ca. 4 B.C.–65.
L. Annaei Senecae Tragoediae.
(Scriptorum classicorum bibliotheca Oxoniensis)
Includes index.
I. Zwierlein, Otto.   II. Title.   III. Series.
PA6664.A2 1986   872'.01   84–20790
ISBN 0–19–814657–4

5 7 9 10 8 6

Printed in Great Britain
on acid-free paper by
Bookcraft (Bath) Ltd.
Midsomer Norton

PRAEFATIO

Senecae tragoedias denuo edituro qui codices quibus necessitudinibus coniuncti fundamento esse debeant, quae florilegia accedant, quae fides personarum titulis sit habenda, quae ratio in rebus orthographicis sequenda, in prolegomenis seorsum emissis expositum est.[1] hic sufficiat paucis de indole huius libri praemissis codicum stemma iterare et in siglis enarrandis, ubicumque in rem esse uideatur, nonnulla adicere, quae cuiusque manuscripti propria sunt.

Codices primarios, quibus textus innititur, omnes ipse contuli. quos in duas familias discedere dudum constat; quarum cum altera, si excerpta Thuanea praetermittimus, solo Etrusco (*E*) repraesentetur, eius lectiones proprias plenius referre par erat. stirpis *A* testes *P*, *T*, *G* (qui liber *Octauiam* tantum exhibet), *C*, *S*, *V* raro singuli citantur, sed plerumque ipse hyparchetypus *A*, cuius lectiones recuperantur ex consensu exemplarium *PTG* (i.e. δ) et *CSV* (i.e. β), uel ex δ et *C* (uel *S* uel *V*) uel ex β et *P* (uel *T* uel *G*). omnes integros stirpis *A* codices aetate antecedunt Helinandi a Monte Frigido excerpta tragoediarum ante annum 1204 e collectione Francogallica quadam uersuum memorabilium ad exornandum *chronicon* illud *uniuersale* desumpta, quae nuperrime in lucem protracta sunt. cum tamen ex iis excerptis ne unam quidem lectionem (ineptiis neglectis) lucremur quae nondum innotuerit per codices *P* et *T*, praecipuos testes hyparchetypi δ a quo collectio illa pendet, si

[1] *Prolegomena zu einer kritischen Ausgabe der Tragödien Senecas* (*Abh. Akad. Mainz, Geistes- und Sozialwiss. Klasse* Jg. 1983, Nr. 3) (Wiesbaden 1984).

has trecentas nonaginta fere 'exceptiones'[2] iterum hic
enumerarem, oleum et operam perderem. ideo lectorem
ad Proleg. pp. 133 sqq. delego, ubi plenum conspectum
eorum uersuum qui in florilegiis et excerptis traduntur
delineatum inueniet.

Fabularum ordinem in editionibus usitatum mutare
nolui, quamquam *Octauia* (paulo post Neronis mortem
in lucem edita) in hyparchetypo *A*, quo uno fonte ad nos
peruenit, ante *Herculem Oetaeum* collocata fuerat et re
uera prior fuit, cum *Hercules Oetaeus* saec. ii[med.] uel
Iuuenalis temporibus, certe post Silium Italicum
composita sit, ut in commentario critico quem breui
proditurum spero[3] demonstraui. ut in tragoediarum
ordine sic in titulis duae recensiones ualde inter se
discrepant, cum Etrusci antiquitatem redolens traditio
(*Hercules, Troades, Phoenissae, Medea, Phaedra, Oedippus,
Agamennon* [sic], *Thyestes, Hercules*) in *A* nouo ordini et
titulis partim epicis carminibus aptioribus cesserit:
*Hercules furens, Thyestes, Thebais, Hippolytus, Oedipus,
Troas, Medea, Agamemnon, Octauia, Hercules Oetaeus*. mihi
quidem persuasum est eundem redactorem, cui *Phoenis-
sarum* fragmentis *Thebaidis* inscriptio aptior uisa est,
etiam titulos *Herculis furentis* et *Herculis Oetaei* ex-
cogitauisse, ut prima et ultima (altera Senecae, altera
Anonymi) fabula, quarum utraque *Hercules* inscripta
fuerat, in idem tragoediarum corpus coactae melius
dinosci possent.

Ex iis, quae de anapaestorum discriptione in Proleg.
pp. 182 sqq. exposui, elucet et sententiarum circuitus

---

[2] Quot cuiusque tragoediae uersus Helinandus in eo libro attulerit, ex hac
tabella cognoscetur: *Hf* 54, *Tro* 50, *Phoen* 11, *Med* 33, *Phae* 75, *Oed* 20, *Ag* 48,
Thy 88, *HO* 11.

[3] *Kritischer Kommentar zu den Tragödien Senecas*, Stuttgart 1986.

persaepe tribus metris decurrere et singulas codicum lineas iterum atque iterum tria metra amplecti. quibus perpensis facile inducaris ut credas Senecam non solum sententiam sed etiam numeros modo duobus modo tribus metris deducere et quasi concentum uersus sensusque efficere solitum esse. sed cum haud paucos eorum qui in codicibus inueniuntur trimetrorum non auctori sed librariis tribuendos esse constet, cautius me acturum duxi si ubique pro trimetris uel dimetros cum monometris uel monometros cum dimetris coniunctos redderem, qua ratione discriptos uidemus, ut clausulas praetermittam, hos uersus: *Phae* 1132 sq. in ω; *Phae* 37^b sq., *Ag* 310–87 (nec eos quidem omnes recte) in *E*; *Hf* 1110 sq., *Phae* 966 sq., 1142 sq., *Oed* 157 sq., *Thy* 842 sq., 876 sq., 880 sq., *Oct* 19 sq., 57 sq., 60 sq., 63 sq., 77 sq., 81 sq., 201 sq., 654 sq., 656 sq., 659 sq., 683 sq., 811 sq., 816 sq. in *A*. qua dispositione uoces *uirago* (*Ag* 667, ubi *A* trimetrum *nec tu quamuis dura uirago patiensque mali* exhibet), *imago* (*Oct* 683), *Vlixe* (*Tro* 707) uersus finem sortitae magis idoneam sedem tenere uidentur, cum uix credi possit ictu anapaestici metri longas fieri syllabas suapte natura apud Senecam breues (de *uirago* cf. Tarrant 371 sq., de *Vlixe* Housman ii 835); quamquam et in anapaestorum ordine, in quo dimetri cum trimetris et interdum monometris coniungerentur, horum uerborum mensurae satisfacere liceret.

Versuum numerationem, quantum fieri potuit, Gronouianam retinere studui. quod ut assequerer, compluribus monometris (et paucis uersiculis polymetris) punctum in margine appinxi, quo indicarem, hanc lineam una cum praecedenti pro uno uersu (plerumque trimetro anapaestico) numerandam esse. si talem monometrum uel uersiculum designari opus est, puncto ad

umerum numeri praecedentis apposito apte citabitur
(uelut *Hf* 157· *praemia dextra*).

Orthographica ex apparatu in Appendicem relegaui,
nullius momenti minutiis ne illic quidem locum concessi.
quae editiones uel commentationes in adnotatione
critica per compendium notantur, tabulae huic prae-
fationi subiunctae ope facile inuenientur. id moneo
lectiones sub Ascensii uel Auantii nomine enotatas non
omnes pro eorum ipsorum coniecturis habendas esse,
cum Auantius in epistula dedicatoria editioni Aldinae
praemissa profiteatur Senecae tragoedias a se ueterum
exemplarium collatione auxilioque recognitas atque
emendatas esse idemque de Iodoco Badio Ascensio
colligendum sit ex uariis lectionibus commentario
insertis.[4] hic non proprio tantum fretus studio atque
acumine Senecae tragoedias pristinae ut dicit integritati
restituit, sed 'per exactissimi iudicii uiros post Auantium
et Philologum: D. Erasmum Roterodamum, Gerardum
Vercellanum,[5] Aegidium Maserium'; praeter quos in

---

[4] Vide adnotationes Badii ad *Hf* 268, *Tro* 197, 1143, *Phae* 416, 428, *HO*
1849, *Oct* 249 ('alij legunt'), *Phoen* 122, 456, *Med* 243, *Phae* 428, *Oed* 285, *Ag*
471, 671, *HO* 1792, 1996, *Oct* 731 ('sunt qui legant'), *Phae* 1124 ('legitur
uulgo'), *Med* 201 ('dicitur etiam'), *Oct* 858 ('inueni scriptum'), *Oed* 980
('alij'), *Hf* 268 ('nonnulli'), *Oct* 391 ('quidam'), *Hf* 269 *ignauum* . . . sic melius
quam *ignarum* legas, *Phoen* 509 *non arua*, aut ut Daniel legit *arma*, 632 *sors* . . .
aut *fors*, *Med* 715 *discussit* aut *decussit*, 901 *paruae* aut *purae*, *Phae* 185 *potiens*
(melius quam *potens* . . .), *Oed* 902 *suam* aut potius *suum*, *Ag* 137 *deiectus* aut
deuictus, *Thy* 58 *ecquando* aut *et quando*, *HO* 307 *recedit* . . . aut *resedit* aut *residit*,
Oct 795 *ora* aut *aera*. uel maximo autem documento sunt Ascensii commentationes ad *HO* 1849 ('. . . dicamus ergo cum melioribus codicibus, *olim*')
et 1969 ('hi autem duo uersus non in omnibus exemplaribus habentur,
suntque mutili, sicut opinor reponendi').

[5] Cui subinde Hieronymus Aleander adfuit; uide exempli gratia Ascensii
commentationem ad *Tro* 1143: '. . . itaque Hieronymus Aleander uir facile
doctissimus, Gerardum Vercellanum, cuius in hac recognitione industria
acrique iudicio utimur, monuit *Perituram adulant* legendum . . .'.

commentario adnexo G. Bernardini Marmitae Parmensis et Danielis Gaietani Cremonensis explanationibus usus est nec non aliorum doctrinam ex libris adhibitis in consilium uocauit uelut Laurentii Vallae,[6] Euantii,[7] Iacobi Bononiensis.[8] ubicumque igitur Ascensium uel Auantium laudo, eis deberi codicum potius lectiones quam coniecturas iudico, tamen ut et ipsos nonnulla excogitasse non negem.[9] uidetur autem Auantius aut similes Ascensianis codices ante oculos habuisse aut ipsam Badii editionem;[10] haud enim paucae lectiones hucusque Auantio attributae iam apud Ascensium extant, quas modo ex 'antiquario codice' Danielis profluxisse (ut illud *prouecta* in *Oct*

---

[6] Vide adnotationes ad *Phoen* 456 ('sunt qui legant *matrem pace* idque ornatius cum Valla putent'), *Phae* 180 'et *remeat appetens* aut melius *expetens* (ut Valla docet) frustra', *HO* 1857 '*Agedum* (quod utriusque numeri adnotauit Valla et bene: nam et hic pluraliter ponitur)'.

[7] Vide ad *Phae* 428: 'sunt tamen qui legant *audire*, alij *audere*, Euantius *ardere*'.

[8] Vide ad *Oct* 916: 'Iacobus Bononiensis quia graece ἀηδων scribitur, diuisis syllabis *Aedon* non *Aedon* [sic] censet legendum.'

[9] Exemplo esse potest *Med* 660, ubi *crimini poenas patrio pependit* Ascensius imprimi iussit hac cum adnotatione: 'erat autem hic uersus inuersus sed restitui eum.' quanta autem prudentia et circumspectione tradita seruauerit, ex eius commentatione ad *Oct* 391 concludi potest: 'quidam' inquit 'hunc uersum reponentes et magis ad metrum quam ad sensum uidentes reposuerunt: *qui se ipse nescit.* Maserius autem docte monuit legam: *qui sic senescit.* ego uero qui nihil quid (*quod* Reeve) tolerabile putem mutandum censeo, multo minus hunc textum quem argute sane positum crediderim mutatum uelim sed distinctum, ut fit (*sit* uel *fiat* Reeve) *Qui se senescit,* non *Qui sese nescit.*'

[10] Quibus potissimum ex numero recentiorum, qui ad nos uenerunt, Badius usus sit, aliis inuestigandum relinquo. quo in munere usui esse poterunt Ascensii lectiones singulares uelut *ubi Melanes super aequales* (*Phae* 13), *poena grauior sedeat usto coniugis socero mei* (*Med* 746), *festinus intermissa libare oscula* (*Oct* 731), *carmina finiens* (*HO* 1080), *cui potest solum decus esse regni* (*HO* 1591), *mundus sonat ecce summus* (*HO* 1595).

317),[11] modo ab Erasmo Roterodamo (ut illud *expiabit* in *Oct* 859), modo ab Aegidio Maserio (ut illud *Crispinus*, in *Oct* 731) repositas esse ex Ascensii commentario comperimus.

In labore difficili et paene infinito multi mihi benignissime subuenerunt, imprimis B. Axelson, uir sermonis et indolis Annaeanae peritissimus, qui quot locos iniuria Fortunae, scriptorum incuria foede corruptos quam acri ingenio felicissime emendauerit, singulae fere paginae clamant. quem paulo antequam hoc opus absolueretur mortem obisse ualde dolemus. multum opitulati sunt M. Coffey, H. Tränkle in pensitandis lectionibus, M. D. Reeve, N. G. Wilson in rebus ad librariorum et codicum rationem pertinentibus. femina egregia A. de la Mare, oculatissima et artis palaeographicae tam gnara quam qui maxime, in aetate codicum enucleanda hebetudinem meam identidem subleuauit, A. P. MacGregor librorum manuscriptorum Senecae tragici, quotquot in quacumque orbis terrarum bibliotheca tam felix quam sagax indaguit (sunt autem circa quingentos), tabulam libenti animo mihi suppeditauit,[12] E. R. Smits de 'exceptionibus' Helinandi a Monte Frigido humanissime certiorem me fecit, antequam ἕρμαιον illud prelis imprimendum committeret,[13] item R. J. Tarrant

[11] Quo loco Daniel eum codicem (quem ad *Oct* 131 'uetustissimum' dixerat) 'uel dextra Senecae uel eius tempestate descriptum fuisse' putat—mirum in modum, cum illud exemplar et metro et sensu refragante in *Tro* 423 *temere* pro *timere*, in *Ag* 429 *primas prorae* pro *prima prora* exhibuerit, in *Oct* 131 et 927 sensu repugnante *nutrix* uel *per quam* tradiderit.

[12] Haec tabula commentationi cuidam de manuscriptis Senecae tragici ('The Manuscripts of Seneca Tragicus: A Survey') adnexa in uasta illa serie, quae *Aufstieg und Niedergang der römischen Welt* inscribitur, publici iuris futura est.

[13] Vide nunc E. R. Smits, 'Helinand of Froidmont and the A-Text of Seneca's Tragedies', *Mnemosyne* iv 36 (1983), 324-58.

schedas edendae et enarrandae Thyestae fabulae, quae breui typis exscripta uulgabitur, liberaliter inspiciendas mihi permisit. ante omnes autem mihi commemorandus est R. Kassel, olim praeceptor meus, nunc amicus et iudex candidus, qui praesenti auxilio doctrina et consilio labentem confirmauit, prauis sententiis pellectum ad sana et sobria reuocauit, diffuso passim latius opere de bono euentu desperantem erexit atque accendit. quibus omnibus maximas ago et habeo gratias.[14]

O. Zw.

scribebam Bonnae Id. Maiis a. MCMLXXXIV

Oblata occasione, dum secunda huius libri paratur impressio, praeter leuiora quaedam haec aut in textu ipso correxi aut in adnotatione critica addidi: *Hf* 505 *numina*, 814 *nouus*, 866 *potuit*, 1223 *latet*; *Phoen* 539 (adn.) *dura* (cf. *Thy* 14) ω: *di*- (cf. *Med* 461) recc.; *Med* 19 *est* (Bentley), 617 post *in primis* interpungendum, 694 *iacens*; *Oed* 1032sq. dist. Zw.; *Ag* 785 (adn.) *domina* Martini (B. Martini, Variarum lectionum libri quattuor, Parisiis 1605, lib. IV, cap.22); *Thy* 47 *facinus* (Bentley), 58 del. Tarrant, 59 *ecquando*; *HO* 182 (adn.) *cunctos d.i.* ⟨*miseram casus*⟩ Barrett, 512 (adn.) *complexu* Heinsius 446; *Oct* 141 (adn.) *gnatamque* Heinsius 501, 197 *falsa*. Vide etiam quae expositurus sum et in *Hermes* 115 (1987) et in *Abh.Akad.Mainz* 1987 (sc. in addendis et corrigendis commentationi cuidam de Senecae *Phaedra* adnexis). Hyparchetypum *A* iam eodem fere tempore quo cod. *E* extitisse in ephem. *Mlat. Jb.* 22 (1987) demonstrabo.

O. Zw.

Bonnae, uigil. natiu. Dom. a. MCMLXXXVI

---

[14] In plagulis corrigendis nauiter me adiuuit Th. Hirschberg, paucos typothetae, multos meos ipsius errores solus sustulit M. D. Reeve.

In nonnullis fabularum locis, dum quarta huius libri paratur impressio, iterata cura recognoscendis magno usui fuerunt et hae potissimum commentationes

J. Delz, *Gnomon* 61 (1989) 501–507, *MH* 46 (1989) 52–62; A. Hudson-Williams, *CQ* 39 (1989) 186–196; W. S. Watt, *HSCPh* 92 (1989) 329–347

et duo singularum fabularum commentarii nuper publici iuris facti

John G. Fitch (*Hf*) Ithaca 1987, M. Coffey–R. Mayer (*Phae*) Cambridge 1990

et dissertationes discipulorum meorum inaugurales

R. Jakobi, *Der Einfluss Ovids auf den Tragiker Seneca* (Berlin 1988); M. Hillen, *Studien zur Dichtersprache Senecas* (Berlin 1989); Th. Hirschberg, *Senecas Phoenissen* (Berlin 1989).

Quaedam et ipse his proximis annis tractavi in *Abh. Akad. Mainz* 5 (1987), *Mlat. Jb.* 22 (1987) 171–196, *Hermes* 115 (1987) 382 384, 119 (1991) 119–121, *Gnomon* 60 (1988) 333–342, 62 (1990) 692–696.

Quae igitur in hoc libro aut correxi aut addidi aut, si potuissem, addidissem, haec fere sunt: *HF* 94 *oppositu* (Zw. 1988, 336 coll. *Phoen* 402, *Hf* 986), 286sqq. (dist.), 553 *sidere* (uide Hillen 52), 683sq. (adn.), 815 (adn.) *uictus* E : *uinc–* A, 826sq. (adn.), 874 *carpsit*, 875–94 (adn.), 928 *aequor* (uide *Gnomon* 1988, 336), 1019 (dist.), 1043 (dist.), 1195 (dist.); *Tro* 197 *alta nocte dimisit* (uide *Hermes* 1991,119sqq.), 916 (dist.), 961 (dist.), 1114 *confudit*; *Phoen* 649sq. (dist.); *Phae* 13 *leuis* (cf. *Oed* 42, Manil. 4.131 et uide *ThLL* VII 2.1207.59–1208.17: inter al. *stagna leuiora*), 23 (adn.) *planas* Watt 334, 153 (adn.) *tegere* E : *decipere* A (*clepere* Ax.), 367 *moriens* (cf. *Lydia* 22), 596 *amauimus* (cf. *Ag.* 108–115), 654sq. *tuaeue . . . tuusque*, 1270 (adn.) cf. uar.lect. *Sil*.5.207, 8.378; *Oed* 295 *latet*, 1033 (adn.) dist. Zw. *Hermes* 1987, 383 n.5; *Ag*

85 (adn.) *quaelibet* ω: *qua-* recc., 545 *saeuum* (Delz *MH* 1989, 57), 707 *uultus*; *Thy* 3 (adn.) uide Zw.1978,145 n.16, 53 (adn.) *arcesse* A, 139 (adn.) 'an *nil?*' uide *Abh.Mainz* 1987, 92), 303 (adn.) *ac* Bothe : *hinc* ω, 342–52 (testim.) ... *in Thyestis choro* (uide Klotz *ALL* 15,1908,503), 452 (adn.), 771 (adn.) cf. *HO* 1731, 774 (dist.), 781 (adn.) 'fort. *uino est*' Tränkle per litt.; *HO* 373 *udum* (cf. uar.lect. *Sil.*7.659), 564 (adn.) *tela* (cf. *Ou.epist.*1,10) recc. *famularem* (*-um* recc.) *manum* A, 613 (dist.), 701 *maenas*, 1595 *maestum* (Watt 344), 1928 *mersit*; *Oct* 122 (adn. *nostrum* A: *strictum* Helm 288 n.1), 197 (adn.) Zw. *Hermes* 1987, 383 n.5, 290 *omnem* (Delz *MH* 1989, 61sq.), 761 (adn.) *iam abeat* ... *metus* Helm 323 n.1 coll. 876, 952 *et caelum* (Watt 347).

O. Zw.

Bonnae, Id. Apr. a. MCMXCI

Duo sunt, quae priusquam hic liber quintum prodiret e prelis, restituenda curaui: *Phoen* 444 *una* (cf. *simul* in u.446 et M. Frank, *CQ* 42, 1992, 284); *Phae* 23 *planas* (cf. Watt 334 et *Stat.Theb.* 4, 179; *Ou.met.* 7, 464).

O. Zw.

Bonnae, a.d. IV. Kal. Apr. a. MCMXCIII

Index editionum et commentationum,
quae in hoc libro laudantur

Editiones

Ascensius	Parisiis 1514
Auantius	Venetiis 1517 (editio Aldina)
Heroldtus	Basileae 1563
Delrius	Antuerpiae 1593-4*
Scriuerius	Lugduni Batau. 1621
Farnabius	Lugduni Batau. 1623
Gronouius, J. F.	Lugduni Batau. 1661 (Amstelodami 1662), ²1682 (ed. Jac. Gronouius)
ed. Patauina	Patauii 1748
Baden (*Hf*)	Chilonii 1798
Baden	Lipsiae 1821
Bothe	Lipsiae 1819, ²1834
Swoboda (transl.)	Vindobonae 1825-30
Ritter (*Oct*)	Bonnae 1843
Peiper-Richter	Lipsiae 1867, ²1902
Leo	Berolini 1878-9
Ageno (*Oct*)	Florentiae 1920
Kunst (*Phae*)	Vindobonae 1924
Herrmann	Parisiis 1924-6, ²1961
Sluiter (*Oed*)	Groningae 1941
Viansino	Aug. Taurinorum 1965
Giardina	Bononiae 1966
Wertis (*Tro*)	Diss. Columb. 1970
Tarrant (*Ag*)	Cantabrigiae 1976
— (*Thy*)	Atlantae (*APhA*) 1985

* Syntagma Tragoediae Latinae in tres partes distinctum, i-ii (1593), iii (1594).

Commentationes

Vbi in adnotatione critica plura eiusdem auctoris scripta distinguenda erant, nomini annum subieci, uelut 'Birt 1879' uel 'Birt 1921'.

Ackermann, E.	'De Senecae Hercule Oetaeo', *Philol. Suppl.-Bd.* 10 (1907), 325-428
Andrieu, J.	*Le dialogue antique. Structure et présentation* (Paris 1954)
Axelson, B. (Ax.)	*Korruptelenkult: Studien zur Textkritik der unechten Seneca-Tragödie Hercules Oetaeus* (Lund 1967)
——	emendationes uel coniecturae a B. Axelson per litteras mecum communicatae
Baehrens, E.	*Miscellanea critica* (Groningae 1878)
Bentley, R.	'Adnotationes ad Senecae tragoedias emendandas', ed. E. Hedicke in *Studia Bentleiana*, fasc. ii (*Seneca Bentleianus*) (Freienwaldiae 1899), 9 sqq.
Bessel, F.	*Miscell. Philol. crit. syntagma* (Amstelodami 1742), 36-110 (Spicilegium in Senecae tragoedias)
Birt, Th.	*RhM* 34 (1879), 29; 509-60
——	*PhW* 41 (1921), 333-6; 43 (1923), 740-4
Broukhusius, J.	*S. A. Propertii Elegiarum libri quatuor* (Amstelodami ²1727)
Buecheler, F.	*RhM* 27 (1872), 474 sq. (Coniectanea ad Octauiam)
——	apud Leonem
Burmannus, P.	uide Jortin, J.
Busche, K.	*BPhW* 37 (1917), 254-6
Canter, W.	*Nouarum lectionum libri octo* (Antuerpiae ³1571)
Commelinus, H.	apud Scriuerium
Cornelissen, J. J.	*Mnemosyne* ii 5 (1877), 175-87
Cunningham, A.	*Animaduersiones in R. Bentleii notas et emendationes ad Horatium* (Londinii 1721)
Damsté, P. H.	*Mnemosyne* ii 46 (1918), 184-200; 281-301; 368-73; ii 47 (1919), 55-65; 111-15; 138-45

Dauisius, J.   *M. T. Ciceronis De natura deorum* (Cantabrigiae 1718)

Dousa, J. (fil.)   *In Catullum Tibullum Propertium coniectanea et notae* (Lugduni Batau. 1592), in *Catullus, Tibullus et Propertius, cum integris commentariis J. Scaligeri, Ach. Statii, M. Ant. Mureti, Jani Dousae Patris Filiique et aliorum*, ed. J. G. Graeuius (Trajecti ad Rhenum 1680)

Drakenborch, A.   *Silii Italici Punica* (Trajecti ad Rhenum 1717)

Düring, Th.   uide Hoffa, W.

Fabricius, G.   apud Scriuerium

Frassinetti, P.   *RIL* 107 (1973), 1097–1118

Frenzel, F.   *Die Prologe der Tragödien Senecas* (Leipzig 1914)

Friedrich, W. H.   *Untersuchungen zu Senecas dramatischer Technik* (Borna–Leipzig 1933)

Fuchs, H.   *WS Beih.* 8 (Wien 1977), 71–7

Garrod, H. W.   *CQ* 5 (1911), 209–19

Goebel, A.   *Zeitschr. f. d. Gymnasialw.* 16 (1862), 734–44

Gronouius, Jac.   schedulae Diezianae (cod. Berolin. Diez. B Sant. 154 [foll. 1^r–22^v])

Grotius, H.   apud Gronouium

Gruterus, J.   apud Scriuerium

Haase, F.   *Miscellaneorum philologicorum liber III.* (Wratislauiae 1861)

Hardie, W. R.   *Journ. of Philol.* 65 (1913), 95–101

Heinsius, D.   apud Scriuerium

Heinsius, N.   *Aduersariorum libri IV*, ed. P. Burmannus (sec.) (Harlingae 1742)

Helm, R.   'Die Praetexta Octavia', *SB* (Berlin 1934), 283–347

Hemsterhusius, T.   *Luciani Opera* (Amstelodami 1743)

Henneberger, A.   *Adnotationes ad Senecae Medeam et Troades maximam partem criticae* (Meiningen 1862)

Heraldus, D.   *Aduersariorum libri II* (Parisiis 1599)

Herington, C. J.   *Gnomon* 49 (1977), 275–9

Hoffa, W., et Düring, Th. — Materialien für eine Neuausgabe von Senecas Tragoedien (inedita, iv uoll. comprehensa, Niedersächsische Staats- und Universitätsbibliothek, Göttingen)

Housman, A. E. — *Classical Papers*, iii uoll. (Cambridge 1972) i 175–80 = *CR* 5 (1891), 293–6; ii 817–39 = *JPh* 31 (1910), 236–66; iii 1073–84 = *CQ* 17 (1923), 163–72; iii 1197–1213 = *CQ* 27 (1933), 1–16

—— *Manilii Astronomica* (Cambridge ²1937)

Jortin, J. — *Miscellaneae Obseruationes in Auctores ueteres et recentiores, ab eruditis Britannis anno 1731 edi coeptae, cum notis et auctario uariorum uirorum doctorum*, edd. P. Burmannus et J. P. d'Orville (x uoll., Amstelodami 1732–9), uol. i (1732)

Kapp, J. Chr. — *Periculum criticum, in quo Senecae tragici et aliorum scriptorum ueterum loca quaedam explicantur uel emendantur* (Erlangen 1786)

Koetschau, P. — *Philologus* 61 (1902), 133–59

Lange, F. A. — *Quaestiones metricae* (Bonnae 1851)

Lausberg, M. — *Untersuchungen zu Senecas Fragmenten* (Berlin 1970)

Leo, F. — *RhM* 35 (1880), 431–47

—— *Hermes* 38 (1903), 305–12

Lipsius, J. — apud Scriuerium

Madvig, J. N. — *Aduersaria critica ad scriptores Graecos et Latinos*, iii uoll. (Hauniae 1871–84)

Markland, J. — *P. P. Statii siluarum libri V* (Londinii 1728)

Marx, W. — 'Funktion und Form der Chorlieder in den Tragoedien Senecas' (Diss. Heidelberg 1932)

Morel, W. — *AJPh* 64 (1943), 94–7

Müller, L. — *De re metrica poetarum Latinorum praeter Plautum et Terentium libri VII* (Lipsiae ²1894)

Müller, M. — *In Senecae tragoedias Quaestiones criticae* (Berolini 1898)

—— *Philologus* 60 (1901), 261–70

xvii

Müller, M.   *Beiträge zur Textkritik* (Posen 1911), 125-40

Munro, H. A. J.   *T. Lucretii C. De rerum natura* (Londinii ⁴1891-1908)

Muretus, M. A.   *Variarum lectionum libri XV* (Parisiis 1586)

Nordmeyer, G.   *Jahrb. f. klass. Philol., Suppl.-Bd.* 19 (1893), 257-317

Peerlkamp, P. H.   *S. A. Propertii libri IV. elegia XI* recens. et illustr. P. H. P., ed. et praef. est J. C. G. Boot (Amstelodami 1865)

Peiper, R.   *Obseruatorum in Senecae tragoedias libellus* (Wratislauiae 1863)

――――   *Praefationis in Senecae tragoedias nuper editas supplementum* (Wratislauiae 1870)

Poggius   apud Leonem i 44

Pontanus, J. J.   apud Scriuerium

Raphelengius, F.   apud Scriuerium

Richter, G.   *De Seneca tragoediarum auctore commentatio philologica* (Bonnae 1862)

――――   *De corruptis quibusdam Senecae tragoediarum locis* (Jena 1894)

Richter, W.   *P. Vergilii M. Georgica* (München 1957)

Rossbach, O.   *De Senecae philosophi librorum recensione et emendatione* (Wratislauiae 1888)

――――   *BPhW* 24 (1904), 326-33; 361-9

Rutgersius, J.   *Variarum lectionum libri VI* (Lugduni Batau. 1618)

Scaliger, J. J.   apud Scriuerium

――――   *Catulli Tibulli Propertii noua editio.* J. Scaliger recensuit. Eiusdem in eosdem castigationum liber auctus et recognitus (Parisiis 1600)

Schenkl, C.   *WS* 16 (1894), 237-46

Schmidt, B.   *De emendandarum Senecae tragoediarum rationibus prosodiacis et metricis* (Berolini 1860)

――――   *Obseruationes criticae in L. A. Senecae tragoedias* (Jena 1865)

Schrader, J.   'Schraderiana', ed. W. Clausen, *Mnemosyne* iv 8 (1955), 50

Scoppa, L. J.   *Collectanea* (Parisiis 1521)

Siegmund, A.   *Zur Kritik der Tragödie Octavia*, i–ii (Böhm.-Leipa 1909/10), 11–21; (1910/11), 1–31

Spika, J.   *De imitatione Horatiana in Senecae canticis chori* (Wien 1890)

Stuart, C. E.   *CQ* 5 (1911), 32–41

Summers, W. C.   *CR* 19 (1905), 40–54

Thomas, E.   *Hermes* 28 (1893), 277–311

Trillitzsch, W.   *Mlat. Jb.* 2 (1965), 42–54

Wagenvoort, H.   *Mnemosyne* ii 47 (1919), 359–70; iv 6 (1953), 228

Wakefield, G.   *T. Lucretii C. De rerum natura* (Londinii 1796–7)

Walter, F.   *PhW* 62 (1942), 455

Weber, H.   *Philologus* 67 (1907), 361–73

Weil, H.   *Études sur le Drame Antique* (Paris 1897), 305–28 ('La règle des trois acteurs dans les tragédies de Sénèque')

Wilamowitz-Moellendorff, U. v.   apud Leonem

——   *Kleine Schriften*, Bd. iv (Berlin 1962)

Winterfeld, P. v.   *Schedae criticae in scriptores et poetas Romanos* (Berolini 1895)

——   *Festschrift J. Vahlen* (Berlin 1900), 391–407

Withof, J. H.   *Praemetium crucium criticarum praecipue ex Seneca tragico* (Lugduni Batau. 1749)

Zinzerlingus (Zintzerling), J.   *Criticorum iuuenilium Promulsis* (Lugduni Batau. 1610)

Zwierlein, O. (Zw.)   *Gnomon* 38 (1966), 679–88; 42 (1970), 266–73

——   *WüJbb.* NF 2 (1976), 181–217; 3 (1977), 149–77; 4 (1978), 143–60; 5 (1979), 163–87; 6a (1980), 181–95

——   *Prolegomena zu einer kritischen Ausgabe der Tragödien Senecas* (*Abh. Akad. Mainz, Geistes- und Sozialwiss. Klasse*, Jg. 1983, Nr. 3) (Wiesbaden 1984)

——   *Kritischer Kommentar zu den Tragödien Senecas*, Stuttgart 1986 (*Abh. Akad. Mainz, Geistes- und Sozialwiss. Klasse, Einzelveröffentlichung 6*)

Codicum stemma
(a V. Yntema graphice depictum)

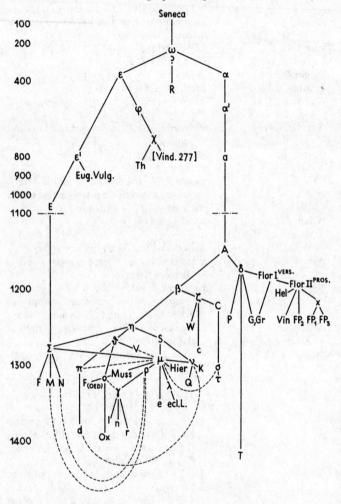

xx

Phoen
Med (FN: 1–700, M: 1–1008)

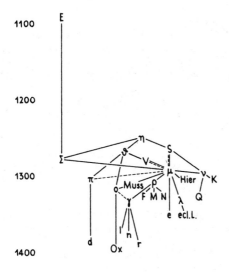

SIGLA

R	Ambrosianus G 82 sup., saec. v$^{in.}$, 5 foll. rescripta continet *Med* 196–274, 694–708 (696 post 701 transp.), 722–44; *Oed* 395–432, 508–45 (532 post 533 transp.)
Th.	Parisinus Lat 8071, saec. ix (alt. quart.), foll. 57^v, 58^r ('excerpta Thuanea') continet *Tro* 64–163; *Med* 579–94; *Oed* 403 sq., 429–31, 445–8, 466–71, 503–8, 110–36
Eug. Vulg.	loci ex Senecae tragoediis, quos Eugenius Vulgarius, clericus Italiae inferioris, carminibus et epistolis ca. annum 900 ad Sergium papam scriptis intexuit uide P. v. Winterfeld, *MGH Poet.* 4. 1 (Berlin 1899), 406 sqq. et conspectum uersuum Proleg. pp. 133 sqq. delineatum
E	Laurentianus Plut. 37. 13 ('Etruscus'), saec. xi$^{ex.}$, foll. 165
E^{ac}	lectio codicis *E*, antequam librarius ipse se corrigeret
E^{pc}	lectio librarii se ipsum corrigentis[1]
E*	lectio codicis *E*, antequam a manu secunda uel recentiore ad *A* (nisi diserte aliud indicabo) accom- modaretur
E^2 uel *E^{2pc}*	lectio manus secundae ex correctura (ubi *Σ* cum *A* facit, *E* recuperari non potest)[1]
E^{rec}	lectio manus recentioris[1]
Σ	parens codicum *F, M, N* amissus, codex a Louato ex *E* et *η* conflatus. ubi in adnotatione critica *Σ* (non *E*) et *A* opponuntur, *Σ* genuinam codicis *E* lectionem seruauit, quae in *E* postea ad *A* accommodata est
F	Parisinus Lat. 11855, saec. xiv (prim. quart.), foll. 228–87, bin. coll.
M	Ambrosianus D 276 inf., saec. xiv, 47 foll., bin. coll.
N	Vaticanus Lat. 1769, saec. xiv, foll. 197^v–246, bin. coll.

---

[1] in his lectionibus, si non totum uerbum corrector mutauit, uetera rectis,
noua inclinatis litteris indico.

SIGLA

P	Parisinus Lat. 8260, saec. xiii (alt. quart.), foll. 156
T	Parisinus Lat. 8031, saec. xv$^{in.}$, foll. 195
G	Exoniensis Bibl. Cathedralis 3549 B, saec. xiii (alt. quart.), foll. 190^v–194, tern. coll.
	continet Octauiam et excerpta (Gr)
C	Cantabrigiensis, Corpus Christi College 406, saec. xiii$^{in.}$, foll. 1–39, tern. coll.
S	Scorialensis T. III. 11, saec. xiii (tert. quart. ut uid.), foll. 60, bin. coll.
V	Vaticanus Lat. 2829, saec. xiii$^{ex.}$, foll. 1–49, bin. coll.
ω	*E* (uel ε, ubi *Th.* uel *Eug. Vulg.* accedunt) *A*; interdum *REA, RE, RA*
ε	*ETh.*
A	δβ
δ	*PT* uel *PT Flor.*; in *Octauia GPT, GP, GT*
β	*Cη*
η	*SV*

raro adhibentur

τ	codex deperditus, quo Nicolaus Trevet usus est, cum annis 1315/16 commentarium in Senecae tragoedias conscriberet. praesto mihi fuit cod. Vat. Urbin. Lat. 355
K	Cameracensis B 55 (c. a. 1300), foll. 166–236, bin. coll.
Q	Casinensis 392 P, saec. xiv$^{in.}$, foll. 1–120, bin. coll.
e	Etonensis 110, saec. xiv$^{med.}$, foll. 58, bin. coll.
Ox.	Oxoniensis Canon. Class. Lat. 93 (c. a. 1400), foll. 123
d	Neapolitanus Bibl. Nat. IV.e.1, saec. xiv$^{ex.}$, foll. 1–76, bin. coll.
l	Laurentianus Plut. 24 sin. 4 (a. 1371),[2] foll. 162
n	Neapolitanus Bibl. Nat. IV.d.47 (a. 1376),[3] foll. 168

---

[2] 'scriptum per manum fratris Thedaldi de Mucello Pisis et Florentiae infra duos menses. Anno domini MCCCLXXI completum quinta die decembris'.

[3] 'scriptus per . . . Franciscum de Camerino, in ciuitate Lucana, anno domini MCCCLXXVI, mense decembris'.

r	Vaticanus Reginensis Latinus 1500 (a. 1389),[4] non uidi
γ	codex contaminatus ex quo pendent codd. *l, n, r*
θ	parens codicum *V, o, π*
μ	amissus codex quidam Patauinus, ut uid., ex *S, Σ, V* conflatus
ν	ex *S* et *μ* conflatus, parens codicum *K* et *Q*
o	parens codicis *Ox.*, ex *θ* et Mussati apographo codicis *μ* conflatus, ex quo fonte manus posterior codicis *F Oedipum* fabulam hausisse uidetur
π	parens codicis *d*, ex *θ* et *μ* conflatus
ρ	apographon codicis *μ*, fons uariarum lectionum in codicibus *M* et *N*, cui *F, M, N* omnia sua debent in *Phoenissis* et maiore parte *Medeae*
Muss.	Albertini Mussati apographon codicis *μ*, cuius uestigia exstant et in Mussati 'Euidentia tragediarum Senecae' et in argumentis tragoediarum ab eo compositis et in tragoedia Ecerinide; uide Proleg. pp. 92 sqq.

Excerpta hyparchetypo A posteriora

Hel.	'exceptiones' de tragoediis Senecae sumptae,[5] quibus Helinandus a Monte Frigido ante annum 1204 librum duodecimum operis illius, quod inscribitur *chronicon uniuersale*, illustrauit. seruatur chronicon illud duobus his codicibus:
	V Vat. Reg. Lat. 535, saec. xiii[in.]
	L Londin., BL Cotton Claud. B IX, saec. xv
	uide Proleg. pp. 133 sqq. et 153 sqq.
FP	Flores Paradysi saec. xiii (prim. uel alt. quart., ut uid.) compositi, quibus tres collectiones 'exceptionum' de tragoediis sumptarum comprehenduntur:
FP₁, FP₂	sine interuallo coniuncti his duobus codicibus traduntur:
	Brux. 20030-2, saec. xiii[med.], foll. 176[r]-177[v]
	Brux. 4785-95, saec. xiii[med.], foll. 140[v]-142[r]

[4] 'scripsi ego Bartholomeus de Macincholis de Beluisino notarius . . . in MCCCLXXXIX' (uide Leonem ii 340[5]).

[5] uide supra p. vi n. 2.

FP_3 uno tantum codice asseruantur:

Brux. 20030-2, saec. xiii^med., foll. 133^v-134^r

uide Proleg. pp. 131, 133 sqq.; 153 sqq., 157, 161 sqq.

Vin.   excerpta tragoediarum, quae Vincentius Bellouacensis ex florilegio quodam hausta 'speculo historiali' anno 1244 finito inseruit

uide Proleg. pp. 131, 133 sqq., 153 sqq.

Gr.   Exoniensis Bibl. Cathedralis 3549 B, saec. xiii (alt. quart.), fol. 294^r

uide Proleg. pp. 131, 133 sqq., 155 sq.

Flor. I   florilegium quoddam Francogallicum deperditum, quod ex uersibus de hyparchetypo δ sumptis compositum erat, fons Florilegii II et eorum excerptorum, quae in *Gr.* asseruantur

uide Proleg. pp. 130 sqq. et 156-61

Flor. II   florilegium quoddam Francogallicum amissum ex *Flor. I* dependens, quod prosae orationis in modum scriptum erat, fons eorum excerptorum, quae modo laudaui, praeter *Gr.*

uide Proleg. pp. 130 sqq. et 153-61

W   Oxoniensis, New College 21, fol. 31^r

in marg. inf. a manu saec. xiii^med. uersus *Tro* 394-406 adscripti sunt; uide Proleg. pp. 132, 164 sq.

c   Cantabrigiensis, Gonville and Caius College 225, saec. xiii (tert. quart.), pp. 13-17

uide Proleg. pp. 131, 133 sqq., 163 sq.

Hier.   excerpta tragoediarum ab Hieremia de Montagnone, iudice Patauino, post annum 1295 in compendio suo moralium notabilium collecta

uide Proleg. pp. 80 sqq., 132, 133 sqq.

ecl.L.   Leidensis BPL 191 B, saec. xiv^med., foll. 155^r-159^v ('eclogae Lugdunenses')

uide Proleg. pp. 132, 133 sqq., 165 sqq.

* * *	lacuna
⟨ ⟩	supplenda
[ ]	delenda
†	corruptela nondum sanata

SIGLA

| finis uersus
• uide pp. vii sq.

205 AMP. *E*: *om. A*   i.e. Amphitryonis notam falso omisit *A*
337 *Lyci notam add. A, om. E*   i.e. recte omisit *E*
ante 875 CHORVS *E*   i.e. CHORVS in linea uersui 875 prae-
         cedenti praemissum habet *E*
1021 me *praef. A*   i.e. Megarae notam in marg. uersus 1021
         praefixam habet *A*
Ascensius[u.l.]   uaria lectio in Ascensii commentario ex aliquibus
         libris hausta

HERCVLES

PERSONAE

IVNO
AMPHITRYON
MEGARA
LYCVS
HERCVLES
THESEVS
CHORVS

Scaena Thebis

Ivno

Soror Tonantis (hoc enim solum mihi
nomen relictum est) semper alienum Iouem
ac templa summi uidua deserui aetheris
locumque caelo pulsa paelicibus dedi;
tellus colenda est, paelices caelum tenent: 5
hinc Arctos alta parte glacialis poli
sublime classes sidus Argolicas agit;
hinc, qua recenti uere laxatur dies,
Tyriae per undas uector Europae nitet;
illinc timendum ratibus ac ponto gregem   10
passim uagantes exerunt Atlantides;
ferro minax hinc terret Orion deos
suasque Perseus aureus stellas habet;
hinc clara gemini signa Tyndaridae micant
quibusque natis mobilis tellus stetit.   15
nec ipse tantum Bacchus aut Bacchi parens
adiere superos: ne qua pars probro uacet,
mundus puellae serta Cnosiacae gerit.
    Sed uetera sero querimur   *   *
*   *   *   *   una me dira ac fera
Thebana tellus matribus sparsa impiis   20

MARCI LVCII ANNEI SENECAE TRAGOEDIAE N.VIIII
HERCVLES. TROADES. PHOENISSA. MEDEA. PHAEDRA.
OEDIPPVS. AGAMENNON. THYESTES. HERCVLES. INCIPIVNT
E: Lucii annei senece tragedie incipiunt (et primo *add. T*) hercules furens δ:
Lucii annei senece hercules furens incipit *S: inscript. om. CV (in subscriptione
huius fab. praenomen Publii exhibet A, Lucii in ceteris)*   *ante* 1 IVNO *ET*:
om. Pβ   6 glacialis *E*^pc *(ex e)*   8 recenti *E**: tepenti *A*   12 ferro
minax hinc terret *E**: fera coma hinc exterret *A; cf. Stat. silu. 1. 1. 44*
13 aureus *E*: -as *A*   17 probro *E*^pc   18 puelle serta gnosiace gerit
A: puellas fert. anobis lac egerit (*uel* egent) *E*   19 sero ω: *om. recc.*
post querimur *duo hemistichia excidisse uidit Richter 1894, 17 sqq., quae sic fere
explenda censuit* ⟨haec etiam noua | inulta patimur?⟩   19^b–21^a *(una . . .
fecit) om. A*   20 matribus *Ax.*: nuribus *E*

3

quotiens nouercam fecit! escendat licet
meumque uictrix teneat Alcmene locum,
pariterque natus astra promissa occupet,
in cuius ortus mundus impendit diem
tardusque Eoo Phoebus effulsit mari
retinere mersum iussus Oceano iubar?   25
non sic abibunt odia; uiuaces aget
uiolentus iras animus et saeuus dolor
aeterna bella pace sublata geret.

Quae bella? quidquid horridum tellus creat   30
inimica, quidquid pontus aut aer tulit
terribile dirum pestilens atrox ferum,
fractum atque domitum est. superat et crescit malis
iraque nostra fruitur; in laudes suas
mea uertit odia: dum nimis saeua impero,   35
patrem probaui, gloriae feci locum.
qua Sol reducens quaque deponens diem
binos propinqua tinguit Aethiopas face,
indomita uirtus colitur et toto deus
narratur orbe. monstra iam desunt mihi   40
minorque labor est Herculi iussa exequi,
quam mihi iubere: laetus imperia excipit.
quae fera tyranni iussa uiolento queant
nocere iuueni? nempe pro telis gerit
quae timuit et quae fudit: armatus uenit   45
leone et hydra. Nec satis terrae patent:
effregit ecce limen inferni Iouis
et opima uicti regis ad superos refert.
parum est reuerti, foedus umbrarum perit:
uidi ipsa, uidi nocte discussa inferum   50
et Dite domito spolia iactantem patri

---

21 escendat E*: as- A   26 iussus Epc   interrogationis signum pos. Ax.
34 fruitur A: -mur E*   36 probaui E*: -it A   glorie feci locum Σ:
inde qua lucem premit AErec   37 qua sol reducens quaque reponens
(de- Σ) E: aperitque thetis qua ferens titan A   43 quae E: quo A
iussa AErec (ss in ras. 1 litt.) F²N²: iura M

4

fraterna. cur non uinctum et oppressum trahit
ipsum catenis paria sortitum Ioui
Ereboque capto potitur? en retegit Styga!
patefacta ab imis manibus retro uia est   55
et sacra dirae mortis in aperto iacent.
at ille, rupto carcere umbrarum ferox,
de me triumphat et superbifica manu
atrum per urbes ducit Argolicas canem.
uiso labantem Cerbero uidi diem   60
pauidumque Solem; me quoque inuasit tremor,
et terna monstri colla deuicti intuens
timui imperasse. Leuia sed nimium queror;
caelo timendum est, regna ne summa occupet
qui uicit ima: sceptra praeripiet patri.   65
nec in astra lenta ueniet ut Bacchus uia:
iter ruina quaeret et uacuo uolet
regnare mundo. robore experto tumet,
et posse caelum uiribus uinci suis
didicit ferendo; subdidit mundo caput   70
mediusque collo sedit Herculeo polus   72
nec flexit umeros molis immensae labor;   71
immota ceruix sidera et caelum tulit
et me prementem: quaerit ad superos uiam.

      Perge, ira, perge et magna meditantem opprime,   75
congredere, manibus ipsa dilacera tuis:
quid tanta mandas odia? discedant ferae,
ipse imperando fessus Eurystheus uacet.
Titanas ausos rumpere imperium Iouis
emitte, Siculi uerticis laxa specum,   80

---

52 uinctum *E*: uic- *A*   54 potitur? en *Baden 1798*: potitur et *ω*
56 dire *A*: durae *E**   62 terna (*cf. 796*) *Σ*: tetra *AE^{rec}*; *cf. Leonem i 12 n. 10*
et uide ad Phae 943   deuicti *E^{pc}* (*ex a*)   63 nimium *A*: minimum *E**
66 lenta *A*: -us *E**   ut bacchus *E^{2pc}*   67 iter *A*: inter *E**
68 experto *E*: expenso *A*   71 *post* 72 *traiecit Peiper*   72 mediusque
(*cf. Eur. Herc. 403*) *A*: mel- *E*   74 prementem *ω*: 'an frem-?' *Ax.*
76 dilacera *E*: iam lacera *A*

5

tellus gigante Doris excusso tremens
supposita monstri colla terrifici leuet,
sublimis alias Luna concipiat feras—
sed uicit ista. quaeris Alcidae parem?
nemo est nisi ipse: bella iam secum gerat.   85
Adsint ab imo Tartari fundo excitae
Eumenides, ignem flammeae spargant comae,
uiperea saeuae uerbera incutiant manus.
i nunc, superbe, caelitum sedes pete,
humana temne. iam Styga et manes, ferox,   90
fugisse credis? hic tibi ostendam inferos.
reuocabo in alta conditam caligine,
ultra nocentum exilia, discordem deam
quam munit ingens montis oppositu specus;
educam et imo Ditis e regno extraham   95
quidquid relictum est: ueniet inuisum Scelus
suumque lambens sanguinem Impietas ferox
Errorque et in se semper armatus Furor—
hoc hoc ministro noster utatur dolor.

   Incipite, famulae Ditis, ardentem citae   100
concutite pinum et agmen horrendum anguibus
Megaera ducat atque luctifica manu
uastam rogo flagrante corripiat trabem.
hoc agite, poenas petite uiolatae Stygis;
concutite pectus, acrior mentem excoquat   105
quam qui caminis ignis Aetnaeis furit.
ut possit animum captus Alcides agi,
magno furore percitus, nobis prius

81 gigante E uel E² (ex is)   post 82 u. 123 inseruit A (lin. uac. post 123
rel. PS)   83-9 om. A   83 del. Leo   87 ignem flammeae . . .
comae ω; malim -es -eas . . . comas   90 ferox (cf. 57) A: -os E*
90 post 91 EF (litteris b a ordinem restituit E², ut uid., quem tenent MN)
92 conditam E: -um A   94 quam A: qua E   opposito Zw.1988,336:
-iω   96 ueniet inuisum E: ueniet et inu. (et in inu. P) δ: uel ueniet
utinam et inu. β   100 cite E*: incite A   101 anguibus add. E²
in ras.   103 uastam ω: ustam Heinsius 212sq.   flagrante A: -em (m
erasa) E   104 uiolate A: uiciatae E   107 animum A: -o E
108 nobis ν recc.: uo- ω

6

insaniendum est: Iuno, cur nondum furis?
me me, sorores, mente deiectam mea   110
uersate primam, facere si quicquam apparo
dignum nouerca. uota mutentur mea:
natos reuersus uideat incolumes pater
manuque fortis redeat. inueni diem,
inuisa quo nos Herculis uirtus iuuet.   115
me uicit? et se uincat et cupiat mori
ab inferis reuersus. hic prosit mihi
Ioue esse genitum. stabo et, ut certo exeant
emissa neruo tela, librabo manu,
regam furentis arma, pugnanti Herculi   120
tandem fauebo—scelere perfecto licet
admittat illas genitor in caelum manus.
    Mouenda iam sunt bella: clarescit dies
ortuque Titan lucidus croceo subit.

CHORVS

    Iam rara micant sidera prono   125
languida mundo, nox uicta uagos
contrahit ignes luce renata,
cogit nitidum Phosphoros agmen;
signum celsi glaciale poli
septem stellis Arcados ursae   130
lucem uerso temone uocat.
Iam caeruleis euectus aquis

---

109 furis *E*: -it *A*   110 deiectam *A*: delectat *E**   112 uota *Σ*:
iam odia *AE*ʳᵉᶜ   113 reuersus *E*²ᵖᶜ   pater *Zw. 1976, 202*: precor *ω*
116 uicit *Σ*: pariter *A*   *interrogationis notam posui (coll. Ag 526, Tro 270, Hf
446), leuiter interpunxerat M. Müller 1898, 4 sq.*   119 manu (*cf. 1128*)
E: -um *A*   123 *post u.* 82 *A*   124-61 *om. A*   125-203 *dimetri
praeter* 151ᵇ sq. (t. d. C. u. c. d.) *et* 153-155ᵃ (nauita . . . exesis) *singulis uersibus
scriptos distinctis dimetrorum initiis E*   162-203 (*ad* 162 *uide infra*)
dimetri praeter 195 *et* 197· *monometros A*   127 renata *E*ᵖᶜ   130 *del.
Leo*   131 uocat *recc.*: -ant *E*   132 aquis *recc.*: equis *E*

Titan summa prospicit Oeta;
iam Cadmeis incluta Bacchis
aspersa die dumeta rubent   135
Phoebique fugit reditura soror.   136
Pendet summo stridula ramo   146
pinnasque nouo tradere soli
gestit querulos inter nidos
       Thracia paelex,
turbaque circa confusa sonat   150
murmure mixto testata diem.   151

  Labor exoritur durus et omnis   137
agitat curas aperitque domos:
pastor gelida cana pruina
grege dimisso pabula carpit;   140
ludit prato liber aperto
nondum rupta fronte iuuencus,
uacuae reparant ubera matres;
errat cursu leuis incerto
molli petulans haedus in herba.   145
Carbasa uentis credit dubius   152
       nauita uitae
laxos aura complente sinus.
hic exesis pendens scopulis   155
aut deceptos instruit hamos
aut suspensus spectat pressa
       praemia dextra: •
sentit tremulum linea piscem.

  Haec, innocuae quibus est uitae
       tranquilla quies
             160
et laeta suo paruoque domus.
spes immanes urbibus errant
       trepidique metus:

post 136 *uu.* 146–51 *transp.* Zw.   162 spes inmanis *Schmidt 1860, 63*
(*1865, 8*): spes iam magnis *E*: Chorus turbine magno spes sollicite *A* (*ut tibicine uersu carmini detruncato aptum initium reddatur*)

ille superbos aditus regum
durasque fores expers somni   165
colit, hic nullo fine beatas
componit opes gazis inhians
et congesto pauper in auro.
illum populi fauor attonitum
fluctuque magis mobile uulgus   170
aura tumidum tollit inani;
hic clamosi rabiosa fori
            iurgia uendens
improbus iras et uerba locat.
nouit paucos secura quies,   175
qui uelocis memores aeui
tempora numquam reditura tenent.

Dum fata sinunt, uiuite laeti:
properat cursu uita citato
uolucrique die rota praecipitis   180
            uertitur anni.   •
durae peragunt pensa sorores
nec sua retro fila reuoluunt.
At gens hominum fertur rapidis
obuia fatis incerta sui:
Stygias ultro quaerimus undas.   185
nimium, Alcide, pectore forti
properas maestos uisere manes:
certo ueniunt tempore Parcae,
nulli iusso cessare licet,
nulli scriptum proferre diem: 190
recipit populos urna citatos.

172-4 *Lex. Pap. s.u.* rabula: Rabula etiam patronus causarum; de quo
Seneca in prima tragoedia: hic . . . locat

---

166 hic *Ascensius*: ac ω   beatas *ES*: -us δ: -as *uel* -us (ł us *sscr. C*) *CV*
183 fertur *AEʳᵉᶜ*: flatur *Σ*   184 incerta ω: incauta *Bentley*   sui *A*:
suis *E**   188 tempore *Σ*: ordine *AEʳᵉᶜ*

9

Alium multis gloria terris
tradat et omnes fama per urbes
garrula laudet caeloque parem
　　　tollat et astris,　　　　　　　　　　　195
alius curru sublimis eat:
me mea tellus lare secreto
　　　tutoque tegat.　　　　　　　　　　　•
uenit ad pigros cana senectus,
humilique loco sed certa sedet
sordida paruae fortuna domus:　　　　　　200
alte uirtus animosa cadit.

　Sed maesta uenit crine soluto
Megara paruum comitata gregem,
tardusque senio graditur Alcidae parens.

AMPHITRYON

O magne Olympi rector et mundi arbiter,　　　205
iam statue tandem grauibus aerumnis modum
finemque cladi. nulla lux umquam mihi
secura fulsit: finis alterius mali
gradus est futuri. protinus reduci nouus
paratur hostis; antequam laetam domum　　　210
contingat, aliud iussus ad bellum meat;
nec ulla requies tempus aut ullum uacat,
nisi dum iubetur. sequitur a primo statim
infesta Iuno: numquid immunis fuit
infantis aetas? monstra superauit prius　　　215
quam nosse posset. Gemina cristati caput
angues ferebant ora, quos contra obuius

---

193 *post* 194 *E* (*litteris* b a *ordinem restituit E uel E²*)　　　204 *uno uersu E*:
duobus uersibus (t. s. g. | a. p.) *A*　　　*ante* 205 AMPHITRYON MAE-
GERA LYCVS *E*: megera amphitrion licus *A*　　　205 AMP. *E*: *om. A*
211 meat *E*: exeat *A*　　　212 uacat *EP*: datur β*T*　　　213 aprimo
E* (-e *E²*): a prima *A*　　　216 posset *A*: -it *E**

reptauit infans igneos serpentium
oculos remisso pectore ac placido intuens;
artos serenis uultibus nodos tulit,   220
et tumida tenera guttura elidens manu
prolusit hydrae. Maenali pernix fera,
multo decorum praeferens auro caput,
deprensa cursu; maximus Nemeae timor
pressus lacertis gemuit Herculeis leo.   225
quid stabula memorem dira Bistonii gregis
suisque regem pabulum armentis datum,
solitumque densis hispidum Erymanthi iugis
Arcadia quatere nemora Maenalium suem,
taurumque centum non leuem populis metum?   230
inter remotos gentis Hesperiae greges
pastor triformis litoris Tartesii
peremptus, acta est praeda ab occasu ultimo:
notum Cithaeron pauit Oceano pecus.
penetrare iussus solis aestiui plagas   235
et adusta medius regna quae torret dies
utrimque montes soluit ac rupto obice
latam ruenti fecit Oceano uiam.
post haec adortus nemoris opulenti domos
aurifera uigilis spolia serpentis tulit.   240
quid? saeua Lernae monstra, numerosum malum,
non igne demum uicit et docuit mori,
solitasque pinnis condere obductis diem
petit ab ipsis nubibus Stymphalidas?
non uicit illum caelibis semper tori   245
regina gentis uidua Thermodontiae,

218 reptauit *A*: -bat *E*   219 pectore (*cf. Phoen 187*) *A*: lumine *E**
(uultu *E^{rec}*)   224 cursu *E*: c. est *A*   225 pr. lac. gem. *E*: gem. lac.
pr. *A*   228 iugis *AE^{rec} in ras. 5–6 litt.*   233 est ω: et *Jac. Gronouius*
236 que *A*: qua *E**   237 ac rupto *Gronouius* (*1682*; et rupto *iam
Auantius*): abrupto ω; *cf. 287*   238 latam *E*: etiam *A*   241 lerne *A*:
lerinae (i *exp.*) *E*

nec ad omne clarum facinus audaces manus
stabuli fugauit turpis Augei labor.
   Quid ista prosunt? orbe defenso caret.
sensere terrae pacis auctorem suae   250
abesse terris: prosperum ac felix scelus
uirtus uocatur; sontibus parent boni,
ius est in armis, opprimit leges timor.
Ante ora uidi nostra truculenta manu
gnatos paterni cadere regni uindices   255
ipsumque, Cadmi nobilis stirpem ultimam,
occidere, uidi regium capiti decus
cum capite raptum—quis satis Thebas fleat?
ferax deorum terra, quem dominum tremit!
e cuius aruis eque fecundo sinu   260
stricto iuuentus orta cum ferro stetit
cuiusque muros natus Amphion Ioue
struxit canoro saxa modulatu trahens,
in cuius urbem non semel diuum parens
caelo relicto uenit, haec quae caelites   265
recepit et quae fecit et—fas sit loqui—
fortasse faciet, sordido premitur iugo.
Cadmea proles atque Ophionium genus,
quo reccidistis? tremitis ignauum exulem,
suis carentem finibus, nostris grauem.   270
qui scelera terra quique persequitur mari
ac saeua iusta sceptra confregit manu
nunc seruit absens fertque quae fieri uetat,
tenetque Thebas exul Herculeas Lycus.—

248 stabuli AE^{pc}: -bilis E^{ac} augei AE^* (an- E^2)   257 capiti (cf.
Ag 8, Thy 701) E^*: -is A   258 quis A: qui E   thebas EPHel.: -is βT
259 tremit A: -et E^*: -is recc.   262 nat*us* E^{2pc} 268 Ophionium
genus Bentley (coll. Phae 232, Echionium genus scripserat Heinsius 216): ophio-
nius cinis ω   269 quo recidistis A (recc- N^2): quor eccidistis (ut uid.)
E^*: quo decidistis recc.; cf. Leonem i 112 n. 12   ignauam $T\tau$: -rum $EP\beta$
271 mari E^{pc} (ex e)   272 confregit βT: -ingit EP   273 fieri (cf.
Tro 334) ω: ferri recc.   274 herculeas E: -eus δ: -is β

sed non tenebit. aderit et poenas petet 275
subitusque ad astra emerget; inueniet uiam
aut faciet. Adsis sospes et remees tuis
tandemque uenias uictor ad uictam domum.

MEGARA

Emerge, coniunx, atque dispulsas manu
abrumpe tenebras; nulla si retro uia 280
iterque clusum est, orbe diducto redi
et quidquid atra nocte possessum latet
emitte tecum. dirutis qualis iugis
praeceps citato flumini quaerens iter
quondam stetisti, scissa cum uasto impetu 285
patuere Tempe (pectore impulsus tuo
huc mons et illuc cecidit, et rupto aggere
noua cucurrit Thessalus torrens uia):
talis, parentes liberos patriam petens,
erumpe rerum terminos tecum efferens, 290
et quidquid auida tot per annorum gradus
abscondit aetas redde et oblitos sui
lucisque pauidos ante te populos age:
indigna te sunt spolia, si tantum refers
quantum imperatum est. Magna sed nimium loquor 295
ignara nostrae sortis. unde illum mihi
quo te tuamque dextcram amplectar diem
reditusque lentos nec mei memores querar?
tum tibi, deorum ductor, indomiti ferent
centena tauri colla; tibi, frugum potens, 300

277 adsis sospes] adsiso sospes *E*: assis hospes *A*   tuis *A*: precor *E*; *cf. HO 295*
ante 279 MEG *E*: *om. A*   279 emerge *E*: emergere *A*   dispulsas *E*: de- *A*
280 tenebras *E²pc*   retro *E*: uento δ: uetito β   284 flumini *A*: fulm- *E*
287 cecidit ω: cessit *Leo ii 375*   299 tum tibi *Bothe*: tibi o ω

secreta reddam sacra; tibi muta fide
longas Eleusin tacita iactabit faces.
tum restitutas fratribus rebor meis
animas et ipsum regna moderantem sua
florere patrem. si qua te maior tenet   305
clausum potestas, sequimur: aut omnis tuo
defende reditu sospes aut omnes trahe.—
trahes nec ullus eriget fractos deus.
AM. O socia nostri sanguinis, casta fide
seruans torum gnatosque magnanimi Herculis,   310
meliora mente concipe atque animum excita.
aderit profecto, qualis ex omni solet
labore, maior. ME. Quod nimis miseri uolunt,
hoc facile credunt. AM. Immo quod metuunt nimis
numquam moueri posse nec tolli putant: 315
prona est timoris semper in peius fides.
ME. Demersus ac defossus et toto insuper
oppressus orbe quam uiam ad superos habet?
AM. Quam tunc habebat cum per arentem plagam
et fluctuantes more turbati maris   320
adit harenas bisque discedens fretum
et bis recurrens, cumque deserta rate
deprensus haesit Syrtium breuibus uadis
et puppe fixa maria superauit pedes.
ME. Iniqua raro maximis uirtutibus   325
fortuna parcit; nemo se tuto diu
periculis offerre tam crebris potest:
quem saepe transit casus, aliquando inuenit.
    Sed ecce saeuus ac minas uultu gerens
et qualis animo est talis incessu uenit   330
aliena dextra sceptra concutiens Lycus.

---

301 muta E: multa A 302 eleusin tacita A: eleus intacita (in *eras.*) E
iactabit E: -bo A 313 quod A: quid E^* 315 moueri E: am- A
316 *Megarae nomen praef.* A, *uersui* 317 E timoris (s *eras.*) E: -i A
318 uiam A: uim E^* 321 adit E^*: abiit A 324 superauit A: super
habuit E^* 326 *tuto* $E^{rec\ pc}$ (t *ex* p, o *ex* e?)

Lycvs

Vrbis regens opulenta Thebanae loca
et omne quidquid uberis cingit soli
obliqua Phocis, quidquid Ismenos rigat,
quidquid Cithaeron uertice excelso uidet   335
et bina findens Isthmos exilis freta,
non uetera patriae iura possideo domus
ignauus heres; nobiles non sunt mihi
aui nec altis inclitum titulis genus,
sed clara uirtus: qui genus iactat suum,   340
aliena laudat. rapta sed trepida manu
sceptra optinentur; omnis in ferro est salus:
quod ciuibus tenere te inuitis scias,
strictus tuetur ensis. alieno in loco
haut stabile regnum est; una sed nostras potest   345
fundare uires iuncta regali face
thalamisque Megara: ducet e genere inclito
nouitas colorem nostra. non equidem reor
fore ut recuset ac meos spernat toros;
quod si impotenti pertinax animo abnuet,   350
stat tollere omnem penitus Herculeam domum.
inuidia factum ac sermo popularis premet?
ars prima regni est posse in inuidia pati.
  Temptemus igitur, fors dedit nobis locum;
namque ipsa, tristi uestis obtentu caput   355
uelata, iuxta praesides adstat deos,
laterique adhaeret uerus Alcidae sator.

---

  ante 332 LYC̄ *E*: *om. A*   332 urbis (i *ex* e *E²*) *E*δ: -i *β*
333 uberis . . . soli *Heinsius 216* (*qui et* iungit *pro* cingit *propos.*): -i . . . -o *A*:
-e . . . -o *E*; *cf. Phoen 130*   335 *post* 336 *E* (*litteris* b a *ordinem restituit E²*)
336 *del. Peiper*   337 *Lyci notam add. A, om. E*   343 tenere te *E**:
tenetur *A*   345 haud *E* ²ᵖᶜ (*ex* aut)   347 thalamisque *A*: -que *om. E*
e *recc.*: et ω   352 factum *E**: fastum *A*   353 in inuidia *Richter*:
cum i. *Peiper*: inuidiam *E*: ad i. *A*: et i. *Grotius*: te i. *recc.*   354 nobis
locum *A*: l. n. (*ordine postea corr.*) *E*   356 *om. E*

Me. Quidnam iste, nostri generis exitium ac lues,
noui parat? quid temptat? Ly. O clarum trahens
a stirpe nomen regia, facilis mea   360
parumper aure uerba patienti excipe.
si aeterna semper odia mortales gerant,
nec coeptus umquam cedat ex animis furor,
sed arma felix teneat, infelix paret,
nihil relinquent bella; tum uastis ager   365
squalebit aruis, subdita tectis face
altus sepultas obruet gentes cinis.
pacem reduci uelle uictori expedit,
uicto necesse est—particeps regno ueni;
sociemur animis; pignus hoc fidei cape: 370
continge dextram. quid truci uultu siles?
Me. Egone ut parentis sanguine aspersam manum
fratrumque gemina caede contingam? prius
extinguet ortus, referet occasus diem,
pax ante fida niuibus et flammis erit   375
et Scylla Siculum iunget Ausonio latus,
priusque multo uicibus alternis fugax
Euripus unda stabit Euboica piger.
patrem abstulisti, regna, germanos, larem
patrium—quid ultra est? una res superest mihi   380
fratre ac parente carior, regno ac lare:
odium tui, quod esse cum populo mihi
commune doleo: pars quota ex isto mea est?
    Dominare tumidus, spiritus altos gere:
sequitur superbos ultor a tergo deus.   385
Thebana noui regna: quid matres loquar
passas et ausas scelera? quid geminum nefas

---

362 aeterna ω: *an* alt-?   gerant (*cf. Thy 329*) *E*: agent *A*   368 reduci
AE^{pc} (i *in ras. 3 litt.*): -ce *F*: -cere *MN*   370 sociemur *E**: -us *A*
animis *E*: -os *A*   377 uicibus *E^{rec pc}*   380 patrium *ed. Patau. 1748*:
-am ω; *cf. Oct 747*   381 carior *AE²*: -eo *F*: -io *N*   383 ex isto δ:
existo *E²* (st *in ras.*) *F*: ex ista β: exitio *M*; *cf. Med 296*; *breu. uit. 3. 2*
385 ultor *recc.*: uictor ω

mixtumque nomen coniugis gnati patris?
quid bina fratrum castra? quid totidem rogos?
riget superbo Tantalis luctu parens   390
maestusque Phrygio manat in Sipylo lapis.
quin ipse toruum subrigens crista caput
Illyrica Cadmus regna permensus fuga
longas reliquit corporis tracti notas.
haec te manent exempla: dominare ut libet,   395
dum solita regni fata te nostri uocent.
Ly. Agedum efferatas rabida uoces amoue
et disce regum imperia ab Alcide pati.
ego rapta quamuis sceptra uictrici geram
dextra regamque cuncta sine legum metu   400
quas arma uincunt, pauca pro causa loquar
nostra. cruento cecidit in bello pater?
cecidere fratres? arma non seruant modum;
nec temperari facile nec reprimi potest
stricti ensis ira; bella delectat cruor.   405
sed ille regno pro suo, nos improba
cupidine acti? quaeritur belli exitus,
non causa. sed nunc pereat omnis memoria:
cum uictor arma posuit, et uictum decet
deponere odia. non ut inflexo genu   410
regnantem adores petimus: hoc ipsum placet
animo ruinas quod capis magno tuas;
es rege coniunx digna: sociemus toros.
Me. Gelidus per artus uadit exanguis tremor.
quod facinus aures pepulit? haut equidem horrui,   415
cum pace rupta bellicus muros fragor
circumsonaret, pertuli intrepide omnia:
thalamos tremesco; capta nunc uideor mihi.—

390 superbo *Ascensius*: -a ω; *cf. Stat. Theb. 4. 576*   392 qui*n E²pc* (*ex* m)
393 Illyrica ω: -ia *Gronouius*   397 efferatas *AFN*: ef*f*renatas *E²pc*:
eff*r*entas *M* (a *sscr. M², ut uid.*)   400 regamque *E*: geramque *A*
403 modum *E*: domum *A*   408 pereat *E*: pergat *A*   418 tremesco
E*: -isco *A*

Grauent catenae corpus et longa fame
mors protrahatur lenta: non uincet fidem   420
uis ulla nostram; moriar, Alcide, tua.
Ly. Animosne mersus inferis coniunx facit?
Me. Inferna tetigit, posset ut supera assequi.
Ly. Telluris illum pondus immensae premit.
Me. Nullo premetur onere, qui caelum tulit.   425
Ly. Cogere. Me. Cogi qui potest nescit mori.
Ly. Effare thalamis quod nouis potius parem
regale munus. Me. Aut tuam mortem aut meam.
Ly. Moriere demens. Me. Coniugi occurram meo.
Ly. Sceptrone nostro famulus est potior tibi?   430
Me. Quot iste famulus tradidit reges neci!
Ly. Cur ergo regi seruit et patitur iugum?
Me. Imperia dura tolle: quid uirtus erit?
Ly. Obici feris monstrisque uirtutem putas?
Me. Virtutis est domare quae cuncti pauent.   435
Ly. Tenebrae sequentem magna Tartareae premunt.
Me. Non est ad astra mollis e terris uia.
Ly. Quo patre genitus caelitum sperat domos?
Am. Miseranda coniunx Herculis magni, sile:
partes meae sunt reddere Alcidae patrem   440
genusque uerum. post tot ingentis uiri
memoranda facta postque pacatum manu
quodcumque Titan ortus et labens uidet,
post monstra tot perdomita, post Phlegram impio
sparsam cruore postque defensos deos   445
nondum liquet de patre? mentimur Iouem?
Iunonis odio crede. Ly. Quid uiolas Iouem?
mortale caelo non potest iungi genus.
Am. Communis ista pluribus causa est deis.
Ly. Famuline fuerant ante quam fierent dei?   450
Am. Pastor Pheraeos Delius pauit greges.

430 sceptrone *recc.*: -que ω   fam. e. p. *E*: p. e. fam. *A*   433 quid
E^pc (*ex* o)   436 sequentem *Bentley*: loqu- ω   438 sperat *E*: penetrat *A*   440 meae *E*: mee he(e) *A*

18

Ly. Sed non per omnes exul errauit plagas.
Am. Quem profuga terra mater errante edidit?
Ly. Num monstra saeua Phoebus aut timuit feras?
Am. Primus sagittas imbuit Phoebi draco. 455
Ly. Quam grauia partus tulerit ignoras mala?
Am. E matris utero fulmine eiectus puer
mox fulminanti proximus patri stetit.
quid? qui gubernat astra, qui nubes quatit,
non latuit infans rupis exesae specu? 460
sollicita tanti pretia natales habent
semperque magno constitit nasci deum.
Ly. Quemcumque miserum uideris, hominem scias.
Am. Quemcumque fortem uideris, miserum neges.
Ly. Fortem uocemus cuius ex umeris leo, 465
donum puellae factus, et claua excidit
fulsitque pictum ueste Sidonia latus?
fortem uocemus cuius horrentes comae
maduere nardo, laude qui notas manus
ad non uirilem tympani mouit sonum, 470
mitra ferocem barbara frontem premens?
Am. Non erubescit Bacchus effusos tener
sparsisse crines nec manu molli leuem
uibrare thyrsum, cum parum forti gradu
auro decorum syrma barbarico trahit: 475
post multa uirtus opera laxari solet.
Ly. Hoc Euryti fatetur euersi domus
pecorumque ritu uirginum oppressi greges;
hoc nulla Iuno, nullus Eurystheus iubet:
ipsius haec sunt opera. Am. Non nosti omnia: 480

---

453 terra mater errante edidit *E*: mater mater errantem dedit *A*
454 num *E*: nunc δ: non β   saeva *E*: -as *A*   456 *Lyco*, 457 sqq.
Amphitryoni dedit Gruterus: *Amphitryoni continuantur in* ω   456 partus
Housman 1923, 164: paruus ω   460 exese *A*: ideae *E*   461 tanti
pretia *A*: pr. tanta *E*   475 barbarico *E*: -um *A*   477 *Lyci notam*
*praef. A, om. E*ac   euriti *E*: -is *A*   479 *Lyci notam praefixam in E**
(postea erasam) om. A

ipsius opus est caestibus fractus suis
Eryx et Eryci iunctus Antaeus Libys,
et qui hospitali caede manantes foci
bibere iustum sanguinem Busiridis;
ipsius opus est uulneri et ferro obuius   485
mortem coactus integer Cycnus pati,
nec unus una Geryon uictus manu.
eris inter istos—qui tamen nullo stupro
laesere thalamos. Ly. Quod Ioui hoc regi licet:
Ioui dedisti coniugem, regi dabit;   490
et te magistro non nouum hoc discet nurus,
etiam uiro probante meliorem sequi.
sin copulari pertinax taedis negat,
uel ex coacta nobilem partum feram.
Me. Vmbrae Creontis et penates Labdaci   495
et nuptiales impii Oedipodae faces,
nunc solita nostro fata coniugio date.
nunc nunc, cruentae regis Aegypti nurus,
adeste multo sanguine infectae manus.
dest una numero Danais: explebo nefas.   500
Ly. Coniugia quoniam peruicax nostra abnuis
regemque terres, sceptra quid possint scies.
complectere aras: nullus eripiet deus
te mihi, nec orbe si remolito queat
ad supera uictor numina Alcides uehi.   505
    Congerite siluas: templa supplicibus suis
iniecta flagrent, coniugem et totum gregem
consumat unus igne subiecto rogus.
Am. Hoc munus a te genitor Alcidae peto,
rogare quod me deceat, ut primus cadam.   510

---

    483 hospitali cede manantes *A*: -em -em mi- *E*   485 obuius *ω*:
inuius *Heinsius, sed cf. Stat. Theb. 2. 564*   486 integer cycnus *E*: ante
geriones *A*   490 dabit *Leo ii 375*: -is *ω*   497 nostro *MQOx.l*:
uestro *ω*   504 remolito *A*: de- *E*   505 numina *ω*: lu- *Heinsius 217 (coll.
Verg. Aen. 6. 680)*   508 rogus *Auantius*: locus *ω*

Ly. Qui morte cunctos luere supplicium iubet
nescit tyrannus esse: diuersa inroga;
miserum ueta perire, felicem iube.
Ego, dum cremandis trabibus accrescit rogus,
sacro regentem maria uotiuo colam.   515
Am. Pro numinum uis summa, pro caelestium
rector parensque, cuius excussis tremunt
humana telis, impiam regis feri
compesce dextram!—quid deos frustra precor?
ubicumque es, audi, gnate.—cur subito labant   520
agitata motu templa? cur mugit solum?
infernus imo sonuit e fundo fragor.
audimur! est est sonitus Herculei gradus.

CHORVS

O Fortuna uiris inuida fortibus,
quam non aequa bonis praemia diuidis!   525
Eurystheus facili regnet in otio,
Alcmena genitus bella per omnia
monstris exagitet caeliferam manum?
serpentis resecet colla feracia,
deceptis referat mala sororibus,   530
cum somno dederit peruigiles genas
pomis diuitibus praepositus draco?
    Intrauit Scythiae multiuagas domos
et gentes patriis sedibus hospitas,
calcauitque freti terga rigentia   535
et mutis tacitum litoribus mare.
illic dura carent aequora fluctibus,
et qua plena rates carbasa tenderent,
intonsis teritur semita Sarmatis.

512 irroga *A*: in loca *E*   515 colam *E*: rogem *A*   526–32 *quaestio*
indignationis (*M. Müller 1898, 6*)   526 euristeus *A*: au- *E*   529 feracia
recc.: ferocia *ω*; *cf. 781*   536 mutis *recc.* (*K*): multis *ω*   538 tenderent *E*: -rant *A*

stat pontus, uicibus mobilis annuis,   540
nauem nunc facilis, nunc equitem pati.
illic quae uiduis gentibus imperat,
aurato religans ilia balteo,
detraxit spolium nobile corpori
et peltam et niuei uincula pectoris,   545
uictorem posito suspiciens genu.
    Qua spe praecipites actus ad inferos,
audax ire uias inremeabiles,
uidisti Siculae regna Proserpinae?
illic nulla noto nulla fauonio   550
consurgunt tumidis fluctibus aequora;
non illic geminum Tyndaridae genus
succurrunt timidis sidere nauibus:
stat nigro pelagus gurgite languidum,
et cum Mors auidis pallida dentibus   555
gentes innumeras manibus intulit,
uno tot populi remige transeunt.
    Euincas utinam iura ferae Stygis
Parcarumque colos non reuocabiles.
hic qui rex populis pluribus imperat,   560
bello cum peteres Nestoream Pylon,
tecum conseruit pestiferas manus
telum tergemina cuspide praeferens:
effugit tenui uulnere saucius
et mortis dominus pertimuit mori.   565
fatum rumpe manu, tristibus inferis
prospectus pateat lucis et inuius
limes det faciles ad superos uias.
    Immites potuit flectere cantibus
umbrarum dominos et prece supplici   570

543 om. A (spat. rel. S)   546 suspiciens recc.: suscipiens ω   548 inremeabiles A: -media- E   551 fluct. aequ. ω: aequ. fluct. Bentley
553 sidere Housman ad Manil. 2.556 (addend. 5. 142): -a ω; uide Hillen
52   554 nigro ω: pigro Bentley   559 reuocabiles ω: reuolubiles
Broukhusius ad Prop. 4. 7. 51   561 peteres recc.: -et ω   566 tristibus E:
tristis et A

Orpheus, Eurydicen dum repetit suam.
quae siluas et aues saxaque traxerat
ars, quae praebuerat fluminibus moras,
ad cuius sonitum constiterant ferae,
mulcet non solitis uocibus inferos,   575
et surdis resonat clarius in locis.
deflent Eumenides Threiciam nurum,
deflent et lacrimis difficiles dei,
et qui fronte nimis crimina tetrica
quaerunt ac ueteres excutiunt reos   580
flentes Eurydicen iuridici sedent.
tandem mortis ait 'uincimur' arbiter,
'euade ad superos, lege tamen data:
tu post terga tui perge uiri comes,
tu non ante tuam respice coniugem,   585
quam cum clara deos obtulerit dies
Spartanique aderit ianua Taenari.'
odit uerus amor nec patitur moras:
munus dum properat cernere, perdidit.
        Quae uinci potuit regia carmine,   590
haec uinci poterit regia uiribus.

O lucis almae rector et caeli decus,
qui alterna curru spatia flammifero ambiens
inlustre laetis exeris terris caput,
da, Phoebe, ueniam, si quid inlicitum tui   595
uidere uultus: iussus in lucem extuli
arcana mundi. tuque, caelestum arbiter
parensque, uisus fulmine opposito tege;

---

571 repetit *E*: recipit *A*   575-6 *om. A*   577 *post* 580 *A*
Eumenides Threiciam nurum *Schmidt 1865, 16 sq.* (*coll. Ou. met. 10. 45 sqq.*):
euridicen (-em *E*) threiciae nurus *ω*; *cf. Ax. 1967, 26 sq.*   583 euade *E*:
et u. *A*   590 carmine *E*: cantibus *A*   594 letis (*cf. HO 1529*)
A: la- *E*   597 archana *E*: secreta *A*   celestum *CV*: -ium *E*δS

et tu, secundo maria qui sceptro regis,
imas pete undas. quisquis ex alto aspicit   600
terrena, facie pollui metuens noua,
aciem reflectat oraque in caelum erigat
portenta fugiens: hoc nefas cernant duo,
qui aduexit et quae iussit. in poenas meas
atque in labores non satis terrae patent   605
Iunonis odio: uidi inaccessa omnibus,
ignota Phoebo quaeque deterior polus
obscura diro spatia concessit Ioui;
et, si placerent tertiae sortis loca,
regnare potui: noctis aeternae chaos   610
et nocte quiddam grauius et tristes deos
et fata uici. morte contempta redi:
quid restat aliud? uidi et ostendi inferos:
da si quid ultra est, iam diu pateris manus
cessare nostras, Iuno: quae uinci iubes?   615
    Sed templa quare miles infestus tenet
limenque sacrum terror armorum obsidet?

AMPHITRYON

    Vtrumne uisus uota decipiunt meos,
an ille domitor orbis et Graium decus
tristi silentem nubilo liquit domum?   620
estne ille natus? membra laetitia stupent.
O nate, certa at sera Thebarum salus,
teneone in auras editum an uana fruor
deceptus umbra? tune es? agnosco toros
umerosque èt alto nobile in trunco caput.   625

604 iussit *E*: uexit *A*   607 queque *A*: qua- *E*   614 iam *E*: tam *A*
615 quae *E*: quid *A*   *ante* 618 Amphitrion. hercules. theseus *A*:
AMPHYTRION. HERCVLES. MEGERA. THESEVS *E*   622 at
Gruterus: et ω   623 teneone in auras editum an uana fruor *E*:
uerumne cerno corpus an fallor uidens δ: u. c. c. an fallor uel tua uidens β
625 nobile in trunco caput *Ax. 1967, 88 sq.* (*coll. Thy 225; Lucan. 7. 713*):
nobilem trunco manum ω; *cf. Phae 830*

24

He. Vnde iste, genitor, squalor et lugubribus
amicta coniunx? unde tam foedo obsiti
paedore nati? quae domum clades grauat?
Am. Socer est peremptus, regna possedit Lycus,
natos parentem coniugem leto petit.   630
He. Ingrata tellus, nemo ad Herculeae domus
auxilia uenit? uidit hoc tantum nefas
defensus orbis?—cur diem questu tero?
mactetur hostis, hanc ferat uirtus notam
fiatque summus hostis Alcidae Lycus.   635
ad hauriendum sanguinem inimicum feror;
Theseu, resiste, ne qua uis subita ingruat.
me bella poscunt, differ amplexus, parens,
coniunxque differ. nuntiet Diti Lycus
me iam redisse.   640

THESEVS

Flebilem ex oculis fuga,
regina, uultum, tuque nato sospite
lacrimas cadentes reprime: si noui Herculem,
Lycus Creonti debitas poenas dabit.
lentum est dabit: dat; hoc quoque est lentum: dedit.
Am. Votum secundet qui potest nostrum deus   645
rebusque lassis adsit. O magni comes
magnanime nati, pande uirtutum ordinem,
quam longa maestos ducat ad manes uia,
ut uincla tulerit dura Tartareus canis.
Th. Memorare cogis acta securae quoque   650
horrenda menti. uix adhuc certa est fides
uitalis aurae, torpet acies luminum
hebetesque uisus uix diem insuetum ferunt.

---

632 uidit *EP*: -et *βTHel.* (-et *ex* -it *C*)   634ᵇ–636 *Herculi continuantur
in E*: *Thesei sunt in A* (*nota* her *uersui* 637 *praef.*); *cf. HO 815 sq., 1454 sq.*
651 certa *Eᵖᶜ* (*ex* e)

Am. Peruince, Theseu, quidquid alto in pectore
remanet pauoris neue te fructu optimo   655
frauda laborum: quae fuit durum pati,
meminisse dulce est. fare casus horridos.
Th. Fas omne mundi teque dominantem precor
regno capaci teque quam toto inrita
quaesiuit orbe mater, ut iura abdita   660
et operta terris liceat impune eloqui.
    Spartana tellus nobile attollit iugum,
densis ubi aequor Taenarus siluis premit;
hic ora soluit Ditis inuisi domus
hiatque rupes alta et immenso specu   665
ingens uorago faucibus uastis patet
latumque pandit omnibus populis iter.
non caeca tenebris incipit primo uia;
tenuis relictae lucis a tergo nitor
fulgorque dubius solis adflicti cadit   670
et ludit aciem: nocte sic mixta solet
praebere lumen primus aut serus dies.
hinc ampla uacuis spatia laxantur locis,
in quae omne mersum pergat humanum genus.
nec ire labor est; ipsa deducit uia: 675
ut saepe puppes aestus inuitas rapit,
sic pronus aer urguet atque auidum chaos,
gradumque retro flectere haut umquam sinunt
umbrae tenaces. Intus immenso sinu
placido quieta labitur Lethe uado   680
demitque curas, neue remeandi amplius
pateat facultas, flexibus multis grauem

654 peruince *A*: -et *E*   in *E*: om. *A*; *cf. Thy 334*   659 sq. toto ' . . .
orbe *Schmidt 1865, 17 sq.*: -a . . . ethna *ω* (Enna *Avantius*): amotam . . .
Enna *Heimsoeth (apud Leonem)*   661 eloqui *A*: loqui *E*   664 inuisi *E*:
inuicti *A*   665 hiatque *E*²ᵖᶜ   667 pandit *E*²ᵖᶜ   670 adflicti *ω*:
affecti *Bentley*   671 nocte sic mixta *E*: tale non dubie *A*   674 mersum *A*: u- *E*   pergat *Peiper*: pereat *ω*   679 immenso sinu *A*: -i -us *E*
680 lethe *ΣE*² (-e *ex* -os, *ut uid.*): -es *A*

inuoluit amnem: qualis incertis uagus
Maeander undis ludit et cedit sibi
instatque dubius litus an fontem petat.   685
palus inertis foeda Cocyti iacet;
hic uultur, illic luctifer bubo gemit
omenque triste resonat infaustae strigis.
horrent opaca fronde nigrantes comae
taxo imminente, quam tenet segnis Sopor,   690
Famesque maesta tabido rictu iacet
Pudorque serus conscios uultus tegit.
Metus Pauorque, Funus et frendens Dolor
aterque Luctus sequitur et Morbus tremens
et cincta ferro Bella; in extremo abdita   695
iners Senectus adiuuat baculo gradum.
Am. Estne aliqua tellus Cereris aut Bacchi ferax?
Th. Non prata uiridi laeta facie germinant
nec adulta leni fluctuat Zephyro seges;
non ulla ramos silua pomiferos habet: 700
sterilis profundi uastitas squalet soli
et foeda tellus torpet aeterno situ.
[rerumque maestus finis et mundi ultima]
immotus aer haeret et pigro sedet
nox atra mundo: cuncta maerore horrida   705
ipsaque morte peior est mortis locus.
Am. Quid ille opaca qui regit sceptro loca?
qua sede positus temperat populos leues?
Th. Est in recessu Tartari obscuro locus,
quem grauibus umbris spissa caligo alligat.   710
a fonte discors manat hinc uno latex,
alter quieto similis (hunc iurant dei)

___

683 sq. incertis (*ex* -us E^{pc}) ... meander undis E: -a ... le- -a A; *cf. Ou. met.
8. 162–6*   684 ludit (*cf. Ou. met. 8. 163*) A: errat ludit E 690 taxo
imminente quam ω: -um -em qua *Leo, sed cf. Verg. Aen. 6. 283*   691 iacet
Withof 58: -ens ω 693 metus A: -que E pauorque ω: Laborque
Dauisius (*ad Cic. nat. deor. 3. 44*)   695 extremo E^{pc} (*ex* a)   697 ferax
E: tenax A 703 *del. Wakefield* (*ad Lucr. 6. 1267*)   709 recessu E: se- A

27

tacente sacram deuehens fluuio Styga;
at hic tumultu rapitur ingenti ferox
et saxa fluctu uoluit Acheron inuius   715
renauigari. cingitur duplici uado
aduersa Ditis regia, atque ingens domus
umbrante luco tegitur. hic uasto specu
pendent tyranni limina, hoc umbris iter,
haec porta regni. campus hanc circa iacet,   720
in quo superbo digerit uultu sedens
animas recentes. dira maiestas deo,
frons torua, fratrum quae tamen specimen gerat
gentisque tantae, uultus est illi Iouis,
sed fulminantis: magna pars regni trucis   725
est ipse dominus, cuius aspectus timet
quidquid timetur. AM. Verane est fama inferis
tam sera reddi iura et oblitos sui
sceleris nocentes debitas poenas dare?
quis iste ueri rector atque aequi arbiter?   730
TH. Non unus alta sede quaesitor sedens
iudicia trepidis sera sortitur reis.
aditur illo Gnosius Minos foro,
Rhadamanthus illo, Thetidis hoc audit socer.
quod quisque fecit, patitur; auctorem scelus   735
repetit suoque premitur exemplo nocens:
uidi cruentos carcere includi duces
et impotentis terga plebeia manu
scindi tyranni. quisquis est placide potens
dominusque uitae seruat innocuas manus   740
et incruentum mitis imperium regit
animoque parcit, longa permensus diu
felicis aeui spatia uel caelum petit

717 aduersa *ET* (*C in marg.*): au- βP; *cf. Verg. Aen. 6. 418*   719 hoc
ω: hac *uel* huc *Bothe, sed cf. Ag 143, Thy 710, 1014*   722 deo *A*: -i *E*;
cf. HO 1746   723 specimen ω: speciem *recc.*   728 reddi *A*: -it *E*
733 aditur *E*: aud- *A*   734 hoc *A*: hos *E*   741 regit *AE* (t *in ras. E*):
gerit *Heinsius 220, sed cf. Verg. Aen. 1. 340*   742 animoque *recc.*: -aeque ω

uel laeta felix nemoris Elysii loca,
iudex futurus. sanguine humano abstine   745
quicumque regnas: scelera taxantur modo
maiore uestra. Am. Certus inclusos tenet
locus nocentes? utque fert fama, impios
supplicia uinclis saeua perpetuis domant?
Th. Rapitur uolucri tortus Ixion rota;   750
ceruice saxum grande Sisyphia sedet;
in amne medio faucibus siccis senex
sectatur undas, alluit mentum latex,
fidemque cum iam saepe decepto dedit,
perit unda in ore; poma destituunt famem.   755
praebet uolucri Tityos aeternas dapes
urnasque frustra Danaides plenas gerunt;
errant furentes impiae Cadmeides
terretque mensas auida Phineas auis.
Am. Nunc ede nati nobilem pugnam mei.   760
patrui uolentis munus an spolium refert?
Th. Ferale tardis imminet saxum uadis,
stupente ubi unda segne torpescit fretum.
hunc seruat amnem cultu et aspectu horridus
pauidosque manes squalidus gestat senex.   765
impexa pendet barba, deformem sinum
nodus coercet, concauae lucent genae;
regit ipse longo portitor conto ratem.
hic onere uacuus litori puppem applicans
repetebat umbras; poscit Alcides uiam   770
cedente turba; dirus exclamat Charon:
'quo pergis, audax? siste properantem gradum.'
non passus ullas natus Alcmena moras

---

753 alluit *E**: abl- *A*; cf. *Phae 1232*   757 gerunt *E*: fe- *A*
759 terretque . . . auida . . . auis *A*: -entque . . . -ae . . . -es *E*
763 stupente ubi unda *A*: stupent u. -ae *E*   767 lucent *A*: squalent *E*
768 longo . . . conto *E*: c. . . . l. *A*   769 uacuus *A*: -am *E*; cf. *143*
puppem *E*: -im *A*   770 umbras *E*: undas *A*

ipso coactum nauitam conto domat
scanditque puppem. cumba populorum capax   775
succubuit uni; sidit et grauior ratis
utrimque Lethen latere titubanti bibit.
tunc uicta trepidant monstra, Centauri truces
Lapithaeque multo in bella succensi mero;
Stygiae paludis ultimos quaerens sinus   780
fecunda mergit capita Lernaeus labor.
   Post haec auari Ditis apparet domus:
hic saeuus umbras territat Stygius canis,
qui trina uasto capita concutiens sono
regnum tuetur. sordidum tabo caput   785
lambunt colubrae, uiperis horrent iubae
longusque torta sibilat cauda draco.
par ira formae: sensit ut motus pedum,
attollit hirtas angue uibrato comas
missumque captat aure subrecta sonum,   790
sentire et umbras solitus. ut propior stetit
Ioue natus antro, sedit incertus canis
leuiterque timuit—ecce latratu graui
loca muta terret; sibilat totos minax
serpens per armos. uocis horrendae fragor   795
per ora missus terna felices quoque
exterret umbras. soluit a laeua feros
tunc ipse rictus et Cleonaeum caput
opponit ac se tegmine ingenti clepit,
uictrice magnum dextera robur gerens.   800
huc nunc et illuc uerbere assiduo rotat,

774 coactum ω: subactum *Ax.* (*coll. Phoen 78*)   776 sidit *Gronouius*:
se- ω; *cf. Ag 501*   777 titubanti *E*: -bato *A*   778 tunc *A*: tum *E*
uicta *E*: uasta *A*   779 in bella *E*: bella *A*   782 auar*iditis* *E*ᵖᶜ (d *ex* l?)
783 u*mbras* *E*ᵖᶜ   784 trina (*cf. Thy 676*) ω: terna *recc.* (*l*)   788 par
A: per *E*   790 subrecta *E*: -iec- *A*   793 leuiterque *Madvig i 115*:
et uterque ω   797 feros *recc.* (*Ox.*): -ox ω; *cf. Thy 77*   799 clepit
(*cf. Med 156*) *A*: tegit *E*   800 uictrice ω: 'an ultr-?' (*ut exhibet d*) *Ax.*
(*coll. 895, 1103*)   801 as*siduo* *E*ᵖᶜ

ingeminat ictus. domitus infregit minas
et cuncta lassus capita summisit canis
antroque toto cessit. extimuit sedens
uterque solio dominus et duci iubet;   805
me quoque petenti munus Alcidae dedit.
    Tum grauia monstri colla permulcens manu
adamante texto uincit; oblitus sui
custos opaci peruigil regni canis
componit aures timidus et patiens trahi   810
erumque fassus, ore summisso obsequens,
utrumque cauda pulsat anguifera latus.
Postquam est ad oras Taenari uentum et nitor
percussit oculos lucis ignotae nouus,
resumit animos uictus et uastas furens   815
quassat catenas; paene uictorem abstulit
pronumque retro uexit et mouit gradu.
tunc et meas respexit Alcides manus;
geminis uterque uiribus tractum canem
ira furentem et bella temptantem inrita   820
intulimus orbi. uidit ut clarum diem
et pura nitidi spatia conspexit poli,
[oborta nox est, lumina in terram dedit]
compressit oculos et diem inuisum expulit
aciemque retro flexit atque omni petit   825
ceruice terram; tum sub Herculeas caput
abscondit umbras. Densa sed laeto uenit
clamore turba frontibus laurum gerens
magnique meritas Herculis laudes canit.

---

802 minas E^{pc} (ex x)   807 tum ET: tunc βP grauia ω; an rabida?
808 uincit ω: -xit recc.   813 oras ω: an ora? sed cf. W. Richter ad Verg.
georg. 4. 39   814 nouus Buecheler: bono ω: nouos Rutgersius 494; cf. 669
sq., 1275 sq., Tro 545   815 uictus E: uinc- A   817 uexit ω: flexit
recc.   821 diem E: ethera A   823 del. Bothe   824 compressit
A: comspexit E   826sq. herculeas ... umbras E: -ea ... -a A

31

Chorvs

Natus Eurystheus properante partu   830
iusserat mundi penetrare fundum:
derat hoc solum numero laborum,
tertiae regem spoliare sortis.
ausus es caecos aditus inire,
ducit ad manes uia qua remotos   835
tristis et nigra metuenda silua,
sed frequens magna comitante turba.

Quantus incedit populus per urbes
ad noui ludos auidus theatri,
quantus Eleum ruit ad Tonantem,   840
quinta cum sacrum reuocauit aestas;
quanta, cum longae redit hora nocti
crescere et somnos cupiens quietos
libra Phoebeos tenet aequa currus,
turba secretam Cererem frequentat   845
et citi tectis properant relictis
Attici noctem celebrare mystae:
tanta per campos agitur silentes
turba; pars tarda graditur senecta
tristis et longa satiata uita;   850
pars adhuc currit melioris aeui:
uirgines nondum thalamis iugatae
et comis nondum positis ephebi
matris et nomen modo doctus infans.
his datum solis, minus ut timerent,   855
igne praelato releuare noctem;

---

849 sq. *Guido de Bazochis, apologia contra maledicos* (*ed. Wattenbach, SB Bln. 1893, 1, p. 413*) ut ait in Hercule tragico Seneca: senecta tristis et longa saciata uita

---

834 es *E*: est *A*   836 nigra m. s. *E*: s. m. nigra *A*   840 quantus
recc.: qualis ω   842 nocti *E*: -is *A*   844 phebeos *A*: the- *E*
846 et citi ω: exciti *Heinsius 221*   849 graditur *E*: gradiens *A*

ceteri uadunt per opaca tristes.
Qualis est uobis animus, remota
luce cum maestus sibi quisque sensit
obrutum tota caput esse terra?   860
stat chaos densum tenebraeque turpes
et color noctis malus ac silentis
otium mundi uacuaeque nubes.
 Sera nos illo referat senectus:
nemo ad id sero uenit, unde numquam,   865
cum semel uenit, potuit reuerti.
quid iuuat, durum, properare, fatum?
omnis haec magnis uaga turba terris
ibit ad manes facietque inerti
uela Cocyto: tibi crescit omne,   870
et quod occasus uidet et quod ortus.
parce uenturis: tibi, mors, paramur;
sis licet segnis, properamus ipsi:
prima quae uitam dedit hora carpsit.
 Thebis laeta dies adest.   875
 aras tangite supplices,
 pingues caedite uictimas;
 permixtae maribus nurus
 sollemnes agitent choros;
 cessent deposito iugo   880
 arui fertilis incolae.
 Pax est Herculea manu
 Auroram inter et Hesperum,

875-7 *affert Terentianus Maurus, de metris 2673-5* (*GL vi 404*), 875 *iterum u. 2786*
(*p. 407*)

---

866 potuit ω: poterit *Bentley*   **867** dist. *Ax.* .   **870** crescit *A*: -et *E*
872[b.a] (tibi m. p. p. u.) *ante* 870[b] (tibi c. o.) *inser. Schmidt 1865, 19*
874 *uno uersu ET*: *duobus uersibus* (p. q. u. | d. h. c.) *βP* carpsit *A*: carpit *E*
ante **875** CHORVS *E*, *om. A*   **875-94** *singuli uersus A*: *coniuncti bini*
uersus (*initiis singulorum distinctis*) *praeter primum et nouissimum, qui uncialibus*
scripti sunt E   **876** aras ω: -am *Terentianus*   **878** maribus *A*:
matribus *E*

et qua sol medium tenens
umbras corporibus negat;   885
quodcumque alluitur solum
longo Tethyos ambitu,
Alcidae domuit labor.
Transuectus uada Tartari
pacatis redit inferis.   890
iam nullus superest timor:
nil ultra iacet inferos.
    Stantes sacrificus comas
dilecta tege populo.

HERCVLES

Vltrice dextra fusus aduerso Lycus   895
terram cecidit ore; tum quisquis comes
fuerat tyranni iacuit et poenae comes.
nunc sacra patri uictor et superis feram
caesisque meritas uictimis aras colam.
    Te te laborum socia et adiutrix precor,   900
belligera Pallas, cuius in laeua ciet
aegis feroces ore saxifico minas;
adsit Lycurgi domitor et rubri maris,
tectam uirente cuspidem thyrso gerens,
geminumque numen Phoebus et Phoebi soror   905
(soror sagittis aptior, Phoebus lyrae)
fraterque quisquis incolit caelum meus
non ex nouerca frater. Huc appellite
greges opimos, quidquid Indorum seges

    *   *   *   *   *   *   *

894 tege *ET*: rege *βP*   *ante* 895 HERCVLES. AMPHYTRION.
MEGERA. CHORVS *E*: Hercules. theseus. amphitrion. megera *A*
895 ultrice *β*: al- *δ*: uictrice *E*   aduerso *E*: -am *A*   896 tum *A*: tunc *E*
899 aras colam *AE^{pc}*: sacra scolam *E^{ac}*   902 minas *E^{pc}* (*ex* x)
904 uirente *E*: -i *A*   *post u.* 909 *lacunam indicauit Leo, quam sic fere*
explendam censeo ⟨Cilicumque messis dulcibus foliis creat⟩

Arabesque odoris quidquid arboribus legunt　　910
conferte in aras, pinguis exundet uapor.
populea nostras arbor exornet comas,
te ramus oleae fronde gentili tegat,
Theseu; Tonantem nostra adorabit manus,
tu conditores urbis et siluestria　　915
trucis antra Zethi, nobilis Dircen aquae
laremque regis aduenae Tyrium coles.
date tura flammis. Am. Nate, manantes prius
manus cruenta caede et hostili expia.
He. Vtinam cruore capitis inuisi deis　　920
libare possem: gratior nullus liquor
tinxisset aras; uictima haut ulla amplior
potest magisque opima mactari Ioui,
quam rex iniquus. Am. Finiat genitor tuus
opta labores, detur aliquando otium　　925
quiesque fessis. He. Ipse concipiam preces
Ioue meque dignas: stet suo caelum loco
tellusque et aequor; astra inoffensos agant
aeterna cursus, alta pax gentes alat;
ferrum omne teneat ruris innocui labor　　930
ensesque lateant. nulla tempestas fretum
uiolenta turbet, nullus irato Ioue
exiliat ignis, nullus hiberna niue
nutritus agros amnis euersos trahat.
uenena cessent, nulla nocituro grauis　　935
suco tumescat herba. non saeui ac truces
regnent tyranni; si quod etiamnum est scelus
latura tellus, properet, et si quod parat
monstrum, meum sit.—Sed quid hoc? medium diem
cinxere tenebrae. Phoebus obscuro meat　　940
sine nube uultu. quis diem retro fugat

---

915 tu *E*: the. Dii *A*　　916 zethi *E*: theti *A*　　dircen aque *E*: -es -as *A*
917 coles *E*: -is *A*　　918 date *E*: her. date *A*　　920 cruore *E*: -em *A*
922 haut *CT*: aut *EPη*　　926 quiesque *E²ᵖᶜ*　　928 aequor *Heinsius*
222: aether ω; *uide Gnomon 1988, 336*

agitque in ortus? unde nox atrum caput
ignota profert? unde tot stellae polum
implent diurnae? primus en noster labor
caeli refulget parte non minima leo   945
iraque totus feruet et morsus parat.
iam rapiet aliquod sidus: ingenti minax
stat ore et ignes efflat et rutilam iubam
ceruice iactans quidquid autumnus grauis
hiemsque gelido frigida spatio refert   950
uno impetu transiliet et uerni petet
frangetque tauri colla. Am. Quod subitum hoc malum est?
quo, nate, uultus huc et huc acres refers
acieque falsum turbida caelum uides?
He. Perdomita tellus, tumida cesserunt freta,   955
inferna nostros regna sensere impetus:
immune caelum est, dignus Alcide labor.
in alta mundi spatia sublimis ferar,
petatur aether: astra promittit pater.
quid, si negaret? non capit terra Herculem   960
tandemque superis reddit. en ultro uocat
omnis deorum coetus et laxat fores,
una uetante. recipis et reseras polum?
an contumacis ianuam mundi traho?
dubitatur etiam? uincla Saturno exuam   965
contraque patris impii regnum impotens
auum resoluam; bella Titanes parent,
me duce furentes; saxa cum siluis feram
rapiamque dextra plena Centauris iuga.
iam monte gemino limitem ad superos agam: 970
uideat sub Ossa Pelion Chiron suum,
in caelum Olympus tertio positus gradu
perueniet aut mittetur. Am. Infandos procul

---

947 rapiet *A*: -at *E*   948 rutila*m* *E*^{pc} (*ex* t): -at *A*: -a *Lipsius*
952 colla *E in ras.*   957 dignus *E*^{pc} (*ex* m)   963 recipis et *A*:
recipi. sed *E*   971 ossa *EC*: -e *ST*^{ac}: orse *P*   973 mittetur *E*: mut- *A*

36

auerte sensus; pectoris sani parum
magni tamen compesce dementem impetum. 975
HE. Quid hoc? Gigantes arma pestiferi mouent.
profugit umbras Tityos ac lacerum gerens
et inane pectus quam prope a caelo stetit.
labat Cithaeron, alta Pallene tremit
Macetumque Tempe. rapuit hic Pindi iuga, 980
hic rapuit Oeten, saeuit horrendum Mimans.
Flammifera Erinys uerbere excusso sonat
rogisque adustas propius ac propius sudes
in ora tendit; saeua Tisiphone, caput
serpentibus uallata, post raptum canem 985
portam uacantem clausit opposita face.
    Sed ecce proles regis inimici latet,
Lyci nefandum semen: inuiso patri
haec dextra iam uos reddet. excutiat leuis
neruus sagittas. tela sic mitti decet 990
Herculea. AM. Quo se caecus impegit furor?
uastum coactis flexit arcum cornibus
pharetramque soluit, stridet emissa impetu
harundo—medio spiculum collo fugit
uulnere relicto. HE. Ceteram prolem eruam 995
omnisque latebras. quid moror? maius mihi
bellum Mycenis restat, ut Cyclopia
euersa manibus saxa nostris concidant.
huc eat et illuc claua disiecto obice
rumpatque postes; columen impulsum labet.— 1000
perlucet omnis regia: hic uideo abditum
gnatum scelesti patris. AM. En blandas manus

974 *uno uersu E*: *uerba* auerte sensus *uersui* 973 *adglutinantur in A*
976 pestiferi *EP*: -a *βT*   979 pallene *A*: pell- *E*   980 macetumque *E*: marcentque *A*   981 Mimas *Auantius*: minans ω   991 impegit
E: inuergit *A*; *cf. de ira 2. 9. 1*   993 stridet *E*: -it *A*   994 medio *A*:
-um *E*   996 -que *E*: *om. A*   999 et *A*: *om. E*   claua *Withof 82 sq.*:
aula ω: ualua *Baden*   disiecto *A*: de- *E*   1000 columen *A*: culmen *E*
1001 perlucet *E*: procumbat *A*

ad genua tendens uoce miseranda rogat.
scelus nefandum, triste et aspectu horridum:
dextra precantem rapuit et circa furens   1005
bis ter rotatum misit; ast illi caput
sonuit, cerebro tecta disperso madent.—
at misera, paruum protegens gnatum sinu,
Megara furenti similis e latebris fugit.
He. Licet Tonantis profuga condaris sinu,   1010
petet undecumque temet haec dextra et feret.
Am. Quo misera pergis? quam fugam aut latebras petis?
nullus salutis Hercule infesto est locus.
amplectere ipsum potius et blanda prece
lenire tempta. Me. Parce iam, coniunx, precor,   1015
agnosce Megaram. gnatus hic uultus tuos
habitusque reddit; cernis, ut tendat manus?
He. Teneo nouercam. sequere, da poenas mihi
iugoque pressum libera turpi Iouem—
sed ante matrem paruulum hoc monstrum occidat.   1020
Me. Quo tendis amens? sanguinem fundes tuum?
Am. Pauefactus infans igneo uultu patris
perit ante uulnus, spiritum eripuit pauor.
in coniugem nunc claua libratur grauis:
perfregit ossa, corpori trunco caput   1025
abest nec usquam est. cernere hoc audes, nimis
uiuax senectus? si piget luctus, habes
mortem paratam—Pectus en telo indue,
uel stipitem istum huc caede monstrorum inlitum
conuerte, falsum ac nomini turpem tuo   1030
remoue parentem, ne tuae laudi obstrepat.

1005 dextra *E*: -am *A*   precantem *A*: -e *E*   1010 HER *E*: *om. A*
1012 AMP *E*: *om. A*   latebras *A*: -am *E*; *cf. HO 1408*   1017 tendat
A: -am *E*   1020 occidat *E*: auferam *A*   1021 me *praef. A*:
HER *E*   1022 am *praef. A*: *om. E*   infans igneo *A*: ign. inf. (*postea
corr.*) *E*   1023 eripuit *E*: rapuit *A*   pauor *recc.*: puer *A*: timor *E*
1024 coniugem *A*: -e *E*   1026 usquam *E^{pc}* (*ex* m)   1028 pectus en
telo indue *M. Müller 1898, 10 sq.*: p. in tela i. *ω*   1029 istum huc *Ax.*:
istum *ω*: istuc *Baden* (*Leo ii 376*)

Cho. Quo te ipse, senior, obuium morti ingeris?
quo pergis amens? profuge et obtectus late
unumque manibus aufer Herculeis scelus.
He. Bene habet, pudendi regis excisa est domus. 1035
tibi hunc dicatum, maximi coniunx Iouis,
gregem cecidi; uota persolui libens
te digna, et Argos uictimas alias dabit.
Am. Nondum litasti, nate: consumma sacrum.
stat ecce ad aras hostia, expectat manum 1040
ceruice prona; praebeo, occurro, insequor:
macta—quid hoc est? errat acies luminum
uisusque maeror hebetat an uideo Herculis
manus trementes? uultus in somnum cadit
et fessa ceruix capite summisso labat; 1045
flexo genu iam totus ad terram ruit,
ut caesa siluis ornus aut portum mari
datura moles. uiuis an leto dedit
idem tuos qui misit ad mortem furor?
sopor est: reciprocos spiritus motus agit. 1050
detur quieti tempus, ut somno grauis
uis uicta morbi pectus oppressum leuet.—
Remouete, famuli, tela, ne repetat furens.

Chorvs

   Lugeat aether magnusque parens
   aetheris alti tellusque ferax 1055
   et uaga ponti mobilis unda,
   tuque ante omnis, qui per terras

1032 CHO. *M*: THE. ω (*cf. Leonem i 83 sq.*)   senior (*cf. Oed 667*) *E*:
genitor *A*   1033 late *A*: -et *E*   1038 et ω: at *Heinsius 222*   dabit *E*:
-is *A*   1041 prebeo *A*: -be *E*   1043 meror *A*: maemor *E*
1047 portum mari *E*: -us manet *A*   1050 motus *A*: in ortus *E*
1051 grauis *A*: -i *E*   1054-1137 *dimetri* ω *praeter monometros* 1114[b] (t. r. s.)
E, 1111 *A, et trimetros* 1136[b], 1137 (triste . . . reges) *E*, 1135[b] sq. (genus . . .
laboris) *A*

tractusque maris fundis radios
noctemque fugas ore decoro,
    feruide Titan: 1060
obitus pariter tecum Alcides
    uidit et ortus   •
nouitque tuas utrasque domos.
   Soluite tantis animum monstris,
    soluite, superi,
rectam in melius flectite mentem.   1065
Tuque, o domitor, Somne, malorum,
    requies animi,   •
pars humanae melior uitae,
uolucre o matris genus asteriae,
frater durae languide Mortis,
ueris miscens falsa, futuri   1070
certus et idem pessimus auctor,
pax o rerum, portus uitae,
lucis requies noctisque comes,
qui par regi famuloque uenis
placidus fessum lenisque fouens,   1075
pauidum leti genus humanum
cogis longam discere noctem:
preme deuinctum torpore graui,
sopor indomitos alliget artus,
nec torua prius pectora linquat,   1080
quam mens repetat pristina cursum.

   En fusus humi saeua feroci
corde uolutat somnia: nondum est

1064 superi *A*: o s. *E*   1065 rectam ω: caecam *Withof 92*
1068 uolucre o *Leo*: uolucre *Tτ*: -cer *EβP*   asteriae *scripsi Bentleium secutus*,
qui Ast- (*Zw. 1980, 182 n. 4*): astree ω   1070 futuri β: -is *Eδ*   1072
pax *Wilamowitz*: pater ω   o rerum ω: errorum *Wilamowitz*   1075 *post*
1077 *E*   fouens *Scaliger*: -ue ω: -ues *recc.*   1077 noctem *Dousa* (*ad*
Catull. 5. 6): mortem ω   1078 deuinctum β: -uic- *Eδ*   torpore *A*:
cor- *E*   1080 torua *EP*: tortua *Tac*: tot tua β   1082 en fusus *A*:
inf- *E*   1083 uolutat *A*: uoluat *E*

tanti pestis superata mali;
clauaeque graui lassum solitus   1085
      mandare caput   ·
quaerit uacua pondera dextra,
motu iactans bracchia uano,
nec adhuc omnis expulit aestus,
sed ut ingenti uexata noto
seruat longos unda tumultus   1090
et iam uento cessante tumet,

     *   *   *   *   *

Pelle insanos fluctus animi,
redeat pietas uirtusque uiro—
uel sit potius mens uesano
      concita motu: 1095
error caecus qua coepit eat;
solus te iam praestare potest
furor insontem: proxima puris
sors est manibus nescire nefas.

  Nunc Herculeis percussa sonent   1100
      pectora palmis,
mundum solitos ferre lacertos
uerbera pulsent ultrice manu;
gemitus uastos audiat aether,
audiat atri regina poli   1105
uastisque ferox qui colla gerit
      uincta catenis   ·
imo latitans Cerberus antro.
resonet maesto clamore chaos
latique patens unda profundi

1091 *post* tumet *lacunam statuit Withof 95, quam sic fere supplere uoluit Leo*
⟨sic pristina adhuc quatit ira uirum⟩   1103 ultrice *M* (*Heinsius 222*):
uictrice ω; *uide ad 800*   1105 regina poli *A*: regia p. *E*   uastisque *A*:
-usque *E*   1109 latique ω: -te- *recc.*

et qui medius tua tela tamen   1110
    senserat aer.
pectora tantis obsessa malis
non sunt ictu ferienda leui:
uno planctu tria regna sonent.
Et tu collo decus ac telum   1115
suspensa diu, fortis harundo,
    pharetraeque graues,
date saeua fero uerbera tergo.
caedant umeros robora fortes
stipesque potens duris oneret   1120
    pectora nodis: •
plangant tantos arma dolores.   1121

Ite infaustum genus, o pueri,   1135
noti per iter triste laboris,   1136
non uos patriae laudis comites   1122
ulti saeuos uulnere reges,
non Argiua membra palaestra
flectere docti fortes caestu   1125
    fortesque manu,   •
iam tamen ausi telum Scythicis
    leue corytis
missum certa librare manu
tutosque fuga figere ceruos
nondumque ferae terga iubatae: 1130
ite ad Stygios, umbrae, portus,
    ite, innocuae,
quas in primo limine uitae
scelus oppressit patriusque furor: 1134
ite, iratos uisite reges.   1137

1110 medius *E*: melius *A*   tamen ω: tremens *Ax*.   1117 graues *E*: leues *A*   1118 saeua *E*: sera *A*   *post* 1121 *transp. Leo* 1135–6 (*i 103 sqq.*)   1123 ulti seuos *vOx.*: uilisceuos *E*: ulti seuo *A* 1125 docti *E*: forti *A*   1126 sq. scithycis . . . corytis *E*: -i . . . -i *A*

HERCVLES

Quis hic locus, quae regio, quae mundi plaga?
ubi sum? sub ortu solis, an sub cardine
glacialis ursae? numquid Hesperii maris   1140
extrema tellus hunc dat Oceano modum?
quas trahimus auras? quod solum fesso subest?
certe redimus—unde prostrata ad domum
uideo cruenta corpora? an nondum exuit
simulacra mens inferna? post reditus quoque   1145
oberrat oculis turba feralis meis?
pudet fateri: paueo; nescioquod mihi,
nescioquod animus grande praesagit malum.
Vbi est parens? ubi illa natorum grege
animosa coniunx? cur latus laeuum uacat   1150
spolio leonis? quonam abit tegimen meum
idemque somno mollis Herculeo torus?
ubi tela? ubi arcus? arma quis uiuo mihi
detrahere potuit? spolia quis tanta abstulit
ipsumque quis non Herculis somnum horruit?   1155
libet meum uidere uictorem, libet,
exurge, uirtus: quem nouum caelo pater
genuit relicto, cuius in fetu stetit
nox longior quam nostra?—quod cerno nefas?
gnati cruenta caede confecti iacent,   1160
perempta coniunx. quis Lycus regnum obtinet?
quis tanta Thebis scelera moliri ausus est
Hercule reuerso? quisquis Ismeni loca,
Actaea quisquis arua, qui gemino mari
pulsata Pelopis regna Dardanii colis,   1165

---

ante 1138 Hercules. Amphitryon (-io δ). Theseus ω   1138 HER *E*:
om. A   1140 glacialis *A*: glatiali *E*   1143 prostrata ad domum
Schmidt 1865, 24 sq.: p. domo ω   1146 oculis . . . meis *E*: -os . . . -os *A*
1149 est *A*: es *E*   1150 cur *A*: cur en *E*   1155 quis *A*: qui *E*
1157 uirtus (*cf. 1315*) *E*: uictor *A*   1158 in foetu *E*: incestu *A*
1162 *del. Leo (i, p. vii, ad p. 59)*

43

succurre, saeuae cladis auctorem indica.
ruat ira in omnis: hostis est quisquis mihi
non monstrat hostem. uictor Alcidae, lates?
procede, seu tu uindicas currus truces
Thracis cruenti siue Geryonae pecus   1170
Libyaeue dominos, nulla pugnandi mora est.
en nudus asto; uel meis armis licet
petas inermem.—cur meos Theseus fugit
paterque uultus? ora cur condunt sua?
differte fletus; quis meos dederit neci   1175
omnis simul, profare. quid, genitor, siles?
at tu ede, Theseu, sed tua, Theseu, fide.—
uterque tacitus ora pudibunda obtegit
furtimque lacrimas fundit. in tantis malis
quid est pudendum? numquid Argiuae impotens   1180
dominator urbis, numquid infestum Lyci
pereuntis agmen clade nos tanta obruit?
per te meorum facinorum laudem precor,
genitor, tuique nominis semper mihi
numen secundum, fare. quis fudit domum?   1185
cui praeda iacui? AM. Tacita sic abeant mala.
HE. Vt inultus ego sim? AM. Saepe uindicta obfuit.
HE. Quisquamne segnis tanta tolerauit mala?
AM. Maiora quisquis timuit. HE. His etiam, pater,
quicquam timeri maius aut grauius potest?   1190
AM. Cladis tuae pars ista quam nosti quota est!
HE. Miserere, genitor, supplices tendo manus.
quid hoc? manus refugit—hic errat scelus.
unde hic cruor? quid illa puerili madens
harundo leto? tincta Lernaea nece.   1195
iam tela uideo nostra. non quaero manum:

1167 ruat ira *A*: ruatur *E*   1175 differte fletus *A*: defer tellus *E*;
cf. 638 sq.   1177 at tu ede *A*: aut tuae de *E*   1180 impotens *E*:
potens *A*   1181 lyci *E*: mihi *A*   1182 pereuntis ω: iacentis *Withof*
110 sq.: recentis *Ax. (coll. 1161)*   1188 tolerauit *A*: -bit *E*   1191 tuae
E: me δ: ne β   1195 lernea *A*: -nae *E*: -naea est *Leo*

quis potuit arcum flectere aut quae dextera
sinuare neruom uix recedentem mihi?
ad uos reuertor; genitor, hoc nostrum est scelus?
tacuere: nostrum est. Aм. Luctus est istic tuus, 1200
crimen nouercae: casus hic culpa caret.
HE. Nunc parte ab omni, genitor, iratus tona;
oblite nostri, uindica sera manu
saltem nepotes. stelliger mundus sonet
flammasque et hic et ille iaculetur polus; 1205
rupes ligatum Caspiae corpus trahant
atque ales auida—cur Promethei uacant
scopuli? paretur uertice immenso feras
uolucresque pascens Caucasi abruptum latus
nudumque siluis. illa quae pontum Scythen 1210
Symplegas artat hinc et hinc uinctas manus
distendat alto, cumque reuocata uice
in se coibunt saxa et in caelum expriment
actis utrimque rupibus medium mare,
ego inquieta montium iaceam mora. 1215
quin structum aceruans nemore congesto aggerem
cruore corpus impio sparsum cremo?
sic, sic agendum est: inferis reddam Herculem.
Aм. Nondum tumultu pectus attonito carens
mutauit iras, quodque habet proprium furor, 1220
in se ipse saeuit. HE. Dira Furiarum loca
et inferorum carcer et sonti plaga
decreta turbae—si quod exilium latet
ulterius Erebo, Cerbero ignotum et mihi,
hoc me abde, Tellus; Tartari ad finem ultimum 1225
mansurus ibo. Pectus o nimium ferum!

1198 neruum *A*: -os *E*: -om *Baehrens 11 (Housman iii 1077)* 1208 paretur β: parent δ: uagetur *E*: uacat cur *Leo, sed cf. Ax. 1967, 26* 1213 saxa
et *Bentley*: saxaque ω 1218 *om. A* 1219 attonito carens *E*:
-um -et *A*; *cf. Thy 260* 1223 si *E*: et si *A* latet ω: patet *Zw. 1980,*
190 (coll. HO 742) 1225 hoc *E*: huc *A*; *cf. Thomas 308 sq.*

quis uos per omnem, liberi, sparsos domum
deflere digne poterit? hic durus malis
lacrimare uultus nescit. huc arcum date,
date huc sagittas, stipitem huc uastum date.   1230
tibi tela frangam nostra, tibi nostros, puer,
rumpemus arcus; at tuis stipes grauis
ardebit umbris; ipsa Lernaeis frequens
pharetra telis in tuos ibit rogos:
dent arma poenas. uos quoque infaustas meis   1235
cremabo telis, o nouercales manus.
Am. Quis nomen usquam sceleris errori addidit?
He. Saepe error ingens sceleris obtinuit locum.
Am. Nunc Hercule opus est: perfer hanc molem mali.
He. Non sic furore cessit extinctus pudor,   1240
populos ut omnes impio aspectu fugem.
arma, arma, Theseu, flagito propere mihi
subtracta reddi. sana si mens est mihi,
referte manibus tela; si remanet furor,
pater, recede: mortis inueniam uiam.   1245
Am. Per sancta generis sacra, per ius nominis
utrumque nostri, siue me altorem uocas
seu tu parentem, perque uenerandos piis
canos, senectae parce desertae, precor,
annisque fessis; unicum lapsae domus   1250
firmamen, unum lumen afflicto malis
temet reserua. nullus ex te contigit
fructus laborum; semper aut dubium mare
aut monstra timui; quisquis in toto furit
rex saeuus orbe, manibus aut aris nocens,   1255

1229 arcum *Bentley*: ensem ω   1230 *om. E*   1237 AMPH *E*: the *A*
usquam *E*: um- δ: num- β; *cf. Phae 1237 et Housman iii 1197*   1238 sepe
error *A*: semper furor *E*   1239 AMPH *E*: the *A*   1240 furore
cessit *A*: furor rec- *E*   pudor *E*^pc (*ex* puer)   1244 referte *E*: reu- *A*
1247 altorem *recc.*: auct- ω   1251 lumen ω: columen *D. et N. Heinsius*
(*223, coll. Tro 124*); *cf. Eur. Herc. 531*   afflicto *A*: -is *E*

46

a me timetur; semper absentis pater
fructum tui tactumque et aspectum peto.
HE. Cur animam in ista luce detineam amplius
morerque nihil est: cuncta iam amisi bona,
mentem arma famam coniugem gnatos manus,　　　　1260
etiam furorem. nemo polluto queat
animo mederi: morte sanandum est scelus.
AM. Perimes parentem? HE. Facere ne possim, occidam.
AM. Genitore coram? HE. Cernere hunc docui nefas.
AM. Memoranda potius omnibus facta intuens　　　　1265
unius a te criminis ueniam pete.
HE. Veniam dabit sibi ipse, qui nulli dedit?
laudanda feci iussus: hoc unum meum est.
succurre, genitor; siue te pietas mouet
seu triste factum siue uiolatum decus　　　　1270
uirtutis, effer arma; uincatur mea
fortuna dextra. TH. Sunt quidem patriae preces
satis efficaces, sed tamen nostro quoque
mouere fletu. surge et aduersa impetu
perfringe solito. nunc tuum nulli imparem　　　　1275
animum malo resume, nunc magna tibi
uirtute agendum est: Herculem irasci ueta.
HE. Si uiuo, feci scelera; si morior, tuli.
purgare terras propero. iamdudum mihi
monstrum impium saeuumque et immite ac ferum　　　　1280
oberrat: agedum, dextra, conare aggredi
ingens opus, labore bis seno amplius.
ignaue, cessas, fortis in pueros modo
pauidasque matres? arma nisi dantur mihi,
altum omne Pindi Thracis excidam nemus　　　　1285

1263*a*, 1264*a*, 1265-6 *Amphitryoni dantur in E*: *Thesei sunt in A, sed cf. 1272ᵇ sqq.*
1270 factum *E*: fatum *A*　　uiolatum *E*: -e *A*　　　　1272 fortuna βEʳᵉᶜ:
fortu *E**: forma δ　　　1280 et immite β*T*: immitte *EP*　　　　1281 agedum
ET: -en- β*P*　　　1283 ignaue ω: -a *Jac. Gronouius*　　　1284 pauidasque
matres *A*: -amque -em *E*　　dantur *E*: den- *A*　　　1285 altum *Ax. 1967,
50 sq.*: aut ω

47

Bacchique lucos et Cithaeronis iuga
mecum cremabo, tota cum domibus suis
dominisque tecta, cum deis templa omnibus
Thebana supra corpus excipiam meum
atque urbe uersa condar, et, si fortibus   1290
leue pondus umeris moenia immissa incident
septemque opertus non satis portis premar,
onus omne media parte quod mundi sedet
dirimitque superos, in meum uertam caput.
AM. Reddo arma. HE. Vox est digna genitore Herculis.
Hoc en peremptus spiculo cecidit puer.   1296
AM. Hoc Iuno telum manibus emisit tuis.
HE. Hoc nunc ego utar. AM. Ecce quam miserum metu
cor palpitat pectusque sollicitum ferit.
HE. Aptata harundo est. AM. Ecce iam facies scelus   1300
uolens sciensque. HE. Pande, quid fieri iubes?
AM. Nihil rogamus: noster in tuto est dolor.
natum potes seruare tu solus mihi,
eripere nec tu; maximum euasi metum:
miserum haut potes me facere, felicem potes.   1305
sic statue, quidquid statuis, ut causam tuam
famamque in arto stare et ancipiti scias:
aut uiuis aut occidis. hanc animam leuem
fessamque senio nec minus fessam malis
in ore primo teneo. tam tarde patri   1310
uitam dat aliquis? non feram ulterius moram,

1290 uersa *A*: eu- *E*   1293 quod mundi *E*: quo mundus *A*
1295ᵃ AMPH *E*: *om. A*   reddo *E*: -e *A*   1295ᵇ HER *E*: Am *A*
digna genitore *A*: dignatore *E*   1297 AMP *E*: *om. A*   emisit (*cf.*
119, 993) *A*: imm- *E*   1299 pectusque *Gronouius*: corpusque *ω*;
Phoen 159   1300ᵃ HER *E*: *om. A*   1300ᵇ AMP *E*: *om. A*
1301 *Amphitryonis totus est in* ω, *corr. Rutgersius 495*   1302 sqq. *Amphitryoni*
continuantur in ω: *Herculi dant recc.*   1304 eripere nec tu *E*: theseu
ipse nec dum *A*   1305 potes me *A*: potes *E*   1309 fessam *E*:
quassam *A*

senile ferro pectus impresso induam:
hic, hic iacebit Herculis sani scelus.
He. Iam parce, genitor, parce, iam reuoca manum.
succumbe, uirtus, perfer imperium patris.   1315
eat ad labores hic quoque Herculeos labor:
uiuamus. artus alleua afflicti solo,
Theseu, parentis. dextra contactus pios
scelerata refugit. Am. Hanc manum amplector libens,
hac nisus ibo, pectori hanc aegro admouens   1320
pellam dolores. He. Quem locum profugus petam?
ubi me recondam quaue tellure obruar?
quis Tanais aut quis Nilus aut quis Persica
uiolentus unda Tigris aut Rhenus ferox
Tagusue Hibera turbidus gaza fluens   1325
abluere dextram poterit? Arctoum licet
Maeotis in me gelida transfundat mare
et tota Tethys per meas currat manus,
haerebit altum facinus. in quas impius
terras recedes? ortum an occasum petes?   1330
ubique notus perdidi exilio locum.
me refugit orbis, astra transuersos agunt
obliqua cursus, ipse Titan Cerberum
meliore uultu uidit. O fidum caput,
Theseu, latebram quaere longinquam, abditam;   1335
quoniamque semper sceleris alieni arbiter
amas nocentes, gratiam meritis refer
uicemque nostris: redde me infernis, precor,
umbris reductum, meque subiectum tuis
restitue uinclis: ille me abscondet locus—   1340

1312 senile *Withof 127 sq.*: letale ω   impresso *E*: -um *A*   1315 perfer
E: pro- *A*   1316 herculeos *A*: -eus *E*   1317 afflicti *recc.*: -tos ω
1319 hanc *E*: hanc ego *A*   1320 pectori *A*: -e *E*   egro *EP*: ego *βT*
1322 obruar *E*: -am *A*   1324 renus *A*: the- *E*   1325 tagusue
hibera turbidus *A*: padusue hiberatur bibus *E*   1330 recedes *A*: -ci- *E*
1336 quoniamque *E*: cum iamque δ: quique *β*   1340 restitue ω: de-
Ax.: sub- *uel* con- *Bentley*

sed et ille nouit. Tʜ. Nostra te tellus manet.
illic solutam caede Gradiuus manum
restituit armis: illa te, Alcide, uocat,
facere innocentes terra quae superos solet.

1342 illic *E*: -uc *A*   cede *A*: crede *E*   MARCI.LVCII.ANNEI
SENECAE.HERCVLES | EXPLICIT.INCIPIT FELICITER | TRO-
ADVM ∴ HECVBA *E*: Publij annei (anilei δ) senece hercules furens
explicit feliciter. incipit thiestes eiusdem *A*

TROADES

PERSONAE

HECVBA
TALTHYBIVS
PYRRHVS
AGAMEMNON
CALCHAS
ANDROMACHA
SENEX
ASTYANAX
VLIXES
HELENA
NVNTIVS
POLYXENA tacita
CHORVS

Scaena Troiae

Quicumque regno fidit et magna potens
dominatur aula nec leues metuit deos
animumque rebus credulum laetis dedit,
me uideat et te, Troia: non umquam tulit
documenta fors maiora, quam fragili loco   5
starent superbi. columen euersum occidit
pollentis Asiae, caelitum egregius labor;
ad cuius arma uenit et qui frigidum
septena Tanain ora pandentem bibit
et qui renatum primus excipiens diem   10
tepidum rubenti Tigrin inmiscet freto,
et quae uagos uicina prospiciens Scythas
ripam cateruis Ponticam uiduis ferit,
excisa ferro est; Pergamum incubuit sibi.
En alta muri decora congestis iacent   15
tectis adusti; regiam flammae ambiunt
omnisque late fumat Assaraci domus.
non prohibet auidas flamma uictoris manus:
diripitur ardens Troia, nec caelum patet
undante fumo: nube ceu densa obsitus   20
ater fauilla squalet Iliaca dies.
stat auidus irae uictor et lentum Ilium
metitur oculis ac decem tandem ferus
ignoscit annis; horret afflictam quoque,
uictamque quamuis uideat, haut credit sibi   25
potuisse uinci. spolia populator rapit
Dardania; praedam mille non capiunt rates.

titulus TROADES *E*: TROAS *A*: TRAGOEDIA TROADOS *Th.* (*uide ad*
u. 64): HECVBA *recc. Pseudo-Probus* (*uide ad u. 861 et 1053*)
ante u. 1 HECVBA *Eβ*: Hecuba Chorus troianorum δ (helena *add. T*)
8 qui *A*: quae *E*   10 primus *E*: prorsus *A*   12–13 *del. Leo i 209*
15 sq. congestis . . . adusti *E*: -i . . . -is *A*   17 dom*us E²ᵖᶜ* (*ex* o)
22 irae *E*: ira *A*   i*l*ium *Eᵖᶜ* (*ex* ul)   23 tandem ω: nondum *Ax.*
25 haut *A*: aut *E*

Testor deorum numen aduersum mihi
patriaeque cineres teque rectorem Phrygum
quem Troia toto conditum regno tegit,   30
tuosque manes quo stetit stante Ilium,
et uos meorum liberum magni greges,
umbrae minores: quidquid aduersi accidit,
quaecumque Phoebas ore lymphato furens
credi deo uetante praedixit mala,   35
prior Hecuba uidi grauida nec tacui metus
et uana uates ante Cassandram fui.
non cautus ignes Ithacus aut Ithaci comes
nocturnus in uos sparsit aut fallax Sinon:
meus ignis iste est, facibus ardetis meis.   40
    Sed quid ruinas urbis euersae gemis,
uiuax senectus? respice infelix ad hos
luctus recentes: Troia iam uetus est malum.
uidi execrandum regiae caedis nefas
ipsasque ad aras maius admissum scelus,   45
Aeacius armis cum ferox, saeua manu
coma reflectens regium torta caput,
alto nefandum uulneri ferrum abdidit;
quod penitus actum cum recepisset libens,
ensis senili siccus e iugulo redit.   50
placare quem non potuit a caede effera
mortalis aeui cardinem extremum premens
superique testes sceleris et quoddam sacrum
regni iacentis? ille tot regum parens
caret sepulcro Priamus et flamma indiget   55
ardente Troia. Non tamen superis sat est:

---

31 quo . . . stante *E*: quodque . . . ante *A*   34 lymphato *E*: limpha-
tico *A*   36 metus *E*: meos *A*   37 et ω: sed *uel* at *Bentley*
45 admissum ω: -is *Housman ad Manil. 2. 3*   46 Aeacius *Henneberger*
17sq.: aeacis *E*: eacide *A*; *cf. Housman ad Manil. 2. 3*   seua *A*: sceua *E*:
laeua *Gronouius*   50 siccus *E*: tinctus *A*; *cf. Ag 657*   53 quoddam
ω: quondam *recc.* (*Ox.*): 'exspectares quiddam' *Ax.*   56 superis *E*: -i *A*

dominum ecce Priami nuribus et natis legens
sortitur urna, praedaque en uilis sequar.
hic Hectoris coniugia despondet sibi,
hic optat Heleni coniugem, hic Antenoris;   60
nec dest tuos, Cassandra, qui thalamos petat.
mea sors timetur, sola sum Danais metus.
    Lamenta cessant? turba captiuae mea,
ferite palmis pectora et planctus date
et iusta Troiae facite. iamdudum sonet   65
fatalis Ide, iudicis diri domus.

Chorvs

Non rude uulgus lacrimisque nouum
    lugere iubes:
hoc continuis egimus annis,
ex quo tetigit Phrygius Graiias   70
hospes Amyclas secuitque fretum
pinus matri sacra Cybebae.
decies niuibus canuit Ide,
Ide nostris nudata rogis,

64-163 *extant in Th.*; *praemittitur hic titulus*: IN NOMINE DÑI
INCIP̅ EXCERPTVM DI TRAGOEDIA TROADOS ANNEI SENICE̦
HECVBA CHORus TROADV̄

---

58 praedaque en *E*: preda quem *A*; *cf. Leonem i 34 sq.*   59 despondet *ET*:
di- *βP*   65 sq. *duobus trimetris ET*: *quattuor uersiculis* (e. i. t. f. | i. d. s. |
f. i. | i. d. d.) *βP*   *carmini inscriptum* CHORVS TROADVM HECVBA *in*
E (*cf. titulum in Th.*): Chorus troianorum (*tit. om. T*) *A*   67 *Chori notam*
praef. ETh.T: *om. βP*   67-82 *dimetri* ω (*sed* 72ᵇ-74ᵃ sacra . . . nostris
uno uersu initiis singulorum dimetrorum distinctis E); 83-98 *trimetri claudente*
dimetro (u. m. H. f.) *E, dimetri claudente monometro* (H. f.) *A*; 99-116 *dimetri*
claudente monometro (H. f.) *E, dimetri inserto monometro* 101ᵇ (feru. ora) *A*;
117-131· *trimetri E, dimetri A*; 132-41 *dimetri* ω; 142-55 *trimetri claudente*
dimetro (l. f. p. M.) *E, dimetri inserto trimetro* 153ᵇ sq. (A. a. d. u. g.)
A; 156-63 *dimetri claudente monometro* (c. t.) ω; *de Th. uide Proleg. pp. 15 sqq.*
70 Graiias *Housman i 180*: gratias *Th.*: graias *EA*   72 cibebe *Th.*: -l(a)e
EA   74 yde nostris β: nostris δ: decie̅ (deciens *Th.*) nostris ε

et Sigeis trepidus campis 75
decumas secuit messor aristas,
ut nulla dies maerore caret,
sed noua fletus causa ministrat.
     Ite ad planctus,
miseramque leua, regina, manum; 80
uulgus dominam uile sequemur:
non indociles lugere sumus.

Hec. Fidae casus nostri comites,
     soluite crinem;
per colla fluant maesta capilli 85
tepido Troiae puluere turpes: 86
     complete manus, 102
hoc ex Troia sumpsisse licet. 103
paret exertos turba lacertos; 87
ueste remissa substringe sinus
uteroque tenus pateant artus.
cui coniugio pectora uelas, 90
     captiue pudor?
cingat tunicas palla solutas,
uacet ad crebri uerbera planctus
     furibunda manus—
placet hic habitus, placet: agnosco 95
     Troada turbam. •
Iterum luctus redeant ueteres,
solitum flendi uincite morem:
     Hectora flemus.

Cho. Soluimus omnes lacerum multo
     funere crinem; •
coma demissa est libera nodo 100
sparsitque cinis feruidus ora. 101

---

76 decumas (-i- *Th.*) ε: decies *A*   86 tepido μ: tr- ω
post 86 *trimetrum* 102, 103 (complete . . . licet), *cui Hecubae notam praef. A* (*non* ε),
transp. Haase 12 sq.   92 solutas *E*: -a *A*   100 demissa *Scaliger*: di- ω

cadit ex umeris uestis apertis 104
imumque tegit suffulta latus; 105
iam nuda uocant pectora dextras.
Nunc, nunc uires exprome, dolor:
Rhoetea sonent litora planctu,
habitansque cauis montibus Echo
non, ut solita est, extrema breuis 110
  uerba remittat: •
totos reddat Troiae gemitus;
audiat omnis pontus et aether.
  Saeuite manus:
pulsu pectus tundite uasto,
non sum solito contenta sono: 115
  Hectora flemus.

HEC. Tibi nostra ferit dextra lacertos
umerosque ferit tibi sanguineos,
tibi nostra caput dextera pulsat,
tibi maternis ubera palmis 120
  laniata patent: •
fluat et multo sanguine manet
quamcumque tuo funere feci
  rupta cicatrix.
Columen patriae, mora fatorum,
tu praesidium Phrygibus fessis, 125
tu murus eras umerisque tuis
stetit illa decem fulta per annos:
tecum cecidit summusque dies
Hectoris idem patriaeque fuit.
  Vertite planctus: 130
Priamo uestros fundite fletus,
  satis Hector habet. •

104 cadit ε: -at A   105 imumque tegit E: unumque -at A
107 dolor ε: d. tuas β: tuas (dolor *sscr.* T) δ   114 pectus . . . uasto ε:
u. . . . p. A   117 Haec tibi *Th.*: HEC. haec t. E: Cho. t. A
120• patent *Schrader*: iacent ω   121 fluat . . . manet ε: -it . . . -at A
131 uestros ε: -o A

Cho. Accipe, rector Phrygiae, planctus,
accipe fletus, bis capte senex.
nil Troia semel te rege tulit,
bis pulsari Dardana Graio   135
          moenia ferro
bisque pharetras passa Herculeas.
post elatos Hecubae partus
          regumque gregem   ·
postrema pater funera cludis
magnoque Ioui uictima caesus   140
Sigea premis litora truncus.

Hec. Alio lacrimas flectite uestras:
non est Priami miseranda mei
          mors, Iliades.
'Felix Priamus' dicite cunctae: 145
liber manes uadit ad imos,
nec feret umquam uicta Graiium
          ceruice iugum;   ·
non ille duos uidet Atridas
nec fallacem cernit Vlixem;
non Argolici praeda triumphi   150
subiecta feret colla tropaeis;
non adsuetas ad sceptra manus
          post terga dabit   ·
currusque sequens Agamemnonios
aurea dextra uincula gestans
latis fiet pompa Mycenis.   155

Cho. 'Felix Priamus' dicimus omnes:
secum excedens sua regna tulit.
nunc Elysii nemoris tutis

---

135 pulsari A: p. uidit ϵ   138 post elatos A: post te latos E
138· gregem E: rogos A: greges Bessel 77   143 sq. mei mors A: memors ϵ
147 Graiium Housman i 180: granum Th.: graium EA   148 uidet ϵ: -it A
151 subiecta ϵ: -o A   158 tutis ϵ: -us A

errat in umbris interque pias
felix animas Hectora quaerit.   160
    Felix Priamus:
felix quisquis bello moriens
omnia secum consumpta tulit.

TALTHYBIVS

O longa Danais semper in portu mora,
seu petere bellum, petere seu patriam uolunt.   165
CHO. Quae causa ratibus faciat et Danais moram,
effare, reduces quis deus claudat uias.
TA. Pauet animus, artus horridus quassat tremor.
maiora ueris monstra (uix capiunt fidem)
uidi ipse, uidi. summa iam Titan iuga   170
stringebat ortu, uicerat noctem dies,   170bis
cum subito caeco terra mugitu fremens
concussa totos traxit ex imo sinus;
mouere siluae capita et excelsum nemus
fragore uasto tonuit et lucus sacer;
Idaea ruptis saxa ceciderunt iugis.   175
[nec terra solum tremuit: et pontus suum
adesse Achillem sensit ac strauit uada.]
    Tum scissa uallis aperit immensos specus
et hiatus Erebi peruium ad superos iter
tellure fracta praebet ac tumulum leuat.   180
emicuit ingens umbra Thessalici ducis,
Threicia qualis arma proludens tuis

---

163 tulit ε: uidet *A*   *ante* 164 TALTHYBIVS. CHORVS. *E*: Tal-
tibius chorus grecorum *A*   *partes Talthybii ut in 1056 sqq. nuntio tribuendas
esse suspicatur Friedrich 103 n. 1*   164 o *E*: quam *A*   167 reduces *A*:
edoce *E*   168 horridus ω: -os *Heinsius 152*; *cf. Oct 735*   170bis ortu
E: -us *A*   172 totos . . . sinus *E*: cecos . . . sonos *A*   176, 177 *del.*
Zw. 1976, 184   176 terra solum *E*: sola tellus *A*   177 strauit ω:
mouit *Bentley (coll. 200)*   178 tum *E*: tunc *A*   uallis *E*: tellus *A*
180 tumulum leuat *uix sanum*; *fort.* tumulo (*Zw.*) leuis (*Ax.*)

59

iam, Troia, fatis strauit aut Neptunium
cana nitentem perculit iuuenem coma,
aut cum inter acies Marte uiolento furens   185
corporibus amnes clusit et quaerens iter
tardus cruento Xanthus errauit uado,
aut cum superbo uictor in curru stetit
egitque habenas Hectorem et Troiam trahens.
Impleuit omne litus irati sonus: 190
'ite, ite, inertes, debitos manibus meis
auferte honores, soluite ingratas rates
per nostra ituri maria. non paruo luit
iras Achillis Graecia et magno luet:
desponsa nostris cineribus Polyxene   195
Pyrrhi manu mactetur et tumulum riget.'
haec fatus alta nocte dimisit diem
repetensque Ditem mersus ingentem specum
coeunte terra iunxit. immoti iacent
tranquilla pelagi, uentus abiecit minas   200
placidumque fluctu murmurat leni mare,
Tritonum ab alto cecinit hymenaeum chorus.

PYRRHVS

Cum laeta pelago uela rediturus dares,
excidit Achilles, cuius unius manu
impulsa Troia, quidquid adiecit morae   205
illo remoto, dubia quo caderet stetit?

---

184 *cana* E^{2pc} (*ex* ce)   187 cruento xanthus A: -us anthus (*ut uid.*) E*
uado E: *om. A*   191 ite ite ite A: ite E debitos manibus meis $A\Sigma$: man.
m. d. (*sed ordine lineolis restituto*) E 192 auferte A: aff- E 193 luit
E: -et A 194 et E: at A: ac vOx.   197 dimisit *recc.*: diuisit ω; *uide*
Hermes 1991,119sqq.   199 immoti A: -a E 202 tritonum ...
chorus E: triton ... -o A *ante* 203 PYRRHVS.AGAMENON.
CALCHAS E: Pyrrus. agamen(n)on A 205 troia quicquid E: troia
⟨corruit tandem solo | breui repensans⟩ quicquid A *inter* 205 *et* 206
uersum 226 *habet A*

uelis licet quod petitur ac properes dare,
sero es daturus: iam suum cuncti duces
tulere pretium. quae minor merces potest
tantae dari uirtutis? an meruit parum   210
qui, fugere bellum iussus et longa sedens
aeuum senecta ducere ac Pylii senis
transcendere annos, exuit matris dolos
falsasque uestes, fassus est armis uirum?
Inhospitali Telephus regno impotens,   215
dum Mysiae ferocis introitus negat,
rudem cruore regio dextram imbuit
fortemque eandem sensit et mitem manum.
cecidere Thebae, uidit Eetion capi
sua regna uictus; clade subuersa est pari   220
apposita celso parua Lyrnesos iugo,
captaque tellus nobilis Briseide
et causa litis regibus Chryse iacet
et nota fama Tenedos et quae pascuo
fecunda pingui Thracios nutrit greges   225
Scyros fretumque Lesbos Aegaeum secans
et cara Phoebo Cilla; quid quas alluit
uernis Caycus gurgitem attollens aquis?
　　Haec tanta clades gentium ac tantus pauor,
sparsae tot urbes turbinis uasti modo,   230
alterius esset gloria ac summum decus:
iter est Achillis; sic meus uenit pater
et tanta gessit bella, dum bellum parat.
ut alia sileam merita, non unus satis
Hector fuisset? Ilium uicit pater,   235
uos diruistis. inclitas laudes iuuat
et clara magni facta genitoris sequi:

210 uirtutis *Peiper*: -i ω   212 ducere *E*: degere *A*   pilii *A*: pylli *E*
219 ethion (ech- β, ach- *T*) capi *A*: et longapi *E*   221 lyrnesos *E*:
hyr- *A*   226 *post u.* 205 *A*   scyros ω: syros *Petitus* (*Gronouius*), *sed cf.*
Leonem ii 377   227 cylla *E*: sci- *A*   228 caicus *A*: calchus *E*
237 cl. m. f. *A*: f. m. cl. *E*

iacuit peremptus Hector ante oculos patris
patruique Memnon, cuius ob luctum parens
pallente maestum protulit uultu diem;   240
suique uictor operis exemplum horruit
didicitque Achilles et dea natos mori.
tum saeua Amazon ultimus cecidit metus.—
debes Achilli, merita si digne aestimas,
et si ex Mycenis uirginem atque Argis petat.   245
dubitatur etiam? placida nunc subito probas
Priamique natam Pelei gnato ferum
mactare credis? at tuam gnatam parens
Helenae immolasti: solita iam et facta expeto.

AGAMEMNON

Iuuenile uitium est regere non posse impetum;   250
aetatis alios feruor hic primus rapit,
Pyrrhum paternus. spiritus quondam truces
minasque tumidi lentus Aeacidae tuli:
quo plura possis, plura patienter feras.
Quid caede dira nobiles clari ducis   255
aspergis umbras? noscere hoc primum decet,
quid facere uictor debeat, uictus pati.
uiolenta nemo imperia continuit diu,
moderata durant; quoque Fortuna altius
euexit ac leuauit humanas opes,   260
hoc se magis supprimere felicem decet
uariosque casus tremere metuentem deos
nimium fauentes. magna momento obrui
uincendo didici. Troia nos tumidos facit
nimium ac feroces? stamus hoc Danai loco,   265

243 metus E: timor A   244 digne A: -a E   246 placida Madvig ii
119: -dam δ: -ta Eβ   nunc E: nec β: ne δ   probas μ (Madvig): -at A:
improbas E   247 priamique A: patriamque E   251 primus E:
-e A; cf. epist. 68. 13   252 truces A: -is E

unde illa cecidit. fateor, aliquando impotens
regno ac superbus altius memet tuli;
sed fregit illos spiritus haec quae dare
potuisset aliis causa, Fortunae fauor.
tu me superbum, Priame? tu timidum facis.   270
ego esse quicquam sceptra nisi uano putem
fulgore tectum nomen et falso comam
uinclo decentem? casus haec rapiet leuis,
nec mille forsan ratibus aut annis decem:
non omnibus Fortuna tam lenta imminet.   275
    Equidem fatebor (pace dixisse hoc tua,
Argiua tellus, liceat) affligi Phrygas
uincique uolui: ruere et aequari solo
utinam arcuissem; sed regi frenis nequit
et ira et ardens ensis et uictoria   280
commissa nocti. quidquid indignum aut ferum
cuiquam uideri potuit, hoc fecit dolor
tenebraeque, per quas ipse se irritat furor,
gladiusque felix, cuius infecti semel
uecors libido est. quidquid euersae potest   285
superesse Troiae, maneat: exactum satis
poenarum et ultra est. regia ut uirgo occidat
tumuloque donum detur et cineres riget
et facinus atrox caedis ut thalamos uocent,
non patiar. in me culpa cunctorum redit: 290
qui non uetat peccare, cum possit, iubet.
Py. Nullumne Achillis praemium manes ferent?
Ag. Ferent, et illum laudibus cuncti canent
magnumque terrae nomen ignotae audient.

291 *Augustinus, serm. Frang. 8. 5 (Morin, Misc. Agost. i, p. 231, 14 sq.*): ait enim
quidam: qui n. u. p., cum potest, iubet.

---

269 aliis *E*: -ii *A*   270 *dist. Rutgersius 603*   273 rapiet *E*: -it *A*
leuis *uir doctus apud Baden*: breuis ω   275 *ante* 274 *E* (*del. Leo i 35*)
279 utinam *Madvig ii 120*: etiam ω   arcuissem *Lipsius*: arg- ω
280 ensis *Zw. 1977, 154*: hostis ω   283 ipse se *A*: ipse *E*   289 uocent
E: -em *A*

quod si leuatur sanguine infuso cinis,   295
opima Phrygii colla caedantur greges
fluatque nulli flebilis matri cruor.
quis iste mos est? quando in inferias homo est
impensus hominis? detrahe inuidiam tuo
odiumque patri, quem coli poena iubes.   300
Py. O tumide, rerum dum secundarum status
extollit animos, timide, cum increpuit metus,
regum tyranne! iamne flammatum geris
amore subito pectus ac ueneris nouae

     *   *   *   *   *   *   *   *

solusne totiens spolia de nobis feres?   305
hac dextra Achilli uictimam reddam suam.
quam si negas retinesque, maiorem dabo
dignamque quam det Pyrrhus; et nimium diu
a caede nostra regia cessat manus
paremque poscit Priamus. Ag. Haud equidem nego   310
hoc esse Pyrrhi maximum in bello decus,
saeuo peremptus ense quod Priamus iacet,
supplex paternus. Py. Supplices nostri patris
hostesque eosdem nouimus. Priamus tamen
praesens rogauit; tu, graui pauidus metu   315
nec ad rogandum fortis, Aiaci preces
Ithacoque mandas clausus atque hostem tremens.
Ag. At non timebat tunc tuus, fateor, parens,
interque caedes Graeciae atque ustas rates
segnis iacebat belli et armorum immemor,   320
leui canoram uerberans plectro chelyn.
Py. Tunc magnus Hector, arma contemnens tua,
cantus Achillis timuit, et tanto in metu
naualibus pax alta Thessalicis fuit.

295 *cinis* E^{2pc} 296 greges *Buecheler*: -is ω   298 quis *A*: qui *E*
299 hominis *E*: -i *A*   302 increpuit *A*: increuit *E*   *post* 304 *uersum*
excidisse uidit Gronouius   308 et ω: en *Ax*.   312 quod *E*: quo *A*
319 ustas *E*: uastas *A*

AG. Nempe isdem in istis Thessalis naualibus 325
pax alta rursus Hectoris patri fuit.
PY. Est regis alti spiritum regi dare.
AG. Cur dextra regi spiritum eripuit tua?
PY. Mortem misericors saepe pro uita dabit.
AG. Et nunc misericors uirginem busto petis? 330
PY. Iamne immolari uirgines credis nefas?
AG. Praeferre patriam liberis regem decet.
PY. Lex nulla capto parcit aut poenam impedit.
AG. Quod non uetat lex, hoc uetat fieri pudor.
PY. Quodcumque libuit facere uictori licet. 335
AG. Minimum decet libere cui multum licet.
PY. His ista iactas, quos decem annorum graui
regno subactos Pyrrhus exsoluet iugo?
AG. Hos Scyros animos? PY. Scelere quae fratrum caret.
AG. Inclusa fluctu— PY. Nempe cognati maris: 340
Atrei et Thyestae nobilem noui domum.
AG. Ex uirginis concepte furtiuo stupro
et ex Achille nate, sed nondum uiro—
PY. Illo ex Achille, genere qui mundum suo,
sparsus per omne caelitum regnum, tenet: 345
Thetide aequor, umbras Aeaco, caelum Ioue.
AG. Illo ex Achille, qui manu Paridis iacet.
PY. Quem nec deorum comminus quisquam petit.
AG. Compescere equidem uerba et audacem malo
poteram domare; sed meus captis quoque 350
scit parcere ensis. potius interpres deum
Calchas uocetur: fata si poscent, dabo.
    Tu, qui Pelasgae uincla soluisti rati
morasque bellis, arte qui reseras polum,
cui uiscerum secreta, cui mundi fragor 355

---

330 et . . . uirginem *E*: at . . . -es *A*   337 iactas ω: -a *Grotius*; *cf.*
Med 197   338 exsoluet *Ax*.: -it ω   339 scyros (chi- β) *A*: syrus *E*
341 *del. Friedrich 146 sq.*   346 equor *A*: -ra *E*   351 deum *A*: diuum *E*
352 poscent *E*: -unt *A*   354 morasque *E*: or- *A*   bellis *A*: -i *E*

et stella longa semitam flamma trahens
dant signa fati, cuius ingenti mihi
mercede constant ora: quid iubeat deus
effare, Calchas, nosque consilio rege.

CALCHAS

Dant fata Danais quo solent pretio uiam: 360
mactanda uirgo est Thessali busto ducis;
sed quo iugari Thessalae cultu solent
Ionidesue uel Mycenaeae nurus,
Pyrrhus parenti coniugem tradat suo:
sic rite dabitur. Non tamen nostras tenet   365
haec una puppes causa: nobilior tuo,
Polyxene, cruore debetur cruor.
quem fata quaerunt, turre de summa cadat
Priami nepos Hectoreus et letum oppetat.
tum mille uelis impleat classis freta.   370

CHORVS

Verum est an timidos fabula decipit
umbras corporibus uiuere conditis,
cum coniunx oculis imposuit manum
supremusque dies solibus obstitit
et tristis cineres urna coercuit?   375
non prodest animam tradere funeri,
sed restat miseris uiuere longius?
an toti morimur nullaque pars manet
nostri, cum profugo spiritus halitu

---

356 flamma *A*: -am (-m *eras.*) *E*   357 dant *Σμ*: dat *ω*
359 calchas *E*: calca *A*   363 ionides ue *A*: ionidae suae *E*
368 turrae de summa *E*: dura reclusum *A*   369 priami *A*: -o *E*
371 fabula *E²ᵖᶜ* (*ex* m)   375 tristis *E*: -es *A*   376, 377 *del. Hoffa iv 60*
379 nostri *E²ᵖᶜ*

immixtus nebulis cessit in aera   380
et nudum tetigit subdita fax latus?
   Quidquid sol oriens, quidquid et occidens
nouit, caeruleis Oceanus fretis
quidquid bis ueniens et fugiens lauat,
aetas Pegaseo corripiet gradu.   385
quo bis sena uolant sidera turbine,
quo cursu properat uoluere saecula
astrorum dominus, quo properat modo
obliquis Hecate currere flexibus:
hoc omnes petimus fata nec amplius,   390
iuratos superis qui tetigit lacus,
usquam est; ut calidis fumus ab ignibus
uanescit, spatium per breue sordidus,
ut nubes, grauidas quas modo uidimus,
arctoi Boreae dissipat impetus: 395
sic hic, quo regimur, spiritus effluet.
Post mortem nihil est ipsaque mors nihil,
uelocis spatii meta nouissima;
spem ponant auidi, solliciti metum:
tempus nos auidum deuorat et chaos.   400
mors indiuidua est, noxia corpori
nec parcens animae: Taenara et aspero
regnum sub domino limen et obsidens
custos non facili Cerberus ostio

   394-406 *extant in W*   397 *Hieron. adu. Iouin. 2. 6 (p. 400 Bickel)* manducet et bibat . . . qui cum Epicuro dicit: post mortem nihil est et mors ipsa nihil est; *cf. Lausberg 163-7*

384 bis . . . et *E*: uel . . . uel *A*   lauat *A*: labat *E*   386 quo bis sena *A*: bis quos s. *E* (*cf. Housman iii 1075 sq.*)   uolant *A*: uoc- *E*   387 uoluere secula *E*: s. u. *A*   390 hoc *Σv*: haec *ω*   391 tetigit *ω*: timuit *Ax*. (*coll. HO 1066*)   393 sordidus *E*: -bus *A*   395 dissipat *A*: -cat *E* *post* 399 *uu.* 407, 408 *inser. A, quos om. W*   402 thenara et aspero *A*: tenaretaspero *E*

rumores uacui uerbaque inania 405
et par sollicito fabula somnio.
quaeris quo iaceas post obitum loco?
    quo non nata iacent.

ANDROMACHA

Quid, maesta Phrygiae turba, laceratis comas
miserumque tunsae pectus effuso genas 410
fletu rigatis? leuia perpessae sumus,
si flenda patimur. Ilium uobis modo,
mihi cecidit olim, cum ferus curru incito
mea membra raperet et graui gemeret sono
Peliacus axis pondere Hectoreo tremens. 415
tunc obruta atque euersa quodcumque accidit
torpens malis rigensque sine sensu fero.
Iam erepta Danais coniugem sequerer meum,
nisi hic teneret: hic meos animos domat
morique prohibet; cogit hic aliquid deos 420
adhuc rogare, tempus aerumnae addidit.
hic mihi malorum maximum fructum abstulit,
nihil timere: prosperis rebus locus
ereptus omnis, dura qua ueniant habent.
miserrimum est timere, cum speres nihil. 425

SENEX

Quis te repens commouit afflictam metus?
AN. Exoritur aliquod maius ex magno malum.
nondum ruentis Ilii fatum stetit.

ante 409 ANDROMACHA. SENEX. ASTIANAX *E*: Andromacha. senex.
ulixes. astyanax *A*   409 comas *E*: manus *A*   416 quodcumque
accidit *E*: troia concidit *A*   417 fero *E*: -or *A*   420 aliquid *E*:
-quis *A*   424 dura *Bentley*: dira ω   426 repens *A*: repetens *E*

Sen. Et quas reperiet, ut uelit, clades deus?
An. Stygis profundae claustra et obscuri specus   430
laxantur et, ne desit euersis metus,
hostes ab imo conditi Dite exeunt—
solisne retro peruium est Danais iter?
certe aequa mors est!—turbat atque agitat Phrygas
communis iste terror; hic proprie meum   435
exterret animum, noctis horrendae sopor.
Sen. Quae uisa portas? effer in medium metus.
An. Partes fere nox alma transierat duas
clarumque septem uerterant stellae iugum;
ignota tandem uenit afflictae quies   440
breuisque fessis somnus obrepsit genis,
si somnus ille est mentis attonitae stupor:
cum subito nostros Hector ante oculos stetit,
non qualis ultro bella in Argiuos ferens
Graias petebat facibus Idaeis rates,   445
nec caede multa qualis in Danaos furens
uera ex Achille spolia simulato tulit;
non ille uultus flammeum intendens iubar,
sed fessus ac deiectus et fletu grauis
similisque nostro, squalida obtectus coma.   450
iuuat tamen uidisse. tum quassans caput:
'dispelle somnos' inquit 'et natum eripe,
o fida coniunx: lateat, haec una est salus.
omitte fletus—Troia quod cecidit gemis?
utinam iaceret tota. festina, amoue   455
quocumque nostrae paruulam stirpem domus.'
mihi gelidus horror ac tremor somnum excutit,
oculosque nunc huc pauida, nunc illuc ferens
oblita nati misera quaesiui Hectorem:
fallax per ipsos umbra complexus abit.   460

430 stigis profunde *E*: -ii -i *A*; *cf. Oed 401*   432 dite *E*: tumulo *A*
437 portas *E*: -ant *A*   438 alma *A*: iam *E*   446 multa *E*: uasta *A*;
cf. Thy 733   449, 450 *om. E*   452 dispelle *E*: de- *A*
457 excutit (*cf. Oct 123*) *A*: expulit *E*

O nate, magni certa progenies patris,
spes una Phrygibus, unica afflictae domus,
ueterisque suboles sanguinis nimium inclita
nimiumque patri similis. hos uultus meus
habebat Hector, talis incessu fuit   465
habituque talis, sic tulit fortes manus,
sic celsus umeris, fronte sic torua minax
ceruice fusam dissipans iacta comam—
o nate sero Phrygibus, o matri cito,
eritne tempus illud ac felix dies   470
quo Troici defensor et uindex soli
recidiua ponas Pergama et sparsos fuga
ciues reducas, nomen et patriae suum
Phrygibusque reddas? sed mei fati memor
tam magna timeo uota—quod captis sat est,   475
uiuamus. Heu me, quis locus fidus meo
erit timori quaue te sede occulam?
arx illa pollens opibus et muris deum,
gentes per omnes clara et inuidiae grauis,
nunc puluis altus, strata sunt flamma omnia   480
superestque uasta ex urbe ne tantum quidem,
quo lateat infans. quem locum fraudi legam?
est tumulus ingens coniugis cari sacer,
uerendus hosti, mole quem immensa parens
opibusque magnis struxit, in luctus suos   485
rex non auarus: optume credam patri—
sudor per artus frigidus totos cadit:
omen tremesco misera feralis loci.   488
Sen. Miser occupet praesidia, securus legat.   497
An. Quid quod latere sine metu magno nequit,   496
ne prodat aliquis? Sen. Amoue testes doli.   492

---

462 una E: uita A   463 inclita P (ut coni. Heinsius 153): -i EβT
468 iacta E: lata A   469 o matri E: matri A   472 recidiua A:
rediuiua E   ponas A: poe- E   473 ciues E^{pc} (ex a)   474 memor
E: imm- A   476 quis A: qui E   479 grauis E: capax A
488 om. A   489-98 turbatum ordinem restituit Leo i 217 sq.   492 SEN.
praef., duo hemistichia duobus uersiculis scripsit E: 492^{a} an., 492^{b} sen. praef. A

An. Si quaeret hostis? Sen. Vrbe in euersa perit: 493
haec causa multos una ab interitu arcuit,   489
credi perisse. An. Vix spei quicquam est super: 490
graue pondus illum magna nobilitas premit;   491
quid proderit latuisse redituro in manus?   494
Sen. Victor feroces impetus primos habet.   495
An. Quis te locus, quae regio seducta, inuia   498
tuto reponet? quis feret trepidis opem?
quis proteget? qui semper, etiamnunc tuos,   500
Hector, tuere: coniugis furtum piae
serua et fideli cinere uicturum excipe.
succede tumulo, nate—quid retro fugis?
turpesne latebras spernis? agnosco indolem:
pudet timere. spiritus magnos fuga   505
animosque ueteres, sume quos casus dedit.
en intuere, turba quae simus super:
tumulus, puer, captiua: cedendum est malis.
sanctas parentis conditi sedes age
aude subire. fata si miseros iuuant,   510
habes salutem; fata si uitam negant,
habes sepulcrum. Sen. Claustra commissum tegunt;
quem ne tuus producat in medium timor,
procul hinc recede teque diuersam amoue.
An. Leuius solet timere, qui propius timet;   515
sed, si placet, referamus hinc alio pedem.
Sen. Cohibe parumper ora questusque opprime:
gressus nefandos dux Cephallanum admouet.

---

510 sq. *Hieron. uita Malchi, cap. 9 (Migne, PL 23. 60)* si iuuat miseros
Dominus, habemus salutem; si despicit peccatores, habemus sepulcrum; *cf.*
etiam epist. 127. 13 et Trillitzsch 46

---

489 arcuit *recc.* (Q): arg- ω   490 credi *A*: -it *E*   490ᵇ *Andromachae*
attribuit Raphelengius: notam om. ω   491 ANDR. *E: om. A*   493 *uno*
uersu scriptus A, duobus uersiculis (s. q. h. | u. i. e. p.) *E*   504 turpisne
Richter 1894, 7 sq.: -esque *A*: turrisque *E*   505 fuga *Rutgersius 604 (coll.*
712, Hf 640): -e ω   510 miseros *A*: -o *E*

AN. Dehisce tellus, tuque, coniunx, ultimo
specu reuulsam scinde tellurem et Stygis   520
sinu profundo conde depositum meum.
adest Vlixes, et quidem dubio gradu
uultuque: nectit pectore astus callidos.

VLIXES

Durae minister sortis hoc primum peto,
ut, ore quamuis uerba dicantur meo,   525
non esse credas nostra: Graiorum omnium
procerumque uox est, petere quos seras domos
Hectorea suboles prohibet: hanc fata expetunt.
sollicita Danaos pacis incertae fides
semper tenebit, semper a tergo timor   530
respicere coget arma nec poni sinet,
dum Phrygibus animos natus euersis dabit,
Andromacha, uester. augur haec Calchas canit;
et, si taceret augur haec Calchas, tamen
dicebat Hector, cuius et stirpem horreo.   535
generosa in ortus semina exsurgunt suos:
sic ille magni paruus armenti comes
primisque nondum cornibus findens cutem
ceruice subito celsus et fronte arduus
gregem paternum ducit ac pecori imperat;   540
quae tenera caeso uirga de trunco stetit,
par ipsa matri tempore exiguo subit
umbrasque terris reddit et caelo nemus;
sic male relictus igne de magno cinis
uires resumit. Est quidem iniustus dolor   545
rerum aestimator: si tamen tecum exigas,

520 et *E*: *om.* *A*   *ante* 524 VLIXES. ANDROMACHA *E*: *om.* *A*
531 respicere *ES*: -ce *δC*   533 andromacha *E*: And. Andromache *A*
calcas *A*: caecas *E*   534 et *E*: Vl. at *A*   536 ortus *A*: h- *E*
546 exigas *A*: excutias *E*

72

ueniam dabis, quod bella post hiemes decem
totidemque messes iam senex miles timet
aliasque clades rursus ac numquam bene
Troiam iacentem. magna res Danaos mouet,   550
futurus Hector: libera Graios metu.
haec una naues causa deductas tenet,
hic classis haeret. neue crudelem putes,
quod sorte iussus Hectoris natum petam:
petissem Oresten. patere quod uictor tulit.   555
AN. Vtinam quidem esses, nate, materna in manu,
nossemque quis te casus ereptum mihi
teneret, aut quae regio—non hostilibus
confossa telis pectus ac uinclis manus
secantibus praestricta, non acri latus   560
utrumque flamma cincta maternam fidem
umquam exuissem. nate, quis te nunc locus,
fortuna quae possedit? errore auio
uagus arua lustras? uastus an patriae uapor
corripuit artus? saeuus an uictor tuo   565
lusit cruore? numquid immanis ferae
morsu peremptus pascis Idaeas aues?
VL. Simulata remoue uerba; non facile est tibi
decipere Vlixem: uicimus matrum dolos
etiam dearum. cassa consilia amoue;   570
ubi natus est? AN. Vbi Hector? ubi cuncti Phryges?
ubi Priamus? unum quaeris: ego quaero omnia.
VL. Coacta dices sponte quod fari abnuis:
stulta est fides celare quod prodas statim.   587
AN. Tuta est, perire quae potest debet cupit.   574
VL. Magnifica uerba mors prope admota excutit.   575

547 hiemes *E*: annos *A*   548 messes *E*: menses *A*   551 Graios *E*:
nos hoc *A*   553 hic *ω*: hac *Heinsius 153*   559 ac uinculis *E*^{pc}:
aut uinclis *A*   563 possedit *A*: -idet *E*   *post* 573 *u.* 587 *transp.*
Zw. 1980, 183: *post* 581 *θv*: *post* 588 *inserend. uel delend. cens. Raphelengius*

An. Si uis, Vlixe, cogere Andromacham metu,
uitam minare: nam mori uotum est mihi.
Vl. Verberibus igni morte cruciatu eloqui
quodcumque celas adiget inuitam dolor
et pectore imo condita arcana eruet: 580
necessitas plus posse quam pietas solet.
An. Propone flammas, uulnera et diras mali
doloris artes et famem et saeuam sitim
uariasque pestes undique et ferrum inditum
uisceribus ipsis, carceris caeci luem,   585
et quidquid audet uictor iratus tumens:
animosa nullos mater admittit metus.   588
Vl. Hic ipse, quo nunc contumax perstas, amor
consulere paruis liberis Danaos monet.   590
post arma tam longinqua, post annos decem
minus timerem quos facit Calchas metus,
si mihi timerem: bella Telemacho paras.
An. Inuita, Vlixe, gaudium Danais dabo:
dandum est; fatere quos premis luctus, dolor.   595
gaudete, Atridae, tuque laetifica, ut soles,
refer Pelasgis: Hectoris proles obit.
Vl. Et esse uerum hoc qua probas Danais fide?
An. Ita quod minari maximum uictor potest
contingat et me fata maturo exitu   600
facilique soluant ac meo condant solo
et patria tellus Hectorem leuiter premat,
ut luce caruit: inter extinctos iacet
datusque tumulo debita exanimis tulit.

---

577 nam ET^{ac}: iam βP 578 morte cruciatu ω: m. -anti Ax.
583 et famem A: -en (om. et) E 585 ipsis $Wertis$ (cf. $\mathcal{Z}w.$ 1977, 149 n. 9):
istis E: ustis A 586 tumens β: ti- $E\delta$ 587 VL. E: om. A
588 AND. E: ul. A admittit E: -is A 589 VL. Hic E: hic A
590 monet E^{pc} (n ex u aut inuicem): mouet A 591 tam A: om. E
594 inuita ulixe gaudium E: immiti ulixi g. ac A 596 soles E^{apc}
602 patria A: -am E

74

Vl. Expleta fata stirpe sublata Hectoris   605
solidamque pacem laetus ad Danaos feram—
quid agis, Vlixe? Danaidae credent tibi:
tu cui? parenti: fingit an quisquam hoc parens,
nec abominandae mortis auspicium pauet?
auspicia metuunt qui nihil maius timent.   610
fidem alligauit iure iurando suam—
si peierat, timere quid grauius potest?
nunc aduoca astus, anime, nunc fraudes, dolos,
nunc totum Vlixem; ueritas numquam perit.
scrutare matrem: maeret, illacrimat, gemit;   615
sed huc et illuc anxios gressus refert
missasque uoces aure sollicita excipit:
magis haec timet, quam maeret. ingenio est opus.
    Alios parentes alloqui in luctu decet:
tibi gratulandum est, misera, quod nato cares,   620
quem mors manebat saeua praecipitem datum
e turre, lapsis sola quae muris manet.
An. Reliquit animus membra, quatiuntur, labant
torpetque uinctus frigido sanguis gelu.
Vl. Intremuit: hac, hac parte quaerenda est mihi;   625
matrem timor detexit: iterabo metum.—
ite, ite celeres, fraude materna abditum
hostem, Pelasgi nominis pestem ultimam,
ubicumque latitat, erutam in medium date.—
bene est: tenetur. perge, festina, attrahe—   630
quid respicis trepidasque? iam certe perit.
An. Vtinam timerem. solitus ex longo est metus:
dediscit animus sero quod didicit diu.

607 danaide *A*: danai dic *E*   608 quisquam hoc *E*: quicquam *A*
614 nunc *E*: et *A*   perit *E*: latet *A*   616 set *A*: et *E*   618 haec *E*:
hoc *A*   625 hac hac *A*: hac *E*   627 ite ite *A*: ite *E*
629 erutam ω: -um *Bentley*   632 solitus *A*: solutus *E*   633 sero *A*:
sicre *E*

75

Vᴌ. Lustrale quoniam debitum muris puer
sacrum antecessit nec potest uatem sequi   635
meliore fato raptus, hoc Calchas ait
modo piari posse redituras rates,
si placet undas Hectoris sparsi cinis
ac tumulus imo totus aequetur solo.
nunc ille quoniam debitam effugit necem,   640
erit admouenda sedibus sacris manus.
Aɴ. Quid agimus? animum distrahit geminus timor:
hinc natus, illinc coniugis cari cinis.
pars utra uincet? testor immites deos,
deosque ueros coniugis manes mei: 645
non aliud, Hector, in meo nato mihi
placere quam te. uiuat, ut possit tuos
referre uultus—prorutus tumulo cinis
mergetur? ossa fluctibus spargi sinam
disiecta uastis? potius hic mortem oppetat.—   650
poteris nefandae deditum mater neci
uidere, poteris celsa per fastigia
missum rotari? potero, perpetiar, feram,
dum non meus post fata uictoris manu
iactetur Hector.—hic suam poenam potest   655
sentire, at illum fata iam in tuto locant—
quid fluctuaris? statue, quem poenae extrahas.
ingrata, dubitas? Hector est illinc tuus—
erras: utrimque est Hector; hic sensus potens,
forsan futurus ultor extincti patris—   660
utrique parci non potest: quidnam facis?
serua e duobus, anime, quem Danai timent.
Vᴌ. Responsa peragam: funditus busta eruam.
Aɴ. Quae uendidistis? Vᴌ. Pergam et e summo aggere

---

634 lustrale *A*: -re *E*   639 imo *E*: uno *A*   equetur *A*: se- *E*
643 cari *A*: sacri *E*   644 uincet *E*: -it *A*   653 perpetiar *E*ᵖᶜ (*ex* m)
658 illinc *E*: -ic *A*   659 potens *A*: post et *E*   661 quidnam ω:
quid iam *Leo*

traham sepulcra. An. Caelitum appello fidem   665
fidemque Achillis: Pyrrhe, genitoris tui
munus tuere. Vl. Tumulus hic campo statim
toto iacebit. An. Fuerat hoc prorsus nefas
Danais inausum. templa uiolastis, deos
etiam fauentes: busta transierat furor.   670
resistam, inermis offeram armatis manus,
dabit ira uires. qualis Argolicas ferox
turmas Amazon strauit, aut qualis deo
percussa Maenas entheo siluas gradu
armata thyrso terret atque expers sui   675
uulnus dedit nec sensit, in medios ruam
tumuloque cineris socia defenso cadam.
Vl. Cessatis et uos flebilis clamor mouet
furorque cassus feminae? iussa ocius
peragite. An. Me, me sternite hic ferro prius.   680
repellor, heu me. rumpe fatorum moras,
molire terras, Hector: ut Vlixem domes,
uel umbra satis es—arma concussit manu,
iaculatur ignes—cernitis, Danai, Hectorem?
an sola uideo? Vl. Funditus cuncta eruam.   685
An. Quid agis? ruina mater et gnatum et uirum
prosternis una? forsitan Danaos prece
placare poteris. conditum elidet statim
immane busti pondus—intereat miser
ubicumque potius, ne pater natum obruat   690
prematque patrem natus.—Ad genua accido
supplex, Vlixe, quamque nullius pedes
nouere dextram pedibus admoueo tuis.
miserere matris et preces placidus pias
patiensque recipe, quoque te celsum altius   695

---

666 pyrre *A*: -i *E*   676 sensit ω: *an* sentit?   677 tumuloque *A*:
tumult- *E*   679 cassus *A*: casus *E*   681 repellor heu me *E*:
repelle animum *A*   683 es *A*: est *E*   685 eruam *E*: erue *A*
688 elidet *A*: i- *E*; *cf. 1112*   691 prematque ω: -ue *Bentley*

superi leuarunt, mitius lapsos preme:
misero datur quodcumque, fortunae datur.
sic te reuisat coniugis sanctae torus,
annosque, dum te recipit, extendat suos
Laerta; sic te iuuenis excipiat tuus,   700
et uota uincens uestra felici indole
aetate auum transcendat, ingenio patrem.
miserere matris: unicum adflictae mihi
solamen hic est. Vl. Exhibe natum et roga.
   An. Huc e latebris procede tuis,   705
flebile matris furtum miserae.
   Hic est, hic est terror, Vlixe,
        mille carinis.   •
   Submitte manus dominique pedes
supplice dextra stratus adora
nec turpe puta quidquid miseros   710
        Fortuna iubet.
pone ex animo reges atauos
magnique senis iura per omnis
incluta terras, excidat Hector,
gere captiuum positoque genu—   715
si tua nondum funera sentis—
matris fletus imitare tuae.
   Vidit pueri regis lacrimas
et Troia prior, paruusque minas
trucis Alcidae flexit Priamus.   720
Ille, ille ferox, cuius uastis
uiribus omnes cessere ferae,
qui perfracto limine Ditis
caecum retro patefecit iter,
hostis parui uictus lacrimis   725
'suscipe' dixit 'rector habenas

---

700 excipiat *A*: ac- *E*   *ante* 705 Andromacha *inscr. A, uersui praef.*
AND *E*   705-35 *dimetri claudente monometro E: dimetri claudente trimetro A*
707 hic est hic *E*: hic puer hic *A*; *cf. Oct 371*   719 minas *E²ᵖᶜ* (*ex* x)

patrioque sede celsus solio;
sed sceptra fide meliore tene':
hoc fuit illo uictore capi.
Discite mites Herculis iras—   730
an sola placent Herculis arma?
iacet ante pedes non minor illo
supplice supplex uitamque petit—
regnum Troiae quocumque uolet
       Fortuna ferat.   735
VL. Matris quidem me maeror attonitae mouet,
magis Pelasgae me tamen matres mouent,
quarum iste magnos crescit in luctus puer.
AN. Has, has ruinas urbis in cinerem datae
hic excitabit? hae manus Troiam erigent?   740
nullas habet spes Troia, si tales habet.
non sic iacemus Troes, ut cuiquam metus
possimus esse. spiritus genitor facit?
sed nempe tractus. ipse post Troiam pater
posuisset animos, magna quos frangunt mala.   745
si poena petitur (quae peti grauior potest?)
famulare collo nobili subeat iugum,
seruire liceat. aliquis hoc regi negat?
VL. Non hoc Vlixes, sed negat Calchas tibi.
AN. O machinator fraudis et scelerum artifex,   750
uirtute cuius bellica nemo occidit,
dolis et astu maleficae mentis iacent
etiam Pelasgi,. uatem et insontes deos
praetendis? hoc est pectoris facinus tui.
nocturne miles, fortis in pueri necem   755
iam solus audes aliquid et claro die.

---

   ante 736 Vlixes. andromacha *inscr. A, om. E*   739 has has *E*: an has *A*
datae *E*: -as *A*   744 tractus *A*: fr- *E*   746 quae . . . potest *in paren-*
thesi M. Müller *1901, 263 (coll. Oed 262 sq.)*   747 subeat *A*: -dat *E*
756 et *A*: e *E*

Vl. Virtus Vlixis Danaidis nota est satis
nimisque Phrygibus. non uacat uanis diem
conterere uerbis: ancoras classis legit.
An. Breuem moram largire, dum officium parens   760
nato supremum reddo et amplexu ultimo
auidos dolores satio. Vl. Misereri tui
utinam liceret. quod tamen solum licet,
tempus moramque dabimus. arbitrio tuo
implere lacrimis: fletus aerumnas levat.   765
An. O dulce pignus, o decus lapsae domus
summumque Troiae funus, o Danaum timor,
genetricis o spes uana, cui demens ego
laudes parentis bellicas, annos aui
medios precabar, uota destituit deus.   770
Iliaca non tu sceptra regali potens
gestabis aula, iura nec populis dabis
uictasque gentes sub tuum mittes iugum,
non Graia caedes terga, non Pyrrhum trahes;
non arma tenera parua tractabis manu   775
sparsasque passim saltibus latis feras
audax sequeris nec stato lustri die,
sollemne referens Troici lusus sacrum,
puer citatas nobilis turmas ages;
non inter aras mobili uelox pede,   780
reboante flexo concitos cornu modos,
barbarica prisco templa saltatu coles.
o morte dira tristius leti genus!
flebilius aliquid Hectoris magni nece

757 danaidis (-id- *exp.* β) *A*: danais *E*   759 legit *A*: -et *E*   760 an.
*praef. A: om. E**   761 amplexu *A*: -us *E*   762 dolores *A*: -e *E*
764 tempus moramque *A*: tempusque moram *E*   766 o decus *A*:
o d. o *E*   768 o spes *E*: opes *A*   769 aui *A*: atque *E*
770 deus *E*: decus *A*   778 lusus *E*: lustri *A*   781 reboante *Hemsterhusius ad Lucian. dial. deor. 12 (coll. Lucr. 4. 549)*: reuoc- ω   782 barbarica
A: barbara *E*

muri uidebunt. VL. Rumpe iam fletus, parens: 785
magnus sibi ipse non facit finem dolor.
AN. Lacrimis, Vlixe, parua quam petimus mora est;
concede paucas, ut mea condam manu
uiuentis oculos. occidis paruus quidem,
sed iam timendus. Troia te expectat tua: 790
i, uade liber, liberos Troas uide.

ASTYANAX

Miserere, mater. AN. Quid meos retines sinus
manusque matris cassa praesidia occupas?
fremitu leonis qualis audito tener
timidum iuuencus applicat matri latus,   795
at ille saeuus matre summota leo
praedam minorem morsibus uastis premens
frangit uehitque: talis e nostro sinu
te rapiet hostis. oscula et fletus, puer,
lacerosque crines excipe et plenus mei   800
occurre patri; pauca maternae tamen
perfer querelae uerba: 'si manes habent
curas priores nec perit flammis amor,
seruire Graio pateris Andromachen uiro,
crudelis Hector? lentus et segnis iaces?   805
redit Achilles.' Sume nunc iterum comas
et sume lacrimas, quidquid e misero uiri
funere relictum est, sume quae reddas tuo
oscula parenti. matris hanc solacio
relinque uestem: tumulus hanc tetigit meus   810

---

786 ipse *E*: -i *A*   787 lacrimis *A*: -as *E*   788 paucas *E*: paruos *A*
789 uiuentis *A*: -es *E*   791 liber *A*: puer *E*   *post* i *eras.* e *uel* i *E*
troas δ: troias *Eβ*   796 leo ω: loco *Heinsius 155* (*coll. Med 927*)
797 premens *A*: tenens *E*   799 rapiet *A*: pariet *E*   806 redit *E*: -iit
A 810 meus (*cf. 414*) ω: mei *recc.*

manesque cari. si quid hic cineris latet,
scrutabor ore. VL. Nullus est flendi modus:
abripite propere classis Argolicae moram.

CHORVS

Quae uocat sedes habitanda captas?
Thessali montes et opaca Tempe,   815
an maris uasti domitrix Iolcos?   819
parua Gyrtone sterilisque Tricce,   821
an frequens riuis leuibus Mothone?   822
an uiros tellus dare militares   816
aptior Pthie meliorque fetu
fortis armenti lapidosa Trachin,   818
quae sub Oetaeis latebrosa siluis   823
misit infestos Troiae ruinis
non semel arcus?   825
Olenos tectis habitata raris,
uirgini Pleuron inimica diuae,
an maris lati sinuosa Troezen?
Pelion regnum Prothoi superbum,
tertius caelo gradus? (hic recumbens   830
montis exesi spatiosus antro
iam trucis Chiron pueri magister,
tinnulas plectro feriente chordas,
tunc quoque ingentes acuebat iras
bella canendo.)   835

811 si quid *E*: quicquid *A*; *cf. Med 1012*   813 *uno uersu A: duobus
uersibus* (a. p. c. | a. m.) *E*   816–18 *post* 822 *reuocauit Richter*
817 Phthie *Ascensius* (*de orthogr. cf. Ed. Fraenkel, Kl. B. ii 582*): phitie *A*:
et hieme *E*   818 trachin *E*: trac(h)e *A*   819 maris *E in ras.*
820 *post* 841 *transp. Zw. 1979, 172*   spatiosa ω: spec- *Peiper*   821
Gyrtone *Gronouius*: cortine *A*: gortinis *E*: Gortyne *Auantius*   trice (-cce
Delrius ii 254) *A*: trip ce *E*   822 mothone *E*: me- *A*   823 oetaeis
E: echatis *A*   827 uirgini pleuron *E*: u. -os δ: -is -os β   834 acuebat *E*: uerberat *A*

An ferax uarii lapidis Carystos,
an premens litus maris inquieti
semper Euripo properante Chalcis?
quolibet uento faciles Calydnae,
an carens numquam Gonoessa uento   840
quaeque formidat Borean Enispe?
urbibus centum spatiosa Crete,   820
Attica pendens Peparethos ora,   842
an sacris gaudens tacitis Eleusin?

    *   *   *   *   *

numquid Aiacis Salamina †ueri
aut fera notam Calydona saeua,   845
quasque perfundit subiturus aequor
segnibus terras Titaressos undis?
Bessan et Scarphen, Pylon an senilem?
Pharin an Pisas Iouis et coronis
    Elida claram?   850
  Quolibet tristis miseras procella
mittat et donet cuicumque terrae,
dum luem tantam Troiae atque Achiuis
quae tulit, Sparte, procul absit, absit
Argos et saeui Pelopis Mycenae,   855
Neritos parua breuior Zacyntho
et nocens saxis Ithace dolosis.
  Quod manet fatum dominusque quis te,
aut quibus terris, Hecabe, uidendam
ducet? in cuius moriere regno?   860

---

837 litus *A*: la- *E*   839 calydnae *E*: echidne *A*
840 gonoessa *E*: gen- *A*   841 formidat *E*: -ant *A*   enispe *E*: enipse *A*
842 attica *ω*: ardua *Bentley* (*coll. Phoen 69*): arctica *Delrius iii 468*
ante 844 *lacunam indicauit Scaliger*   ueri *ω*: uisam *Jortin 71*: cernam *Grotius*:
pergam *uel* cepi *Madvig ii 120 sq.*: diri *uel* duri *Ax.*   848 senilem *A*:
selinen *E*   849 pisas *E*: ipsas *A*   coronis *E^{pc}* (*ex* o)   853 luem
E: lucem *A*   855 saeui *ω*: -ae *Bentley*   856 breuior *A*: -iter *E*
858 -que *ω*: -ue *Bothe*   859 Hecabe *Bothe* (*coll. Ag 648*): -ube *A*: -uba *E*

HELENA

Quicumque hymen funestus, inlaetabilis
lamenta caedes sanguinem gemitus habet,
est auspice Helena dignus. euersis quoque
nocere cogor Phrygibus: ego Pyrrhi toros
narrare falsos iubeor, ego cultus dare   865
habitusque Graios. arte capietur mea
meaque fraude concidet Paridis soror.
fallatur; ipsi leuius hoc equidem reor:
optanda mors est sine metu mortis mori.
quid iussa cessas agere? ad auctorem redit   870
sceleris coacti culpa.—Dardaniae domus
generosa uirgo, melior afflictos deus
respicere coepit teque felici parat
dotare thalamo; tale coniugium tibi
non ipsa sospes Troia, non Priamus daret.   875
nam te Pelasgae maximum gentis decus,
cui regna campi lata Thessalici patent,   878
ad sancta lecti iura legitimi petit.   877
te magna Tethys teque tot pelagi deae
placidumque numen aequoris tumidi Thetis   880
suam uocabunt, te datam Pyrrho socer
Peleus nurum uocabit et Nereus nurum.
depone cultus squalidos, festos cape,
dedisce captam; deprime horrentis comas
crinemque docta patere distingui manu.   885
hic forsitan te casus excelso magis
solio reponet. profuit multis capi.

861 [*Probus*] *de ult. syll.* (*GL iv 224. 22*) Seneca in aecuba: quicumque . . .
inlaetabilis

ante 861 HELENA.ANDROMACHA.HECVBA *E*: hecuba.andromacha.
helena *A*; *cf. Leonem i 84*   861 *Helenae not. praef. A*: *om. E*   868 fallatur *E*: fidantur *A*   869 metu *A*: *om. E*   870 auctorem *E*: -es *A*
872 melior *A*: melius *E*   877 *post* 878 *transp. Swoboda*   878 patent
E: iacent *A*   880 *om. E*; *cf. Leonem i 35 sq.*

Andromacha

Hoc derat unum Phrygibus euersis malum,
gaudere—flagrant strata passim Pergama:
o coniugale tempus! an quisquam audeat   890
negare? quisquam dubius ad thalamos eat,
quos Helena suadet? pestis exitium lues
utriusque populi, cernis hos tumulos ducum
et nuda totis ossa quae passim iacent
inhumata campis? haec hymen sparsit tuus.   895
tibi fluxit Asiae, fluxit Europae cruor,
cum dimicantes lenta prospiceres uiros,
incerta uoti—perge, thalamos appara.
taedis quid opus est quidue sollemni face?
quid igne? thalamis Troia praelucet nouis.   900
celebrate Pyrrhi, Troades, conubia,
celebrate digne: planctus et gemitus sonet.
Hel. Ratione quamuis careat et flecti neget
magnus dolor sociosque nonnumquam sui
maeroris ipsos oderit, causam tamen   905
possum tueri iudice infesto meam,
grauiora passa. luget Andromacha Hectorem
et Hecuba Priamum: solus occulte Paris
lugendus Helenae est. durum et inuisum et graue est
seruitia ferre? patior hoc olim iugum,   910
annis decem captiua. prostratum Ilium est,
uersi penates? perdere est patriam graue,
grauius timere. uos leuat tantus mali
comitatus: in me uictor et uictus furit.
quam quisque famulam traheret incerto diu   915
casu pependit. me meus traxit statim

891 dubius *A*: deuius *E*   893 hos *A*: hoc *E*   897 lenta *A*: laeta *E*
898 uoti *E*: -is *A*   900 nouis *A*: nobis *E*   902 sonet *E*: -ent *A*
903 flecti *E*: ne- *A*   909 durum *A*: di- *E*   913 tantus *Bentley*: -i *ω*
914 uictor et uictus *E*: -us et -or *A*   916 traxit *A*: -hit *E*

sine sorte dominus. causa bellorum fui
tantaeque Teucris cladis? hoc uerum puta,
Spartana puppis uestra si secuit freta;
sin rapta Phrygiis praeda remigibus fui   920
deditque donum iudici uictrix dea,
ignosce †Paridi: iudicem iratum mea
habitura causa est: ista Menelaum manent
arbitria. Nunc hanc luctibus paulum tuis,
Andromacha, omissis flecte—uix lacrimas queo   925
retinere. AN. Quantum est Helena quod lacrimat malum!
cur lacrimat autem? fare quos Ithacus dolos,
quae scelera nectat; utrum ab Idaeis iugis
iactanda uirgo est, arcis an celsae edito
mittenda saxo? num per has uastum in mare   930
uoluenda rupes, latere quas scisso leuat
altum uadoso Sigeon spectans sinu?
dic, fare, quidquid subdolo uultu tegis.
leuiora mala sunt cuncta, quam Priami gener
Hecubaeque Pyrrhus. fare, quam poenam pares   935
exprome et unum hoc deme nostris cladibus,
falli: paratas perpeti mortem uides.
HEL. Vtinam iuberet me quoque interpres deum
abrumpere ense lucis inuisae moras
uel Achillis ante busta furibunda manu   940
occidere Pyrrhi, fata comitantem tua,
Polyxene miseranda, quam tradi sibi
cineremque Achilles ante mactari suum,
campo maritus ut sit Elysio, iubet.
AN. Vide ut animus ingens laetus audierit necem.   945

---

918 tanteque *A*: -aque *E*   cladis *Σμ*: -es *ω*   919 puppis . . .
secuit *A*: -e . . . -i *E*   922 paridi *ω*: raptae *Schrader*: praedae *Leo i 222*
mea *E*: puta *A*   923 ista menelaum *A*: istam mille nauium *E*
924 arbitria *A*: -ix *E*   925 flecte *A*: flete *E*   929 iactanda *EC*: la- *δη*
931 quas *β*: qua *Eδ*   932 uadoso Sigeon . . . sinu *Gronouius*: u. sigaeo
. . . -um *E*: -os sygeon . . . -us *A*   936 et unum *E*: etiam nunc *A*
940 furibunda *ET*: -am *βP*

cultus decoros regiae uestis petit
et admoueri crinibus patitur manum:
mortem putabat illud, hoc thalamos putat.
At misera luctu mater audito stupet;
labefacta mens succubuit—assurge, alleua   950
animum et cadentem, misera, firma spiritum.
quam tenuis anima uinculo pendet leui:
minimum est quod Hecubam facere felicem potest—
spirat, reuixit. prima mors miseros fugit.

HECVBA

Adhuc Achilles uiuit in poenas Phrygum?   955
adhuc rebellat? o manum Paridis leuem.
cinis ipse nostrum sanguinem ac tumulus sitit.
modo turba felix latera cingebat mea,
lassabar in tot oscula et tantum gregem
diuidere matrem; sola nunc haec est super,   960
uotum, comes, leuamen, afflictae quies;
haec totus Hecubae fetus, hac sola uocor
iam uoce mater. dura et infelix age
elabere anima, denique hoc unum mihi
remitte funus—inrigat fletus genas   965
imberque uicto subitus e uultu cadit:
laetare, gaude, nata. quam uellet tuos
Cassandra thalamos, uellet Andromache tuos!
AN. Nos, Hecuba, nos, nos, Hecuba, lugendae sumus,
quas mota classis huc et huc sparsas feret;   970
hanc cara tellus sedibus patriis teget.
HEL. Magis inuidebis, si tuam sortem scies.
AN. An aliqua poenae pars meae ignota est mihi?
HEL. Versata dominos urna captiuis dedit.
AN. Cui famula trador? ede: quem dominum uoco?   975

959 tantum *Leo*: totum ω   965 remitte *A*: de- *E*   inrigat ω: en r-
Bentley   975 trador *E*: -ar *A*

87

HEL. Te sorte prima Scyrius iuuenis tulit.
AN. Cassandra felix, quam furor sorti eximit
Phoebusque. HEL. Regum hanc maximus rector tenet.
HEC. Estne aliquis, Hecubam qui suam dici uelit?
HEL. Ithaco obtigisti praeda nolenti breuis.   980
HEC. Quis tam impotens ac durus et iniquae ferus
sortitor urnae regibus reges dedit?
quis tam sinister diuidit captas deus?
quis arbiter crudelis et miseris grauis
eligere dominos nescit et saeua manu   985
dat iniqua miseris fata? quis matrem Hectoris
armis Achillis miscet? ad Vlixem uocor:
nunc uicta, nunc captiua, nunc cunctis mihi
obsessa uideor cladibus: domini pudet,
non seruitutis. [Hectoris spolium feret   990
qui tulit Achillis?] sterilis et saeuis fretis
inclusa tellus non capit tumulos meos.
Duc, duc, Vlixe, nil moror, dominum sequor;
me mea sequentur fata (non pelago quies
tranquilla ueniet, saeuiet uentis mare)   995
et bella et ignes et mea et Priami mala.
dumque ista ueniant, interim hoc poenae loco est:
sortem occupaui, praemium eripui tibi.
   Sed incitato Pyrrhus accurrit gradu
uultuque toruo. Pyrrhe, quid cessas? age   1000
reclude ferro pectus et Achillis tui
coniunge soceros. perge, mactator senum,
et hic decet te sanguis—abreptam trahit.
maculate superos caede funesta deos,

---

977 sorti *E*: -e *A*   978 phebusque *A*: HEC. phoebusque *E*
979, 981 sqq. *Hecubae dantur in E, Andromachae in A*   980 breuis *ω*:
grauis *uel* leuis *Ax*.   981 impotens *E*: potens *A*   988 uicta *E*: iusta *A*
990ᵇ-991ᵃ *del. Leo*   994 me *ω*: te *Ax*.   *post* 995 *aliquid intercidisse*
putat Leo   997 ueniant *recc.*: -ent *A*: -unt *E*   paenae loco *E*: pena
in l. *A*   998 eripui tibi *E*: -it mihi *A*   999 incitato *ω*: en ci- *Peiper*
1003 abreptam *EP*: -rap- *βTᵃᶜ*   trahit *A*: -he *E*

maculate manes—quid precer uobis? precor   1005
his digna sacris aequora: hoc classi accidat
toti Pelasgae, ratibus hoc mille accidat
meae precabor, cum uehar, quidquid rati.

CHORVS

Dulce maerenti populus dolentum,
dulce lamentis resonare gentes;   1010
lenius luctus lacrimaeque mordent,
turba quas fletu similis frequentat.
semper a semper dolor est malignus:
gaudet in multos sua fata mitti
seque non solum placuisse poenae.   1015
ferre quam sortem patiuntur omnes
nemo recusat.
Nemo se credet miserum, licet sit:
tolle felices; remouete multo
diuites auro, remouete centum   1020
rura qui scindunt opulenta bubus:
pauperi surgent animi iacentes—
est miser nemo nisi comparatus.
Dulce in immensis posito ruinis,
neminem laetos habuisse uultus: 1025
ille deplorat queriturque fatum,
qui secans fluctum rate singulari
nudus in portus cecidit petitos;
aequior casum tulit et procellas,

1010 lamentis *A*: et merentes *E*   1011 lenius *E*: lentius *A*
1012 similis *E*: -i *A*   1013 semper a semper *E*: *om. A*   est malignus
E: et magnus *A*   1013-15 semper . . . malignus | gaudet . . .
mitti | seque . . . poenae *E*: dolor . . . multos | sua . . . solum | pl. p. *A*
1018, 1019 *priora hemistichia commutanda cens. Madvig ii 122, sed Reeve confert
epist. 42. 4, 90. 16, 95. 23*   1019[b] *et* 1020 remouete *E*: -to *A*
1021 scindunt *E*: -ant *A*   1024 in immensis *A*: enim mensis *E*

mille qui ponto pariter carinas   1030
obrui uidit tabulaque litus
naufraga sterni, mare cum coactis
fluctibus Corus prohibet reuerti.

   Questus est Hellen cecidisse Phrixus,
cum gregis ductor radiante uillo   1035
aureo fratrem simul ac sororem
sustulit tergo medioque iactum
fecit in ponto; tenuit querelas
et uir et Pyrrha, mare cum uiderent,
et nihil praeter mare cum uiderent   1040
unici terris homines relicti.

   Soluet hunc coetum lacrimasque nostras
sparget huc illuc agitata classis,

       *   *   *   *   *   *   *

et tuba iussi dare uela nautae
cum simul uentis properante remo   1045
prenderint altum fugietque litus.
quis status mentis miseris, ubi omnis
terra decrescet pelagusque crescet,
celsa cum longe latitabit Ide?
tum puer matri genetrixque nato   1050
Troia qua iaceat regione monstrans
dicet et longe digito notabit:
'Ilium est illic, ubi fumus alte
serpit in caelum nebulaeque turpes.'
Troes hoc signo patriam uidebunt.   1055

1053 [*Probus*] *de ult. syll.* (*GL iv 246. 19*) et Seneca in aecuba hendecasyllabo
sapphico uersu: Ilium . . . alte

1032 sterni *Giardina* (*coll. Hor. carm. 3. 17. 10 sq.*): terris *E*: spargi *A*   coactis
E^{*pc*} (*ex* o)   1035 *c*um *E*^{*pc*} (*ex* S *rubr.*)   1036 ac *E*: et *A*
1037 iactum medioque (*ordine postea corr.*) *E*   1040 mare cum *A*: meri-
tum *E*   1042 cetum *A*: questum *E*   *ante* 1044 *lacunam indicauit Leo*
1045 simul *E*: semel *A*   1046 fugietque β: -ent- *E*δ; *cf. Ag 444 sq.*
1051 *an delend.? cf.* Ζw. *1977, 158*   iaceat β*T*^{*ac*}: -et *EP*   1053 illic *A*,
Pseudo-Probus: -uc *E*

NVNTIVS

O dura fata, saeua miseranda horrida!
quod tam ferum, tam triste bis quinis scelus
Mars uidit annis? quid prius referens gemam,
tuosne potius, an tuos luctus, anus?

HECVBA

Quoscumque luctus fleueris, flebis meos: 1060
sua quemque tantum, me omnium clades premit;
mihi cuncta pereunt: quisquis est Hecubae est miser.
Nvn. Mactata uirgo est, missus e muris puer;
sed uterque letum mente generosa tulit.

ANDROMACHA

Expone seriem caedis, et duplex nefas   1065
persequere: gaudet magnus aerumnas dolor
tractare totas. ede et enarra omnia.
Nvn. Est una magna turris e Troia super,
assueta Priamo, cuius e fastigio
summisque pinnis arbiter belli sedens   1070
regebat acies. turre in hac blando sinu
fouens nepotem, cum metu uersos graui
Danaos fugaret Hector et ferro et face,
paterna puero bella monstrabat senex.
haec nota quondam turris et muri decus,   1075
nunc saeua cautes, undique adfusa ducum

---

ante 1056 NVNTIVS.HECVBA.ANDROMACHA. ω   1057 quinis
E: senis *A*   1058 quid *E*: quod *A*   1062 hecube *A*: -a *E*
1066 magnus . . . dolor *E*: animus . . . meus *A*   1068 magna *A*:
magna magna *E*   1071 blando *E*: -a *A*   1076 saeua ω: sola *Leo*
i 195 n. 3

plebisque turba cingitur; totum coit
ratibus relictis uulgus. his collis procul
aciem patenti liberam praebet loco,
his alta rupes, cuius in fastigio   1080
erecta summos turba librauit pedes.
hunc pinus, illum laurus, hunc fagus gerit
et tota populo silua suspenso tremit.
extrema montis ille praerupti petit,
semusta at ille tecta uel saxum imminens   1085
muri cadentis pressit, atque aliquis (nefas)
tumulo ferus spectator Hectoreo sedet.

   Per spatia late plena sublimi gradu
incedit Ithacus paruulum dextra trahens
Priami nepotem, nec gradu segni puer   1090
ad alta pergit moenia. ut summa stetit
pro turre, uultus huc et huc acres tulit
intrepidus animo. qualis ingentis ferae
paruus tenerque fetus et nondum potens
saeuire dente iam tamen tollit minas   1095
morsusque inanes temptat atque animis tumet:
sic ille dextra prensus hostili puer
ferox superbit. mouerat uulgum ac duces
ipsumque Vlixem. non flet e turba omnium
qui fletur; ac, dum uerba fatidici et preces   1100
concipit Vlixes uatis et saeuos ciet
ad sacra superos, sponte desiluit sua
in media Priami regna.—
An. Quis Colchus hoc, quis sedis incertae Scytha
commisit, aut quae Caspium tangens mare   1105
gens iuris expers ausa? non Busiridis
puerilis aras sanguis aspersit feri,

   1079 patenti *E*: -e *A*   1080 his *A*: hic *E*   in *E*: e *A*   fastigio *Lange 24*:
cacumine ω   1081 summos *A*: -o *E*   1082 gerit *E*: tegit *A*
1093 intrepidus *A*: -os *E*   1094 paruus *A*: paruusque *E*   et *A*: sed *E*
1098 superbit *Leo*: -be ω   1102 desiluit *E*: diss- *A*   1104 sedis *A*:
-it *E*

nec parua gregibus membra Diomedes suis
epulanda posuit. quis tuos artus teget
tumuloque tradet? Nvn. Quos enim praeceps locus   1110
reliquit artus? ossa disiecta et graui
elisa casu; signa clari corporis,
et ora et illas nobiles patris notas,
confudit imam pondus ad terram datum;
soluta ceruix silicis impulsu, caput   1115
ruptum cerebro penitus expresso—iacet
deforme corpus. An. Sic quoque est similis patri.
Nvn. Praeceps ut altis cecidit e muris puer
fleuitque Achiuum turba quod fecit nefas,
idem ille populus aliud ad facinus redit   1120
tumulumque Achillis. cuius extremum latus
Rhoetea leni uerberant fluctu uada;
aduersa cingit campus et cliuo leui
erecta medium uallis includens locum
crescit theatri more. concursus frequens   1125
impleuit omne litus: hi classis moram
hac morte solui rentur, hi stirpem hostium
gaudent recidi. magna pars uulgi leuis
odit scelus spectatque; nec Troes minus
suum frequentant funus et pauidi metu   1130
partem ruentis ultimam Troiae uident:
cum subito thalami more praecedunt faces
et pronuba illi Tyndaris, maestum caput
demissa. 'tali nubat Hermione modo'
Phryges precantur, 'sic uiro turpis suo   1135
reddatur Helena.' terror attonitos tenet

1109 teget ω: le- *Bentley*   1111 disiecta *A*: disgecta *E*   1113 patris
A: -i *E*   1115 impulsu *E*: incursu *A*   1117 corpus ω: *'fort.*
pondus' *Ax*.   sic *E*: hic *A*   1118 cecidit *A*: cedit *E*   1119 fleuitque *E*: fleuit id *A*   1121 tumulumque *A*: tumult- *E*   cuius *E*: huius *A*
1123 aduersa *A*: au- *E*   1126 moram *E*: -as *A*; *cf. 166, 613*
1129 spectatque *E*: peccatque *A*   1133 et *E*: it *A*   pronuba (-da β) *A*:
pre- *E*   1136 tenet *E*: mouet *A*

utrosque populos. ipsa deiectos gerit
uultus pudore, sed tamen fulgent genae
magisque solito splendet extremus decor,
ut esse Phoebi dulcius lumen solet   1140
iamiam cadentis, astra cum repetunt uices
premiturque dubius nocte uicina dies.
stupet omne uulgus: [et fere cuncti magis
peritura laudant] hos mouet formae decus,
hos mollis aetas, hos uagae rerum uices;   1145
mouet animus omnes fortis et leto obuius,
[Pyrrhum antecedit; omnium mentes tremunt]
mirantur ac miserantur. Vt primum ardui
sublime montis tetigit, atque alte edito
iuuenis paterni uertice in busti stetit,   1150
audax uirago non tulit retro gradum;
conuersa ad ictum stat truci uultu ferox.
tam fortis animus omnium mentes ferit,
nouumque monstrum est Pyrrhus ad caedem piger.
ut dextra ferrum penitus exactum abdidit,   1155
subitus recepta morte prorupit cruor
per uulnus ingens. nec tamen moriens adhuc
deponit animos: cecidit, ut Achilli grauem
factura terram, prona et irato impetu.
uterque fleuit coetus; at timidum Phryges   1160
misere gemitum, clarius uictor gemit.
hic ordo sacri. non stetit fusus cruor
humoue summa fluxit: obduxit statim
saeuusque totum sanguinem tumulus bibit.
Hec. Ite, ite, Danai, petite iam tuti domos;   1165
optata uelis maria diffusis secet

1141 iam iam *A*: iam *E*   1143^b-1144^a secl. *Zw. 1976, 190*   et fere
A: et effert *E*: ut fere *Gruterus*   1147 del. *Zw. 1976, 188*
1148 mirantur ac miserantur *E*: miserentur ac mir- *A*   1149 edito
Scaliger: -us ω   1155 exactum *Heinsius 157*: -a ω   1158 grauem *E*:
-es *A*   1160 cetus *A*: egeus *E*   at *recc*.: et ω   1163 obduxit
Muretus 132: ab- ω   1166 secet *A*: repetat *E*

secura classis: concidit uirgo ac puer;
bellum peractum est. quo meas lacrimas feram?
ubi hanc anilis expuam leti moram?
natam an nepotem, coniugem an patriam fleam?   1170
an omnia an me? sola mors uotum meum,
infantibus, uiolenta, uirginibus uenis,
ubique properas, saeua: me solam times
uitasque, gladios inter ac tela et faces
quaesita tota nocte, cupientem fugis.   1175
non hostis aut ruina, non ignis meos
absumpsit artus: quam prope a Priamo steti.
Nvn. Repetite celeri maria, captiuae, gradu:
iam uela puppis laxat et classis mouet.

1171 sola *A*: -am *E*   *post* me *dist. A, post* solam *E*   1173 ubique *E*:
ubicumque *A*   1177 steti *E*: -it *A*   1178 Nun. *A: om. E*
MARCI. LVCII. ANNEI. SENECAE. | TROADES EXPLICIT.
INCIPIVNT | PHOENISSAE *E*: Lucii. annei. senece. troas feliciter explicit
(expl. fel. *T*: fel. *om. P*). eiusdem medea incipit *A*

PHOENISSAE

PERSONAE

OEDIPVS
ANTIGONA
NVNTIVS
IOCASTA
SATELLES
POLYNICES
ETEOCLES

Scaena primum prope Thebas in uia
deinde Thebis

Oedipvs

Caeci parentis regimen et fessi unicum
patris leuamen, nata, quam tanti est mihi
genuisse uel sic, desere infaustum patrem.
in recta quid deflectis errantem gradum?
permitte labi; melius inueniam uiam,   5
quam quaero, solus, quae me ab hac uita extrahat
et hoc nefandi capitis aspectu leuet
caelum atque terras. quantulum hac egi manu!
non uideo noxae conscium nostrae diem,
sed uideor. hinc iam solue inhaerentem manum   10
et patere caecum qua uolet ferri pedem.
Ibo, ibo qua praerupta protendit iuga
meus Cithaeron, qua peragrato celer
per saxa monte iacuit Actaeon suis
noua praeda canibus, qua per obscurum nemus   15
siluamque opacae uallis instinctas deo
egit sorores mater et gaudens malo
uibrante fixum praetulit thyrso caput;
uel qua cucurrit, corpus inuisum trahens,
Zethi iuuencus, qua per horrentes rubos   20
tauri ferocis sanguis ostentat fugas;
uel qua alta maria uertice inmenso premit
Inoa rupes, qua scelus fugiens nouum
nouumque faciens mater insiluit freto
mersura natum seque—felices quibus   25
fortuna melior tam bonas matres dedit.

titulus PHOENISSAE *E*: THEBAIS *A*   *ante* 1 OEDIPPVS.
ANTIGONA *E*: Edipus. antigone *A*   1 et *E*: ac *A*   2 nata
quam *E*: quamquam *A*   8 hac *A*: haec *E*   10 manum *EP*: -u βT^{ac}
14 monte *E*: -is *A*   16 instinctas *A*: -a *E*   18 fixum . . . tryso *E*:
thyrso . . . fixum *A*   20 zet(h)i *A*: ethi *E*   22 uertice *A*: uictrice *E*
23 Inoa rupes *Gronouius*: minor rupis *E*: inoque (itio- δ) preceps *A*   nouum
Peiper: suum ω: ferum *Bothe*: uiri *Gronouius*

99

Est alius istis noster in siluis locus,
qui me reposcit: hunc petam cursu incito;
non haesitabit gressus, huc omni duce
spoliatus ibo. quid moror sedes meas?   30
mortem, Cithaeron, redde et hospitium mihi
illud meum restitue, ut expirem senex
ubi debui infans. recipe supplicium uetus.
semper cruente saeue crudelis ferox,
cum occidis et cum parcis, olim iam tuum   35
est hoc cadauer: perage mandatum patris,
iam et matris. animus gestit antiqua exsequi
supplicia. quid me, nata, pestifero tenes
amore uinctum? quid tenes? genitor uocat.
sequor, sequor, iam parce—sanguineum gerens   40
insigne regni Laius rapti furit;
en ecce, inanes manibus infestis petit
foditque uultus. nata, genitorem uides?
ego uideo. Tandem spiritum inimicum expue,
desertor anime, fortis in partem tui.   45
omitte poenas languidas longae morae
mortemque totam recipe; quid segnis traho
quod uiuo? nullum facere iam possum scelus?
possum miser, praedico—discede a patre,
discede, uirgo. timeo post matrem omnia.   50

ANTIGONA

Vis nulla, genitor, a tuo nostram manum
corpore resoluet, nemo me comitem tibi
eripiet umquam. Labdaci claram domum,

31 mortem *E*: mon- *A*   40 sanguineum gerens *E*: -nem genus *A*
42 en *E*: et *A*; *cf. Oed 1004*   44 Ant. *praef. A, om. E*; *cf. Tro 684 sq.*
expue *E*: exue *A*; *cf. Thy 245*   45 Oed. *praef. A, om. E*   partem *A*:
parentem *E*   46 poenas . . . morae *ω*: poenae . . . moras *Grotius*
47 recipe *A*: recipe. admitte *E*   48 quod *Gronouius*: quid *ω*; *cf. 114*
52 tibi *E*: tui *A*

opulenta ferro regna germani petant—
pars summa magno patris e regno mea est,   55
pater ipse. non hunc auferet frater mihi
Thebana rapto sceptra qui regno tenet,
non hunc cateruas alter Argolicas agens;
non si reuulso Iuppiter mundo tonet
mediumque nostros fulmen in nexus cadat,   60
manum hanc remittam. prohibeas, genitor, licet:
regam abnuentem, derigam inuiti gradum.
in plana tendis? uado; praerupta appetis?
non obsto, sed praecedo; quo uis utere
duce me, duobus omnis eligitur uia: 65
perire sine me non potes, mecum potes.
hic alta rupes arduo surgit iugo
spectatque longe spatia subiecti maris:
uis hanc petamus? nudus hic pendet silex,
hic scissa tellus faucibus ruptis hiat: 70
uis hanc petamus? hic rapax torrens cadit
partesque lapsi montis exesas rotat:
in hunc ruamus? dum prior, quo uis eo.
non deprecor, non hortor. extingui cupis
uotumque, genitor, maximum mors est tibi?   75
si moreris, antecedo, si uiuis, sequor.
  Sed flecte mentem, pectus antiquum aduoca
uictasque magno robore aerumnas doma;
resiste: tantis in malis uinci mori est.
Oe. Vnde in nefanda specimen egregium domo?   80
unde ista gencri uirgo dissimilis suo?
Fortuna, cedis? aliquis est ex me pius?
non esset umquam, fata bene noui mea,

---

55 summa magni (-o *Gronouius*) patris e regno *E*: magna patris optimo
regno *A*   56 hunc ω: hanc *Bentley*   58 hunc *E*: hic *A*: hanc *Bentley*
59 tonet β*T*: te- *EP*   62 inuiti *E*: -um *A*   63 appetis *E*: exp- *A*
65 me *E*: e *A*   69^b-71^a *om. E*   78 robore *E*^{pc} (*ex* ru): pectore *A*
79 mori *E*: malum *A*   82 cedis *v. Winterfeld 1895, 28*: cr- ω
83 noui *A*: -it *E*

nisi ut noceret. ipsa se in leges nouas
natura uertet: regeret in fontem citas   85
reuolutus undas amnis et noctem afferet
Phoebea lampas, Hesperus faciet diem;
ut ad miserias aliquid accedat meas,
pii quoque erimus. unica Oedipodae est salus,
non esse saluum. liceat ulcisci patrem   90
adhuc inultum. dextra quid cessas iners
exigere poenas? quidquid exactum est adhuc,
matri dedisti. Mitte genitoris manum,
animosa uirgo: funus extendis meum
longasque uiui ducis exequias patris.   95
aliquando terra corpus inuisum tege;
peccas honesta mente, pietatem uocas
patrem insepultum trahere. qui cogit mori
nolentem in aequo est quique properantem impedit;
[occidere est uetare cupientem mori]   100
nec tamen in aequo est: alterum grauius reor:
malo imperari quam eripi mortem mihi.
desiste coepto, uirgo: ius uitae ac necis
meae penes me est. regna deserui libens,
regnum mei retineo. si fida es comes,   105
ensem parenti trade, sed notum nece
ensem paterna. tradis? an gnati tenent
cum regno et illum? faciet, ubicumque est, opus.
ibi sit; relinquo. natus hunc habeat meus,
sed uterque.—flammas potius et uastum aggerem   110
compone; in altos ipse me immittam rogos
[haerebo ad ignes, funebrem escendam struem]
pectusque soluam durum et in cinerem dabo

---

85 uertet A: -it E   94 animosa A: -os E^ac   100 del. Leo i 209 sq.
(coll. Hor. a. p. 467)   105 fida es A: fides E   108 faciet . . . opus E:
f. . . . scelus A: facinore . . . opus Leo i 2   112 del. Richter (superuacuum
habuit Gruterus)   herebo . . . funebre escendam E: erectam . . . -em asc- A
113 cinerem (cf. Tro 739) E: -es A

hoc quidquid in me uiuit.—ubi saeuum est mare?
duc ubi sit altis prorutum saxis iugum, 115
ubi torua rapidus ducat Ismenos uada,
duc ubi ferae sunt, ubi fretum, ubi praeceps locus,
si dux es; illuc ire morituro placet,
ubi sedit alta rupe semifero dolos
Sphinx ore nectens. derige huc gressus pedum, 120
hic siste patrem. dira ne sedes uacet,
monstrum repone maius. hoc saxum insidens
obscura nostrae uerba fortunae loquar,
quae nemo soluat: quisquis Assyrio loca
possessa regi scindis et Cadmi nemus 125
serpente notum, sacra quo Dirce latet,
supplex adoras, quisquis Eurotan bibis
Spartenque fratre nobilem gemino colis,
quique Elin et Parnason et Boeotios
colonus agros uberis tondes soli: 130
aduerte mentem. saeua Thebarum lues
luctifica caecis uerba committens modis
quid simile posuit, quid tam inextricabile?
aui gener patrisque riualis sui,
frater suorum liberum et fratrum parens; 135
uno auia partu liberos peperit uiro,
sibi et nepotes. monstra quis tanta explicet?
ego ipse, uictae spolia qui Sphingis tuli,
haerebo fati tardus interpres mei.

Quid perdis ultra uerba? quid pectus ferum 140
mollire temptas precibus? hoc animo sedet
effundere hanc cum morte luctantem diu

---

115 duc *E*: dic *A*   116 torua ω: torta *Lipsius*   ducat ω: uoluat *Peiper*;
cf. 604, Oed 469   117 *dubitanter delend. cens. Heinsius 50*   duc . . . sunt *E*:
dic . . . sint *A*   120 gressus pedum *E*: -u -em *A*   122 saxum ω:
-o *Σμ*   123 uerba *in ras. E* (*ex* f. . . . *uel* l. . . .)   125 scindis *E*: -it *A*
127 adoras *E*: ad aras *A*   129 quique elin et *E*: quicumque elin *A*
130 tondes *A*: -is *E*   137 sibi et *E*: at sibi *A*   explicet *A*: -at *E*; *cf.*
Hf 258, Thy 684   138 uictae *E*: uite *A*   139 herebo *A*: -oque *E*

103

animam et tenebras petere: nam sceleri haec meo
parum alta nox est: Tartaro condi iuuat,
et si quid ultra Tartarum est; tandem libet   145
quod olim oportet. morte prohiberi haud queo.
ferrum negabis? noxias lapsu uias
cludes et artis colla laqueis inseri
prohibebis? herbas quae ferunt letum auferes?
quid ista tandem cura proficiet tua?   150
ubique mors est. optume hoc cauit deus:
eripere uitam nemo non homini potest,
at nemo mortem; mille ad hanc aditus patent.
nil quaero: dextra noster et nuda solet
bene animus uti—dextra, nunc toto impetu,   155
toto dolore, uiribus totis ueni.
non destino unum uulneri nostro locum:
totus nocens sum: qua uoles mortem exige.
effringe pectus corque tot scelerum capax
euelle, totos uiscerum nuda sinus.   160
fractum incitatis ictibus guttur sonet
laceraeque fixis unguibus uenae fluant.
aut derige iras quo soles: haec uulnera
rescissa multo sanguine ac tabe inriga.
hac extrahe animam duram, inexpugnabilem.   165
    Et tu, parens, ubicumque poenarum arbiter
adstas mearum; non ego hoc tantum scelus
ulla expiari credidi poena satis
umquam, nec ista morte contentus fui,
nec me redemi parte: membratim tibi   170
perire uolui—debitum tandem exige.
nunc soluo poenas, tunc tibi inferias dedi.

---

143 haec *E*: hoc *A*   147 lapsu *E*: -o *A*   149 ferunt ω: -ant
Heinsius 51; *cf. 548*   159 pectus *Heinsius 51, 382*: corpus ω
162 lacereque *E*: -ne *A*: -ue (*Σ*)μ   164 ac tabe *E*: acta bene *A*
168 pena *A*: poene *E*^{ac} 169 morte ω: nocte *Gronouius* (*coll. 143 sq.*)
171 perire uolui *E*: u. p. *A*

ades atque inertem dexteram introrsus preme
magisque merge: timida tunc paruo caput
libauit haustu uixque cupientes sequi   175
eduxit oculos. haeret etiamnunc mihi
ille animus, haeret, cum recusantem manum
pressere uultus. audies uerum, Oedipu:
minus eruisti lumina audacter tua,
quam praestitisti. nunc manum cerebro indue: 180
hac parte mortem perage qua coepi mori.
AN. Pauca, o parens magnanime, miserandae precor
ut uerba natae mente placata audias.
non te ut reducam ueteris ad speciem domus
habitumque regni flore pollentem inclito   185
peto aut ut iras, temporum haut ipsa mora
fractas, remisso pectore ac placido feras:
at hoc decebat roboris tanti uirum,
non esse sub dolore nec uictum malis
dare terga; non est, ut putas, uirtus, pater,   190
timere uitam, sed malis ingentibus
obstare nec se uertere ac retro dare.
qui fata proculcauit ac uitae bona
proiecit atque abscidit et casus suos
onerauit ipse, cui deo nullo est opus,   195
quare ille mortem cupiat aut quare petat?
utrumque timidi est: nemo contempsit mori
qui concupiuit. cuius haut ultra mala
exire possunt, in loco tuto est situs.
quis iam deorum, uelle fac, quicquam potest   200
malis tuis adicere? iam nec tu potes

174 tunc *Leo*: tum ω   178 edippu δ: -um *Eβ*   180 prestitisti *A*:
per- *E*   cerebro *recc.* (*e*): crebro ω   181 coepi *E*: cepit *A*
184 speciem *E*: -imen *A*   185 pollentem *E*: -i *A*   inclito (Σ)μ: -i ω;
cf. Med. 226   186 temporum haut *Bothe*: -re aut ω   188 at *Richter*:
et ω   190 putas *EC*: petas δη   195 ipse cui deo *E*: ipsi ceu uideo *A*
196 cupiat ω: fugiat *Lipsius*   197 nemo *E*: uelle *A*   198 concupiuit
E: non concupiscit *A*   haut *A*: aut *E*

nisi hoc, ut esse te putes dignum nece—
non es nec ulla pectus hoc culpa attigit.
et hoc magis te, genitor, insontem uoca,
quod innocens es dis quoque inuitis. quid est   205
quod te efferarit, quod nouos suffixerit
stimulos dolori? quid te in infernas agit
sedes, quid ex his pellit? ut careas die?
cares; ut altis nobilem muris domum
patriamque fugias? patria tibi uiuo perit;   210
natos fugis matremque? ab aspectu omnium
fortuna te summouit, et quidquid potest
auferre cuiquam mors, tibi hoc uita abstulit;
regni tumultus? turba fortunae prior
abscessit a te iussa. quem, genitor, fugis?   215
OE. Me fugio, fugio conscium scelerum omnium
pectus, manumque hanc fugio et hoc caelum et deos
et dira fugio scelera quae feci innocens.
ego hoc solum, frugifera quo surgit Ceres,
premo? has ego auras ore pestifero traho?   220
ego laticis haustu satior aut ullo fruor
almae parentis munere? ego castam manum
nefandus incestificus exsecrabilis
attrecto? ego ullos aure concipio sonos,
per quos parentis nomen aut nati audiam?   225
utinam quidem rescindere has quirem uias
manibusque adactis omne qua uoces meant
aditusque uerbis tramite angusto patet
eruere possem: nata, iam sensum tui,
quae pars meorum es criminum, infelix pater   230
fugissem. inhaeret ac recrudescit nefas

203 es *E*: est *A*   205 inuitis *E*: -sis *A*   206 nouos *A*: non uos *E*
207 in *E*: *om. A*   213 hoc *E*: hec *A*   214 tumultus? *Heinsius 51*:
-us, *uulgo*   fortune *A*: -a *E*   215 a te *E*: ante *A*   218 innocens *E*:
nocens *A*   *uersum del. Wilamowitz*   226 uias *A*: meas *E*   227 qua
E: quo *A*   228 uerbis *E*: umbris *A*   229 tui *A*: tacui *E*^{ac}
230 es cr. *Lipsius*: est cr. *E*: cr. es *A*

subinde, et aures ingerunt quidquid mihi
donastis, oculi. cur caput tenebris graue
non mitto ad umbras Ditis aeternas? quid hic
manes meos detineo? quid terram grauo   235
mixtusque superis erro? quid restat mali?
regnum parentes liberi, uirtus quoque
et ingeni sollertis eximium decus
periere, cuncta sors mihi infesta abstulit;
lacrimae supererant: has quoque eripui mihi.   240
  Absiste: nullas animus admittit preces
nouamque poenam sceleribus quaerit parem.
et esse par quae poterit? infanti quoque
decreta mors est. fata quis tam tristia
sortitus umquam? uideram nondum diem   245
uterique nondum solueram clausi moras,
et iam timebar. protinus quosdam editos
nox occupauit et nouae luci abstulit:
mors me antecessit; aliquis intra uiscera
materna letum praecoquis fati tulit: 250
sed numquid et peccauit? abstrusum, abditum
dubiumque an essem sceleris infandi reum
deus egit; illo teste damnauit parens
calidoque teneros transuit ferro pedes
et in alta nemora pabulum misit feris   255
auibusque saeuis quas Cithaeron noxius
cruore saepe regio tinctas alit.
sed quem deus damnauit, abiecit pater,
mors quoque refugit. praestiti Delphis fidem:
genitorem adortus impia straui nece.   260
hoc alia pietas redimet: occidi patrem,
sed matrem amaui. proloqui hymenaeum pudet
taedasque nostras? has quoque inuitum pati

233 donastis *E*: nega- (lega- δ) *A*   234 mitto *E*: -or *A*   eternas *A*:
-ni *E*   240 eripui *A*: -it *E*   242 parem *A*: patrem *E*
243 et ω: at *Bothe*   248 luci *A*: -is *E*   252 reum *A*: reus *E*ac
254 transuit *E*: transtulit *A*   256 saeuis *E*: auidis *A*

te coge poenas: facinus ignotum efferum
inusitatum fare quod populi horreant,   265
quod esse factum nulla non aetas neget,
quod parricidam pudeat: in patrios toros
tuli paterno sanguine aspersas manus
scelerisque pretium maius accepi scelus.
leue est paternum facinus: in thalamos meos   270
deducta mater, ne parum sceleris foret,
fecunda: nullum crimen hoc maius potest
natura ferre. si quod etiamnum est tamen,
qui facere possent dedimus. abieci necis
pretium paternae sceptrum et hoc iterum manus   275
armauit alias; optime regni mei
fatum ipse noui: nemo sine sacro feret
illud cruore. magna praesagit mala
paternus animus. iacta iam sunt semina
cladis futurae: spernitur pacti fides;   280
hic occupato cedere imperio negat,
ius ille et icti foederis testes deos
inuocat et Argos exul atque urbes mouet
Graias in arma: non leuis fessis uenit
ruina Thebis; tela flammae uulnera   285
instant et istis si quod est maius malum,
ut esse genitos nemo non ex me sciat.
An. Si nulla, genitor, causa uiuendi tibi est,
haec una abunde est, ut pater natos regas
grauiter furentes. tu impii belli minas   290
auertere unus tuque uecordes potes
inhibere iuuenes, ciuibus pacem dare,
patriae quietem, foederi laeso fidem.
uitam tibi ipse si negas, multis negas.

---

270 facinus *E*: scelus *A*   271 sceleris *E*: -um *A*   273 si *A*: om. *E*
275 paterne *A*: -um *E*   276 armauit alias *A*: arma uitabas *E*
277 feret *A*: eff- *E*   279 iam sunt *E*: sunt iam *A*   287 non ex
me *E*: ex me δ: ex me non β   289 regas *A*: -at *E*   290 furentes *A*:
fer- *E*   293 leso *A*: -os *E*

Oe. Illis parentis ullus aut aequi est amor,   295
auidis cruoris imperi armorum doli,
diris, scelestis, breuiter ut dicam, meis?
certant in omne facinus et pensi nihil
ducunt, ubi illos ira praecipites agit,
nefasque nullum per nefas nati putant.   300
non patris illos tangit afflicti pudor,
non patria: regno pectus attonitum furit.
scio quo ferantur, quanta moliri parent,
ideoque leti quaero maturi uiam
morique propero, dum in domo nemo est mea   305
nocentior me. Nata, quid genibus meis
fles aduoluta? quid prece indomitum domas?
unum hoc habet fortuna quo possim capi,
inuictus aliis: sola tu affectus potes
mollire duros, sola pietatem in domo   310
docere nostra. nil graue aut miserum est mihi
quod te sciam uoluisse; tu tantum impera:
hic Oedipus Aegaea transnabit freta
iubente te, flammasque quas Siculo uomit
de monte tellus igneos uoluens globos   315
excipiet ore seque serpenti offeret,
quae saeua furto nemoris Herculeo furit;
iubente te praebebit alitibus iecur,
iubente te uel uiuet.

Nvntivs

Exemplum in ingens regia stirpe editum   320
Thebae pauentes arma fraterna inuocant

297 diris scelestis *A*: ui- cael- *E*   299 illos ω: ipsos *Leo*   agit *E*: -at *A*
304 maturi *A*: -am *E*   305 -que *A*: *om. E*   313 transnabit *E*:
trana- *A*   315 uoluens *recc.*: sol- ω; *cf. Verg. georg. 1. 473*   317 herculeo *A*: -ei *E*   *ante* 320 Nuncius. edipus. antigone *A*: *tit. om. E*
320 ANT *praef. E*: *om. A*   exemplum in ingens *Lipsius*: exemplum ingens *E*:
om. A   editum *E*: -e *A*

rogantque tectis arceas patriis faces.
non sunt minae, iam propius accessit malum.
nam regna repetens frater et pactas uices
in bella cunctos Graeciae populos agit;   325
septena muros castra Thebanos premunt.
succurre, prohibe pariter et bellum et scelus.

OEDIPVS

Ego ille sum qui scelera committi uetem
et abstineri sanguine a caro manus
doceam? magister iuris et amoris pii   330
ego sum? meorum facinorum exempla appetunt,
me nunc secuntur; laudo et agnosco libens,
exhortor, aliquid ut patre hoc dignum gerant.
agite, o propago clara, generosam indolem
probate factis, gloriam ac laudes meas   335
superate et aliquid facite propter quod patrem
adhuc iuuet uixisse. facietis, scio:
sic estis orti. scelere defungi haut leui,
haut usitato tanta nobilitas potest.
ferte arma, facibus petite penetrales deos   340
frugemque flamma metite natalis soli,
miscete cuncta, rapite in exitium omnia,
disicite passim moenia, in planum date,
templis deos obruite, maculatos lares
conflate, ab imo tota considat domus;   345
urbs concremetur—primus a thalamis meis

322 patriis *E*: -ris *A*   325 bell*a* *E*^{pc} (*ex* o)   327 scelus *E*: nefas *A*
328 scelera *E*: sceptra *A*   331 facinorum exempla *E*: e. f. *A*
334 clara *A*: cara *E*   338 haut *A*: aut *E*   340 penetrales *A*:
penetries *E*   341 frugemque flamma metite natalis soli *A*: frigiamque
flammam et eterias tali soli *E*   342 exitium *E*: exilium (aux- δ) *A*
343 dissicite *E*: descite *A*

incipiat ignis. Nvn. Mitte uiolentum impetum
doloris ac te publica exorent mala
auctorque placidae liberis pacis ueni.
Oe. Vides modestae deditum menti senem   350
placidaeque amantem pacis ad partes uocas?
tumet animus ira, feruet immensum dolor,
maiusque quam quod casus et iuuenum furor
conatur aliquid cupio. non satis est adhuc
ciuile bellum: frater in fratrem ruat.   355
nec hoc sat est: quod debet, ut fiat nefas
de more nostro, quod meos deceat toros:
date arma matri—nemo me ex his eruat
siluis: latebo rupis exesae cauo
aut saepe densa corpus abstrusum tegam.   360
hinc aucupabor uerba rumoris uagi
et saeua fratrum bella, quod possum, audiam.

IOCASTA

Felix Agaue: facinus horrendum manu,
qua fecerat, gestauit et spolium tulit
cruenta nati maenas in partes dati;   365
fecit scelus, sed misera non ultra suo
sceleri occucurrit. hoc leue est quod sum nocens:
feci nocentes. hoc quoque etiamnunc leue est:
peperi nocentes. derat aerumnis meis,
ut et hostem amarem. bruma ter posuit niues   370

347^b-349 *nuntio attribuit M. Müller 1901, 263 sq.* (347^b sq. mitte . . . doloris
nuntio, 348^b sq. *Antigonae ascripserat Bothe*): *Antigonae dat* ω   347 mitte *E*:
ante *A*   348 ac ω: at *Bothe*   352 immensum *A*: -us *E*
356 sat *A*: satis *E*   358 matri *cod. Orator., Gronouius*: patri ω; *cf. Leonem*
i 221   *ante* 363 IOCASTA. SATELLES. POLINICES. ETHEOCLES
E: om. A   363 IOC *E: om. A*   366 sq. ultra suo | sceleri occurrit
(occucurrit *Gronouius*) *E*: ultra suum | scelus hoc cucurrit *A*   368 etiam
nunc *E*: etiam non *A*

et tertia iam falce decubuit Ceres,
ut exul errat natus et patria caret
profugusque regum auxilia Graiorum rogat.
gener est Adrasti, cuius imperio mare
quod scindit Isthmos regitur; hic gentes suas   375
septemque secum regna ad auxilium trahit
generi—quid optem quidue decernam haut scio.
regnum reposcit: causa repetentis bona est,
mala sic petentis. uota quae faciam parens?
utrimque natum uideo: nil possum pie   380
pietate salua facere: quodcumque alteri
optabo nato fiet alterius malo.
sed utrumque quamuis diligam affectu pari,
quo causa melior sorsque deterior trahit
inclinat animus semper infirmo fauens: 385
miseros magis fortuna conciliat suis.

SATELLES

Regina, dum tu flebiles questus cies
terisque tempus, saeua nudatis stetit
acies in armis; aera iam bellum cient
aquilaque pugnam signifer mota uocat.   390
septena reges bella dispositi parant,
animo pari Cadmea progenies subit,
cursu citato miles hinc atque hinc ruit.
uide ut atra nubes puluere abscondat diem
fumoque similes campus in caelum erigat   395
nebulas, equestri fracta quas tellus pede

375 scindit Isthmos *Gronouius* (*coll. Hf 336*): cingit isthmos *E*: cingit isthmon *A*   377 generi *A*: -o *E*   380 utrimque *Bentley* (*coll. Tro 659*):
utrum- ω   nil (Σ)μ: ni(c)hil ω   387 SAT. *E*: nun. *A*   388 saeua
Gronouius: salua *E*: tota *A*   stetit *A*: adest *E*   389 cient *E*: sc- *A*
392 animo *E²pc* (*ex* a)   394 uide ut (*cf. Tro 945*) *A*: uiden ut *E*
abscondat *A*: -it *E*

summittit. et, si uera metuentes uident,
infesta fulgent signa, subrectis adest
frons prima telis, aurea clarum nota
nomen ducum uexilla praescriptum ferunt.   400
I, redde amorem fratribus, pacem omnibus,
et impia arma matris opposita impedi.

ANTIGONA

Perge, o parens, et concita celerem gradum,
compesce tela, fratribus ferrum excute,
nudum inter enses pectus infestos tene: 405
aut solue bellum, mater, aut prima excipe.
Ioc. Ibo, ibo et armis obuium opponam caput,
stabo inter arma; petere qui fratrem uolet,
petat ante matrem. tela, qui fuerit pius,
rogante ponat matre; qui non est pius   410
incipiat a me. feruidos iuuenes anus
tenebo, nullum teste me fiet nefas;
aut si aliquod et me teste committi potest,
non fiet unum. An. Signa collatis micant
uicina signis, clamor hostilis fremit;   415
scelus in propinquo est: occupa, mater, preces—
et ecce motos fletibus credas meis,
sic agmen armis segne compositis uenit.
Sat. Procedit acies tarda, sed properant duces.
Ioc. Quis me procellae turbine insanae uehens   420
uolucer per auras uentus aetherias aget?
quae Sphinx uel atra nube subtexens diem
Stymphalis auidis praepetem pinnis feret?

ante 403 Antigone. iocasta. nuncius *A*: *om. E*   403 an. *praef. A*: *om. E*
et concita *A*: perge et concita cursu *E*   407 obuium *E*: -ia *A*
409 fuerit *A*: -at *E*   410 *om. E (posito ad laeuum marginem a rubricatore*
signo R̃)   413 aliquot *E*: quod *A*   414ᵇ An *praef. A*: *om. E*
417 motos *E*: -us *A*   419 SAT. *Leo (nuntio dederat Bothe)*: *om.* ω
420 Io. *A*: *om. E*   insane *A*: -o *E*

aut quae per altas aeris rapiet uias
Harpyia saeui regis obseruans famem 425
et inter acies proiciet raptam duas?
SAT. Vadit furenti similis aut etiam furit.
sagitta qualis Parthica uelox manu
excussa fertur, qualis insano ratis
premente uento rapitur aut qualis cadit 430
delapsa caelo stella, cum stringens polum
rectam citatis ignibus rumpit uiam,
attonita cursu fugit et binas statim
diduxit acies. uicta materna prece
haesere bella, iamque in alternam necem 435
illinc et hinc miscere cupientes manus
librata dextra tela suspensa tenent.
paci fauetur, omnium ferrum latet
cessatque tectum—uibrat in fratrum manu.
laniata canas mater ostendit comas, 440
rogat abnuentis, irrigat fletu genas.
negare matri, qui diu dubitat, potest.

IOCASTA

In me arma et ignes uertite, in me omnis ruat
una iuuentus quaeque ab Inachio uenit
animosa muro quaeque Thebana ferox 445
descendit arce: ciuis atque hostis simul
[hunc petite uentrem, qui dedit fratres uiro]

---

424 rapiet A: -at E   425 arpia A: arpyla E   famem A: -en E
427 SAT. E: nun. A   429 insano A: -so- E   431 delapsa A: -o E
435 iamque E^{pc} (ex n)   436 manus E: -um A   437 librata Heinsius
57: ui- ω   dextra tela suspensa tenent E: tela continent dextra sua A
438 latet A: iacet E   ante 443 Iocasta. polinices A: om. E
443 IOC praef. E: om. A   444 una A: unam E   446 descendit A:
di- E   ciuis . . . hostis A: -es . . . -es E   447 del. Ax.

haec membra passim spargite ac diuellite:
ego utrumque peperi—ponitis ferrum ocius?
an dico et ex quo? dexteras matri date,   450
date dum piae sunt. error inuitos adhuc
fecit nocentes, omne Fortunae fuit
peccantis in nos crimen: hoc primum nefas
inter scientes geritur. in uestra manu est,
utrum uelitis: sancta si pietas placet,   455
donate matri bella; si placuit scelus,
maius paratum est: media se opponit parens.
proinde bellum tollite aut belli moram.
    Sollicita cui nunc mater alterna prece
uerba admouebo? misera quem amplectar prius?   460
in utramque partem ducor affectu pari.
hic afuit; sed pacta si fratrum ualent,
nunc alter aberit. ergo iam numquam duos
nisi sic uidebo? iunge complexus prior,
qui tot labores totque perpessus mala   465
longo parentem fessus exilio uides.
accede propius, clude uagina impium
ensem et trementem iamque cupientem excuti
hastam solo defige; maternum tuo
coire pectus pectori clipeus uetat: 470
hunc quoque repone. uinculo frontem exue
tegumenque capitis triste belligeri leua
et ora matri redde—quo uultus refers
acieque pauida fratris obseruas manum?
affusa totum corpus amplexu tegam,   475
tuo cruori per meum fiet uia.
quid dubius haeres? an times matris fidem?

---

448 haec *E*: mea *A*   passim *E*: sparsim *A*   450 quo *E*: equo *A*
456 bella *Gronouius* (*coll. 232 sq.*): pacem ω   458 proinde *A*: proinde
iam *E*   459 sollicita cui nunc *recc.*: c. n. s. *E*: c. s. n. *A*
468 excuti *E*: -e *A*   470 coire *A*: coiere *E*   477 matris *E*: -i *A*
post 477 *legitur u.* 480 *in E*

POLYNICES

Timeo; nihil iam iura naturae ualent.
post ista fratrum exempla ne matri quidem
fides habenda est. Ioc. Redde iam capulo manum,   480
astringe galeam, laeua se clipeo inserat:
dum frater exarmatur, armatus mane.
Tu pone ferrum, causa qui ferri es prior.
si pacis odium est, furere si bello placet:
indutias te mater exiguas rogat,   485
ferat ut reuerso post fugam nato oscula
uel prima uel suprema. dum pacem peto,
audite inermes. ille te, tu illum times?
ego utrumque, sed pro utroque. quid strictum abnuis
recondere ensem? qualibet gaude mora: 490
id gerere bellum cupitis, in quo est optimum
uinci. uereris fratris infesti dolos?
quotiens necesse est fallere aut falli a suis,
patiare potius ipse quam facias scelus.
sed ne uerere: mater insidias et hinc   495
et rursus illinc abiget. exoro? an patri
inuideo uestro? ueni ut arcerem nefas
an ut uiderem propius?—hic ferrum abdidit,
reclinis hastae parma defixae incubat:
ad te preces nunc, nate, maternas feram,   500
sed ante lacrimas. teneo longo tempore
petita uotis ora. te profugum solo
patrio penates regis externi tegunt,
te maria tot diuersa, tot casus uagum

480ᵇ Ioc. *recc.*: *om.* ω   481 IOC. *praef. E*: *om. A*   inserat *E*:
inf- δ: ing- β   483 tu *E*: Io. tu *A*   485 rogat *A*: -as *E*
493 suis ω: tuis *ecl.* L. (*Heinsius 57*), *sed cf. epist. 28. 6; Ax., Neue Senecastudien*
196 sq.   498 hic] *sc.* Pol.   499 hastae parma defixae incubat *Morel*
96 (*coll. Verg. Aen. 12. 130*): hastae arma (h. et arma *A*) -xa -ant ω
500 te] *sc.* Pol.   501 set ante *A*: cedante *E*   502 petita *A*: -e *E*
504 tot diu. *A*: tot tam diu. *E*

egere, non te duxit in thalamos parens 505
comitata primos nec sua festas manu
ornauit aedes nec sacra laetas faces
uitta reuinxit; dona non auro graues
gazas socer, non arua, non urbes dedit:
dotale bellum est. hostium es factus gener, 510
patria remotus, hospes alieni laris,
externa consecutus, expulsus tuis,
sine crimine exul. ne quid e fatis tibi
desset paternis, hoc quoque ex illis habes,
errasse thalamis. Nate post multos mihi 515
remisse soles, nate suspensae metus
et spes parentis, cuius aspectum deos
semper rogaui, cum tuus reditus mihi
tantum esset erepturus, aduentu tuo
quantum daturus: 'quando pro te desinam' 520
dixi 'timere?'; dixit inridens deus:
'ipsum timebis.' nempe nisi bellum foret,
ego te carerem; nempe si tu non fores,
bello carerem. triste conspectus datur
pretium tui durumque, sed matri placet. 525
    Hinc modo recedant arma, dum nullum nefas
Mars saeuus audet: hoc quoque est magnum nefas,
tam prope fuisse. stupeo et exanguis tremo,
cum stare fratres hinc et hinc uideo duos
sceleris sub ictu; membra quassantur metu: 530
quam paene mater maius aspexi nefas,
quam quod miser uidere non potuit pater.
licet timore facinoris tanti uacem

---

506 festas *A*: -a *E*   507 sacra *Leo*: sua ω   laetas faces *in ras. ex*
festas manus *E*   508 uitta β: uita *E*δ   auro *E*: auro et *A*
509 gazas *A*: galeas *E*   arua *recc.* (*eOx.*[2]): arma ω   510 es f. *A*:
est f. *E*   513 ne quid e *A*: nequit de *E*   515[b]-516[a] (nate . . .
soles) *om. E*   516 suspensae *E*: sollicite *A*   524 triste *A*: patris te *E*
526 recedant *E*: redeant *A*   529 et *omissum add. E*   533 timore . . .
uacem *E*: -ere ui- *A*

uideamque iam nil tale, sum infelix tamen
quod paene uidi. per decem mensum graues   535
uteri labores perque pietatem inclitae
precor sororis et per irati sibi
genas parentis, scelere quas nullo nocens,
erroris a se dura supplicia exigens,
hausit: nefandas moenibus patriis faces   540
auerte, signa bellici retro agminis
flecte—ut recedas, magna pars sceleris tamen
uestri peracta est: uidit hostili grege
campos repleri patria, fulgentes procul
armis cateruas uidit, equitatu leui   545
Cadmea frangi prata et excelsos rotis
uolitare proceres, igne flagrantes trabes
fumare, cineri quae petunt nostras domos,
fratresque (facinus quod nouum et Thebis fuit)
in se ruentes: totus hoc exercitus,   550
hoc populus omnis, utraque hoc uidit soror
genetrixque uidi: nam pater debet sibi
quod ista non spectauit. Occurrat tibi
nunc Oedipus, quo iudice erroris quoque
poenae petuntur. ne, precor, ferro erue   555
patriam ac penates neue, quae regere expetis,
euerte Thebas. quis tenet mentem furor?
petendo patriam perdis? ut fiat tua,
uis esse nullam? quin tuae causae nocet
ipsum hoc quod armis uris infestis solum   560
segetesque adultas sternis et totos fugam
edis per agros: nemo sic uastat sua;
quae corripi igne, quae meti gladio iubes
aliena credis. rex sit ex uobis uter,

535 mensum *E*: -ium *A*   536 sq. pietatem inclitae ... sororis *E*:
-e -as ... -es *A*   539 dura (*cf. Thy 14*) ω: di- (*cf. Med 461*) *recc.*
548 petunt ω: -ant *Heinsius 58*; *cf. 149*   551 hoc pop. *E*: et pop. *A*
utraque *Peiper 1870, 33*: et utraque *A*: utramque *E*   552 uidi *recc.* (*Jac.
Gronouius*): -it ω   553 *om. A*   560 uris *E*: uestris A   561 adultas *E*: adus- *A*

118

manente regno quaerite. haec telis petes 565
flammisque tecta? poteris has Amphionis
quassare moles? nulla quas struxit manus
stridente tardum machina ducens onus,
sed conuocatus uocis et citharae sono
per se ipse summas uenit in turres lapis: 570
haec saxa franges? uictor hinc spolia auferes
uinctosque duces patris aequales tui,
matresque ab ipso coniugum raptas sinu
saeuus catena miles imposita trahet?
adulta uirgo, mixta captiuo gregi, 575
Thebana nuribus munus Argolicis eat?
an et ipsa, palmas uincta postergum datas,
mater triumphi praeda fraterni uehar?
potesne ciues leto et exitio datos
uidere passim? moenibus caris potes 580
hostem admouere, sanguine et flamma potes
implere Thebas? tam ferus durum geris
saeuumque in iras pectus? et nondum imperas.
quid sceptra facient? pone uesanos, precor,
animi tumores teque pietati refer. 585
POL. Vt profugus errem semper? ut patria arcear
opemque gentis hospes externae sequar?
quid paterer aliud, si fefellissem fidem?
si peierassem? fraudis alienae dabo
poenas, at ille praemium scelerum feret? 590
iubes abire? matris imperio obsequor—
da quo reuertar. regia frater meus
habitet superba, parua me abscondat casa.
hanc da repulso; liceat exiguo lare

565 petes *A*: -is *E*   570 summas uenit in turres *E*: t. u. in s. *A*
572 uinctosque *ET*: uic- *βP*   573 matresque ab ipso *E*: ab i. matres *A*
574 trahet *A*: tradet *E*   575 adulta *E*: ut adulta *A*: et a. *recc.*
579 loeto et *E*: letus *A*   582 ferus *E*: -um et *A*   584 uesanos *E*²ᵖᶜ
590, 591 *inuerso ordine E*   592 meus *E*: mea *A*   593 habitet *A*:
-at *E*   594 da *A*: dare *E*

pensare regnum. coniugi donum datus   595
arbitria thalami dura felicis feram
humilisque socerum lixa dominantem sequar?
in seruitutem cadere de regno graue est.
Ioc. Si regna quaeris nec potest sceptro manus
uacare saeuo, multa quae possint peti   600
in orbe toto quaelibet tellus dabit:
hinc nota Baccho Tmolus attollit iuga,
qua lata terris spatia frugiferis iacent
et qua trahens opulenta Pactolus uada
inundat auro rura, nec laetis minus   605
Maeandros aruis flectit errantes aquas
rapidusque campos fertiles Hermus secat;
hinc grata Cereri Gargara et diues solum
quod Xanthus ambit niuibus Idaeis tumens;
hinc qua relinquit nomen Ionii mare   610
faucesque Abydo Sestos opposita premit,
aut qua latus iam propius orienti dedit
tutamque crebris portibus Lyciam uidet,
hac regna ferro quaere, in hos populos ferat
socer arma fortis, has tuo sceptro paret   615
tradatque gentes—hoc adhuc regnum puta
tenere patrem. Melius exilium est tibi
quam reditus iste: crimine alieno exulas,
tuo redibis. melius istis uiribus
noua regna nullo scelere maculata appetes.   620
quin ipse frater arma comitatus tua
tibi militabit. uade et id bellum gere
in quo pater materque pugnanti tibi

---

602 nota *A*: tota *E*   attollit *A*: -tulit *E*   603 iacent *ω*: patent
Zw. 1980, 189   607 Hermus *Gronouius*: hebrus *ω*   608 cereri *E*:
-is *A*   610 mare *Bentley*: -is *ω*   611 faucesque Abydo
Sestos (-os estos *E, corr. Gronouius*) opposita *E*: fauces abydos sestos -te *A*
612 propius *Gronouius*: -ior *ω*   614 hac *Bothe*: haec *ω*: hic *Gronouius*
615 tuo sceptro paret *E*: p. s. t. *A*   618 crimine *E^{pc}* (*ex* crimen)
619 istis *E*: usus *A*

fauere possint. regna cum scelere omnibus
sunt exilis grauiora. Nunc belli mala   625
propone, dubias Martis incerti uices:
licet omne tecum Graeciae robur trahas,
licet arma longe miles ac late explicet,
fortuna belli semper ancipiti in loco est.
quodcumque Mars decernit: exaequat duos,   630
licet impares sint, gladius; et spes et metus
Fors caeca uersat. praemium incertum petis,
certum scelus. Fauisse fac uotis deos
omnes tuis: cessere et auersi fugam
petiere ciues, clade funesta iacens   635
obtexit agros miles—exultes licet
uictorque fratris spolia deiecti geras:
frangenda palma est. quale tu hoc bellum putas,
in quo execrandum uictor admittit nefas,
si gaudet? hunc quem uincere infelix cupis,   640
cum uiceris, lugebis. infaustas age
dimitte pugnas, libera patriam metu,
luctu parentes. Pol. Sceleris et fraudis suae
poenas nefandus frater ut nullas ferat?
Ioc. Ne metue. poenas et quidem soluet graues: 645
regnabit. est haec poena. si dubitas, auo
patrique crede: Cadmus hoc dicet tibi
Cadmique proles. sceptra Thebarum fuit
impune nulli gerere (nec quisquam fide
rupta tenebat illa): iam numeres licet   650
fratrem inter istos.

627 greciae *E*: regie *A*   631 gladius *A*: -io *E*   632 Fors
Ascensius u.l.: sors *ω*; *cf. Verg. ecl. 9. 5*   petis *E*: -it *A*   636 agros
miles *A*: m. a. *E*   638 hoc *E*: id *A*   643 luctu . . . et *om. E*
(*habet* POL. fr. s.)   *Pol. notam om. A*   645 IOC. *E*: *om. A*
646 est haec p. *ω*: Pol. haec est p.? *recc.*: Pol. haecne est p.? *ed. Scriv.*
648 Thebarum *Ascensius*: Thebano *ω*   649 *uno uersu A*: *duobus uersibus*
(i. n. g. | n. q. f.) *E*   650 tenebat *A*: -it *E*   numeres *E^{pc}* (*ex* is)

Eteocles

Numeret, est tanti mihi
cum regibus iacere. te turbae exulum
ascribo. Ioc. Regna, dummodo inuisus tuis.
Et. Regnare non uult, esse qui inuisus timet:
simul ista mundi conditor posuit deus,   655
odium atque regnum: regis hoc magni reor,
odia ipsa premere. multa dominantem uetat
amor suorum; plus in iratos licet.
qui uult amari, languida regnat manu.
Ioc. Inuisa numquam imperia retinentur diu.   660
Et. Praecepta melius imperi reges dabunt;
exilia tu compone. pro regno uelim—
Ioc. Patriam penates coniugem flammis dare?
Et. Imperia pretio quolibet constant bene.

651^b ET. numeret *Schmidt 1860, 20*: POL. numero et ω   652^b *nulla
personae nota in E*: Io. *praef. A*   te turbe *A*: et urbi *E*   653 ascribo *A*:
asscribi *E*   uerba regna . . . tuis *Iocastae dat* ω, *Polynici Grotius*   654 ET.
Grotius: POL. ω   656 hoc *E*: et *A*   657 ipsa *E*: ista *A*
660 inuisa *E*: ine *ante spat. uac. 3–7 litt. A*   661 sq. *Eteocli ascripsit
Grotius, Polynici E, nulla personae nota in A, sed* 662^b (p. r. u.) *Polynici attri-
buitur in* β*T*   662 *uno uersu* EP (*spat. post* dispone *interm.* P),
duobus uersibus (e. t. d. | p. r. u.) β*T*   compone *Ax.*: oppone *E*: disp- *A*
663 IOC. *E*: om. *A*   664 ET. *Grotius*: POL. *E*: om. *A*
PHOENISSARVM TRAGOEDIA FINIT | INCIPIT MEDEA *E*: explicit
thebais. Incipit hippolitus *A*

MEDEA

PERSONAE

MEDEA
NVTRIX
CREO
IASON
NVNTIVS
CHORVS

Scaena Corinthi

MEDEA

Di coniugales tuque genialis tori,
Lucina, custos quaeque domituram freta
Tiphyn nouam frenare docuisti ratem,
et tu, profundi saeue dominator maris,
clarumque Titan diuidens orbi diem,   5
tacitisque praebens conscium sacris iubar
Hecate triformis, quosque iurauit mihi
deos Iason, quosque Medeae magis
fas est precari: noctis aeternae chaos,
auersa superis regna manesque impios   10
dominumque regni tristis et dominam fide
meliore raptam, uoce non fausta precor.
nunc, nunc adeste sceleris ultrices deae,
crinem solutis squalidae serpentibus,
atram cruentis manibus amplexae facem,   15
adeste, thalamis horridae quondam meis
quales stetistis: coniugi letum nouae
letumque socero et regiae stirpi date.
    Est peius aliquid? quod precer sponso malum?
uiuat; per urbes erret ignotas egens   20
exul pauens inuisus incerti laris,
iam notus hospes limen alienum expetat;   23^a, 22^b
me coniugem opto, quoque non aliud queam   22^a, 23^b
peius precari, liberos similes patri
similesque matri—parta iam, parta ultio est: 25
peperi. Querelas uerbaque in cassum sero?

---

2 custos *E*: c. est δ: c. es β   domituram freta *E*: -torem -i *A*
10 auersa *EP*: adu- β*T*   13 nunc nunc adeste *E*: adeste adeste *A*;
cf. *Hf 498*   19 est *Bentley*: mihi ω: num *Ax.*   aliquid ω: -quod
Auantius: aliud *Gronouius*   22, 23 *priora hemistichia commutauit Leo*   opto
Ax.: optet ω   25 parta i. p. ultio *A*: pariat. i. p. uitio *E*   26 sero
E: fero *A*

non ibo in hostes? manibus excutiam faces
caeloque lucem—spectat hoc nostri sator
Sol generis, et spectatur, et curru insidens
per solita puri spatia decurrit poli?   30
non redit in ortus et remetitur diem?
da, da per auras curribus patriis uehi,
committe habenas, genitor, et flagrantibus
ignifera loris tribue moderari iuga:
gemino Corinthos litori opponens moras   35
cremata flammis maria committat duo.
hoc restat unum, pronubam thalamo feram
ut ipsa pinum postque sacrificas preces
caedam dicatis uictimas altaribus.

   Per uiscera ipsa quaere supplicio uiam,   40
si uiuis, anime, si quid antiqui tibi
remanet uigoris; pelle femineos metus
et inhospitalem Caucasum mente indue.
quodcumque uidit Phasis aut Pontus nefas,
uidebit Isthmos. effera ignota horrida,   45
tremenda caelo pariter ac terris mala
mens intus agitat: uulnera et caedem et uagum
funus per artus—leuia memoraui nimis:
haec uirgo feci; grauior exurgat dolor:
maiora iam me scelera post partus decent.   50
accingere ira teque in exitium para
furore toto. paria narrentur tua
repudia thalamis: quo uirum linques modo?
hoc quo secuta es. rumpe iam segnes moras:
quae scelere parta est, scelere linquenda est domus.   55

28 hoc *E*: hec *A*   29 spectatur *E*: -or *A*   curru *A*: -us *E*
32 patriis *E*: patris *A*   34 loris *E*: locis *A*   35 litori ω: -e *Gronouius*
37 pronubam *recc.*: pre- ω   39 caedam *E*: cecam *A*   40 *del. Ax.*
43 caucasum mente *A*: causa summente *E^{ac}*   44 phasis aut pontus *A*:
pont. a. ph. *E*; *cf. 211 sq., 451 sqq.*   48 per artus *E*: peractus *A*
52 narrentur *E*: -an- *A*   53 linques τ: -is ω   55 parta . . . linquenda
est *E*: pacta . . . linquetur *A*

126

Chorvs

Ad regum thalamos numine prospero
qui caelum superi quique regunt fretum
adsint cum populis rite fauentibus.
Primum sceptriferis colla Tonantibus
taurus celsa ferat tergore candido;   60
Lucinam niuei femina corporis
intemptata iugo placet, et asperi
Martis sanguineas quae cohibet manus,
quae dat belligeris foedera gentibus
et cornu retinet diuite copiam,   65
donetur tenera mitior hostia.
Et tu, qui facibus legitimis ades,
noctem discutiens auspice dextera
huc incede gradu marcidus ebrio,
praecingens roseo tempora uinculo.   70
Et tu, quae, gemini praeuia temporis,
tarde, stella, redis semper amantibus:
te matres, auide te cupiunt nurus
quamprimum radios spargere lucidos.
        Vincit uirgineus decor   75
        longe Cecropias nurus,
        et quas Taygeti iugis
        exercet iuuenum modo
        muris quod caret oppidum,
        et quas Aonius latex   80
        Alpheosque sacer lauat.
        Si forma uelit aspici,
        cedent Aesonio duci
        proles fulminis improbi

---

59 primum (*cf. 240*) *E*: -us *A*   61 femina *A*: -am *E*   73 auide *A*:
-ae *E*   75–81 *uirginum*, 82–92 *iuuenum*, 93 sqq. *uirginum choro*
attribuit Bentley   75 uincit *E*: uicit *A*   77 quas *E*: que *A*
78 exercet *E*: -ent *A*   82 *post* 83 *A*

aptat qui iuga tigribus, 85
nec non, qui tripodas mouet,
frater uirginis asperae,
cedet Castore cum suo
Pollux caestibus aptior.
Sic, sic, caelicolae, precor, 90
uincat femina coniuges,
uir longe superet uiros.
Haec cum femineo constitit in choro,
unius facies praenitet omnibus.
sic cum sole perit sidereus decor, 95
et densi latitant Pleiadum greges,
cum Phoebe solidum lumine non suo
orbem circuitis cornibus alligat.
ostro sic niueus puniceo color
perfusus rubuit, sic nitidum iubar 100
pastor luce noua roscidus aspicit.
Ereptus thalamis Phasidis horridi,
effrenae solitus pectora coniugis
inuita trepidus prendere dextera,
felix Aeoliam corripe uirginem 105
nunc primum soceris sponse uolentibus.
Concesso, iuuenes, ludite iurgio,
hinc illinc, iuuenes, mittite carmina:
rara est in dominos iusta licentia.

Candida thyrsigeri proles generosa Lyaei, 110
multifidam iam tempus erat succendere pinum:
excute sollemnem digitis marcentibus ignem.
festa dicax fundat conuicia fescenninus,
soluat turba iocos—tacitis eat illa tenebris,
si qua peregrino nubit furtiua marito. 115

90 caelicolae E^{pc} 93 femineo E: uirgineo A 94 praenitet E:
preminet A 95 sidereus E: sideribus A 97 phoebe E: om. A
solidum (cf. Ou. met. 7. 181) E: -tum A 99 puniceo E: phen- A
102 horridi E: -is A 105 aeoliam corripe E: aoniam prendito A
106 soceris A: -o E 109 dominos E^{pc} (ex o)   112 sollempnem
E^{pc} (ex o)   114 iocos A: lo- E 115 furtiua Heinsius 120: fugitiua
E: -tura A

Medea

Occidimus: aures pepulit hymenaeus meas.
uix ipsa tantum, uix adhuc credo malum.
hoc facere Iason potuit, erepto patre
patria atque regno sedibus solam exteris
deserere durus? merita contempsit mea   120
qui scelere flammas uiderat uinci et mare?
adeone credit omne consumptum nefas?
incerta uecors mente non sana feror
partes in omnes; unde me ulcisci queam?
utinam esset illi frater! est coniunx: in hanc   125
ferrum exigatur. hoc meis satis est malis?
si quod Pelasgae, si quod urbes barbarae
nouere facinus quod tuae ignorent manus,
nunc est parandum. scelera te hortentur tua
et cuncta redeant: inclitum regni decus   130
raptum et nefandae uirginis paruus comes
diuisus ense, funus ingestum patri
sparsumque ponto corpus et Peliae senis
decocta aeno membra: funestum impie
quam saepe fudi sanguinem—et nullum scelus   135
irata feci: saeuit infelix amor.
    Quid tamen Iason potuit, alieni arbitri
iurisque factus? debuit ferro obuium
offerre pectus—melius, a melius, dolor
furiose, loquere. si potest, uiuat meus,   140
ut fuit, Iason; si minus, uiuat tamen
memorque nostri muneri parcat meo.

---

ante 116 *inscriptum* MEDEA.NVTRIX *in* ω   117 credo *E*: condo *A*
118 hoc *E*: hec *A*   121 scelere *A*: -ra *E*   122 credit *A*: -et *E*
123 non sana (*cf. Phae 386*) *A*: uesana *E*   125 *duobus uersibus* (u. e. i. f. |
e. c. i. h.) *E*   126 satis *E*: sat *A*   128 ignorent *E*: -ant *A*
132 ingestum *E*: inc- *A*   135 fudi *A*: uidi *E*   136 saeuit ω: suasit
Peiper: mouit *Leo*   139 offerre *A*: aff- *E*   ah *Ascensius*: ha *A*: ac *E*
142 muneri *A*: -is *E*

Culpa est Creontis tota, qui sceptro impotens
coniugia soluit quique genetricem abstrahit
gnatis et arto pignore astrictam fidem   145
dirimit: petatur, solus hic poenas luat,
quas debet. alto cinere cumulabo domum;
uidebit atrum uerticem flammis agi
Malea longas nauibus flectens moras.

Nvtrix

Sile, obsecro, questusque secreto abditos   150
manda dolori. grauia quisquis uulnera
patiente et aequo mutus animo pertulit,
referre potuit: ira quae tegitur nocet;
professa perdunt odia uindictae locum.
ME. Leuis est dolor, qui capere consilium potest   155
et clepere sese: magna non latitant mala.
libet ire contra. Nvt. Siste furialem impetum,
alumna: uix te tacita defendit quies.
ME. Fortuna fortes metuit, ignauos premit.
Nvt. Tunc est probanda, si locum uirtus habet.   160
ME. Numquam potest non esse uirtuti locus.
Nvt. Spes nulla rebus monstrat adflictis uiam.
ME. Qui nil potest sperare, desperet nihil.
Nvt. Abiere Colchi, coniugis nulla est fides
nihilque superest opibus e tantis tibi.   165
ME. Medea superest: hic mare et terras uides
ferrumque et ignes et deos et fulmina.
Nvt. Rex est timendus. ME. Rex meus fuerat pater.

---

144 abstrahit *E*: -at *A*   152 mutus *E*: mo- *A*   156 *om. A*
160 tunc *E*: nunc *A*   168ᵃ-173ᵇ *sic dispositi: in* βT *unumquodque*
trimetrum uersum explet, nisi quod 170 sq. *hoc modo scripsit* T mor. c. fug. | paen.
f. M. f. | m. e. c. s. u., *in P unusquisque sermo proprium uersum tenet, in E* 168ᵃ *et*
172ᵇ *singulis uersibus scripti,* 168ᵇ-172ᵃ *et* 173 *sic, ut binos unusquisque uersus*
habeat sermones

MEDEA

Nvt. Non metuis arma? Me. Sint licet terra edita.   169
Nvt. Moriere. Me. Cupio. Nvt. Profuge. Me. Paenituit
                                                   fugae.
Nvt. Medea— Me. Fiam. Nvt. Mater es. Me. Cui sim
                                                   uide.
Nvt. Profugere dubitas? Me. Fugiam, at ulciscar prius.
Nvt. Vindex sequetur. Me. Forsan inueniam moras.
Nvt. Compesce uerba, parce iam, demens, minis
animosque minue: tempori aptari decet.   175
Me. Fortuna opes auferre, non animum potest.
     Sed cuius ictu regius cardo strepit?
ipse est Pelasgo tumidus imperio Creo.

CREO

Medea, Colchi noxium Aeetae genus,
nondum meis exportat e regnis pedem?   180
molitur aliquid: nota fraus, nota est manus.
cui parcet illa quemue securum sinet?
abolere propere pessimam ferro luem
equidem parabam: precibus euicit gener.
concessa uita est, liberet fines metu   185
abeatque tuta.—fert gradum contra ferox
minaxque nostros propius affatus petit.—
Arcete, famuli, tactu et accessu procul,
iubete sileat. regium imperium pati
aliquando discat. Vade ueloci uia   190
monstrumque saeuum horribile iamdudum auehe.
Me. Quod crimen aut quae culpa multatur fuga?

170-3 *personarum notae uersui inclusae non rubricatoris manu sed eadem qua textus
scriptae sunt in* βT (*exceptis uu.* 172, 173 *in* T)   170 profuge *E*: fuge *A*
171 fiam (*cf. 910*) *E*: fugiam *A*   uide *Heinsius 121* (*coll. 429, Ou. met. 6. 634*):
-es ω   172 at (*cf. Ag 970*) *Ascensius*: et *A*: sed *E*   ante 179 CREO.
IDEM *E*: Creo. Medea *A*   180 e *A*: om. E   181 manus *A*: minus *E*
190 uade u. uia *A*: ualde u. fuga *E*

CR. Quae causa pellat, innocens mulier rogat.

ME. Si iudicas, cognosce, si regnas, iube.

CR. Aequum atque iniquum regis imperium feras.   195

ME. Iniqua numquam regna perpetuo manent.

CR. I, querere Colchis. ME. Redeo: qui auexit, ferat.

CR. Vox constituto sera decreto uenit.

ME. Qui statuit aliquid parte inaudita altera,

aequum licet statuerit, haud aequus fuit.   200

CR. Auditus a te Pelia supplicium tulit?

sed fare, causae detur egregiae locus.

ME. Difficile quam sit animum ab ira flectere

iam concitatum quamque regale hoc putet

sceptris superbas quisquis admouit manus,   205

qua coepit ire, regia didici mea.

quamuis enim sim clade miseranda obruta,

expulsa supplex sola deserta, undique

afflicta, quondam nobili fulsi patre

auoque clarum Sole deduxi genus.   210

quodcumque placidis flexibus Phasis rigat

Pontusque quidquid Scythicus a tergo uidet,

palustribus qua maria dulcescunt aquis,

armata peltis quidquid exterret cohors

inclusa ripis uidua Thermodontiis,   215

hoc omne noster genitor imperio regit.

generosa, felix, decore regali potens

fulsi: petebant tunc meos thalamos proci,

qui nunc petuntur. rapida fortuna ac leuis

praecepsque regno eripuit, exilio dedit.   220

196-274 *extant etiam in R*

193 rogat ω: -et *M. Müller 1901, 265*   197ᵃ *et* 197ᵇ *uno uersu* βT: *duobus uersibus* REP   197 auexit A: adu- RE   198 uox RE: nox A   199 qui RE: quis A   201 Pelia (*cf. 276*) *Ascensius*: -as ω   204 putet E: caput RA   213 dulcescunt β: dures- REδ   214 peltis E² (*ex* l?)   215 thermodontiis RE: -doon- A   218 tunc E: tum RA   proci RE: uiri A   219 nunc RA: tunc E   rapida A: -bi- RE   220 exilio R: et ex. EA

confide regnis, cum leuis magnas opes
huc ferat et illuc casus—hoc reges habent
magnificum et ingens, nulla quod rapiat dies:
prodesse miseris, supplices fido lare
protegere. Solum hoc Colchico regno extuli,   225
decus illud ingens Graeciae et florem inclitum,
praesidia Achiuae gentis et prolem deum
seruasse memet. munus est Orpheus meum,
qui saxa cantu mulcet et siluas trahit,
geminumque munus Castor et Pollux meum est   230
satique Borea quique trans Pontum quoque
summota Lynceus lumine immisso uidet,
omnesque Minyae: nam ducum taceo ducem,
pro quo nihil debetur: hunc nulli imputo;
uobis reuexi ceteros, unum mihi.   235
   Incesse nunc et cuncta flagitia ingere:
fatebor; obici crimen hoc solum potest,
Argo reuersa. uirgini placeat pudor
paterque placeat: tota cum ducibus ruet
Pelasga tellus, hic tuus primum gener   240
tauri ferocis ore flagranti occidet.
[fortuna causam quae uolet nostram premat,
non paenitet seruasse tot regum decus]
quodcumque culpa praemium ex omni tuli,
hoc est penes te. si placet, damna ream;   245
sed redde crimen. sum nocens, fateor, Creo:
talem sciebas esse, cum genua attigi
fidemque supplex praesidis dextra peti;
terra hac miseriis angulum et sedem rogo

---

226 Graeciae et *Studemund* (*apud Leonem*): graeciae *R*: gloriae *EA*
233 ducum . . . ducem *RA*: ducem d. (d. *eras.*) . . . ducum *E*
238 argo *RE*: -os *A*   240 primum (*cf. 59*) *RE*: -us *A*
241 flagranti *A*: fragl- *R*: flammanti *E*   242 sq. *del. Zw. 1976, 192*
242 quae ω: qua *Auantius*   244 tuli *A*: -it *E* (*de R non certo constat*)
248 dextra *RE*: -e *A*   249 terra hac *recc.* (t. in h. [*Σ*]μ): terram ac *RA*:
terram *E*: iterum *Leo*   et *RA*: ac *E*

latebrasque uiles: urbe si pelli placet,   250
detur remotus aliquis in regnis locus.
CR. Non esse me qui sceptra uiolentus geram
nec qui superbo miserias calcem pede,
testatus equidem uideor haud clare parum
generum exulem legendo et adflictum et graui   255
terrore pauidum, quippe quem poenae expetit
letoque Acastus regna Thessalica optinens.
senio trementem debili atque aeuo grauem
patrem peremptum queritur et caesi senis
discissa membra, cum dolo captae tuo   260
piae sorores impium auderent nefas.
potest Iason, si tuam causam amoues,
suam tueri: nullus innocuum cruor
contaminauit, afuit ferro manus
proculque uestro purus a coetu stetit.   265
    Tu, tu malorum machinatrix facinorum,
cui feminae nequitia, ad audendum omnia
robur uirile est, nulla famae memoria,
egredere, purga regna, letales simul
tecum aufer herbas, libera ciues metu,   270
alia sedens tellure sollicita deos.
ME. Profugere cogis? redde fugienti ratem
uel redde comitem—fugere cur solam iubes?
non sola ueni. bella si metuis pati,
utrumque regno pelle. cur sontes duos   275
distinguis? illi Pelia, non nobis iacet;
fugam, rapinas adice, desertum patrem
lacerumque fratrem, quidquid etiamnunc nouas

---

252 uiolentus *RE*: -ter *A*   254 uideor *EA*: -eo *R*   haud *E*: aut *RA*
255 afflict*um* *E*ᵖᶜ (*ex* e)   256 quippe quem *R*: quem *E*: quippe te *A*
260 capt(a)e *RA*: coep- *E*   263 nullus *RE*: -um *A*   innocuum *EA*:
-us *R*   266 tu tu (*cf. Oed 249*) *RE*: sed tu *A*   267 feminae *R*:
-nea *EA*   audendum *A*: -de *E*ᵃᶜ: -da *RE*ᵃ   268 robur uirile est *RE*:
uir. rob. *A*   273 uel ω: et *Leo*   276 pelia *A*: -as *E*   278 nouas
A: nota *E*: *an* noui?

docet maritus coniuges, non est meum:
totiens nocens sum facta, sed numquam mihi. 280
CR. Iam exisse decuit. quid seris fando moras?
ME. Supplex recedens illud extremum precor,
ne culpa natos matris insontes trahat.
CR. Vade: hos paterno ut genitor excipiam sinu.
ME. Per ego auspicatos regii thalami toros, 285
per spes futuras perque regnorum status,
Fortuna uaria dubia quos agitat uice,
precor, breuem largire fugienti moram,
dum extrema natis mater infigo oscula,
fortasse moriens. CR. Fraudibus tempus petis. 290
ME. Quae fraus timeri tempore exiguo potest?
CR. Nullum ad nocendum tempus angustum est malis.
ME. Parumne miserae temporis lacrimis negas?
CR. Etsi repugnat precibus infixus timor,
unus parando dabitur exilio dies. 295
ME. Nimis est, recidas aliquid ex isto licet;
et ipsa propero. CR. Capite supplicium lues,
clarum priusquam Phoebus attollat diem
nisi cedis Isthmo.—Sacra me thalami uocant,
uocat precari festus Hymenaeo dies. 300

CHORVS

Audax nimium qui freta primus
rate tam fragili perfida rupit
terrasque suas posterga uidens

301 *Diom. gramm.* (*GL i*) *511. 23, 29* (*cf. 517. 30*) anapaesticum choricum habemus in Seneca: audax . . . primus

---

279 coniuges *A*: conuoces *E*   287 quos agitat *A*: quosagittat *E*
293 parumne ω: -uum- *Bothe*   294 infixus *E*: infelix *A*   296 recidas
aliquid ex isto *E*: et ex hoc aliquid abscidas *A*   298 clarum *E*: -us *A*
300 *om. E*   301-79 *dimetri tribus monometris insertis* (317, 328[b] s. u., 379[b]
u. Th.) ω, *nisi quod* 378[b], 379 (det. . . . Th.) *uno uersu exhibet* δ

animam leuibus credidit auris,
dubioque secans aequora cursu   305
potuit tenui fidere ligno
inter uitae mortisque uices
nimium gracili limite ducto.
Nondum quisquam sidera norat,
stellisque, quibus pingitur aether,   310
non erat usus, nondum pluuias
Hyadas poterat uitare ratis,
non Oleniae lumina caprae,
nec quae sequitur flectitque senex
Attica tardus plaustra Bootes,   315
nondum Boreas, nondum Zephyrus
          nomen habebant.
Ausus Tiphys pandere uasto
          carbasa ponto
legesque nouas scribere uentis: 320
nunc lina sinu tendere toto,
nunc prolato pede transuersos
captare notos, nunc antemnas
medio tutas ponere malo,
nunc in summo religare loco,   325
cum iam totos auidus nimium
nauita flatus optat et alto
rubicunda tremunt sipara uelo.

Candida nostri saecula patres
uidere procul fraude remota.   330
sua quisque piger litora tangens
patrioque senex factus in aruo,
paruo diues nisi quas tulerat
natale solum non norat opes.

---

307 uices *Ax.*: uias *ω*; *uide ad Phae 965*   311 pluuias *E*: plyadas *A*
312 poterat *ES*: -ant *δC*   ratis *E*: -es *A*   313 lumina *E*: sidera *A*
314 flectitque (*cf. Ou. met. 10. 446*) *recc.*: deflet- *ω*   315 attica *E*: arct- *A*

Bene dissaepti foedera mundi   335
traxit in unum Thessala pinus
iussitque pati uerbera pontum
partemque metus fieri nostri
  mare sepositum.
Dedit illa graues improba poenas   340
per tam longos ducta timores,
cum duo montes, claustra profundi,
hinc atque illinc subito impulsu
uelut aetherio gemerent sonitu,
spargeret arces nubesque ipsas   345
  mare deprensum.   ·
Palluit audax Tiphys et omnes
labente manu misit habenas,
Orpheus tacuit torpente lyra
ipsaque uocem perdidit Argo.
 Quid cum Siculi uirgo Pelori,   350
rabidos utero succincta canes,
omnis pariter soluit hiatus?
quis non totos horruit artus
totiens uno latrante malo?
Quid cum Ausonium dirae pestes   355
uoce canora mare mulcerent,
cum Pieria resonans cithara
  Thracius Orpheus
solitam cantu retinere rates
paene coegit Sirena sequi?   360
Quod fuit huius pretium cursus?
  aurea pellis   ·
maiusque mari Medea malum,
merces prima digna carina.

---

345 arcis *Madvig ii 123*: astris *E*: astra *A*   345· deprensum *T* (*recc.*)
[*eOx.*^{u.l.}]: -essum *EβP* 349 argo *E*: -os *A* 355 quid *E*: quis *A*
359 rates *A*: -em *E*

Nunc iam cessit pontus et omnes
    patitur leges: 365
non Palladia compacta manu
regum referens inclita remos
    quaeritur Argo—   •
quaelibet altum cumba pererrat.
Terminus omnis motus et urbes
muros terra posuere noua,   370
nil qua fuerat sede reliquit
    peruius orbis:
Indus gelidum potat Araxen,
Albin Persae Rhenumque bibunt—
uenient annis saecula seris,   375
quibus Oceanus uincula rerum
laxet et ingens pateat tellus
Tethysque nouos detegat orbes
nec sit terris ultima Thule.

NVTRIX

Alumna, celerem quo rapis tectis pedem?   380
resiste et iras comprime ac retine impetum.
  Incerta qualis entheos gressus tulit
cum iam recepto maenas insanit deo
Pindi niualis uertice aut Nysae iugis,
talis recursat huc et huc motu effero,   385
furoris ore signa lymphati gerens.
flammata facies, spiritum ex alto citat,
proclamat, oculos uberi fletu rigat,
renidet: omnis specimen affectus capit.
haeret: minatur aestuat queritur gemit.   390

369 motus *A*: me- *E*   370 noua *E*: -os *A*
ante 380 *inscriptum* NVTRIX.MEDEA. *in* ω
E: ethneosi *β*   gressus *E*: cursus *A*
388 oculos uberi *E*: o superi. oculos *A*

378 thethisque *E*: yphis- *A*
382 entheos δ: pentheos
384 niualis *E*: iugalis *A*

quo pondus animi uerget? ubi ponet minas?
ubi se iste fluctus franget? exundat furor.
non facile secum uersat aut medium scelus;
se uincet: irae nouimus ueteris notas.
magnum aliquid instat, efferum immane impium: 395
uultum Furoris cerno. di fallant metum!

MEDEA

Si quaeris odio, misera, quem statuas modum,
imitare amorem. regias egone ut faces
inulta patiar? segnis hic ibit dies,
tanto petitus ambitu, tanto datus?   400
dum terra caelum media libratum feret
nitidusque certas mundus euoluet uices
numerusque harenis derit et solem dies,
noctem sequentur astra, dum siccas polus
uersabit Arctos, flumina in pontum cadent,   405
numquam meus cessabit in poenas furor
crescetque semper—quae ferarum immanitas,
quae Scylla, quae Charybdis Ausonium mare
Siculumque sorbens quaeue anhelantem premens
Titana tantis Aetna feruebit minis?   410
non rapidus amnis, non procellosum mare
pontusue coro saeuus aut uis ignium
adiuta flatu possit inhibere impetum
irasque nostras: sternam et euertam omnia.
Timuit Creontem ac bella Thessalici ducis?   415
amor timere neminem uerus potest.

391 animi E: istud A   uerget . . . ponet A: -at . . . -at E   393 secum
E: serum A   394 uincet A: iungit E   ueteris E: -es A   396 Furoris
v. Winterfeld 1900, 396 n. 7: f- ω   398 imitare A: e- E   408 ausonium
E: ionium A   409 quaeue E: -que A   410 aetna E: ethne A
412 pontusue E: -que A

sed cesserit coactus et dederit manus:
adire certe et coniugem extremo alloqui
sermone potuit—hoc quoque extimuit ferox;
laxare certe tempus immitis fugae   420
genero licebat—liberis unus dies
datus est duobus. non queror tempus breue:
multum patebit. faciet hic faciet dies
quod nullus umquam taceat—inuadam deos
et cuncta quatiam. Nvt. Recipe turbatum malis,   425
era, pectus, animum mitiga. Me. Sola est quies,
mecum ruina cuncta si uideo obruta:
mecum omnia abeant. trahere, cum pereas, libet.
Nvt. Quam multa sint timenda, si perstas, uide:
nemo potentes aggredi tutus potest.   430

IASON

O dura fata semper et sortem asperam,
cum saeuit et cum parcit ex aequo malam!
remedia quotiens inuenit nobis deus
periculis peiora: si uellem fidem
praestare meritis coniugis, leto fuit   435
caput offerendum; si mori nollem, fide
misero carendum. non timor uicit fidem,
sed trepida pietas: quippe sequeretur necem
proles parentum. sancta si caelum incolis
Iustitia, numen inuoco ac testor tuum: 440
nati patrem uicere. quin ipsam quoque,
etsi ferox est corde nec patiens iugi,

417 cesserit coactus *E*: -arit conuictus *A*   418 coniugem *A*: c. et *E*
422 est *E*: *om. A*   423 faciet dies *A*: d. f. (*ordine postea corr.*) *E*
424 *deos E²ᵖᶜ (ex* i)   430 potentes *A*: -em *E*   *ante* 431 IASON
IDEM *E*: Iason. Medea *A*   432 malam *A*: -a *E*   433 quotiens *E*:
tociens *A*   436 nollem *E*: nolim *A*   437 carendum *E*: c. est *A*
uicit fidem *E*: uincit uirum *A*

consulere natis malle quam thalamis reor.
constituit animus precibus iratam aggredi—
atque ecce, uiso memet exiluit, furit,   445
fert odia prae se: totus in uultu est dolor.
ME. Fugimus, Iason, fugimus—hoc non est nouum,
mutare sedes; causa fugiendi noua est:
pro te solebam fugere—discedo, exeo,
penatibus profugere quam cogis tuis.   450
ad quos remittis? Phasin et Colchos petam
patriumque regnum quaeque fraternus cruor
perfudit arua? quas peti terras iubes?
quae maria monstras? Pontici fauces freti
per quas reuexi nobilem regum manum   455
adulterum secuta per Symplegadas?
patruamne Iolcon, Thessala an Tempe petam?
quascumque aperui tibi uias, clausi mihi—
quo me remittis? exuli exilium imperas
nec das. eatur. regius iussit gener: 460
nihil recuso. dira supplicia ingere:
merui. cruentis paelicem poenis premat
regalis ira, uinculis oneret manus
clausamque saxo noctis aeternae obruat:
minora meritis patiar—ingratum caput,   465
reuoluat animus igneos tauri halitus
interque saeuos gentis indomitae metus
armifero in aruo flammeum Aeetae pecus,

453 *Quint. inst. 9. 2. 8* interrogamus etiam . . . inuidiae gratia, ut Medea
apud Senecam: quas peti terras iubes?   459 sq. *Ennod. lib. pro synodo
40. 38 (299. 20 Hartel; ii 54. 14 Vogel)* adulescentiae meae memini me legisse
temporibus de quodam dictum: exuli . . . das

451 ad quos ω: at quo *Leo*   455 nobilem . . . manum *E*: -es . . . -us *A*
456 ad*u*lterum *E³ᵖᶜ (ex* a)   457 patruamne *Zw. 1977, 160*: paruamne ω
iolcon *recc.*: fol- (ph- δ) *A*: colon *E*   an tempe petam *A*: ante paepetam *E*
459 exuli *A Ennod.*: exul *E*   465 ingratum *E*: o i. *A*   467, 468 *del.*
Leo (468 *deleuerat Richter*)

hostisque subiti tela, cum iussu meo
terrigena miles mutua caede occidit;   470
adice expetita spolia Phrixei arietis
somnoque iussum lumina ignoto dare
insomne monstrum, traditum fratrem neci
et scelere in uno non semel factum scelus,
ausasque natas fraude deceptas mea   475
secare membra non reuicturi senis:
[aliena quaerens regna, deserui mea]
per spes tuorum liberum et certum larem,
per uicta monstra, per manus, pro te quibus
numquam peperci, perque praeteritos metus,   480
per caelum et undas, coniugi testes mei,
miserere, redde supplici felix uicem.
ex opibus illis, quas procul raptas Scythae
usque a perustis Indiae populis agunt,
quas quia referta uix domus gazas capit,   485
ornamus auro nemora, nil exul tuli
nisi fratris artus: hos quoque impendi tibi;
tibi patria cessit, tibi pater frater pudor—
hac dote nupsi. redde fugienti sua.
Ia. Perimere cum te uellet infestus Creo,   490
lacrimis meis euictus exilium dedit.
Me. Poenam putabam: munus, ut uideo, est fuga.
Ia. Dum licet abire, profuge teque hinc eripe:
grauis ira regum est semper. Me. Hoc suades mihi,
praestas Creusae: paelicem inuisam amoues.   495
Ia. Medea amores obicit? Me. Et caedem et dolos.
Ia. Obicere crimen quod potes tandem mihi?

472 som(p)noque A: summo- E   475 ausasque Heinsius 123: iussas-
ω mea E: -as A   477 del. Zw. 1976, 194: post 482 transpos. Leo, post 487
Delrius iii 49   quaerens E: sequens A   484 agunt E: petunt A
485 quas quia E: quasque A   gazas ω: -is uel -a Bentley   488 tibi pater
frater Ascensius: tibi pater. tibi frater E: tibi frater pater A   492 munus
E: mitius A   496 amores A: mores E   497 IAS E: om. A   o. c. q.
potes t. A: o. t. q. potest c. E

Me. Quodcumque feci. Ia. Restat hoc unum insuper,
tuis ut etiam sceleribus fiam nocens.

Me. Tua illa, tua sunt illa: cui prodest scelus,   500
is fecit—omnes coniugem infamem arguant,
solus tuere, solus insontem uoca:
tibi innocens sit quisquis est pro te nocens.

Ia. Ingrata uita est cuius acceptae pudet.

Me. Retinenda non est cuius acceptae pudet.   505

Ia. Quin potius ira concitum pectus doma,
placare natis. Me. Abdico eiuro abnuo—
meis Creusa liberis fratres dabit?

Ia. Regina natis exulum, afflictis potens.

Me. Ne ueniat umquam tam malus miseris dies,   510
qui prole foeda misceat prolem inclitam,
Phoebi nepotes Sisyphi nepotibus.

Ia. Quid, misera, meque teque in exitium trahis?
abscede, quaeso. Me. Supplicem audiuit Creo.

Ia. Quid facere possim, loquere. Me. Pro me uel scelus.

Ia. Hinc rex et illinc— Me. Est et his maior metus   516
Medea. nos †confligere. certemus sine,
sit pretium Iason. Ia. Cedo defessus malis.
et ipsa casus saepe iam expertos time.

Me. Fortuna semper omnis infra me stetit.   520

Ia. Acastus instat. Me. Propior est hostis Creo:
utrumque profuge. non ut in socerum manus
armes nec ut te caede cognata inquines
Medea cogit: innocens mecum fuge.

Ia. Et quis resistet, gemina si bella ingruant,   525
Creo atque Acastus arma si iungant sua?

498ª MED *E*: ja. *A*   498ᵇ IAS *E*: me. *A*   500 MED *E*: om. *A*
506 doma *E*: -as *A*   510 malus *A*: -is *Eᵃᶜ*   512 del. Richter
513 exitium *Auantius*: exilium ω   514 creo *E*: -on *A*   516 his *E*:
hic *A*   517 confligere *ut glossema ad* certemus *fort. uocatiuum* (*e.g.* marite)
loco suo depulisse suspicatur Ax.: conflige *Auantius*   520 infra *E*: intra *A*
521ᵇ MED *E*: om. hic, *habet ante* 522 *A*   522 non *E*: nolo *A*
525 quis *E*: quid *A*   ingruant (*cf. Hf 637*) *A*: -grau- *E*

ME. His adice Colchos, adice et Aeeten ducem,
Scythas Pelasgis iunge: demersos dabo.
IA. Alta extimesco sceptra. ME. Ne cupias uide.
IA. Suspecta ne sint, longa colloquia amputa.   530
ME. Nunc summe toto Iuppiter caelo tona,
intende dextram, uindices flammas para
omnemque ruptis nubibus mundum quate.
nec deligenti tela librentur manu
uel me uel istum: quisquis e nobis cadet   535
nocens peribit, non potest in nos tuum
errare fulmen. IA. Sana meditari incipe
et placida fare. si quod ex soceri domo
potest fugam leuare solamen, pete.
ME. Contemnere animus regias, ut scis, opes   540
potest soletque; liberos tantum fugae
habere comites liceat, in quorum sinu
lacrimas profundam. te noui gnati manent.
IA. Parere precibus cupere me fateor tuis;
pietas uetat: namque istud ut possim pati,   545
non ipse memet cogat et rex et socer.
haec causa uitae est, hoc perusti pectoris
curis leuamen. spiritu citius queam
carere, membris, luce. ME. Sic natos amat?
bene est, tenetur, uulneri patuit locus.—   550
Suprema certe liceat abeuntem loqui
mandata, liceat ultimum amplexum dare:
gratum est. et illud uoce iam extrema peto,
ne, si qua noster dubius effudit dolor,
maneant in animo uerba: melioris tibi   555
memoria nostri sedeat; haec irae data
oblitterentur. IA. Omnia ex animo expuli

534 deligenti *Ascensius*: di- ω   manu *A*: -um *E*   535 uel me *E*:
in me *A*   538 quod *E*: quid *A*   545 ut *E*: non *A*
548 leuamen *E*: -mur *A*   549 sic natos *edd.*: signatos *E*: si hic natos *A*
553 *dist. Ascensius*   555 melioris *E*: -or *A*   556 sedeat *E*: subeat *A*

precorque et ipse, feruidam ut mentem regas
placideque tractes: miserias lenit quies.
Me. Discessit. itane est? uadis oblitus mei   560
et tot meorum facinorum? excidimus tibi?
numquam excidemus. hoc age, omnis aduoca
uires et artes. fructus est scelerum tibi
nullum scelus putare. uix fraudi est locus:
timemur. hac aggredere, qua nemo potest   565
quicquam timere. perge, nunc aude, incipe
quidquid potest Medea, quidquid non potest.
 Tu, fida nutrix, socia maeroris mei
uariique casus, misera consilia adiuua.
est palla nobis, munus aetheriae domus   570
decusque regni, pignus Aeetae datum
a Sole generis, est et auro textili
monile fulgens quodque gemmarum nitor
distinguit aurum, quo solent cingi comae.
haec nostra nati dona nubenti ferant,   575
sed ante diris inlita ac tincta artibus.
uocetur Hecate. sacra letifica appara:
statuantur arae, flamma iam tectis sonet.

Chorvs

Nulla uis flammae tumidiue uenti
tanta, nec teli metuenda torti,   580
quanta cum coniunx uiduata taedis
 ardet et odit;
non ubi hibernos nebulosus imbres
Auster aduexit properatque torrens

579-94 *extant etiam in* Th.; *uide Proleg. pp. 15 sqq.*

562 excidemus *A*: -des *E*   567 potest . . . potest *E*: -es . . . -es *A*
medea *A*: *om. E*   570 etheree *A*: -ium *E*   577 letifica *E*: luct- *A*
578 statuantur *E*: struantur *A*; *cf. Ou. met. 7. 240*   579 -ue *E*: -que *A*

Hister et iunctos uetat esse pontes   585
    ac uagus errat;
non ubi impellit Rhodanus profundum,
aut ubi in riuos niuibus solutis
sole iam forti medioque uere
    tabuit Haemus.   590
caecus est ignis stimulatus ira
nec regi curat patiturue frenos
aut timet mortem: cupit ire in ipsos
    obuius enses.

  Parcite, o diui, ueniam precamur,   595
uiuat ut tutus mare qui subegit.
sed furit uinci dominus profundi
    regna secunda.
ausus aeternos agitare currus
immemor metae iuuenis paternae   600
quos polo sparsit furiosus ignes
    ipse recepit.
constitit nulli uia nota magno:
uade qua tutum populo priori,
rumpe nec sacro uiolente sancta   605
    foedera mundi.

  Quisquis audacis tetigit carinae
nobiles remos nemorisque sacri
Pelion densa spoliauit umbra,
quisquis intrauit scopulos uagantes   610
et tot emensus pelagi labores
barbara funem religauit ora
raptor externi rediturus auri,
exitu diro temerata ponti
    iura piauit.   615

---

587 impellit β*T*: pellit *EP*   599 eternos agitare *A*: aeterno sagittare *E*
605 sq. sacro . . . sancta . . . mundi *E*: sancti . . . mundi . . . sacra *A*; *cf.*
Plin. nat. 7. *143*   608 remos *E*: ra- *A*   nemorisque sacri *E*: nemoris
sacrati *A*   612 funem *E*: fi- *A*

Exigit poenas mare prouocatum:
Tiphys in primis, domitor profundi,
liquit indocto regimen magistro;
litore externo, procul a paternis
occidens regnis tumuloque uili   620
tectus ignotas iacet inter umbras.
Aulis amissi memor inde regis
portibus lentis retinet carinas
          stare querentes.
Ille uocali genitus Camena,   625
cuius ad chordas modulante plectro
restitit torrens, siluere uenti,
cui suo cantu uolucris relicto
adfuit tota comitante silua,
Thracios sparsus iacuit per agros,   630
at caput tristi fluitauit Hebro:
contigit notam Styga Tartarumque,
          non rediturus.
Strauit Alcides Aquilone natos,
patre Neptuno genitum necauit   635
sumere innumeras solitum figuras:
ipse post terrae pelagique pacem,
post feri Ditis patefacta regna
uiuus ardenti recubans in Oeta
praebuit saeuis sua membra flammis   640
tabe consumptus gemini cruoris,
          munere nuptae.
Strauit Ancaeum uiolentus ictu
saetiger; fratrem, Meleagre, matris

---

617 *post* Tiphys *interp. Ax.*   619 litore E^{pc} (*ex* T)   620 uili *E*:
ue- *A*   622 aulis amissi *E*: auris -e *A*:   627 siluere uenti *A*: siluae
reuertenti *E*   628 cui *recc.*: cum *A*: tum *E*   631 at *Gronouius*: ad ω
tristi fluitauit Hebro *Gronouius* (*coll. Ag 504*): -is fluui- -i *E*: tractus fluuialis -i *A*
641 cruoris *A*: prioris *E*   643 anceum *recc.*: ant(h)(a)eum ω
644 fratrem ω: -es *recc.* (M^2)

impius mactas morcrisquc dextra   645
matris iratae: meruere cuncti—
morte quod crimen tener expiauit
Herculi magno puer inrepertus,
raptus, heu, tutas puer inter undas?
ite nunc, fortes, perarate pontum   650
      fonte timendo.
Idmonem, quamuis bene fata nosset,
condidit serpens Libycis harenis;
omnibus uerax, sibi falsus uni
concidit Mopsus caruitque Thebis.   655
ille si uere cecinit futura,
exul errabit Thetidis maritus;   657
fulmine et ponto moriens Oilei   661
*   *   *   patrioque pendet   660ᵃ
      crimine poenas.   660ᵇ
Igne fallaci nociturus Argis   658
Nauplius praeceps cadet in profundum;   659
coniugis fatum redimens Pheraei   662
uxor impendes animam marito.
ipse qui praedam spoliumque iussit
aureum prima reuehi carina   665
[ustus accenso Pelias aeno]
arsit angustas uagus inter undas.
Iam satis, diui, mare uindicastis:
      parcite iusso.

649 heu *E*: est *A*   651 fonte timendo *Gronouius*: ponte t. *E*: sorte -a *A*
655 concidit *E*: cond- *A*   mopsus *A*: morsus *E*   caruitque *E*: -rent- δ:
-ret- β   657 errabit *Gruterus*: -uit ω   658, 659 *post* 660 *transpos.*
Peiper, quorum in locum u. 661 *reuocau. lacuna indicata*   658 igne *A*: ille *E*
659 cadet *Gruterus*: -it ω   660 patrioque . . . poenas *uno uersu* ω;
hemistichium intercidisse uidit Fabricius; ⟨pro suo gnatus⟩ *coni. Zw. 1978, 151*
661 Oilei *D. Heinsius*: oyleus *E*: cy- *A*   662 redimens ω: -es *Hardie 100*
663 impendes *Gronouius*: -ens *E*: -it *A*   666 *del. Peiper*

Nvtrix

Pauet animus, horret: magna pernicies adest.   670
immane quantum augescit et semet dolor
accendit ipse uimque praeteritam integrat.
uidi furentem saepe et aggressam deos,
caelum trahentem: maius his, maius parat
Medea monstrum. namque ut attonito gradu   675
euasit et penetrale funestum attigit,
totas opes effundit et quidquid diu
etiam ipsa timuit promit atque omnem explicat
turbam malorum, arcana secreta abdita,
et triste laeua comparans sacrum manu   680
pestes uocat quascumque feruentis creat
harena Libyae quasque perpetua niue
Taurus coercet frigore Arctoo rigens,
et omne monstrum. tracta magicis cantibus
squamifera latebris turba desertis adest.   685
hic saeua serpens corpus immensum trahit
trifidamque linguam exertat et quaerit quibus
mortifera ueniat: carmine audito stupet
tumidumque nodis corpus aggestis plicat
cogitque in orbes. 'Parua sunt' inquit 'mala   690
et uile telum est, ima quod tellus creat:
caelo petam uenena. iam iam tempus est
aliquid mouere fraude uulgari altius.
huc ille uasti more torrentis iacens

694-708 *extant etiam in R*

---

ante 670 *inscriptum* NVTRIX.MEDEA *in* ω   673 furentem sepe *E*:
s. f. *A*   677 effundit *Heinsius 126*: -fud- ω   678 promit *E*: pre- *A*
680 comparans *Buecheler*: -plicans *A*: -precans *E*   681 feruentis *recc.*: -i ω
683 arctoo rigens (*cf. Oct 234*) β: arcto r. δ: arcto oriens *E*   685 squamifera *E*: squamea *A*   686 saeua *E*: sera *A*   687 exertat *E*:
exterit *P*: exerit *T*: excreat β   quaerit *E*: querens *A*   691 ima *E*:
una *A*   692 iam iam *Gronouius*: iam *E*: iam nunc *A*   693 mouere
E: -i *A*   694 iacens ω: patens *Zw. 1980, 189*

descendat anguis, cuius immensos duae,   695
maior minorque, sentiunt nodos ferae
(maior Pelasgis apta, Sidoniis minor),
pressasque tandem soluat Ophiuchus manus
uirusque fundat; adsit ad cantus meos
lacessere ausus gemina Python numina,   700
et Hydra et omnis redeat Herculea manu
succisa serpens caede se reparans sua.
tu quoque relictis peruigil Colchis ades,
sopite primum cantibus, serpens, meis.'

Postquam euocauit omne serpentum genus,   705
congerit in unum frugis infaustae mala:
quaecumque generat inuius saxis Eryx,
quae fert opertis hieme perpetua iugis
sparsus cruore Caucasus Promethei,
et quis sagittas diuites Arabes linunt   711
pharetraque pugnax Medus aut Parthi leues,   710
aut quos sub axe frigido sucos legunt
lucis Suebae nobiles Hyrcaniis;
quodcumque tellus uere nidifico creat
aut rigida cum iam bruma decussit decus   715
nemorum et niuali cuncta constrinxit gelu,
quodcumque gramen flore mortifero uiret,
dirusue tortis sucus in radicibus
causas nocendi gignit, attrectat manu.
Haemonius illas contulit pestes Athos,   720
has Pindus ingens, illa Pangaei iugis
teneram cruenta falce deposuit comam;

722-44 *extant etiam in R*

698 ophiucus *RE*: -ulcus *A*   700 pithon *R*: phyton *EA*   701 manu
A: -us *RE*   702 c(a)ede *RA*: saede *E*   706 congerit *RE*: contigit *A*
709 sparsus *A*: -as *E*   710 *post* 711 *transponend. cens. Gronouius*   parthi
leues *E*: -us -is *A*   711 quis *Auantius*: qui *ω*   712 quos *A*: quo *E*
713 suebae *E*: sueui *A*   715 decussit *Ascensius*[u.l.]: dis- *ω*
718 dirusue *A*: uirusque *E*   721 illa *A*: -as *E*

has aluit altum gurgitem Tigris premens,
Danuuius illas, has per arentis plagas
tepidis Hydaspes gemmifer currens aquis,   725
nomenque terris qui dedit Baetis suis
Hesperia pulsans maria languenti uado.
haec passa ferrum est, dum parat Phoebus diem,
illius alta nocte succisus frutex;
at huius ungue secta cantato seges.   730
    Mortifera carpit gramina ac serpentium
saniem exprimit miscetque et obscenas aues
maestique cor bubonis et raucae strigis
exsecta uiuae uiscera. haec scelerum artifex
discreta ponit: his rapax uis ignium,   735
his gelida pigri frigoris glacies inest.
addit uenenis uerba non illis minus
metuenda.—Sonuit ecce uesano gradu
canitque. mundus uocibus primis tremit.

Medea

Comprecor uulgus silentum uosque ferales deos   740
et Chaos caecum atque opacam Ditis umbrosi domum,
Tartari ripis ligatos squalidae Mortis specus.
supplicis, animae, remissis currite ad thalamos nouos:
rota resistat membra torquens, tangat Ixion humum,
Tantalus securus undas hauriat Pirenidas,   745
[grauior uni poena sedeat coniugis socero mei]
lubricus per saxa retro Sisyphum soluat lapis.

---

724 has *EA*: his *R*   plagas *EA*: -is *R*   728 est *EA*: om. *R*
731 ac *RA*: om. *E*   735 his *EA*: hic *R*   736 his *RA*: dis *E*
740 MED *praef. EA*: om. *R*   comprecor *E*: uos precor *A*   uosque *EA*: uos
quoque *R* (*ut uid.*)   743 supplicis *edd.*: -iis ω   744 ixion *R*: hyx- *A*:
oxyon *E*   746 *del. Ax.*   grauior uni *E*: grauiorum *A*: grauior
umeris *Peiper 1863, 23*   sedeat ω: cedat *Grotius*   747 soluat *Gronouius*:
uol- ω

uos quoque, urnis quas foratis inritus ludit labor,
Danaides, coite: uestras hic dies quaerit manus.—
nunc meis uocata sacris, noctium sidus, ueni   750
pessimos induta uultus, fronte non una minax.

   Tibi more gentis uinculo soluens comam
secreta nudo nemora lustraui pede
et euocaui nubibus siccis aquas
egique ad imum maria, et Oceanus graues   755
interius undas aestibus uictis dedit,
pariterque mundus lege confusa aetheris
et solem et astra uidit et uetitum mare
tetigistis, ursae. temporum flexi uices:
aestiua tellus horruit cantu meo,   760
coacta messem uidit hibernam Ceres;
uiolenta Phasis uertit in fontem uada
et Hister, in tot ora diuisus, truces
compressit undas omnibus ripis piger;
sonuere fluctus, tumuit insanum mare   765
tacente uento; nemoris antiqui domus
amisit umbras uocis imperio meae.—
die relicto Phoebus in medio stetit,
Hyadesque nostris cantibus motae labant:
adesse sacris tempus est, Phoebe, tuis.   770

Tibi haec cruenta serta texuntur manu,
   nouena quae serpens ligat,
tibi haec Typhoeus membra quae discors tulit,
   qui regna concussit Iouis.
uectoris istic perfidi sanguis inest,   775
   quem Nessus expirans dedit.

---

   754 nubibus ω: rupibus *Heinsius 129 sq.*   760 horruit *Markland ad Stat.*
silu. 1. 3. 8: floruit ω   761 coacta messem *E*: m. c. *A*   766 domus
A: decus domus *E*   767 umbras *E*: -am *A*   *post* 767 *dist. Zw.*
775 u*ectoris Epc*: ui- *A*

Oetaeus isto cinere defecit rogus,
    qui uirus Herculeum bibit.
piae sororis, impiae matris, facem
    ultricis Althaeae uides.   780
reliquit istas inuio plumas specu
    Harpyia, dum Zeten fugit.
his adice pinnas sauciae Stymphalidos
    Lernaea passae spicula.—
sonuistis, arae, tripodas agnosco meos   785
    fauente commotos dea.

    Video Triuiae currus agiles,
non quos pleno lucida uultu
            pernox agitat,
sed quos facie lurida maesta,   790
cum Thessalicis uexata minis
caelum freno propiore legit.
sic face tristem pallida lucem
            funde per auras,   •
horrore nouo terre populos
inque auxilium, Dictynna, tuum   795
pretiosa sonent aera Corinthi.
Tibi sanguineo caespite sacrum
            sollemne damus,
tibi de medio rapta sepulcro
fax nocturnos sustulit ignes,   800
tibi mota caput flexa uoces
            ceruice dedi,   •
tibi funereo de more iacens
passos cingit uitta capillos,
tibi iactatur tristis Stygia
            ramus ab unda,   805

---

785 are A: á. é. (*apices add. man. sec.*) E tripodas E: -es A
ante 787 *item* medea A: *om.* E 787–842 *dimetri praeter monometros* 811[b]
(p. d.), 816[b] (s. I.), 839 ω, 800[b] (s. i.), 803[b] (u. c.) A 790 mesta A:
metat E 793 face E: fac A 803 cingit E: uincit A

tibi nudato pectore maenas
sacro feriam bracchia cultro.
manet noster sanguis ad aras:
assuesce, manus, stringere ferrum
carosque pati posse cruores—   810
sacrum laticem percussa dedi.
Quodsi nimium saepe uocari
quereris uotis, ignosce, precor:
causa uocandi, Persei, tuos
                saepius arcus   815
una atque eadem est semper, Iason.

Tu nunc uestes tinge Creusae,
quas cum primum sumpserit, imas
urat serpens flamma medullas.
Ignis fuluo clusus in auro   820
latet obscurus, quem mihi caeli
qui furta luit uiscere feto
dedit et docuit condere uires
arte, Prometheus; dedit et tenui
sulphure tectos Mulciber ignes,   825
et uiuacis fulgura flammae
de cognato Phaethonte tuli.
habeo mediae dona Chimaerae,
habeo flammas usto tauri
                gutture raptas,   830
quas permixto felle Medusae
tacitum iussi seruare malum.

Adde uenenis stimulos, Hecate,
donisque meis semina flammae
                condita serua: •
fallant uisus tactusque ferant,   835
meet in pectus uenasque calor,

---

819 serpens *E*: repens *A*   821 obscurus *A*: -a *E*   824 arte *E*:
-em *A*   tenui *E*: -it *A*   828 chimere *A*: cly- *E*

stillent artus ossaque fument
uincatque suas flagrante coma
noua nupta faces.
Vota tenentur: ter latratus   840
audax Hecate dedit et sacros
edidit ignes face luctifera.

Peracta uis est omnis: huc gnatos uoca,
pretiosa per quos dona nubenti feram.
Ite, ite, nati, matris infaustae genus,   845
placate uobis munere et multa prece
dominam ac nouercam. uadite et celeres domum
referte gressus, ultimo amplexu ut fruar.

CHORVS

Quonam cruenta maenas
praeceps amore saeuo   850
rapitur? quod impotenti
facinus parat furore?
uultus citatus ira
riget et caput feroci
quatiens superba motu   855
regi minatur ultro.
    quis credat exulem?
Flagrant genae rubentes,
pallor fugat ruborem.
nullum uagante forma   860
seruat diu colorem.
huc fert pedes et illuc,

---

837 stillent *A*: -et *E*   841 sacros *E*: -o *A*   842 luctifera *recc.*:
luci- *ω*   844 feram *Bentley*: -as *ω*; *cf. Thy 302*   847 ac *E*: et *A*
853 citatus *A*: caecatus (*prior a erasa*) *E*   860-78 *uersus singulorum
colorum A*: *uersus binorum colorum distinctis colorum initiis E*

ut tigris orba natis
cursu furente lustrat
 Gangeticum nemus.   865
Frenare nescit iras
Medea, non amores;
nunc ira amorque causam
iunxere: quid sequetur?
quando efferet Pelasgis   870
nefanda Colchis aruis
gressum metuque soluet
regnum simulque reges?
Nunc, Phoebe, mitte currus
nullo morante loro,   875
nox condat alma lucem,
mergat diem timendum
 dux noctis Hesperus.

NVNTIVS

Periere cuncta, concidit regni status;
nata atque genitor cinere permixto iacent.   880
Cho. Qua fraude capti? Nvn. Qua solent reges capi:
donis. Cho. In illis esse quis potuit dolus?
Nvn. Et ipse miror uixque iam facto malo
potuisse fieri credo. Cho. Quis cladis modus?
Nvn. Auidus per omnem regiae partem furit   885
immissus ignis: iam domus tota occidit,
urbi timetur. Cho. Vnda flammas opprimat.
Nvn. Et hoc in ista clade mirandum accidit:
alit unda flammas, quoque prohibetur magis,
magis ardet ignis; ipsa praesidia occupat.   890

---

865 gangeticum *A*: ganticicum *E*   866 nescit ω: non scit *Bentley*
871 nefanda ω: inf- *L. Müller 107*   *ante* 879 Nuncius. chorus. nutrix.
medea. iason *βT*: NVNTIVS. CHORVS. MEDEA. IASON *EP*
882 donis cho. *A*: cho. Donis *E*   886 immissus *Gronouius*: ut iussus ω
domus tota *E*: t. d. *A*   889^b-890^a (quoque . . . ignis) *om. A*

MEDEA

Nvtrix

Effer citatum sede Pelopea gradum,
Medea, praeceps quaslibet terras pete.

Medea

Egone ut recedam? si profugissem prius,
ad hoc redirem. nuptias specto nouas.
quid, anime, cessas? sequere felicem impetum.   895
pars ultionis ista, qua gaudes, quota est?
amas adhuc, furiose, si satis est tibi
caelebs Iason. quaere poenarum genus
haut usitatum iamque sic temet para:
fas omne cedat, abeat expulsus pudor;   900
uindicta leuis est quam ferunt purae manus.
incumbe in iras teque languentem excita
penitusque ueteres pectore ex imo impetus
uiolentus hauri. quidquid admissum est adhuc,
pietas uocetur. hoc age! en faxo sciant   905
quam leuia fuerint quamque uulgaris notae
quae commodaui scelera. prolusit dolor
per ista noster: quid manus poterant rudes
audere magnum, quid puellaris furor?
Medea nunc sum; creuit ingenium malis: 910
iuuat, iuuat rapuisse fraternum caput,
artus iuuat secuisse et arcano patrem
spoliasse sacro, iuuat in exitium senis
armasse natas. quaere materiam, dolor:
ad omne facinus non rudem dextram afferes.   915

---

891 Nu. *A*: *om. E*   897 furiose *Bentley*: -a ω; *cf. 904, 140*
899 haut usitatum *A*: haustu citatum *E*   901 purae *E*: parue *A*
904 uiolentus *E*: -ius *A*   est adhuc *A*: a. e. *E*   905 en *Ax.*: et ω
912 artus *A*: or- *E*   913 spoliasse *E*: -are *A*   exitium *AE*ᶜ: -itum *E*ᵃᶜ

Quo te igitur, ira, mittis, aut quae perfido
intendis hosti tela? nescioquid ferox
decreuit animus intus et nondum sibi
audet fateri. stulta properaui nimis:
ex paelice utinam liberos hostis meus   920
aliquos haberet—quidquid ex illo tuum est,
Creusa peperit. placuit hoc poenae genus,
meritoque placuit: ultimum magno scelus
animo parandum est: liberi quondam mei,
uos pro paternis sceleribus poenas date.   925
    Cor pepulit horror, membra torpescunt gelu
pectusque tremuit. ira discessit loco
materque tota coniuge expulsa redit.
egone ut meorum liberum ac prolis meae
fundam cruorem? melius, a, demens furor!   930
incognitum istud facinus ac dirum nefas
a me quoque absit; quod scelus miseri luent?
scelus est Iason genitor et maius scelus
Medea mater—occidant, non sunt mei;
pereant, mei sunt. crimine et culpa carent,   935
sunt innocentes, fateor: et frater fuit.
quid, anime, titubas? ora quid lacrimae rigant
uariamque nunc huc ira, nunc illuc amor
diducit? anceps aestus incertam rapit;
ut saeua rapidi bella cum uenti gerunt,   940
utrimque fluctus maria discordes agunt
dubiumque feruet pelagus, haut aliter meum
cor fluctuatur: ira pietatem fugat
iramque pietas—cede pietati, dolor.
    Huc, cara proles, unicum afflictae domus   945
solamen, huc uos ferte et infusos mihi

922 peperit *A*: -irit *E*   923 ultimum magno *vM*: u. agnosco *E*:
-o magno *A*   924 parandum *A*: -en- *E*   930 ah *Ascensius*: ha *A*:
om. *E*; *cf. 139*   939 diducit *A*: de- *E*   940 rapidi *E*: rab- *A*
942 feruet pelagus *E*: p. f. *A*   meum *E*: metu *A*   943 cor fluctuatur
E: confl- *A*

coniungite artus. habeat incolumes pater,
dum et mater habeat—urguet exilium ac fuga:
iam iam meo rapientur auulsi e sinu,
flentes, gementes—osculis pereant patris,   950
periere matris. rursus increscit dolor
et feruet odium, repetit inuitam manum
antiqua Erinys—ira, qua ducis, sequor.
utinam superbae turba Tantalidos meo
exisset utero bisque septenos parens   955
natos tulissem! sterilis in poenas fui—
fratri patrique quod sat est, peperi duos.

   Quonam ista tendit turba Furiarum impotens?
quem quaerit aut quo flammeos ictus parat,
aut cui cruentas agmen infernum faces   960
intentat? ingens anguis excusso sonat
tortus flagello. quem trabe infesta petit
Megaera? cuius umbra dispersis uenit
incerta membris? frater est, poenas petit:
dabimus, sed omnes. fige luminibus faces,   965
lania, perure, pectus en Furiis patet.

   Discedere a me, frater, ultrices deas
manesque ad imos ire securas iube:
mihi me relinque et utere hac, frater, manu
quae strinxit ensem—uictima manes tuos   970
placamus ista. Quid repens affert sonus?
parantur arma meque in exitium petunt.
excelsa nostrae tecta conscendam domus
caede incohata. perge tu mecum comes.
tuum quoque ipsa corpus hinc mecum aueham.   975
nunc hoc age, anime: non in occulto tibi est
perdenda uirtus; approba populo manum.

   950 osculis *E*: oculis *A*: o scelus *Gronouius*   patris *A*: -i *E*   951 periere
A: par- *E*   matris *recc.* (*e*): -i ω   952 inuitam *Gronouius*: -sam ω
953 erinis *E*: mentis *A*   958 furiarum *E*: funerum *A*   961 intentat
A: -dat *E*   ingens anguis *A*: igne sanguis *E*   969 me ω: '*fort.* te (*sc.*
ultionem tibi debitam)' *Ax.*   975 ipsa . . . aueham *E*: -e . . . -he *A*
977 perdenda *A*: perp- *E*   approba *E*: -o *A*

Iason

Quicumque regum cladibus fidus doles,
concurre, ut ipsam sceleris auctorem horridi
capiamus. huc, huc, fortis armiferi cohors,   980
conferte tela, uertite ex imo domum.
Me. Iam iam recepi sceptra germanum patrem,
spoliumque Colchi pecudis auratae tenent;
rediere regna, rapta uirginitas redit.
o placida tandem numina, o festum diem,   985
o nuptialem! uade, perfectum est scelus—
uindicta nondum: perage, dum faciunt manus.
quid nunc moraris, anime? quid dubitas? potens
iam cecidit ira? paenitet facti, pudet.
quid, misera, feci? misera? paeniteat licet,   990
feci. uoluptas magna me inuitam subit,
et ecce crescit. derat hoc unum mihi,
spectator iste. nil adhuc facti reor:
quidquid sine isto fecimus sceleris perit.
Ia. En ipsa tecti parte praecipiti imminet.   995
huc rapiat ignes aliquis, ut flammis cadat
suis perusta. Me. Congere extremum tuis
natis, Iason, funus ac tumulum strue:
coniunx socerque iusta iam functis habent
a me sepulti; gnatus hic fatum tulit,   1000
hic te uidente dabitur exitio pari.
Ia. Per numen omne perque communes fugas
torosque, quos non nostra uiolauit fides,

---

978 regum . . . dol*es* E^{pc} (*ex* et): regum es . . . dolens *A*   982 recepi
β: recipi *E*: recepti *δ*   985 numina *A*: no- *E*   986 est scelus *A*:
sc. e. *E*   987 *om. A*   perage *E*: perge *recc.*   faciunt *E*: feruent
Cornelissen 187 (*coll. HO 435*)   988 potens *E*: -es *A*   989 ira? *Ax.*:
ira. *ω*   991 me inuitam *δ*: me inuisam *β*: me et inuitam *E*: et inuitam
Bentley   993 iste *E*: ipse *A*   996 cadat *E*: cedat *A*
998 *duobus uersibus* (n. i. | f. a. t. s.) *E*

iam parce nato. si quod est crimen, meum est:
me dedo morti; noxium macta caput.   1005
Me. Hac qua recusas, qua doles, ferrum exigam.
i nunc, superbe, uirginum thalamos pete,
relinque matres. Ia. Vnus est poenae satis.
Me. Si posset una caede satiari manus,
nullam petisset. ut duos perimam, tamen   1010
nimium est dolori numerus angustus meo.
in matre si quod pignus etiamnunc latet,
scrutabor ense uiscera et ferro extraham.
Ia. Iam perage coeptum facinus, haut ultra precor,
moramque saltem supplicis dona meis.   1015
Me. Perfruere lento scelere, ne propera, dolor:
meus dies est; tempore accepto utimur.
Ia. Infesta, memet perime. Me. Misereri iubes.—
bene est, peractum est. plura non habui, dolor,
quae tibi litarem. lumina huc tumida alleua,   1020
ingrate Iason. coniugem agnoscis tuam?
sic fugere soleo. patuit in caelum uia:
squamosa gemini colla serpentes iugo
summissa praebent. recipe iam gnatos, parens;
ego inter auras aliti curru uehar.   1025
Ia. Per alta uade spatia sublime aetheris,
testare nullos esse, qua ueheris, deos.

1005 dedo *E*: -e *A*   1006 doles *E*: -et *A*   1009-27 *om. A*
1009 satiari manus *Σμ*: -riamanus *E*   1014 perage *recc.*: perge *E*
haut *recc.* (*e*): aut *E*   1016 scelere *Σμ*: -i *E*   1026 sublime aetheris
Bothe: -i -i *E*: -i -e *Farnabius*: -i -is *recc.* (*e*): -is poli *Wagenvoort 1953, 228*
MARCI. LVCII. ANNEI. SENECAE. MEDEA. | EXPLICIT. INCIPIT
PHAEDRA. | LEGE. INNOCENTI. FELICITER *E*: Lucij.annei. Senece
medea explicit feliciter. Incipit agamemnon eiusdem *A*

PHAEDRA

PERSONAE

HIPPOLYTVS
PHAEDRA
NVTRIX
THESEVS
NVNTIVS
CHORVS

Scaena Athenis

Ite, umbrosas cingite siluas
summaque montis iuga Cecropii!
celeri planta lustrate uagi
quae saxoso loca Parnetho
    subiecta iacent,
quae Thriasiis uallibus amnis   5
rapida currens uerberat unda;
scandite colles semper canos
    niue Riphaea.
Hac, hac alii qua nemus alta
texitur alno, qua prata patent   10
quae rorifera mulcens aura
Zephyrus uernas euocat herbas,
ubi per graciles leuis Ilisos
labitur agros piger et steriles
amne maligno radit harenas.   15
Vos qua Marathon tramite laeuo
    saltus aperit,
qua comitatae gregibus paruis
nocturna petunt pabula fetae;
uos qua tepidis subditus austris   20
frigora mollit durus Acharneus.

---

titulus PHAEDRA *E Priscianus* (*uide ad 710*): HIPPOLYTVS *A*
1–84 *canticum dimetris decurrit his insertis monometris* 21^b (d. A.), 38^b (c. s. s.), 43,
47^b(t. f.), 80, 81^a (c. d. f.), 81^b (s. a.), 84 *in E:* 1–41 *dimetri*, 42 84 *trimetri .1*
4 saxosa (-o *recc.*) loca parnetho *E:* saxa solo caparnetho *A:* saxoso loca
Parnethi *Scaliger*   5 quae Thriasiis *Scoppa c. 35, p. 42^v* (quaeque Triasiis
iam Ascensius): quae tristis *E:* et quae thyasis *A*   10 patent *Zw. 1980,
189:* iacent ω   11 que *A:* qua *E*   13 per glaciles (gr- *Pontanus*) leuis
ilissos (ili- *ex* elli- *E^{pc}*) *E: om. in spat. uac.* β*P* (meander super inequales *suppl.*
C^2), *sine spat. T*   leuis *E:* breuis *Ax.; cf. Oed 42, Manil.* 4.131   16 qua
marathon *A:* quem ara- *E*   18 gregibus *E:* re- *A*   21 Acharneus
Gronouius: -nan ω

Alius rupem dulcis Hymetti,
planas alius calcet Aphidnas;
pars illa diu uacat immunis,
qua curuati litora ponti   25
          Sunion urget.
si quem tangit gloria siluae,
          uocat hunc †flius:
hic uersatur, metus agricolis,
uulnere multo iam notus aper.   30

At uos laxas canibus tacitis
          mittite habenas;   .
teneant acres lora Molossos
et pugnaces tendant Cretes
fortia trito uincula collo.
at Spartanos (genus est audax   35
auidumque ferae) nodo cautus
          propiore liga: .
ueniet tempus, cum latratu
          caua saxa sonent.
nunc demissi nare sagaci
captent auras lustraque presso   40
quaerant rostro, dum lux dubia est,
dum signa pedum roscida tellus
          impressa tenet.

Alius raras ceruice graui
          portare plagas,   .
alius teretes properet laqueos.   45
picta rubenti linea pinna
uano cludat terrore feras.
Tibi libretur missile telum,

23 planas *Watt 334*: paruas ω: patrias *D. Heinsius*   aphidnas *recc.*:
athytnas *E*: ephid- A   28 flius *E*: philippis *A*: Phlye *Leo*: Phyle *Frenzel*
76; *Phliunta poetam per errorem pro Phlya posuisse suspicatus est Wilamowitz*
566   33 cretes *E*: cresse *A*   39 demissi A: di- *E*   40 captent
A: capient *E*   44° portare *E*: rotare *A*   48 libretur *A*: ui- *E*

tu graue dextra laeuaque simul
robur lato derige ferro;   50
tu praecipites clamore feras
            subsessor ages;   •
tu iam uictor curuo solues
            uiscera cultro.

Ades en comiti, diua uirago,
cuius regno pars terrarum   55
            secreta uacat,
cuius certis petitur telis
fera quae gelidum potat Araxen
et quae stanti ludit in Histro.
tua Gaetulos dextra leones,   60
tua Cretaeas sequitur ceruas;
nunc ueloces figis dammas
            leuiore manu.   •
tibi dant uariae pectora tigres,
tibi uillosi terga bisontes
latisque feri cornibus uri.   65
quidquid solis pascitur aruis,
siue illud Arabs diuite silua,
siue illud inops nouit Garamans
uacuisue uagus Sarmata campis,   71
siue ferocis iuga Pyrenes   69
siue Hyrcani celant saltus,   70
arcus metuit, Diana, tuos.   72
Tua si gratus numina cultor
            tulit in saltus,
retia uinctas tenuere feras,   75
nulli laqueum rupere pedes:
fertur plaustro praeda gementi.

---

61 creteas *A*: cresseas *E*   62 *ante* nunc *uersum ab* nunc *incipientem*
excidisse putat Wagenvoort 1919, 363 sq.   62 figis *A*: -it *E*   64 bisontes
E: ui- *A*   65 uri *E*: tauri *A*   67 *post* 68 *A*   69 *siue E^{pc}*
71 *post u.* 68 *transp. Leo*   uacuisue *Bentley*: -que ω   77 gementi *E*: trem- *A*

tum rostra canes sanguine multo
    rubicunda gerunt,
repetitque casas rustica longo
    turba triumpho.   80

  En, diua, faue! signum arguti
misere canes: uocor in siluas.
hac, hac pergam qua uia longum
    compensat iter.

PHAEDRA

  O magna uasti Creta dominatrix freti,   85
cuius per omne litus innumerae rates
tenuere pontum, quidquid Assyria tenus
tellure Nereus peruium rostris secat,
cur me in penates obsidem inuisos datam
hostique nuptam degere aetatem in malis   90
lacrimisque cogis? profugus en coniunx abest
praestatque nuptae quam solet Theseus fidem.
fortis per altas inuii retro lacus
uadit tenebras miles audacis proci,
solio ut reuulsam regis inferni abstrahat;   95
pergit furoris socius, haud illum timor
pudorue tenuit: stupra et illicitos toros
Acheronte in imo quaerit Hippolyti pater.
  Sed maior alius incubat maestae dolor.
non me quies nocturna, non altus sopor   100
soluere curis: alitur et crescit malum
et ardet intus qualis Aetnaeo uapor
exundat antro. Palladis telae uacant

81 faue ω: -es *recc.*: -et *Delrius iii 163*   *ante* 85 PHAEDRA.
NVTRIX ω   87 pontum ω: portus (-um *recc.*) *Leo*   88 peruium
βT: -us *EP*   94 audacis *E*: -i *A*   97 pudorue (*cf. Thy 27*) *Bentley*:
-que ω   98 quaerit *E^pc*   102 aetneo *E*: ethneus *A*; *cf. Hf 106*
103 telae *E*: -a *A*

et inter ipsas pensa labuntur manus;
non colere donis templa uotiuis libet,   105
non inter aras, Atthidum mixtam choris,
iactare tacitis conscias sacris faces,
nec adire castis precibus aut ritu pio
adiudicatae praesidem terrae deam:
iuuat excitatas consequi cursu feras   110
et rigida molli gaesa iaculari manu.
　　Quo tendis, anime? quid furens saltus amas?
fatale miserae matris agnosco malum:
peccare noster nouit in siluis amor.
genetrix, tui me miseret? infando malo   115
correpta pecoris efferum saeui ducem
audax amasti; toruus, impatiens iugi
adulter ille, ductor indomiti gregis—
sed amabat aliquid. quis meas miserae deus
aut quis iuuare Daedalus flammas queat?   120
non si ille remeet, arte Mopsopia potens,
qui nostra caeca monstra conclusit domo,
promittat ullam casibus nostris opem.
stirpem perosa Solis inuisi Venus
per nos catenas uindicat Martis sui   125
suasque, probris omne Phoebeum genus
onerat nefandis: nulla Minois leui
defuncta amore est, iungitur semper nefas.

NVTRIX

　　Thesea coniunx, clara progenies Iouis,
nefanda casto pectore exturba ocius,   130
extingue flammas neue te dirae spei

---

106 choris *A*: -os *E*: -o *Gronouius*　　　　109 adiudicate *E*: -tam *A*
112 quid *E*: quidue *A*　　　115 tui me miseret *E*: t. mis. me *A*　*interrog.*
sign. pos. Ax.　　　116 efferum saeui *E*: -er(r)i -um *A*　　　123 promittat
A: -et *E*　　　124 perosa *A*: -am *E*　　uenus *A*: nemus *E**

praebe obsequentem: quisquis in primo obstitit
pepulitque amorem, tutus ac uictor fuit;
qui blandiendo dulce nutriuit malum,
sero recusat ferre quod subiit iugum.   135
nec me fugit, quam durus et ueri insolens
ad recta flecti regius nolit tumor.
quemcumque dederit exitum casus feram:
fortem facit uicina libertas senem.

    Honesta primum est uelle nec labi uia,   140
pudor est secundus nosse peccandi modum.
quo, misera, pergis? quid domum infamem aggrauas
superasque matrem? maius est monstro nefas:
nam monstra fato, moribus scelera imputes.
Si, quod maritus supera non cernit loca,   145
tutum esse facinus credis et uacuum metu,
erras; teneri crede Lethaeo abditum
Thesea profundo et ferre perpetuam Styga:
quid ille, lato maria qui regno premit
populisque reddit iura centenis, pater?   150
latere tantum facinus occultum sinet?
sagax parentum est cura. Credamus tamen
astu doloque tegere nos tantum nefas:
quid ille rebus lumen infundens suum,
matris parens? quid ille, qui mundum quatit   155
uibrans corusca fulmen Aetnaeum manu,
sator deorum? credis hoc posse effici,
inter uidentes omnia ut lateas auos?
Sed ut secundus numinum abscondat fauor
coitus nefandos utque contingat stupro   160
negata magnis sceleribus semper fides:

138, 139 *Phaedrae sunt in* ω, *corr. recc.*   140 honesta *Heinsius* (*apud*
Gronouium): non ista *E*: obstare *A*; *cf. 598*   142 aggrauas *E*: gra- *A*
147 teneri *E*: tamen tu *A*   148 et ferre perpetuam (m *in ras. N²*: -a in
M) stiga *Σ*: et ferri perpetua in styga *E* (*inter* a *et* in *ras.*): ferre perpetuam
stigem *A*   153 tegere *E*: decipere *A*(clepere *Ax.*)   155 quid ille *A*:
quid ille quid ille *E*

quid poena praesens, conscius mentis pauor
animusque culpa plenus et semet timens?
scelus aliqua tutum, nulla securum tulit.

Compesce amoris impii flammas, precor,   165
nefasque quod non ulla tellus barbara
commisit umquam, non uagi campis Getae
nec inhospitalis Taurus aut sparsus Scythes;
expelle facinus mente castifica horridum
memorque matris metue concubitus nouos.   170
miscere thalamos patris et gnati apparas
uteroque prolem capere confusam impio?
perge et nefandis uerte naturam ignibus.
cur monstra cessant? aula cur fratris uacat?
prodigia totiens orbis insueta audiet,   175
natura totiens legibus cedet suis,
quotiens amabit Cressa? PH. Quae memoras scio
uera esse, nutrix; sed furor cogit sequi
peiora. uadit animus in praeceps sciens
remeatque frustra sana consilia appetens.   180
sic, cum grauatam nauita aduersa ratem
propellit unda, cedit in uanum labor
et uicta prono puppis aufertur uado.
quid ratio possit? uicit ac regnat furor,
potensque tota mente dominatur deus.   185
hic uolucer omni pollet in terra impotens
ipsumque flammis torret indomitis Iouem;
Gradiuus istas belliger sensit faces,
opifex trisulci fulminis sensit deus,
et qui furentis semper Aetnaeis iugis   190
uersat caminos igne tam paruo calet;

---

162 conscius *E*: -e *A*; *cf. Val. Fl. 2. 280*   167 uagi . . . getae *E*:
-us . . . -a *A*   171 gnati *A*: -a (-o *man. rec.*) *E*   172 confusam *E*:
fusam *A*   174 fratris *A*: patris *E*   184 quid ratio possit? uicit *E*:
quod r. poscit uincit *A*   186 pollet *E*: regnat *A*   impotens *Heinsius 62*
(*coll. 276*): potens ω   187 ipsumque *A*: lesum- *E*

ipsumque Phoebum, tela qui neruo regit,
figit sagitta certior missa puer
uolitatque caelo pariter et terris grauis.
Nvt. Deum esse amorem turpis et uitio fauens   195
finxit libido, quoque liberior foret
titulum furori numinis falsi addidit.
natum per omnis scilicet terras uagum
Erycina mittit, ille per caelum uolans
proterua tenera tela molitur manu   200
regnumque tantum minimus e superis habet:
uana ista demens animus asciuit sibi
Venerisque numen finxit atque arcus dei.
Quisquis secundis rebus exultat nimis
fluitque luxu, semper insolita appetit.   205
tunc illa magnae dira fortunae comes
subit libido: non placent suetae dapes,
non texta sani moris aut uilis scyphus.
cur in penates rarius tenues subit
haec delicatas eligens pestis domos?   210
cur sancta paruis habitat in tectis Venus
mediumque sanos uulgus affectus tenet
et se coercent modica, contra diuites
regnoque fulti plura quam fas est petunt?
quod non potest uult posse qui nimium potest.   215
quid deceat alto praeditam solio uide:
metue ac uerere sceptra remeantis uiri.

---

195 sq. *Augustin. c. Faust. 20. 9 (CSEL 25, 1)* unde quidam eorum tragicus
ait: deum . . . libido

---

195 turpis et uitio *E Augustin.*: turpi seruitio *A*   fauens *A Augustin.*: furens *E*
199 per caelum uolans *E*: u. p. c. *A*   201 e *E*: in *A*   203 ueneris-
que *ω*: uolucris- *Ax. coll. Oct 557*   205 appetit *E*: -ens *A*   206 illa
E: -am *A*   208 texta *Cornelissen 179*: tecta *ω*   uilis *A*: ullus *E*
scyphus *Jac. Gronouius*: cibus *ω*   213 coernent modica *E*: coercet -o *A*
216 preditam *A*: per- *E*   uide *C²* (*in marg.*): -es *ω*

Ph. Amoris in me maximum regnum reor
reditusque nullos metuo: non umquam amplius
conuexa tetigit supera qui mersus semel   220
adiit silentem nocte perpetua domum.
Nvt. Ne crede Diti. clauserit regnum licet,
canisque diras Stygius obseruet fores:
solus negatas inuenit Theseus uias.
Ph. Veniam ille amori forsitan nostro dabit.   225
Nvt. Immitis etiam coniugi castae fuit:
experta saeuam est barbara Antiope manum.
sed posse flecti coniugem iratum puta:
quis huius animum flectet intractabilem?
exosus omne feminae nomen fugit,   230
immitis annos caelibi uitae dicat,
conubia uitat: genus Amazonium scias.
Ph. Hunc in niuosi collis haerentem iugis,
et aspera agili saxa calcantem pede
sequi per alta nemora, per montes placet.   235
Nvt. Resistet ille seque mulcendum dabit
castosque ritus Venere non casta exuet?
tibi ponet odium, cuius odio forsitan
persequitur omnes? Ph. Precibus haud uinci potest?
Nvt. Ferus est. Ph. Amore didicimus uinci feros.   240
Nvt. Fugiet. Ph. Per ipsa maria si fugiat, sequar.
Nvt. Patris memento. Ph. Meminimus matris simul.
Nvt. Genus omne profugit. Ph. Paelicis careo metu.
Nvt. Aderit maritus. Ph. Nempe Pirithoi comes?
Nvt. Aderitque genitor. Ph. Mitis Ariadnae pater.   245
Nvt. Per has senectae splendidas supplex comas
fessumque curis pectus et cara ubera

---

218 reor *Zw. 1980, 194*: fero *A*: puto *E*   222 diti *E*: -is *A*
227 est *A*: *om. E*   233 PHAE *E*: *om. A*   236 NVTR. *recc.* (*e²Ox.*):
om. ω   238 NVT *praef. E, om. A*   239ᵇ PHAE *recc.* (*e²*): *om.* ω
haud *E*: aut *A*   240ᵃ *Nutrix*, 240ᵇ *Phaedra loquitur in A: totus uersus*
Phaedrae est in E   241ᵇ fugiat *A*: -et *E*   245 ariadnae *E*: adriagne *A*
246 splendidas *A*: -a *E*

precor, furorem siste teque ipsa adiuua:
pars sanitatis uelle sanari fuit.
PH. Non omnis animo cessit ingenuo pudor.   250
paremus, altrix. qui regi non uult amor,
uincatur. haud te, fama, maculari sinam.
haec sola ratio est, unicum effugium mali:
uirum sequamur, morte praeuertam nefas.
NVT. Moderare, alumna, mentis effrenae impetus,   255
animos coerce. dignam ob hoc uita reor
quod esse temet autumas dignam nece.
PH. Decreta mors est: quaeritur fati genus.
laqueone uitam finiam an ferro incubem?
an missa praeceps arce Palladia cadam?   260
NVT. Sic te senectus nostra praecipiti sinat   262
perire leto? siste furibundum impetum.
[haud quisquam ad uitam facile reuocari potest]
PH. Prohibere nulla ratio periturum potest,   265
ubi qui mori constituit et debet mori.
proin castitatis uindicem armemus manum.   261
NVT. Solamen annis unicum fessis, era,   267
si tam proteruus incubat menti furor,
contemne famam: fama uix uero fauet,
peius merenti melior et peior bono.   270
temptemus animum tristem et intractabilem.
meus iste labor est aggredi iuuenem ferum
mentemque saeuam flectere immitis uiri.

CHORVS

Diua non miti generata ponto,
quam uocat matrem geminus Cupido: 275

248 ipsa (*cf. 734*) *E*: -am *A*   249 pars *A*: par *E*   250 ingenuo
E^*pc* (*ex* i)   255 mentis *E*: mortis *A*   256 uita *A*: ultra *E*
261 *post* 266 *transp. Gronouius*   261 proin *E*: pro(h) *A*   262 sic *E*:
si *A*   263 siste *EC*: sisteque *S*: sique δ*V*   264 *om. A*   266 qui
E: quis *A*   270 peius *E*: peior *A*   *ante* 274 CHORVS.GRESSAE
E: Chorus *A*   274 generata *EC*: (g)nata δη

impotens flammis simul et sagittis
iste lasciuus puer et renidens
tela quam certo moderatur arcu!
[labitur totas furor in medullas
igne furtiuo populante uenas.]   280
non habet latam data plaga frontem,
sed uorat tectas penitus medullas.
nulla pax isti puero: per orbem
spargit effusas agilis sagittas;
quaeque nascentem uidet ora solem,   285
quaeque ad Hesperias iacet ora metas,
si qua feruenti subiecta cancro est,
si qua Parrhasiae glacialis ursae
semper errantes patitur colonos,
nouit hos aestus: iuuenum feroces   290
concitat flammas senibusque fessis
rursus extinctos reuocat calores,
uirginum ignoto ferit igne pectus—
et iubet caelo superos relicto
uultibus falsis habitare terras.   295
   Thessali Phoebus pecoris magister
egit armentum positoque plectro
impari tauros calamo uocauit.
Induit formas quotiens minores
ipse qui caelum nebulasque ducit!   300
candidas ales modo mouit alas,
dulcior uocem moriente cygno;
fronte nunc torua petulans iuuencus
uirginum strauit sua terga ludo,
perque fraternos, noua regna, fluctus   305

277 lasciuus puer et renidens *E*: p. l. et acre nitens *A* (*unde Kunst ii 72* l. p.
ac renidens *coll. 461*)   278 moderatur *E*: iaculatur *A*
279, 280 *om. A*   282 uorat *E*: uocat *A*   285 ora *E*: hora *A*
286 hesperias . . . metas *E*: occasus . . . seros *A*   287 est ω: *del. Leo*
288 parrhasiae *E*: maioris *A*   300 ducit *A*: fecit *E*   302 uocem
recc.: -e ω   305 noua *E*: mala *A*

ungula lentos imitante remos
pectore aduerso domuit profundum,
pro sua uector timidus rapina.
Arsit obscuri dea clara mundi
nocte deserta nitidosque fratri   310
tradidit currus aliter regendos:
ille nocturnas agitare bigas
discit et gyro breuiore flecti,
nec suum tempus tenuere noctes
et dies tardo remeauit ortu,   315
dum tremunt axes grauiore curru.

Natus Alcmena posuit pharetras
et minax uasti spolium leonis,
passus aptari digitis smaragdos
et dari legem rudibus capillis;   320
crura distincto religauit auro,
luteo plantas cohibente socco;
et manu, clauam modo qua gerebat,
fila deduxit properante fuso.   324

   Vidit Persis ditique ferax   325
         Lydia harena
deiecta feri terga leonis
umerisque, quibus sederat alti
         regia caeli,
tenuem Tyrio stamine pallam.
   Sacer est ignis (credite laesis)   330
         nimiumque potens: •
qua terra salo cingitur alto
quaque per ipsum candida mundum
         sidera currunt,

---

316 *post* 313 *transp. Leo ii 380*   325-57 *dimetri* (*claudente monometro E*) ω
325 uidit *A*: -i *E*   326 harena (-ae *Grotius*) *Zw. 1977, 164*: regno ω
327 deiecta *A*: re- *E*   330 lesis *A*: -i *E*   331 salo *E*: mari *A*
332 sq. per ipsum . . . mundum *E*: ethereo . . . mundo *A*

hac regna tenet puer immitis,
spicula cuius sentit in imis   335
caerulus undis grex Nereidum
flammamque nequit releuare mari.
Ignes sentit genus aligerum;
Venere instinctus suscipit audax
grege pro toto bella iuuencus;   340
si coniugio timuere suo,
poscunt timidi proelia cerui
et mugitu dant concepti
    signa furoris;   344
tunc uulnificos acuit dentes   346
aper et toto est spumeus ore: 347
tunc silua gemit murmure saeuo.   350
Poeni quatiunt colla leones,   348
    cum mouit amor;   349
tunc uirgatas India tigres   345
    decolor horret.   ·
amat insani belua ponti   351
Lucaeque boues: uindicat omnes
natura sibi, nihil immune est,
odiumque perit, cum iussit amor;
ueteres cedunt ignibus irae.   355
quid plura canam? uincit saeuas
    cura nouercas.

Altrix, profare quid feras; quonam in loco est
regina? saeuis ecquis est flammis modus?

334 hac δ: h(a)ec *Eβ*   336 cerulus *A*: peruius *E*   grex *A*: rex *E*
337 releuare *E*: leu- *A*   339 sq. instinctus suscipit audax . . . iuuencus
E: instincti quam magna gerunt . . . iuuenci *A*   343 mugitu *E*: -us *A*
345, 345· *post* 349 *transp. Zw. 1980, 186*   346 uulnificos *E*: -us *A*
350 *post* 347 *transp. Zw. 1980, 186*   350 tunc *recc.* (*M*): tum *ω*
gemit *E*: -itum *A*   351 amat *E*: -ant *A*   352 uindicat *E*: uen- *A*
356ᵃ q. p. c. *A*: *om. E*   359 ecquis *P*: et quis *ETC*: equis *η*

Nvtrix

Spes nulla tantum posse leniri malum,   360
finisque flammis nullus insanis erit.
torretur aestu tacito et inclusus quoque,
quamuis tegatur, proditur uultu furor;
erumpit oculis ignis et lassae genae
lucem recusant; nil idem dubiae placet,   365
artusque uarie iactat incertus dolor:
nunc ut soluto labitur moriens gradu
et uix labante sustinet collo caput,
nunc se quieti reddit et, somni immemor,
noctem querelis ducit; attolli iubet   370
iterumque poni corpus et solui comas
rursusque fingi: semper impatiens sui
mutatur habitus. nulla iam Cereris subit
cura aut salutis; uadit incerto pede,
iam uiribus defecta: non idem uigor,   375
non ora tinguens nitida purpureus rubor;
[populatur artus cura, iam gressus tremunt,
tenerque nitidi corporis cecidit decor.]
et qui ferebant signa Phoebeae facis
oculi nihil gentile nec patrium micant.   380
lacrimae cadunt per ora et assiduo genae
rore irrigantur, qualiter Tauri iugis
tepido madescunt imbre percussae niues.
    Sed en, patescunt regiae fastigia:
reclinis ipsa sedis auratae toro   385
solitos amictus mente non sana abnuit.

ante 360 NVTRIX.PHAEDRA.CHORVS *E*: Nutrix. phedra *A*
360 leniri *A*: -e *E*   367 moriens ω: marcens *Ax.*; *cf. Lydia 22*
377, 378 *del. Leo*   379 ferebant *E*: tenebant *A*   382 irrigantur *E*: nigran- *A*   383 percussae *E*: -fuse *A*

Phaedra

Remouete, famulae, purpura atque auro inlitas
uestes, procul sit muricis Tyrii rubor,
quae fila ramis ultimi Seres legunt:
breuis expeditos zona constringat sinus,   390
ceruix monili uacua, nec niueus lapis
deducat auris, Indici donum maris;
odore crinis sparsus Assyrio uacet.
sic temere iactae colla perfundant comae
umerosque summos, cursibus motae citis   395
uentos sequantur. laeua se pharetrae dabit,
hastile uibret dextra Thessalicum manus:
[talis seueri mater Hippolyti fuit.]
qualis relictis frigidi Ponti plagis
egit cateruas Atticum pulsans solum   400
Tanaitis aut Maeotis et nodo comas
coegit emisitque, lunata latus
protecta pelta, talis in siluas ferar.
Cho. Sepone questus: non leuat miseros dolor;
agreste placa uirginis numen deae.   405
Nvt. Regina nemorum, sola quae montes colis
et una solis montibus coleris dea,
conuerte tristes ominum in melius minas.
o magna siluas inter et lucos dea,
clarumque caeli sidus et noctis decus,   410
cuius relucet mundus alterna uice,
Hecate triformis, en ades coeptis fauens.
animum rigentem tristis Hippolyti doma:
det facilis aures; mitiga pectus ferum:

---

ante 389 *uersum desiderat Grotius*   398 *del. Heinsius 66*   401 tanaitis
A: tanais alti *E*   404 CHORVS *praef. E*: nu *A*   405 *post* 359
inser. A   *ante* 406 nutrix ypolitus *C*: (H)yp(p)olitus Nutrix Εδη (*non
adpicta ad* 406 *personae nota nisi in Pη* nu)   411 uice *E*: face *A*
414 *post* 415 *A*

amare discat, mutuos ignes ferat.   415
innecte mentem: toruus auersus ferox
in iura Veneris redeat. huc uires tuas
intende: sic te lucidi uultus ferant
et nube rupta cornibus puris eas,
sic te regentem frena nocturni aetheris   420
detrahere numquam Thessali cantus queant
nullusque de te gloriam pastor ferat.

    Ades inuocata, iam faue uotis, dea:
ipsum intuor sollemne uenerantem sacrum
nullo latus comitante—quid dubitas? dedit   425
tempus locumque casus: utendum artibus.
trepidamus? haud est facile mandatum scelus
audere, uerum iusta qui reges timet
deponat, omne pellat ex animo decus:
malus est minister regii imperii pudor.   430

HIPPOLYTVS

    Quid huc seniles fessa moliris gradus,
o fida nutrix, turbidam frontem gerens
et maesta uultu? sospes est certe parens
sospesque Phaedra stirpis et geminae iugum?
NVT. Metus remitte, prospero regnum in statu est   435
domusque florens sorte felici uiget.
sed tu beatis mitior rebus ueni:
namque anxiam me cura sollicitat tui,
quod te ipse poenis grauibus infestus domas.
quem fata cogunt, ille cum uenia est miser;   440
at si quis ultro se malis offert uolens

---

416 innecte ω: inflecte *Ascensius*[u.l.]   423 faue *E*: -et *A*: -es *recc.*
428 audere *E*: -ire *A*   iusta . . . reges ω: iussa . . . -is *Heinsius 66*
429 omne ω: omne et *Heinsius 66*   433 uultu *E*: -us *A*   438 anxiam
A: -a *E*   439 domas *E*: grauas *A*   440 ille cum uenia est *E*: hic
quidem uiuat *A*   441 at si quis *A*: antiquis *E*

seque ipse torquet, perdere est dignus bona
quis nescit uti. potius annorum memor
mentem relaxa: noctibus festis facem
attolle, curas Bacchus exoneret graues;   445
aetate fruere: mobili cursu fugit.
nunc facile pectus, grata nunc iuueni Venus:
exultet animus. cur toro uiduo iaces?
tristem iuuentam solue; nunc cursus rape,
effunde habenas, optimos uitae dies   450
effluere prohibe. propria descripsit deus
officia et aeuum per suos ducit gradus:
laetitia iuuenem, frons decet tristis senem.
Quid te coerces et necas rectam indolem?
seges illa magnum fenus agricolae dabit   455
quaecumque laetis tenera luxuriat satis,
arborque celso uertice euincet nemus
quam non maligna caedit aut resecat manus:
ingenia melius recta se in laudes ferunt,
si nobilem animum uegeta libertas alit.   460
truculentus et siluester ac uitae inscius
tristem iuuentam Venere deserta coles?
hoc esse munus credis indictum uiris,
ut dura tolerent, cursibus domitent equos
et saeua bella Marte sanguineo gerant?   465
   Prouidit ille maximus mundi parens,
cum tam rapaces cerneret Fati manus,
ut damna semper subole repararet noua.
excedat agedum rebus humanis Venus,
quae supplet ac restituit exhaustum genus: 470

---

443 quis *E*: qui *A*   444 noctibus *E*: montibus *A*   446 mobili *E*:
-is *A*   449 cursus *E*: lusus *A*   451 descripsit *E*: -ibit *A*: discripsit
Lipsius   452 ducit *recc.*: duxit ω   454 coherces *A*: -ets *E*
457 euincet *E*: -it *A*   459 se in laudes *E*: i. l. s. *A*   461 ac *E*: et *A*
462 coles *E*: -is *A*   464 domitent *E*: doment *A*   467 manus *E*:
minas *A*   470 restituit *A*: -et *E*   exhaustum *E*: humanum *A*

orbis iacebit squalido turpis situ,
uacuum sine ullis piscibus stabit mare,
alesque caelo derit et siluis fera,
solis et aer peruius uentis erit.
quam uaria leti genera mortalem trahunt   475
carpuntque turbam, pontus et ferrum et doli!
sed fata credas desse: sic atram Styga
iam petimus ultro. caelibem uitam probet
sterilis iuuentus: hoc erit, quidquid uides,
unius aeui turba et in semet ruet.   480
proinde uitae sequere naturam ducem:
urbem frequenta, ciuium coetus cole.
Hɪ. Non alia magis est libera et uitio carens
ritusque melius uita quae priscos colat,
quam quae relictis moenibus siluas amat.   485
non illum auarae mentis inflammat furor
qui se dicauit montium insontem iugis,
non aura populi et uulgus infidum bonis,
non pestilens inuidia, non fragilis fauor;
non ille regno seruit aut regno imminens   490
uanos honores sequitur aut fluxas opes,
spei metusque liber, haud illum niger
edaxque liuor dente degeneri petit;
nec scelera populos inter atque urbes sata
nouit nec omnes conscius strepitus pauet   495
aut uerba fingit; mille non quaerit tegi
diues columnis nec trabes multo insolens
suffigit auro; non cruor largus pias
inundat aras, fruge nec sparsi sacra
centena niuei colla summittunt boues: 500

---

472 piscibus *Bentley*: classibus ω; *cf. Leonem ii 381*   482 coetus *A*: -um *E*
490 aut *E*: ac *A*   imminens *E*: -et *A*   492 haud *E*: aut *A*
494 sata *Heinsius 66*: sita ω   496 non *E*: aut *A*   498 suffigit *A*:
-cit *E*

sed rure uacuo potitur et aperto aethere
innocuus errat. callidas tantum feris
struxisse fraudes nouit et fessus graui
labore niueo corpus Iliso fouet;
nunc ille ripam celeris Alphei legit,   505
nunc nemoris alti densa metatur loca,
ubi Lerna puro gelida perlucet uado,
solesque uitat. hinc aues querulae fremunt
ramique uentis lene percussi tremunt

     *   *   *   *   *   *   *

ueteresque fagi. iuuat ⟨et⟩ aut amnis uagi   510
pressisse ripas, caespite aut nudo leues
duxisse somnos, siue fons largus citas
defundit undas, siue per flores nouos
fugiente dulcis murmurat riuo sonus.
excussa siluis poma compescunt famem   515
et fraga paruis uulsa dumetis cibos
faciles ministrant. regios luxus procul
est impetus fugisse: sollicito bibunt
auro superbi; quam iuuat nuda manu
captasse fontem! certior somnus premit   520
secura duro membra laxantem toro.
non in recessu furta et obscuro improbus
quaerit cubili seque multiplici timens
domo recondit: aethera ac lucem petit
et teste caelo uiuit. Hoc equidem reor   525
uixisse ritu prima quos mixtos deis
profudit aetas. nullus his auri fuit

---

504 iliso *A*: e- *E*   505 celeris alphei *A*: celerisale et *E*
508 solesque uitat *Ax.*: sedes(-em *A*)que mutat ω   hinc *E*: hic *A*
509 ramique . . . percussi ω: alnique (*uel* ornique) . . . -ae *Heinsius 67*
post 509 *aliquid excidisse suspicatus est Peiper*   510 iuuat et *Peiper*: et *om.* ω
516 uulsa *E*: pulsa *A*   520 certior *E*: -ius δ: celerius β
521 laxantem (*uel* soluentem *uel* releuantem) *Ax.*: uersantem *E*: uersantur *A*
522 obscuro *A*: -a *E*   527 profudit *A*: per- *E*

caecus cupido, nullus in campo sacer
diuisit agros arbiter populis lapis;
nondum secabant credulae pontum rates: 530
sua quisque norat maria; non uasto aggere
crebraque turre cinxerant urbes latus;
non arma saeua miles aptabat manu
nec torta clausas fregerat saxo graui
ballista portas, iussa nec dominum pati   535
iuncto ferebat terra seruitium boue:
sed arua per se feta poscentes nihil
pauere gentes, silua natiuas opes
et opaca dederant antra natiuas domos.

  Rupere foedus impius lucri furor   540
et ira praeceps quaeque succensas agit
libido mentes; uenit imperii sitis
cruenta, factus praeda maiori minor:
pro iure uires esse. tum primum manu
bellare nuda saxaque et ramos rudes   545
uertere in arma: non erat gracili leuis
armata ferro cornus aut longo latus
mucrone cingens ensis aut crista procul
galeae micantes: tela faciebat dolor.
inuenit artes bellicus Mauors nouas   550
et mille formas mortis. hinc terras cruor
infecit omnis fusus et rubuit mare.
tum scelera dempto fine per cunctas domos
iere, nullum caruit exemplo nefas:
a fratre frater, dextera gnati parens   555
cecidit, maritus coniugis ferro iacet
perimuntque fetus impiae matres suos;
taceo nouercas: mitius nil est feris.

---

539 dederant ω: -unt *Heinsius 67*   543 cruenta factus *E*: -um facinus *A*   548 crista procul *E*: criste caput δ: triste c. β   549 micantes *Ax.*: comantes ω

Sed dux malorum femina: haec scelerum artifex
obsedit animos, huius incestae stupris   560
fumant tot urbes, bella tot gentes gerunt
et uersa ab imo regna tot populos premunt.
sileantur aliae: sola coniunx Aegei,
Medea, reddet feminas dirum genus.
Nvt. Cur omnium fit culpa paucarum scelus?   565
Hi. Detestor omnis, horreo fugio execror.
sit ratio, sit natura, sit dirus furor:
odisse placuit. ignibus iunges aquas
et amica ratibus ante promittet uada
incerta Syrtis, ante ab extremo sinu   570
Hesperia Tethys lucidum attollet diem
et ora dammis blanda praebebunt lupi,
quam uictus animum feminae mitem geram.
Nvt. Saepe obstinatis induit frenos Amor
et odia mutat. regna materna aspice: 575
illae feroces sentiunt Veneris iugum;
testaris istud unicus gentis puer.
Hi. Solamen unum matris amissae fero,
odisse quod iam feminas omnis licet.
Nvt. Vt dura cautes undique intractabilis   580
resistit undis et lacessentes aquas
longe remittit, uerba sic spernit mea.
Sed Phaedra praeceps graditur, impatiens morae.
quo se dabit fortuna? quo uerget furor?
terrae repente corpus exanimum accidit   585
et ora morti similis obduxit color.
attolle uultus, dimoue uocis moras:
tuus en, alumna, temet Hippolytus tenet.

559 haec *E*: et *A*   560 huius *E*: cuius *A*   inceste *A*: -i *E*: -is *Jac.*
Gronouius   565 cur *A*: cor *E* (*corr. rubricator*)   567 dirus *T*: du-
EβP; cf. Sil. 1. 595   571 hesperia *E*: -e *A*   574 Nu *A*: *om. E*
577 gentis *E*: genitus *A*   582 *detersus paene totus in E*   584 uerget *A*:
-it *E; cf. Med 391*   585 terre repente . . . accidit *E*: r. t. . . . cadit *A*
588 alumna *E*: -us *A*

PHAEDRA

Quis me dolori reddit atque aestus graues
reponit animo? quam bene excideram mihi!   590
HI. Cur dulce munus redditae lucis fugis?
PH. Aude, anime, tempta, perage mandatum tuum.
intrepida constent uerba: qui timide rogat
docet negare. magna pars sceleris mei
olim peracta est; serus est nobis pudor: 595
amauimus nefanda. si coepta exequor,
forsan iugali crimen abscondam face:
honesta quaedam scelera successus facit.
en, incipe, anime!—Commodes paulum, precor,
secretus aures. si quis est abeat comes.   600
HI. En locus ab omni liber arbitrio uacat.
PH. Sed ora coeptis transitum uerbis negant;
uis magna uocem mittit et maior tenet.
uos testor omnis, caelites, hoc quod uolo
me nolle.   605
HI. Animusne cupiens aliquid effari nequit?
PH. Curae leues locuntur, ingentes stupent.
HI. Committe curas auribus, mater, meis.
PH. Matris superbum est nomen et nimium potens:
nostros humilius nomen affectus decet;   610
me uel sororem, Hippolyte, uel famulam uoca,
famulamque potius: omne seruitium feram.
non me per altas ire si iubeas niues
pigeat gelatis ingredi Pindi iugis;
non, si per ignes ire et infesta agmina,   615

---

ante 589 PHAEDRA ET IDEM *E*: Phedra. Hippolitus (ypo- *P*). Nutrix *A*
591sq. *personarum notas om. A*   595 serus *E*: seruus *A*
596 amauimus ω: admou- *Ax.*   598 honesta *A*: non ista *E*; *cf.*
140   600 secretus *A*: -as *E*   601 YP *E* (*man. sec.?*): Phae *A*
arbitrio *E*: -tro *A*; *cf. HO 484*   602 PHAE *E*: *om. A*
603 mittit *E*: em- *A*   604, 605 *uno uersu* ω   607 cure *E*: aure *A*

cuncter paratis ensibus pectus dare.
mandata recipe sceptra, me famulam accipe:
[te imperia regere, me decet iussa exequi]
muliebre non est regna tutari urbium.
tu qui iuuentae flore primaeuo uiges,　　　　　　　620
ciues paterno fortis imperio rege;
sinu receptam supplicem ac seruam tege:
miserere uiduae. Hı. Summus hoc omen deus
auertat. aderit sospes actutum parens.
Pн. Regni tenacis dominus et tacitae Stygis　　　625
nullam relictos fecit ad superos uiam:
thalami remittet ille raptorem sui?
nisi forte amori placidus et Pluton sedet.
Hı. Illum quidem aequi caelites reducem dabunt.
sed dum tenebit uota in incerto deus,　　　　　　630
pietate caros debita fratres colam,
et te merebor esse ne uiduam putes
ac tibi parentis ipse supplebo locum.
Pн. O spes amantum credula, o fallax Amor!
satisne dixi?—precibus admotis agam.　　　　　　635
Miserere, pauidae mentis exaudi preces—
libet loqui pigetque. Hı. Quodnam istud malum est?
Pн. Quod in nouercam cadere uix credas malum.
Hı. Ambigua uoce uerba perplexa iacis:
effare aperte. Pн. Pectus insanum uapor　　　　　640
amorque torret. intimis saeuit ferus
[penitus medullas atque per uenas meat]
uisceribus ignis mersus et uenas latens
ut agilis altas flamma percurrit trabes.

---

618 *del. Peiper*　　　619 urbium *E*: patris *A*　　　628 sedet *E^pc* (*ex series
ut uid.*)　　　632 merebor *E*: tuebor *A*　　　635 dixi *E*: -it *A*
636 pauidae *Ax.*: tacitae ω　　　641 amorque *A*: amore *E*　　　intimis
saeuit ferus *Gronouius*: -is ferit ferus *E**: -as seuus uorat *A*: -a ferus uorat *E*²
642 *om. E*　　medullas *A*: -is *Heinsius 67*　　　643 uenas *Bothe*: -is ω
post 643 *uersum excidisse suspic. Ax., possis* et uenis latens ⟨per ossa et artus errat
incensos furens⟩

L. ANNAEI SENECAE

Hɪ. Amore nempe Thesei casto furis? 645
Pʜ. Hippolyte, sic est: Thesei uultus amo
illos priores, quos tulit quondam puer,
cum prima puras barba signaret genas
monstrique caecam Gnosii uidit domum
et longa curua fila collegit uia. 650
quis tum ille fulsit! presserant uittae comam
et ora flauus tenera tinguebat pudor;
inerant lacertis mollibus fortes tori,
tuaeue Phoebes uultus aut Phoebi mei,
tuusque potius—talis, en talis fuit 655
cum placuit hosti, sic tulit celsum caput.
in te magis refulget incomptus decor:
est genitor in te totus et toruae tamen
pars aliqua matris miscet ex aequo decus:
in ore Graio Scythicus apparet rigor. 660
si cum parente Creticum intrasses fretum,
tibi fila potius nostra neuisset soror.
Te te, soror, quacumque siderei poli
in parte fulges, inuoco ad causam parem:
domus sorores una corripuit duas, 665
te genitor, at me gnatus.—en supplex iacet
adlapsa genibus regiae proles domus.
respersa nulla labe et intacta, innocens
tibi mutor uni. certa descendi ad preces:
finem hic dolori faciet aut uitae dies. 670
miserere amantis.— Hɪ. Magne regnator deum,
tam lentus audis scelera? tam lentus uides?
et quando saeua fulmen emittes manu,
si nunc serenum est? omnis impulsus ruat

651 uitte *A*: uitae *E*   652 pudor *E*: rubor *A*   654 sq. tuaeue . . .
tuusque ω: -que . . . -ue *Bothe*   658 est *Heinsius* 67: et ω   totus *E*:
toruus *A*   662 neuisset ω: uenisset δ: neuidisset *E*   663 siderei *A*:
-ea *E*   665 duas ω (*ex* imas *corr. E*)   669 mutor *E*: mittor *A*
descendi *A*: di- *E*   671ᵇ Hipp. *A*: PHAE�D *E* (*corr.man.rec.*)
673 et quando ω: ecq- *Ascensius, cf. Thy* 59   emittes βT: -is *EP*
674 si *E*: sic *A*

188

aether et atris nubibus condat diem,   675
ac uersa retro sidera obliquos agant
retorta cursus. tuque, sidereum caput,
radiate Titan, tu nefas stirpis tuae
speculare? lucem merge et in tenebras fuge.
cur dextra, diuum rector atque hominum, uacat   680
tua, nec trisulca mundus ardescit face?
in me tona, me fige, me uelox cremet
transactus ignis: sum nocens, merui mori:
placui nouercae. dignus en stupris ego?
scelerique tanto uisus ego solus tibi   685
materia facilis? hoc meus meruit rigor?
o scelere uincens omne femineum genus,
o maius ausa matre monstrifera malum
genetrice peior! illa se tantum stupro
contaminauit, et tamen tacitum diu   690
crimen biformi partus exhibuit nota,
scelusque matris arguit uultu truci
ambiguus infans—ille te uenter tulit.
o ter quaterque prospero fato dati
quos hausit et peremit et leto dedit   695
odium dolusque—genitor, inuideo tibi:
Colchide nouerca maius hoc, maius malum est.
PH. Et ipsa nostrae fata cognosco domus:
fugienda petimus; sed mei non sum potens.
te uel per ignes, per mare insanum sequar   700
rupesque et amnes, unda quos torrens rapit;
quacumque gressus tuleris hac amens agar—
iterum, superbe, genibus aduoluor tuis.
HI. Procul impudicos corpore a casto amoue
tactus—quid hoc est? etiam in amplexus ruit?   705
stringatur ensis, merita supplicia exigat.

676 uersa A: uestra E   678 titan tu A: tantum ne E   682 me
fige E: in me f. A   688 del. Bothe   691 biformi] -is A: triformi E
694 dati E: -e A   695 om. A   hausit] ausit E   696 inuideo E: -et A
697 hoc ω: haec Heinsius 68   702 agar E: sequar A

189

en impudicum crine contorto caput
laeua reflexi: iustior numquam focis
datus tuis est sanguis, arquitenens dea.
PH. Hippolyte, nunc me compotem uoti facis;   710
sanas furentem. maius hoc uoto meo est,
saluo ut pudore manibus immoriar tuis.
HI. Abscede, uiue, ne quid exores, et hic
contactus ensis deserat castum latus.
quis eluet me Tanais aut quae barbaris   715
Maeotis undis Pontico incumbens mari?
non ipse toto magnus Oceano pater
tantum expiarit sceleris. o siluae, o ferae!
NVT. Deprensa culpa est. anime, quid segnis stupes?
regeramus ipsi crimen atque ultro impiam   720
Venerem arguamus: scelere uelandum est scelus;
tutissimum est inferre, cum timeas, gradum.
ausae priores simus an passae nefas,
secreta cum sit culpa, quis testis sciet?

Adeste, Athenae! fida famulorum manus,   725
fer opem! nefandi raptor Hippolytus stupri
instat premitque, mortis intentat metum,
ferro pudicam terret—en praeceps abit
ensemque trepida liquit attonitus fuga.
pignus tenemus sceleris. hanc maestam prius   730
recreate. crinis tractus et lacerae comae
ut sunt remaneant, facinoris tanti notae.
perferte in urbem!—Recipe iam sensus, era.
quid te ipsa lacerans omnium aspectus fugis?
mens impudicam facere, non casus, solet.   735

707 en *A*: et *E*   709 arqui- *E*: archi- *A*   710 facis *A Prisc.* (*praeter*
HK): -ies *E*: -ias *Prisc.* (*HK*)   711 sanas *E*: -a *A*   712 saluo *A*:
so- *E*   714 contactus *E*: contr- *A*   729 trepida *A*: -am *E*
732 notae *E*: -as *A*   733 perferte (*cf. Tro 802, HO 100*) *E*: re- *A*
734 lacerans *A*: -as *E*   aspectus *E*: -um *A*

PHAEDRA

Chorvs

Fugit insanae similis procellae,
ocior nubes glomerante Coro,
ocior cursum rapiente flamma,
stella cum uentis agitata longos
    porrigit ignes.   740
Conferat tecum decus omne priscum
fama miratrix senioris aeui:
pulcrior tanto tua forma lucet,
clarior quanto micat orbe pleno
cum suos ignes coeunte cornu   745
iunxit et curru properante pernox
exerit uultus rubicunda Phoebe
nec tenent stellae faciem minores;
talis est, primas referens tenebras,
nuntius noctis, modo lotus undis   750
Hesperus, pulsis iterum tenebris
    Lucifer idem.
Et tu, thyrsigera Liber ab India,
intonsa iuuenis perpetuum coma,
tigres pampinea cuspide temperans   755
ac mitra cohibens cornigerum caput,
non uinces rigidas Hippolyti comas.
ne uultus nimium suspicias tuos:
omnis per populos fabula distulit,
Phaedrae quem Bromio praetulerit soror.   760

    Anceps forma bonum mortalibus,
exigui donum breue temporis,
ut uelox celeri pede laberis!
non sic prata nouo uere decentia

---

740 porrigit (*cf. nat. 1. 14. 3*) *E*: corripit *A*   747 exerit *A*: -et *E*
post 748 *aliquid intercidisse suspicatus est Peiper*   749 talis *Leo*: qualis ω
755 temperans *Ax.*: territans ω   764 prata . . . uere *E*: u. . . . p. *A*

aestatis calidae despoliat uapor   765
(saeuit solstitio cum medius dies
et noctes breuibus praecipitat rotis),
languescunt folio lilia pallido
et gratae capiti deficiunt rosae,
ut fulgor teneris qui radiat genis   770
momento rapitur nullaque non dies
formosi spolium corporis abstulit.
res est forma fugax: quis sapiens bono
confidat fragili? dum licet, utere.
tempus te tacitum subruit, horaque   775
semper praeterita deterior subit.

    Quid deserta petis? tutior auiis
non est forma locis: te nemore abdito,
cum Titan medium constituit diem,
cingent, turba licens, Naides improbae,   780
formosos solitae claudere fontibus,
et somnis facient insidias tuis
        lasciuae nemorum deae
        montiuagiue Panes.
Aut te stellifero despiciens polo   785
sidus post ueteres Arcadas editum
currus non poterit flectere candidos.
en nuper rubuit, nullaque lucidis
nubes sordidior uultibus obstitit;
at nos solliciti numine turbido,   790
tractam Thessalicis carminibus rati,
tinnitus dedimus: tu fueras labor

---

767 et noctes *E*: sed noctem *A*   praecipitat ω: -ant *Gronouius*
768 lilia *A*: ut l. *E*: et l. *Gronouius*   769 rose *A*: comae *E*   ·   770 fulgor
ET: -ur *βP*   genis *E^{pc}* (*ex* u)   774 confidat *recc.* (*K*): -it ω
775 te *E*: sed *A*   subruit *μ*: -et ω   778 abdito *E*: -um *A*
780, 781 c. t. l. | n. i. f. s. | c. f. ω   780 cingent *Richter*: -et *A*: cingnet *E*
784 montiuagiue panes *A*: panas quae driades montiuagos petunt *E*
788 en *μ*: et ω   790 numine *E*: lu- *A*

et tu causa morae, te dea noctium
dum spectat celeres sustinuit uias.

Vexent hanc faciem frigora parcius,   795
haec solem facies rarius appetat:
lucebit Pario marmore clarius.
quam grata est facies torua uiriliter
et pondus ueteris triste supercili!
Phoebo colla licet splendida compares: 800
illum caesaries nescia colligi
perfundens umeros ornat et integit;
te frons hirta decet, te breuior coma
nulla lege iacens; tu licet asperos
pugnacesque deos uiribus audeas   805
et uasti spatio uincere corporis:
aequas Herculeos nam iuuenis toros,
Martis belligeri pectore latior.
si dorso libeat cornipedis uehi,
frenis Castorea mobilior manu   810
Spartanum poteris flectere Cyllaron.
Ammentum digitis tende prioribus
et totis iaculum derige uiribus:
tam longe, dociles spicula figere,
non mittent gracilem Cretes harundinem.   815
aut si tela modo spargere Parthico
in caelum placeat, nulla sine alite
descendent, tepido uiscere condita
praedam de mediis nubibus afferent.

Raris forma uiris (saecula perspice)   820
impunita fuit. te melior deus
tutum praetereat formaque nobilis
deformis senii monstret imaginem.

805 audeas *E*: arceas *A*   807 iuuenis *A*: -es *E*   809 libeat *E*:
lic- *A*   810 mobilior *A*: no- *E*   817, 818 i. c. p. | n. s. a. d. t. |
u. c. *A*   817 alite *A*: aue *E*   819 afferent *E*: -es *A*   820 perspice *E*: pro- *A*   823 senii *A*: seni *E*   monstret imaginem *E*: limina
transeat *A*; *cf. Ou. met. 15. 538 sqq.*

Quid sinat inausum feminae praeceps furor?
nefanda iuueni crimina insonti apparat.   825
en scelera! quaerit crine lacerato fidem,
decus omne turbat capitis, umectat genas:
instruitur omni fraude feminea dolus.

Sed iste quisnam est regium in uultu decus
gerens et alto uertice attollens caput?   830
ut ora iuueni paria Pittheo gerit,
ni languido pallore canderent genae
staretque recta squalor incultus coma!
en ipse Theseus redditus terris adest.

THESEVS

Tandem profugi noctis aeternae plagam   835
uastoque manes carcere umbrantem polum,
et uix cupitum sufferunt oculi diem.
iam quarta Eleusin dona Triptolemi secat
paremque totiens libra composuit diem,
ambiguus ut me sortis ignotae labor   840
detinuit inter mortis et uitae mala.
pars una uitae mansit extincto mihi,
sensus malorum; finis Alcides fuit,
qui cum reuulsum Tartaro abstraheret canem,
me quoque supernas pariter ad sedes tulit.   845
sed fessa uirtus robore antiquo caret
trepidantque gressus. heu, labor quantus fuit
Phlegethonte ab imo petere longinquum aethera
pariterque mortem fugere et Alciden sequi.

---

826 en scelera *E*: in -e *A*   828 omni *E*: -is *A*   829 quisnam *A*:
quid- *E*   decus ω: 'an genus?' *Ax.* (*coll. HO 1489*)   831 Pittheo *Damsté*
1918, 199: piritho o *E*: perithoi *A*   832 pallore canderent *E*: candore
pallerent *A*   *ante* 835 THESEVS. NVTRIX ω   837 et *E*: ut *A*
838 eleusi*n* (*ex* -is) *E*ᵖᶜ: -is *A*   tript- *A*: trept- *E*   843 sensus *E*:
men- *A*   844 reuulsum *A*: -o *E*   abstraheret (*cf. 95*) *E*: extr- *A*

Quis fremitus aures flebilis pepulit meas?   850
expromat aliquis. luctus et lacrimae et dolor,
in limine ipso maesta lamentatio?
hospitia digna prorsus inferno hospite.

Nvtrix

Tenet obstinatum Phaedra consilium necis
fletusque nostros spernit ac morti imminet.   855
Th. Quae causa leti? reduce cur moritur uiro?
Nvt. Haec ipsa letum causa maturum attulit.
Th. Perplexa magnum uerba nescioquid tegunt.
effare aperte, quis grauet mentem dolor.
Nvt. Haut pandit ulli; maesta secretum occulit   860
statuitque secum ferre quo moritur malum.
iam perge, quaeso, perge: properato est opus.
Th. Reserate clausos regii postes laris.
O socia thalami, sicine aduentum uiri
et expetiti coniugis uultum excipis?   865
quin ense uiduas dexteram atque animum mihi
restituis et te quidquid e uita fugat
expromis? Ph. Eheu, per tui sceptrum imperi,
magnanime Theseu, perque natorum indolem
tuosque reditus perque iam cineres meos,   870
permitte mortem. Th. Causa quae cogit mori?
Ph. Si causa leti dicitur, fructus perit.
Th. Nemo istud alius, me quidem excepto, audiet.
Ph. Aures pudica coniugis solas timet.
Th. Effare: fido pectore arcana occulam.   875

---

852 in limine ipso *E*: et l. in i. *A*   853 hospitia (*cf. 1148*) *ω*: auspicia
Grotius   858 nescio quid *ET*: n. ut quid *P*: nesciunt quod *β*
860 haut *A*: aut *E*   863 The *A*: *om. E*   laris *E*: -es *A*
ante 864 THESEVS.PHAEDRA.NVTRIX TACITA *E*: Theseus.phedra *A*
867 quicquid e *E*: quod quidem *A*   872 causa loeti *E*: l. c. *A*
874, 875 *person. not. om. A*   874 pudica . . . timet *E*: -as . . . -es *A*

Pʜ. Alium silere quod uoles, primus sile.
Tʜ. Leti facultas nulla continget tibi.
Pʜ. Mori uolenti desse mors numquam potest.
Tʜ. Quod sit luendum morte delictum indica.
Pʜ. Quod uiuo. Tʜ. Lacrimae nonne te nostrae mouent?
Pʜ. Mors optima est perire lacrimandum suis.   881
Tʜ. Silere pergit.—uerbere ac uinclis anus
altrixque prodet quidquid haec fari abnuit.
Vincite ferro. uerberum uis extrahat
secreta mentis. Pʜ. Ipsa iam fabor, mane.   885
Tʜ. Quidnam ora maesta auertis et lacrimas genis
subito coortas ueste praetenta optegis?
Pʜ. Te te, creator caelitum, testem inuoco,
et te, coruscum lucis aetheriae iubar,
ex cuius ortu nostra dependet domus: 890
temptata precibus restiti; ferro ac minis
non cessit animus: uim tamen corpus tulit.
labem hanc pudoris eluet noster cruor.
Tʜ. Quis, ede, nostri decoris euersor fuit?
Pʜ. Quem rere minime. Tʜ. Quis sit audire expeto.   895
Pʜ. Hic dicet ensis, quem tumultu territus
liquit stuprator ciuium accursum timens.
Tʜ. Quod facinus, heu me, cerno? quod monstrum intuor?
regale patriis asperum signis ebur
capulo refulget, gentis Actaeae decus.   900
sed ipse quonam euasit? Pʜ. Hi trepidum fuga
uidere famuli concitum celeri pede.
Tʜ. Pro sancta Pietas, pro gubernator poli

880ᵇ THES E: om. A   881 PHAE E: the A   882 THES E: om. A
883 prodet A: -est E   887 coortas E: ob- A   889 (a)etheri(a)e EP:
-ee βT   893 eluet E: elauet A   896 dicet E: -it A
899 patriis D. Heinsius: paruis ω   asperum signis E: aspexum s. δ: asperis
signum β   900 gentis actee A: generis acteae (-i Gronouius) E: 'an gentis
Aegaeae?' Ax.   901ᵇ PHAE E: totus uersus Phaedrae est in A
902 con. cel. E: cel. con. A

et qui secundum fluctibus regnum moues,
unde ista uenit generis infandi lues? 905
hunc Graia tellus aluit an Taurus Scythes
Colchusque Phasis? redit ad auctores genus
stirpemque primam degener sanguis refert.
est prorsus iste gentis armiferae furor,
odisse Veneris foedera et castum diu 910
uulgare populis corpus. o taetrum genus
nullaque uictum lege melioris soli!
ferae quoque ipsae Veneris euitant nefas,
generisque leges inscius seruat pudor.
    Vbi uultus ille et ficta maiestas uiri 915
atque habitus horrens, prisca et antiqua appetens,
morumque senium triste et affectus graues?
o uita fallax, abditos sensus geris
animisque pulcram turpibus faciem induis:
pudor impudentem celat, audacem quies, 920
pietas nefandum; uera fallaces probant
simulantque molles dura. siluarum incola
ille efferatus castus intactus rudis,
mihi te reseruas? a meo primum toro
et scelere tanto placuit ordiri uirum? 925
iam iam superno numini grates ago,
quod icta nostra cecidit Antiope manu,
quod non ad antra Stygia descendens tibi
matrem reliqui. Profugus ignotas procul
percurre gentes: te licet terra ultimo 930
summota mundo dirimat Oceani plagis
orbemque nostris pedibus obuersum colas,
licet in recessu penitus extremo abditus
horrifera celsi regna transieris poli

904 secundum . . . moues *E*: s. in . . . tenes *A*   909 armifere (*cf.*
Med 980) *E*: -gere *A*   912 nullaque uictum *E*: non ulla uinctum *A*
917 affectus graues *E*: aspectu graue *A*   919 turpibus *E*: turbidus *A*
926 *om. A*

hiemesque supra positus et canas niues 935
gelidi frementes liqueris Boreae minas
post te furentes, sceleribus poenas dabis.
profugum per omnis pertinax latebras premam:
longinqua clausa abstrusa diuersa inuia
emetiemur, nullus obstabit locus: 940
scis unde redeam. tela quo mitti haud queunt,
huc uota mittam: genitor aequoreus dedit
ut uota prono terna concipiam deo,
et inuocata munus hoc sanxit Styge.

En perage donum triste, regnator freti! 945
non cernat ultra lucidum Hippolytus diem
adeatque manes iuuenis iratos patri.
fer abominandam nunc opem gnato, parens:
numquam supremum numinis munus tui
consumeremus, magna ni premerent mala; 950
inter profunda Tartara et Ditem horridum
et imminentes regis inferni minas,
uoto peperci: redde nunc pactam fidem.—
genitor, moraris? cur adhuc undae silent?
nunc atra uentis nubila impellentibus 955
subtexe noctem, sidera et caelum eripe,
effunde pontum, uulgus aequoreum cie
fluctusque ab ipso tumidus Oceano uoca.

CHORVS

O magna parens, Natura, deum
tuque igniferi rector Olympi, 960

939 longinqua *A*: -am *E*   941*ᵃ* *et* 942*ᵃ* *inuerso ordine A*
943 terna *E*: tetra δ: trina *C*: trina tena η   944 sanxit *E*: -i *A*
945 perage *E*: perge *A*   947 iratos patri *E*: -o -e *A*   958 ipso *A*:
-os *E*: imo *Wakefield* (*ad Lucr.* 2. 919)   tumidus *A*: -os *E*   959–88 *dimetri*
praeter 969*ᵇ* (c. l., *uide infra*), 977, 988*ᵇ* (f. d.) *monometros E*: *dimetri praeter*
967, 977, 987*ᵇ* (r. a.) *monometros A*   959–65, 979–83 *bina dimetra singulis*
uersibus includit E distinctis tamen dimetrorum initiis

qui sparsa cito sidera mundo
cursusque uagos rapis astrorum
celerique polos cardine uersas,
cur tanta tibi cura perennes
agitare uices aetheris alti,   965
ut nunc canae frigora brumae
     nudent siluas,
nunc arbustis redeant umbrae,
nunc aestiui colla leonis
Cererem magno feruore coquant   970
uiresque suas temperet annus?
sed cur idem qui tanta regis,
sub quo uasti pondera mundi
librata suos ducunt orbes,
hominum nimium securus abes,   975
non sollicitus prodesse bonis,
     nocuisse malis?
Res humanas ordine nullo
Fortuna regit sparsitque manu
munera caeca peiora fouens: 980
uincit sanctos dira libido,
fraus sublimi regnat in aula;
tradere turpi fasces populus
gaudet, eosdem colit atque odit.
tristis uirtus peruersa tulit   985
     praemia recti: •

---

964 tanta tibi *E*: tibi tanta est *A*   965 uices *Busche 254 sq.*: uias ω
alti *E*: acti *A*   966–78 *post* 990 *transp. E* (*corr. prima man. litteris* a d *in
marg. adpictis; litt.* b c *scholiis postea in marg. adscriptis cesserunt*)   966 ut *A*:
et *E*   969[b], 970 *sic disponit E* c. l. C. | m. f. c.   975 securus
abes *E*: ades s. *A*   979 sparsitque *E*: -git- *A*   manu *A*: -um *E*
983 fasces *A*: -e *E*

castos sequitur mala paupertas
uitioque potens regnat adulter—
o uane pudor falsumque decus!

Sed quid citato nuntius portat gradu
rigatque maestis lugubrem uultum genis?   990

NVNTIVS

O sors acerba et dura, famulatus grauis,
cur me ad nefandi nuntium casus uocas?
TH. Ne metue cladis fortiter fari asperas:
non imparatum pectus aerumnis gero.
NVN. Vocem dolori lingua luctificam negat.   995
TH. Proloquere, quae sors aggrauet quassam domum.
NVN. Hippolytus, heu me, flebili leto occubat.
TH. Gnatum parens obisse iam pridem scio:
nunc raptor obiit. mortis effare ordinem.
NVN. Vt profugus urbem liquit infesto gradu   1000
celerem citatis passibus cursum explicans,
celso sonipedes ocius subigit iugo
et ora frenis domita substrictis ligat.
tum multa secum effatus et patrium solum
abominatus saepe genitorem ciet   1005
acerque habenis lora permissis quatit:
cum subito uastum tonuit ex alto mare
creuitque in astra. nullus inspirat salo

988 uane *A*: -i *E*   990 rigatque maestis . . . genis *E*: restatque
mestus . . . gerens *A*   *ante* 991 NVNTIVS. THESEVS ω
991 grauis *A*: -es *E*   992 nefandi . . . uocas *A*: -um . . . -at *E*
994 gero *A*: fero *E*   995 luctificam *Gronouius* (*falso Etrusco assignatum*):
-a ω; *cf. Phoen 132*   996 sors β: fors *E*δ   quassam *A*: luctificam *E*
997 loeto occubat *E*: uoto acc- *A*   999 nunc *EP*: non βT
1000 infesto ω: -fau- *Castiglioni* (*apud Viansino*)   1002 celso *Heinsius 70*:
-os ω   1007 tonuit ω: tumuit τ   1008 salo *A*: solo *E*

200

uentus, quieti nulla pars caeli strepit
placidumque pelagus propria tempestas agit.   1010
non tantus Auster Sicula disturbat freta
nec tam furens Ionius exsurgit sinus
regnante Coro, saxa cum fluctu tremunt
et cana summum spuma Leucaten ferit.
consurgit ingens pontus in uastum aggerem,   1015
[tumidumque monstro pelagus in terras ruit]
nec ista ratibus tanta construitur lues:
terris minatur; fluctus haud cursu leui
prouoluitur; nescioquid onerato sinu
grauis unda portat. quae nouum tellus caput   1020
ostendet astris? Cyclas exoritur noua?
latuere rupes numine Epidauri dei
et scelere petrae nobiles Scironides
et quae duobus terra comprimitur fretis.
Haec dum stupentes sequimur, en totum mare   1025
immugit, omnes undique scopuli adstrepunt;
summum cacumen rorat expulso sale,
spumat uomitque uicibus alternis aquas
qualis per alta uehitur Oceani freta
fluctum refundens ore physeter capax.   1030
inhorruit concussus undarum globus
soluitque sese et litori inuexit malum
maius timore, pontus in terras ruit
suumque monstrum sequitur—os quassat tremor.
  Quis habitus ille corporis uasti fuit!   1035
caerulea taurus colla sublimis gerens

1012 furens Ionius ex. sinus *Bothe* (furenti Ionius ex. sinu *iam Jac. Gronouius*):
furenti pontus ex. sinu ω   1013 tremunt ω: fr- *recc.*   1016 *del.*
Leo i 207   tumidumque . . . terras *E*: -um . . . -am *A*   1021 ostendet
recc.: -it ω   1022 rupes *E*: nube *A*   numine *Leo i 201*: -men ω
1025 sequimur *Ax.*: querimur *A*: quaerimus *E*: *an* tuimur?   1027 rorat
A: rotat *E*   1030 fluctum *E*: -us *A*   physaeter *E*: physent *P(Tᵃᶜ?)*:
philēt *β*   1032 et *E*: *om. A*   1033 maius *A*: maius malum *E*
1034 os *recc.*: hos *A*: ossa *E*   1035 the *praef. A, om. E*   1036 cerulea
E: Nun. herculea *A*

erexit altam fronte uiridanti iubam;
stant hispidae aures, orbibus uarius color,
et quem feri dominator habuisset gregis
et quem sub undis natus: hinc flammam uomunt   1040
oculi, hinc relucent caerula insignes nota;
opima ceruix arduos tollit toros
naresque hiulcis haustibus patulae fremunt;
musco tenaci pectus ac palear uiret,
longum rubenti spargitur fuco latus;   1045
tum pone tergus ultima in monstrum coit
facies et ingens belua immensam trahit
squamosa partem. talis extremo mari
pistrix citatas sorbet aut frangit rates.

Tremuere terrae, fugit attonitum pecus   1050
passim per agros, nec suos pastor sequi
meminit iuuencos; omnis e saltu fera
diffugit, omnis frigido exsanguis metu
uenator horret. solus immunis metu
Hippolytus artis continet frenis equos   1055
pauidosque notae uocis hortatu ciet.
Est alta ad Argos collibus ruptis uia,
uicina tangens spatia suppositi maris;
hic se illa moles acuit atque iras parat.
ut cepit animos seque praetemptans satis   1060
prolusit irae, praepeti cursu euolat,
summam citato uix gradu tangens humum,
et torua currus ante trepidantis stetit.
contra feroci gnatus insurgens minax
uultu nec ora mutat et magnum intonat: 1065

1038 orbibus *E*: cornibus *A*   1040 uomunt *E*: -it *A*
1041 relucent *E*: lucent *A*   insignes *Gronouius*: -is ω   1044 *om. E*
1045 rubenti *A*: -e *E*   fuco *E*: s- *A*   1047 immensam *EP*: -a β*T*
(-er- *T*)   1048 squamosa *E*: -am *A*   1049 frangit *E*: reddit *A*
1053 diffugit *E*: discessit *A*   omnis *E*: *om. A*   1054 solus *AE*² (*ex* -is *in ras. E*², *ut uid.*): -is *Σ*   metu *E*: -us *A*   1057 argos *A*: agros *E*
1058 uicina *A*: -i *E*   1063 et torua *E*: toruusque *A*

'haud frangit animum uanus hic terror meum:
nam mihi paternus uincere est tauros labor.'
　Inobsequentes protinus frenis equi
rapuere cursum iamque derrantes uia,
quacumque rabidos pauidus euexit furor,　　　　　1070
hac ire pergunt seque per scopulos agunt.
at ille, qualis turbido rector mari
ratem retentat, ne det obliquum latus,
et arte fluctum fallit, haud aliter citos
currus gubernat: ora nunc pressis trahit　　　　　1075
constricta frenis, terga nunc torto frequens
uerbere coercet. sequitur adsiduus comes,
nunc aequa carpens spatia, nunc contra obuius
oberrat, omni parte terrorem mouens.
non licuit ultra fugere: nam toto obuius　　　　　1080
incurrit ore corniger ponti horridus.
tum uero pauida sonipedes mente exciti
imperia soluunt seque luctantur iugo
eripere rectique in pedes iactant onus.
　Praeceps in ora fusus implicuit cadens　　　　　1085
laqueo tenaci corpus et quanto magis
pugnat, sequaces hoc magis nodos ligat.
sensere pecudes facinus—et curru leui,
dominante nullo, qua timor iussit ruunt.
talis per auras non suum agnoscens onus　　　　　1090
Solique falso creditum indignans diem
Phaethonta currus deuium excussit polo.
Late cruentat arua et inlisum caput
scopulis resultat; auferunt dumi comas,
et ora durus pulcra populatur lapis　　　　　　　1095
peritque multo uulnere infelix decor.

1069 cursum *recc.*: currum ω　　　　1070 rabidos pauidus *E*: pauidos
rapidus *A*　　　　1079, 1080 *om. A*　　　　1080 toto *E*: toruo *Auantius*
1081 *om. in textu, add. in marg. E*　　　　1085 fusus *E*: gnatus *A*
1092 deuium *Ax.*: -o ω

moribunda celeres membra peruoluunt rotae;
tandemque raptum truncus ambusta sude
medium per inguen stipite ingesto tenet;
[paulumque domino currus affixo stetit]   1100
haesere biiuges uulnere—et pariter moram
dominumque rumpunt. inde semianimem secant
uirgulta, acutis asperi uepres rubis
omnisque ruscus corporis partem tulit.

Errant per agros funebris famuli manus,   1105
per illa qua distractus Hippolytus loca
longum cruenta tramitem signat nota,
maestaeque domini membra uestigant canes.
necdum dolentum sedulus potuit labor
explere corpus—hocine est formae decus?   1110
qui modo paterni clarus imperii comes
et certus heres siderum fulsit modo,
passim ad supremos ille colligitur rogos
et funeri confertur. TH. O nimium potens
quanto parentes sanguinis uinclo tenes   1115
natura! quam te colimus inuiti quoque!
occidere uolui noxium, amissum fleo.
NVN. Haud flere honeste quisque quod uoluit potest.
TH. Equidem malorum maximum hunc cumulum reor,
si abominanda casus optanda efficit.   1120
NVN. Et si odia seruas, cur madent fletu genae?
TH. Quod interemi, non quod amisi, fleo.

1098 ambusta ω: 'an abrupta?' Ax.   1099 ingesto Heinsius 72 (coll.
HO 1449): eiecto A: iecto E; uide ad 1256   1100 del. Ax.
1102 semianimē A: -en E   1103 acutis E: -i A   1104 ruscus Bentley:
truncus ω   1105 errant E: -at A   funebris A: -es E   1106 qua
recc.: quae ω   1113, 1114 passim . . . confertur | THE . . . potens E
1115 quanto E: natura A   1118 haud flere honeste quisque (-quam β)
A: h a · odere non est quisque E: h. quisquam hon. fl. Ascensius   potest A:
-ens E   1120 optanda E: -ata A

Chorvs

Quanti casus, heu, magna rotant!   *wheel idea cf. 1097*
minor in paruis Fortuna furit
leuiusque ferit leuiora deus;   *old idea cf. Vergil Ov. Met. 8*   1125
seruat placidos obscura quies
praebetque senes casa securos.

Admota aetheriis culmina sedibus
Euros excipiunt, excipiunt Notos,
    insani Boreae minas   1130
      imbriferumque Corum.

Raros patitur fulminis ictus
    umida uallis:
tremuit telo Iouis altisoni
Caucasus ingens Phrygiumque nemus   1135
matris Cybeles: metuens caelo
Iuppiter alto uicina petit;
non capit umquam magnos motus
humilis tecti plebeia domus.
    [circa regna tonat]   1140

Volat ambiguis mobilis alis
hora, nec ulli praestat uelox
    Fortuna fidem:
hic qui clari sidera mundi
nitidumque diem * * * morte relicta   1145
luget maestos tristis reditus
ipsoque magis flebile Auerno
sedis patriae uidet hospitium.

1123-7 *dimetri* ω   1123 heu magna *Ax.*: humana ω
1128 aetheriis *E*: -eis *A*   1129 euros excipiunt excipiunt n. *E*: duros
excipiunt n. *A*   1132-48 *dimetri praeter* 1133, 1148ᵇ (u. h.) *monometros E*:
dimetri praeter 1133, 1143 *monometros A*   1140 *del. Fabricius*
1144 hic qui clari *E*: qui clara uidet *A*   *post* 1145ᵃ *lacunam indicauit*
Zw., quam post 1144ᵃ (hic q. c.) *statuendam et e.g. uerbis* laetus uidit *explendam*
esse censuerat Leo   1145 morte (*cf. 1220*) ω: nocte *recc.*

Pallas Actaeae ueneranda genti,
quod tuus caelum superosque Theseus   1150
spectat et fugit Stygias paludes,
casta nil debes patruo rapaci:
constat inferno numerus tyranno.

Quae uox ab altis flebilis tectis sonat
strictoque uecors Phaedra quid ferro parat?   1155

THESEVS

Quis te dolore percitam instigat furor?
quid ensis iste quidue uociferatio
planctusque supra corpus inuisum uolunt?

PHAEDRA

Me me, profundi saeue dominator freti,
inuade et in me monstra caerulei maris   1160
emitte, quidquid intimo Tethys sinu
extrema gestat, quidquid Oceanus uagis
complexus undis ultimo fluctu tegit.
O dure Theseu semper, o numquam tuis
tuto reuerse: gnatus et genitor nece   1165
reditus tuos luere; peruertis domum
amore semper coniugum aut odio nocens.
Hippolyte, tales intuor uultus tuos
talesque feci? membra quis saeuus Sinis
aut quis Procrustes sparsit aut quis Cresius,   1170
Daedalea uasto claustra mugitu replens,
taurus biformis ore cornigero ferox
diuulsit? heu me, quo tuus fugit decor

ante 1156 THESEVS PHAEDRA ET IDEM *E*: Theseus. phedra. chorus *A*
1164 tuis *A*: ad tuos *E*   1169 quis (*cf. Tro 1104*) *A*: qui *E*   Sinis
Gronouius (Sci- '*scilicet tyrannus a Theseo interfectus*' *Ascensius*): ci- ω

oculique nostrum sidus? exanimis iaces?
ades parumper uerbaque exaudi mea.   1175
nil turpe loquimur: hac manu poenas tibi
soluam et nefando pectori ferrum inseram,
animaque Phaedram pariter ac scelere exuam.
[et te per undas perque Tartareos lacus,
per Styga, per amnes igneos amens sequar]   1180
placemus umbras: capitis exuuias cape
laceraeque frontis accipe abscisam comam.
non licuit animos iungere, at certe licet
iunxisse fata. morere, si casta es, uiro;
si incesta, amori. coniugis thalamos petam   1185
tanto impiatos facinore? hoc derat nefas,
ut uindicato sancta fruereris toro.
o mors amoris una sedamen mali,
o mors pudoris maximum laesi decus,
confugimus ad te: pande placatos sinus.   1190
    Audite, Athenae, tuque, funesta pater
peior nouerca: falsa memoraui et nefas,
quod ipsa demens pectore insano hauseram,
mentita finxi. uana punisti pater,
iuuenisque castus crimine incesto iacet,   1195
pudicus, insons—recipe iam mores tuos.
mucrone pectus impium iusto patet
cruorque sancto soluit inferias uiro.
Th. Quid facere rapto debeas gnato parens,
disce a nouerca: condere Acherontis plagis.   1200

Pallidi fauces Auerni uosque, Taenarii specus,
unda miseris grata Lethes uosque, torpentes lacus,
impium rapite atque mersum premite perpetuis malis.

1176 hac A: hoc E   1178 Phaedram E: memet A   1179, 1180 del. Ax.
1184 casta es A: castes E   1186 impiatos A: impletos E
1188^b, 1189^a (una . . . pudoris) om. A   1194 uana E: falsa A
1195 incesto E: incerto A   1199 THE E: om. A   1200 a (cf. HO
991) E: ex A   1201 The praef. A, om. E   tenarii recc.: -ei A: tenerai E

nunc adeste, saeua ponti monstra, nunc uasti maris,
ultimo quodcumque Proteus aequorum abscondit sinu,
meque ouantem scelere tanto rapite in altos gurgites.   1206
Tuque semper, genitor, irae facilis assensor meae:
morte facili dignus haud sum qui noua natum nece
segregem sparsi per agros quique, dum falsum nefas
exsequor uindex seuerus, incidi in uerum scelus.   1210
sidera et manes et undas scelere compleui meo:
amplius sors nulla restat; regna me norunt tria.

In hoc redimus? patuit ad caelum uia,
bina ut uiderem funera et geminam necem,
caelebs et orbus funebres una face   1215
ut concremarem prolis ac thalami rogos?
donator atrae lucis, Alcide, tuum
Diti remitte munus; ereptos mihi
restitue manes.—impius frustra inuoco
mortem relictam: crudus et leti artifex,   1220
exitia machinatus insolita effera,
nunc tibimet ipse iusta supplicia irroga.
pinus coacto uertice attingens humum
caelo remissum findat in geminas trabes,
mittarue praeceps saxa per Scironia?   1225
grauiora uidi, quae pati clausos iubet
Phlegethon nocentes igneo cingens uado.
quae poena memet maneat et sedes, scio:
umbrae nocentes, cedite et ceruicibus
his, his repositum degrauet fessas manus   1230

1204 uasti maris *Ax.*: -um -e ω: -um pecus *Richter 1894, 36*   1205 sinu
A: -um *E*   *post* 1207 *tale quid intercidisse coniecerim* ⟨nunc quoque adsis
atque nato dira supplicia ingere⟩   1208 facili dignus haud sum *E*:
dignum facinus ausus sum *A*   1210 seuerus . . . scelus *E*: scelestus . . .
nefas *A*   1211 scelere *A*: -i *E*   1213 redimus *E*: tremidus *A*
ad (*cf. Hf 276*) *E*: in *A*   1215 face *AE^{pc}*: uoce *E^{ac}* (*ut uid.*)
1221 effera *E*: -ar *A*   1222 irroga *E*: -o *A*   1225 mittarue *E*: -que *A*
1228 memet maneat *E*: maneat memet maneat *A*   1229 cedite et *E*:
c. en *Ax.*: cedat e *A*   1230 his his *E*: his *A*

saxum, seni perennis Aeolio labor;
me ludat amnis ora uicina alluens;
uultur relicto transuolet Tityo ferus
meumque poenae semper accrescat iecur;
et tu mei requiesce Pirithoi pater: 1235
haec incitatis membra turbinibus ferat
nusquam resistens orbe reuoluto rota.
Dehisce tellus, recipe me dirum chaos,
recipe, haec ad umbras iustior nobis uia est:
gnatum sequor—ne metue qui manes regis: 1240
casti uenimus; recipe me aeterna domo
non exiturum.—non mouent diuos preces;
at, si rogarem scelera, quam proni forent!
CHO. Theseu, querelis tempus aeternum manet:
nunc iusta nato solue et absconde ocius   1245
dispersa foede membra laniatu effero.
TH. Huc, huc, reliquias uehite cari corporis
pondusque et artus temere congestos date.
Hippolytus hic est? crimen agnosco meum:
ego te peremi; neu nocens tantum semel   1250
solusue fierem, facinus ausurus parens
patrem aduocaui. munere en patrio fruor.
o triste fractis orbitas annis malum!
complectere artus, quodque de nato est super,
miserande, maesto pectore incumbens, foue.   1255
    Disiecta, genitor, membra laceri corporis
in ordinem dispone et errantes loco
restitue partes: fortis hic dextrae locus,
hic laeua frenis docta moderandis manus
ponenda: laeui lateris agnosco notas.   1260
quam magna lacrimis pars adhuc nostris abest!

1231 seni . . . aeolio E: -is . . . -ii A 1237 nusquam $E\delta$: num- β
1249 crimen agnosco E: facinus cog- A 1251 fierem A: flerem E
1256 CHORVS *praef. E, om. A*   disiecta E: disgesta β: dig- δ corporis E^{pc}
(*ex* corp̄)   1258 sq. dextrae . . . leua E: humeri . . . dextra A

durate trepidae lugubri officio manus,
fletusque largos sistite, arentes genae,
dum membra nato genitor adnumerat suo
corpusque fingit. hoc quid est forma carens   1265
et turpe, multo uulnere abruptum undique?
quae pars tui sit dubito; sed pars est tui:
hic, hic repone, non suo, at uacuo loco.
haecne illa facies igne sidereo nitens,
†inimica flectens lumina? huc cecidit decor?   1270
o dira fata, numinum o saeuus fauor!
sic ad parentem natus ex uoto redit?
en haec suprema dona genitoris cape,
saepe efferendus; interim haec ignes ferant.

Patefacite acerbam caede funesta domum;   1275
Mopsopia claris tota lamentis sonet.
uos apparate regii flammam rogi;
at uos per agros corporis partes uagas
inquirite.—istam terra defossam premat,
grauisque tellus impio capiti incubet.   1280

1265 quid *E*: quidem *A*   1266 multo u. abruptum *E*: et multo u.
ambesum *A*   1270 inimica flectens lumina *corruptum esse uidit Ax.*: an
immite fl. l.? cf. uar. lect. Sil. 5.207,8.378   huc *E*: hic *A*
1271 fauor *E*: furor *A*   1273 en *A*: een *E*   dona *E*: uota *A*
1275 acerbam c. funesta *E*: -a c. -am *A*   1279 inquirite *E*: an- *A*
MARCI. LVCII. ANNEI. SENECAE. | PHAEDRA. EXPLICIT. | FELI-
CITER INCIPIT OEDYPPVS. *E*: Lucij annei senece hypolitus explicit
feliciter. Incipit edip(p)us eiusdem *A*

OEDIPVS

PERSONAE

OEDIPVS
IOCASTA
CREO
TIRESIA
MANTO
SENEX CORINTHIVS
PHORBAS
NVNTIVS
CHORVS

Scaena Thebis

OEDIPVS

Iam nocte Titan dubius expulsa redit
et nube maestum squalida exoritur iubar,
lumenque flamma triste luctifica gerens
prospiciet auida peste solatas domos,
stragemque quam nox fecit ostendet dies.   5
  Quisquamne regno gaudet? o fallax bonum,
quantum malorum fronte quam blanda tegis!
ut alta uentos semper excipiunt iuga
rupemque saxis uasta dirimentem freta
quamuis quieti uerberat fluctus maris,   10
imperia sic excelsa Fortunae obiacent.
Quam bene parentis sceptra Polybi fugeram!
curis solutus exul, intrepidus uagans
(caelum deosque testor) in regnum incidi;
infanda timeo: ne mea genitor manu   15
perimatur; hoc me Delphicae laurus monent,
aliudque nobis maius indicunt scelus.
est maius aliquod patre mactato nefas?
pro misera pietas (eloqui fatum pudet),
thalamos parentis Phoebus et diros toros   20
gnato minatur impia incestos face.
hic me paternis expulit regnis timor,
hoc ego penates profugus excessi meos:
parum ipse fidens mihimet in tuto tua,
natura, posui iura. cum magna horreas,   25

quod posse fieri non putes metuas tamen:
cuncta expauesco meque non credo mihi.
  Iam iam aliquid in nos fata moliri parant.
nam quid rear quod ista Cadmeae lues
infesta genti strage tam late edita   30
mihi parcit uni? cui reseruamur malo?
inter ruinas urbis et semper nouis
deflenda lacrimis funera ac populi struem
incolumis asto—scilicet Phoebi reus.
sperare poteras sceleribus tantis dari   35
regnum salubre? fecimus caelum nocens.
  Non aura gelido lenis afflatu fouet
anhela flammis corda, non Zephyri leues
spirant, sed ignes auget aestiferi canis
Titan, leonis terga Nemeaei premens.   40
deseruit amnes umor atque herbas color
aretque Dirce, tenuis Ismenos fluit
et tinguit inopi nuda uix unda uada.
obscura caelo labitur Phoebi soror,
tristisque mundus nubilo pallet nouo.   45
nullum serenis noctibus sidus micat,
sed grauis et ater incubat terris uapor:
obtexit arces caelitum ac summas domos
inferna facies. denegat fructum Ceres
adulta, et altis flaua cum spicis tremat,   50
arente culmo sterilis emoritur seges.
Nec ulla pars immunis exitio uacat,
sed omnis aetas pariter et sexus ruit,
iuuenesque senibus iungit et gnatis patres
funesta pestis, una fax thalamos cremat,   55
fletuque acerbo funera et questu carent.

---

29 quod *A*: quid *E²ᵖᶜ*   34 asto *E*: ergo *A*   37 non *A*: nec *E*
39 ignes auget (-ent *Pη*) *A*: -e friget *E*   40 titan *A*: si- *E*
43 inopi *E*: ipsa *A*   45 nouo *A*: die *E*   49 fructum *E²ᵖᶜ* (*ex* l)
50 tremat *Gronouius*: cr- ω   55 cremat *E*: creat *A*

214

quin ipsa tanti peruicax clades mali
siccauit oculos, quodque in extremis solet,
periere lacrimae. portat hunc aeger parens
supremum ad ignem, mater hunc amens gerit   60
properatque ut alium repetat in eundem rogum.
quin luctu in ipso luctus exoritur nouus,
suaeque circa funus exequiae cadunt.
tum propria flammis corpora alienis cremant;
diripitur ignis: nullus est miseris pudor.   65
non ossa tumuli lecta discreti tegunt:
arsisse satis est—pars quota in cineres abit?
dest terra tumulis, iam rogos siluae negant.
non uota, non ars ulla correptos leuat:
cadunt medentes, morbus auxilium trahit.   70
    Adfusus aris supplices tendo manus
matura poscens fata, praecurram ut prior
patriam ruentem neue post omnis cadam
fiamque regni funus extremum mei.
o saeua nimium numina, o fatum graue!   75
negatur uni nempe in hoc populo mihi
mors tam parata? sperne letali manu
contacta regna, linque lacrimas, funera,
tabifica caeli uitia quae tecum inuehis
infaustus hospes, profuge iamdudum ocius—   80
uel ad parentes.

IOCASTA

                  Quid iuuat, coniunx, mala
grauare questu? regium hoc ipsum reor:

---

57 ipsa *E*: ista *A*   59 periere *E*: -ire *A*   61 repetat *E*: regerat *A*
66 lecta *Bentley*: sancta ω   69 *om. A*   leuat *Bentley* (*coll. 90*): -ant *E*
72 praecurram *A*: pro- *E*   77 tam *A*: iam *E*   loetali *E^{pc}* (*ex* u)
79 *t*abifica *rubricator E* (*ex* ti)

aduersa capere, quoque sit dubius magis
status et cadentis imperi moles labet,
hoc stare certo pressius fortem gradu: 85
haud est uirile terga Fortunae dare.
OE. Abest pauoris crimen ac probrum procul,
uirtusque nostra nescit ignauos metus:
si tela contra stricta, si uis horrida
Mauortis in me rueret—aduersus feros   90
audax Gigantas obuias ferrem manus.
nec Sphinga caecis uerba nectentem modis
fugi: cruentos uatis infandae tuli
rictus et albens ossibus sparsis solum;
cumque e superna rupe iam praedae imminens   95
aptaret alas uerbera et caudae mouens
saeui leonis more conciperet minas,
carmen poposci: sonuit horrendum insuper,
crepuere malae, saxaque impatiens morae
reuulsit unguis uiscera expectans mea;   100
nodosa sortis uerba et implexos dolos
ac triste carmen alitis solui ferae.
  Quid sera mortis uota nunc demens facis?
licuit perire. laudis hoc pretium tibi
sceptrum et peremptae Sphingis haec merces datur.   105
ille, ille dirus callidi monstri cinis
in nos rebellat, illa nunc Thebas lues
perempta perdit. Vna iam superest salus,
si quam salutis Phoebus ostendat uiam.

83 sit *E*: *om. A*   85 gradu *A*: -um *E*   91 gigantas *E*: -es *A*
93 uatis *E*: pestis *A*   95 superna *E*: -ba *A*   96 alas . . . caudae *E*:
-es . . . -a *A*   97 conciperet *E*: -cuteret *A*   100 unguis ω: -i
Heinsius 168   101 sortis *E*: f- *A*   uerba et *A*: uerba tortis et *E*
102 triste *E*: stricte *A*   solui *A*: -it *E*   103 Ioc. *praef. A, om. E*
106 Ed. *praef. A, om. E*   callidi *A*: calidi *E*   107 lues *E^{pc} (ex* t)
109 ostendat *A*: -it *E*

Chorvs

Occidis, Cadmi generosa proles,   110
urbe cum tota; uiduas colonis
respicis terras, miseranda Thebe.
carpitur leto tuus ille, Bacche,
miles, extremos comes usque ad Indos,
ausus Eois equitare campis   115
figere et mundo tua signa primo:
cinnami siluis Arabas beatos
uidit et uersas equitis sagittas,
terga fallacis metuenda Parthi;
litus intrauit pelagi rubentis: 120
promit hinc ortus aperitque lucem
Phoebus et flamma propiore nudos
    inficit Indos.
Stirpis inuictae genus interimus,
labimur saeuo rapiente fato;   125
ducitur semper noua pompa Morti:
longus ad manes properatur ordo
agminis maesti, seriesque tristis
haeret et turbae tumulos petenti
non satis septem patuere portae.   130
stat grauis strages premiturque iuncto
    funere funus.
Prima uis tardas tetigit bidentes:
laniger pingues male carpsit herbas;

110–36 *extant in Th.*; *uide Proleg. pp. 15 sqq.*

---

ante 110 CHORVS THEBANORVM ω   112 thebe *Th.A*: phoebe *E*
113 bache ε: -es *A*   117 cinnami siluis arabas (-ēs *E*) beatos ε: -is -as
arabum -as *A*   118 uersas equitis (-es *E*) sagittas ω: -is -um (-is *Cunningham 86*) -is *D. Heinsius*   119 fal(l)acis ε: conuersi *A*   121 hinc ε:
hic *A*   123 inficit indos ε: i. i. igne uicino *A*   124 interimus *A*:
-os ε   134 carpsit *EA*: -pit *Th.*

colla tacturus steterat sacerdos: 135
dum manus certum parat alta uulnus,
aureo taurus rutilante cornu
labitur segnis; patuit sub ictu
ponderis uasti resoluta ceruix:
nec cruor, ferrum maculauit atra   140
turpis e plaga sanies profusa.
segnior cursu sonipes in ipso
concidit gyro dominumque prono
          prodidit armo.

Incubant agris pecudes relictae;   145
taurus armento pereunte marcet:
deficit pastor grege deminuto
tabidos inter moriens iuuencos.
non lupos cerui metuunt rapaces,
cessat irati fremitus leonis,   150
nulla uillosis feritas in ursis;
perdidit pestem latebrosa serpens:
aret et sicco moritur ueneno.

Non silua sua decorata coma
fundit opacis montibus umbras,   155
non rura uirent ubere glebae,
non plena suo uitis Iaccho
          bracchia curuat:
omnia nostrum sensere malum.
Rupere Erebi claustra profundi   160
turba sororum face Tartarea
Phlegethonque sua motam ripa
miscuit undis Styga Sidoniis.

---

141 turpis e *A*: turpi se *E*   145 agris *E*: pratis *A*   147 de minuto
E: dim- *A*   148 tabidos *E*: timidos *A*   152 perdidit *E*: -bibit *A*
post 153 *sapphicum unum cum adonio excidisse suspicatus est Peiper 1863, 20*
154-201 *dimetri praeter* 159^b (s. m.) *et* 179^b (u. c.) *monometros E*: *dimetri praeter*
158 *et* 179^b (u. c.) *monometros A*   157 yaco *A*: bacho *E*   158 curuat
E: curat *A*   161 sororum *E*: suorum *A*   162 sua (-am δ) motam
ripa *A*: suam mutat -am *E*

Mors atra auidos oris hiatus
pandit et omnis explicat alas;   165
quique capaci turbida cumba
    flumina seruat   .
durus senio nauita crudo,
uix assiduo bracchia conto
    lassata refert,
fessus turbam uectare nouam.   170
Quin Taenarii uincula ferri
rupisse canem fama et nostris
errare locis, mugisse solum,
uaga per lucos   *   *   *
simulacra uirum maiora uiris,   175
bis Cadmeum niue discussa
    tremuisse nemus,   .
bis turbatam sanguine Dircen,
nocte silenti   *   *   *
Amphionios ululasse canes.

O dira noui facies leti   180
    grauior leto:
piger ignauos alligat artus
languor, et aegro rubor in uultu,
maculaeque cutem sparsere leues.
tum uapor ipsam corporis arcem   185
    flammeus urit   .
multoque genas sanguine tendit,   186
oculique rigent, resonant aures   187ᵃ, 188ᵇ
stillatque niger naris aduncae   189
cruor et uenas rumpit hiantes;   190

---

164 atra *Heinsius 169 (coll. Tib. 1. 3. 5)*: alta ω   167 senio *E*: -or *A*
171 quin *E*: qui *A*   173 errare *E*: -asse *A*   174 *post* lucos *lacunam*
statuit Zw. 1978, 153 tali modo explendam ⟨uolitare (*uel* -asse) sacros⟩, *post* uirum
(175) *monometrum excidisse coniecerat Richter*   177 bis *E*: iam *A*
178 *Leo intercidisse putat fere hoc* ⟨circum (circa *Richter*) muros⟩
184 cutem *M. Müller 1898, 32 sq.*: caput ω   sparsere leues *A*: -se reueles *E*
186 tendit *E*: tinguit *A*   187ᵇ, 188ᵃ *post* 192ᵃ *transpos. Richter* (*om. KQ*)

intima creber uiscera quassat
    gemitus stridens 192^a
et sacer ignis pascitur artus. 187^b, 188^a
Iamque amplexu frigida presso 192^b, 193^a
    saxa fatigant; 193^b
quos liberior domus elato
custode sinit, petitis fontes   195
aliturque sitis latice ingesto.
Prostrata iacet turba per aras
    oratque mori: •
solum hoc faciles tribuere dei.
delubra petunt, haut ut uoto
    numina placent,   200
sed iuuat ipsos satiare deos.

Quisnam ille propero regiam gressu petit?
adestne clarus sanguine ac factis Creo
an aeger animus falsa pro ueris uidet?
adest petitus omnibus uotis Creo.   205

OEDIPVS

Horrore quatior, fata quo uergant timens,
trepidumque gemino pectus affectu labat:
ubi laeta duris mixta in ambiguo iacent,
incertus animus scire cum cupiat timet.
   Germane nostrae coniugis, fessis opem   210
si quam reportas, uoce properata edoce.

192 iamque *E*: tunc *A*   196 ingesto *ET*: -a *βP*   197 per aras
E: cadentum *A*   *ante* 202 OEDIPPVS. CHORVS. CREO *E*, *om. A*
202 OED. *praef. E*, *om. A*   propero *β*: proprio *δ*: prospero *E*
205 CHOR. *praef. E*, *om. A*   *ante* 206 Edipus. Creo *A*: *om. E*
206 OED. *praef. E*: *om. A*   207 affectu *Heinsius 169*: afflictu *E*:
euentu *A*

OEDIPVS

CREO

Responsa dubia sorte perplexa iacent.
OE. Dubiam salutem qui dat adflictis negat.
CR. Ambage flexa Delphico mos est deo
arcana tegere. OE. Fare, sit dubium licet: 215
ambigua soli noscere Oedipodae datur.
CR. Caedem expiari regiam exilio deus
et interemptum Laium ulcisci iubet:
non ante caelo lucidus curret dies
haustusque tutos aetheris puri dabit.   220
OE. Et quis peremptor incluti regis fuit?
quem memoret ede Phoebus, ut poenas luat.
CR. Sit, precor, dixisse tutum uisu et auditu horrida;
torpor insedit per artus, frigidus sanguis coit.
ut sacrata templa Phoebi supplici intraui pede   225
et pias numen precatus rite summisi manus,
gemina Parnasi niualis arx trucem fremitum dedit;
imminens Phoebea laurus tremuit et mouit domum
ac repente sancta fontis lympha Castalii stetit.
incipit Letoa uates spargere horrentes comas   230
et pati commota Phoebum; contigit nondum specum,
emicat uasto fragore maior humano sonus:
'mitia Cadmeis remeabunt sidera Thebis,
si profugus Dircen Ismenida liquerit hospes
regis caede nocens, Phoebo iam notus et infans.   235
nec tibi longa manent sceleratae gaudia caedis:

212 Cr. *A*: Chorus *E*   iacent *E*: latent *A*   214 Cr. *A*: Chorus *E*
flexa *E*: nexa *A*   217 exilio *A*: exitio *E*   218 CREO *minio in marg.*
pictum et detersum in E   220 tutos *E*: totos *A*   puri *E^{pc}* (*ex* puniri)
223 sit *E*: ait *β*: ut *δ*   tutum *E*: tuum *A*   auditu horrida *E*: aspectu -o *A*
227 fremitum *E*: sonitum *A*   228 phoebea *E*: phebeia *A*
229 castalii *A*: caspha- *E*   230 Letoa *Heinsius 169*: loeta *E*: letheia *A*
233 Ed. *praef. PS, om. ETCV* (*sed littera initiali incip. CV*)   thebis *A*: phoebis *E*
234 liquerit *E*: -is *A*   235 infans *A*: instans *E*

221

tecum bella geres, natis quoque bella relinques,
turpis maternos iterum reuolutus in ortus.'
OE. Quod facere monitu caelitum iussus paro,
functi cineribus regis hoc decuit dari,   240
ne sancta quisquam sceptra uiolaret dolo.
regi tuenda maxime regum est salus:
quaerit peremptum nemo quem incolumem timet.
CR. Curam perempti maior excussit timor.
OE. Pium prohibuit ullus officium metus?   245
CR. Prohibent nefandi carminis tristes minae.
OE. Nunc expietur numinum imperio scelus.
    Quisquis deorum regna placatus uides:
tu, tu penes quem iura praecipitis poli,
tuque, o sereni maximum mundi decus,   250
bis sena cursu signa qui uario legis,
qui tarda celeri saecula euoluis rota,
sororque fratri semper occurrens tuo,
noctiuaga Phoebe, quique uentorum potens
aequor per altum caerulos currus agis,   255
et qui carentis luce disponis domos,
adeste: cuius Laius dextra occidit,
hunc non quieta tecta, non fidi lares,
non hospitalis exulem tellus ferat:
thalamis pudendis doleat et prole impia;   260
hic et parentem dextera perimat sua,
faciatque (num quid grauius optari potest?)
quidquid ego fugi. Non erit ueniae locus:
per regna iuro quaeque nunc hospes gero
et quae reliqui perque penetrales deos,   265
per te, pater Neptune, qui fluctu leui

---

237 relinques *A*: -ens *E*   238 ortus *A*: h- *E*   241 sancta *E*: -o *A*
246 prohibent *A*: spinx et *E*   251 legis *M. Müller 1898, 33*: regis ω
253 tuo *E*: suo *A*   257 laius dext. *E*: d. l. *A*   258 hunc *A*: nunc *E*
quieta *E*: -um *A*   263 ego *A*: ergo *E*   264 gero ω: rego *recc.*
266 leui *Ax.*: breui ω

222

utrimque nostro geminus alludis solo;
et ipse nostris uocibus testis ueni,
fatidica uatis ora Cirrhaeae mouens:
ita molle senium ducat et summum diem   270
securus alto reddat in solio parens
solasque Merope nouerit Polybi faces,
ut nulla sontem gratia eripiet mihi.
   Sed quo nefandum facinus admissum loco est,
memorate: aperto Marte an insidiis iacet?   275
Cr. Frondifera sanctae nemora Castaliae petens
calcauit artis obsitum dumis iter,
trigemina qua se spargit in campos uia.
secat una gratum Phocidos Baccho solum,
unde altus arua deserit, caelum petens,   280
clementer acto colle Parnasos biceps;
at una bimaris Sisyphi terras adit
Olenia in arua; tertius trames caua
conualle serpens tangit errantes aquas
gelidumque dirimit amnis Olmii uadum: 285
hic pace fretum subita praedonum manus
aggressa ferro facinus occultum tulit.
   In tempore ipso sorte Phoebea excitus
Tiresia tremulo tardus accelerat genu
comesque Manto luce uiduatum trahens.   290
Oe. Sacrate diuis, proximum Phoebo caput,
responsa solue; fare, quem poenae petant.

---

274 nefandum *E*: -astum *A*   275 memorate ω: -to *recc.* (*F*)
276 petens *E*^{pc} (*ex* a)   277 artis *E*: altis *A*   280 arua *E*: ima *A*
282 at una *E*: ad ima *A*   284 serpens *E*: -pit *A*   285 Olmii *Töchterle*
(*per litteras*): elei *E*: elidis (*uel* ely-) *A*: Eueni *Madvig ii 117*   287 tulit *fere*
i.q. secum abstulit, reportauit; *an* intulit?   288 phoebea *E*: phebeia *A*
289 tiresia *E*: -as *A*   *ante* 291 TIRESIA. ETIDEM. MANTO *E*:
Edipus tyresias mantho *A*   292 petant ω: *an* exp-? *cf. Med. 256*

Tiresia

Quod tarda fatu est lingua, quod quaerit moras
haut te quidem, magnanime, mirari addecet:
uisu carenti magna pars ueri latet.   295
sed quo uocat me patria, quo Phoebus, sequar:
fata eruantur; si foret uiridis mihi
calidusque sanguis, pectore exciperem deum.
    Appellite aris candidum tergo bouem
curuoque numquam colla depressam iugo.   300
Tu lucis inopem, gnata, genitorem regens
manifesta sacri signa fatidici refer.

Manto

Opima sanctas uictima ante aras stetit.
Ti. In uota superos uoce sollemni uoca
arasque dono turis Eoi extrue.   305
Ma. Iam tura sacris caelitum ingessi focis.
Ti. Quid flamma? largas iamne comprendit dapes?
Ma. Subito refulsit lumine et subito occidit.
Ti. Vtrumne clarus ignis et nitidus stetit
rectusque purum uerticem caelo tulit   310
et summam in auras fusus explicuit comam?
an latera circa serpit incertus uiae
et fluctuante turbidus fumo labat?
Ma. Non una facies mobilis flammae fuit:
imbrifera qualis implicat uarios sibi   315
Iris colores, parte quae magna poli

---

293 tarda fatu est *E*: tardo fatum *A*   294 te quidem *A*: equidem *E*
295 latet *ω*: patet *Ax*.   298 exciperem *E*: excuterem *A*   300 depressam *Bentley* ('*fortasse* nulloque uaccam colla depressam iugo') *coll. 341*: -um
ω; *Ax. dubitat an post* 299 *talis uersus exciderit* ⟨et huic iuuencam pectoris niuei
addite⟩   308 lumine *E*: lumen *A*

224

curuata picto nuntiat nimbos sinu
(quis desit illi quiue sit dubites color),
caerulea fuluis mixta oberrauit notis,
sanguinea rursus; ultima in tenebras abit.   320
sed ecce pugnax ignis in partes duas
discedit et se scindit unius sacri
discors fauilla—genitor, horresco intuens:
libata Bacchi dona permutat cruor
ambitque densus regium fumus caput   325
ipsosque circa spissior uultus sedet
et nube densa sordidam lucem abdidit.
quid sit, parens, effare. Ti. Quid fari queam
inter tumultus mentis attonitae uagus?
quidnam loquar? sunt dira, sed in alto mala;   330
solet ira certis numinum ostendi notis:
quid istud est quod esse prolatum uolunt
iterumque nolunt et truces iras tegunt?
pudet deos nescioquid. Huc propere admoue
et sparge salsa colla taurorum mola.   335
placidone uultu sacra et admotas manus
patiuntur? Ma. Altum taurus attollens caput
primos ad ortus positus expauit diem
trepidusque uultum obliquat et radios fugit.
Ti. Vnone terram uulnere afflicti petunt?   340
Ma. Iuuenca ferro semet opposito induit
et uulnere uno cecidit, at taurus duos
perpessus ictus huc et huc dubius ruit
animamque fessus uix reluctantem exprimit.
Ti. Vtrum citatus uulnere angusto micat   345
an lentus altas irrigat plagas cruor?
Ma. Huius per ipsam qua patet pectus uiam
effusus amnis, huius exiguo graues

318 quiue E: quisue A   320 ultima E: -um A   329 uagus E: -os A
333 iras E: aras A   339 obliquat A: solis E   341 opposito A: imp- E
347 huius E: uiuus A

maculantur ictus imbre; sed uersus retro
per ora multus sanguis atque oculos redit.   350
Ti. Infausta magnos sacra terrores cient.
sed ede certas uiscerum nobis notas.
Ma. Genitor, quid hoc est? non leui motu, ut solent,
agitata trepidant exta, sed totas manus
quatiunt nouusque prosilit uenis cruor.   355
cor marcet aegrum penitus ac mersum latet
liuentque uenae; magna pars fibris abest
et felle nigro tabidum spumat iecur,
ac (semper omen unico imperio graue)
en capita paribus bina consurgunt toris;   360
sed utrumque caesum tenuis abscondit caput
membrana latebram rebus occultis negans.
hostile ualido robore insurgit latus
septemque uenas tendit; has omnis retro
prohibens reuerti limes oblicus secat.   365
mutatus ordo est, sede nil propria iacet,
sed acta retro cuncta: non animae capax
in parte dextra pulmo sanguineus iacet,
non laeua cordi regio, non molli ambitu
omenta pingues uisceri obtendunt sinus: 370
natura uersa est; nulla lex utero manet.
Scrutemur, unde tantus hic extis rigor.
quod hoc nefas? conceptus innuptae bouis,
nec more solito positus alieno in loco,
implet parentem; membra cum gemitu mouet,   375
rigore tremulo debiles artus micant;
infecit atras liuidus fibras cruor
temptantque turpes mobilem trunci gradum,

352 sed ede certas *A*: sede decertas *E*   355 nouusque *E*: -is- *A*
363 insurgit *EC*: -at δη   366 nil . . . iacet *A*: nichil . . . -ent *E*
369 cordi regio *E*: r. cordis *A*   372 scrutemur *E*: -etur *A*   rigor *E*:
liuor *A*   373 innuptae *E*: infaustae *A*   375 cum *E*: cur *A*
376 rigore tremulo *E*: t. r. *A*   377 atras *E*: artas *A*

et inane surgit corpus ac sacros petit
cornu ministros; uiscera effugiunt manum.   380
neque ista, quae te pepulit, armenti grauis
uox est nec usquam territi resonant greges:
immugit aris ignis et trepidant foci.
OE. Quid ista sacri signa terrifici ferant,
exprome; uoces aure non timida hauriam: 385
solent suprema facere securos mala.
TI. His inuidebis quibus opem quaeris malis.
OE. Memora quod unum scire caelicolae uolunt,
contaminarit rege quis caeso manus.
TI. Nec alta caeli quae leui pinna secant   390
nec fibra uiuis rapta pectoribus potest
ciere nomen; alia temptanda est uia:
ipse euocandus noctis aeternae plagis,
emissus Erebo ut caedis auctorem indicet.
reseranda tellus, Ditis implacabile   395
numen precandum, populus infernae Stygis
huc extrahendus: ede cui mandes sacrum;
nam te, penes quem summa regnorum, nefas
inuisere umbras. OE. Te, Creo, hic poscit labor,
ad quem secundum regna respiciunt mea.   400
TI. Dum nos profundae claustra laxamus Stygis,
populare Bacchi laudibus carmen sonet.

395-432 *extant in* R, 403, 404, 429-31, 445-8, 466-71, 503-8 *in* Th. (*uide Proleg. pp. 15 sqq.*)

379 ac *A*: at *E*   380 manum (*cf. Ag 509*) *ET*: -u *βP*   381 ista *E*: ipsa *A*   382 resonant *E*: fugiunt *A*   383 aris ignis *E*: are segnis *A* trepidant *ω*: crepitant *Scriuerius*   386 suprema *Auantius*: extrema *ω* uersum del. *Peiper*   390 secant *E*: -at *A*   391 rapta *E*: parta *A* 398 regnorum *E*: r. est *A*   399 te . . . labor *om.* R   402 populare *RA*: pupo- *E*

Chorvs

Effusam redimite comam nutante corymbo,
mollia Nysaeis armatus bracchia thyrsis,
    lucidum caeli decus, huc ades   405
    uotis, quae tibi nobiles
    Thebae, Bacche, tuae
    palmis supplicibus ferunt.   •
huc aduerte fauens uirgineum caput,
uultu sidereo discute nubila
et tristes Erebi minas   410
auidumque fatum.
Te decet cingi comam floribus uernis,
te caput Tyria cohibere mitra
    hederaue mollem
    bacifera religare frontem,   415
spargere effusos sine lege crines,
rursus adducto reuocare nodo,
qualis iratam metuens nouercam
creueras falsos imitatus artus,
crine flauenti simulata uirgo,   420
lutea uestem retinente zona:
inde tam molles placuere cultus
et sinus laxi fluidumque syrma.
Vidit aurato residere curru
ueste cum longa regere et leones   425
omnis Eoae plaga uasta terrae,

---

403 nutante *RE*: na- *Th.*: mu- *A*   404 armatus *Rε*: -i *A*
405 sq. *discripsi cum Leone i 120 sq.*: luc. . . . uotis | q. t. n. *ω*
406 sq. *duobus uersibus RE* (q. t. n. thebae | thebae b. t. *R*): *uno uersu A*
414, 415 *duobus uersibus RE*: *uno uersu A*   414 mollem *EA*: molle *uel* -i *R*
415 bacifera *RE*: bach- *A*   417 reuocare *RA*: renouare *E*
422 inde *RE*: unde *A*   tam *EA*: iam (*ut uid.*) *R*   423 fluidumque *A*:
fluuid- *RE*   425 ueste *ω*: uite *Schrader*   regere et *Ax.*: regeres *ω*
426 uasta *E^{pc}* (*ex* e)

qui bibit Gangen niueumque quisquis
    frangit Araxen.

Te senior turpi sequitur Silenus asello,
turgida pampineis redimitus tempora sertis;   430
condita lasciui deducunt orgia mystae.
    Te Bassaridum comitata cohors
    nunc Edono pede pulsauit
        sola Pangaeo,
    nunc Threicio uertice Pindi;   435
    nunc Cadmeas inter matres
        impia maenas   •
    comes Ogygio uenit Iaccho,
    nebride sacra praecincta latus.
    Tibi commotae pectora matres
        fudere comam   440
    thyrsumque leuem uibrante manu

     *   *   *   *   *

iam post laceros Pentheos artus
thyades oestro membra remissae
uelut ignotum uidere nefas.

Ponti regna tenet nitidi matertera Bacchi   445
Nereidumque choris Cadmeia cingitur Ino;
ius habet in fluctus magni puer aduena ponti,
cognatus Bacchi, numen non uile Palaemon.
    Te Tyrrhena, puer, rapuit manus,
    et tumidum Nereus posuit mare,   450
    cacrula cum pratis mutat freta:
    hinc uerno platanus folio uiret

430-71 *om. A* (*unius uersus spat. rel.* P, *sine spat.* βT)   432-44 *dimetri
claudente monometro* E   432 cohors E: coros (*ut uid.*) R   433 Edono
pede pulsauit (eden ope depul- E) *Gronouius*: -i p. p. *Fabricius*   434 pan-
gaeo *Leo*: -i E   435 Pindi ω: -um *Gronouius*   441 *post* manu *lacunam
statuit* Zw. (439-40 *deleuerat Leo, post* 441 *transpos.* M. *Müller 1901, 268*)
442 laceros E^{pc} (*ex* -rtos)   445 ponti . . . tenet E: te ponti . . . tene *Th.*
450 tumidum *recc.* (*QF*): ti- E   451 mutat E: -ant *uel* -as *Jac. Gronouius*

et Phoebo laurus carum nemus;
garrula per ramos auis obstrepit;
uiuaces hederas remus tenet,   455
summa ligat uitis carchesia.
Idaeus prora fremuit leo,
tigris puppe sedet Gangetica.
Tum pirata freto pauidus natat,
et noua demersos facies habet: 460
bracchia prima cadunt praedonibus
inlisumque utero pectus coit,
paruula dependet lateri manus,
et dorso fluctum curuo subit,
lunata scindit cauda mare: 465
et sequitur curuus fugientia
        carbasa delphin.   •

Diuite Pactolos uexit te Lydius unda,
aurea torrenti deducens flumina ripa;
laxauit uictos arcus Geticasque sagittas
lactea Massagetes qui pocula sanguine miscet;   470
regna securigeri Bacchum sensere Lycurgi,
        sensere terrae †Zalacum feroces
        et quos uicinus Boreas ferit
        arua mutantes quasque Maeotis
        alluit gentes frigido fluctu   475
quasque despectat uertice e summo
sidus Arcadium geminumque plaustrum.
Ille dispersos domuit Gelonos,

---

455 remus *recc.*: ramus *E*   464 curuo *E*: pando *Damsté 1919, 141*
(*coll. Ag 450*)   466 *duobus uersibus* (e. s. c. f. | c. d.) *Richter: uno uersu* ε
et *recc.*: te ε   470 lactea *recc.* (*FMOx.*): -ta *E*: luctea(m) *Th.*
472 zalacum *E*: zedacum *A*: Zacarum *uel* Sagarum *Delrius ii 50, iii 113*:
Zaratum *Enk* (*apud Sluiter p. 98*)   474, 475 *discripsi cum A*: a. m. |
q. m. a. g. | f. f. *E* (*ubi hi uersus exceptis uocibus* Rigido fluctu *in textu omissi
postea eadem manu una cum* Frigido fluctu *in marg. suppleti sunt; cf. Leonem i 112*)
476 uertice e summo *Bentley*: u. s. ω; *cf. Leonem i 123*   477 *uno uersu A*:
duobus uersiculis (s. a. | g. p.) *E*

230

arma detraxit trucibus puellis:
ore deiecto petiere terram   480
Thermodontiacae cateruae,
positisque tandem leuibus sagittis
          Maenades factae.
Sacer Cithaeron sanguine undauit
Ophioniaque caede;   485
Proetides siluas petiere, et Argos
praesente Bacchum coluit nouerca.
    Naxos Aegaeo redimita ponto
tradidit thalamis uirginem relictam
meliore pensans damna marito: 490
pumice ex sicco
fluxit Nyctelius latex;
garruli gramen secuere riui,
conbibit dulces humus alta sucos
niueique lactis candidos fontes   495
et mixta odoro Lesbia cum thymo.
Ducitur magno noua nupta caelo:
sollemne Phoebus
carmen infusis humero capillis
cantat et geminus Cupido   500
          concutit taedas;   •
telum deposuit Iuppiter igneum
conditque Baccho ueniente fulmen.

Lucida dum current annosi sidera mundi,
Oceanus clausum dum fluctibus ambiet orbem

483 maenadaes *E*: mites sunt *A*   486 argos *E*: agros *A*
487 praesente *E*: -em *A*   489, 490 *discripsi cum A*: *quattuor uersiculos*
(t. th. | r. u. | m. p. | d. m.) *exhibet E*   uirginem relictam *A*: relictam
uirginem *E*   490 damna *A*: -um *E*   491, 492 *discripsi cum Leone*
(*i 124*): *uno uersu A*: p. e. s. f. | n. l. *E*   494 alta *A*: alia *E*
495 lactis] -es *E*: lacus *A*   498 sqq. *discripsit Marx 51*: s. ph. c. | i. h. c. |
cantat et gem. cup. | concutit taedas *E*: s. ph. c. canit | i. h. c. | concinit tedas
gem. cup. *A*   502 conditque *recc.* (*Ox.*): odit- ω

Lunaque dimissos dum plena recolliget ignes,   505
dum matutinos praedicet Lucifer ortus
altaque caeruleum dum Nerea nesciet Arctos,
candida formosi uenerabimur ora Lyaei.

OEDIPVS

Etsi ipse uultus flebiles praefert notas,
exprome cuius capite placemus deos.   510

CREO

Fari iubes tacere quae suadet metus.
OE. Si te ruentes non satis Thebae mouent,
at sceptra moueant lapsa cognatae domus.
CR. Nescisse cupies nosse quae nimium expetis.
OE. Iners malorum remedium ignorantia est.   515
itane et salutis publicae indicium obrues?
CR. Vbi turpis est medicina, sanari piget.
OE. Audita fare, uel malo domitus graui
quid arma possint regis irati scies.
CR. Odere reges dicta quae dici iubent.   520
OE. Mitteris Erebo uile pro cunctis caput,
arcana sacri uoce ni retegis tua.
CR. Tacere liceat. ulla libertas minor
a rege petitur? OE. Saepe uel lingua magis
regi atque regno muta libertas obest.   525
CR. Vbi non licet tacere, quid cuiquam licet?
OE. Imperia soluit qui tacet iussus loqui.

508-45 *extant in R*

505 dimissos *A Th.*: de- *E*   recolliget *A*: -it *E*: -et *ex* -it *Th.*
ante 509 OEDIPPVS.CREO. ω   509 et si *RE*: et *A*   510 exprome
RE: expone *A*   516 et *A*: est *RE*   517 sanari *RA*: -e *E*
521 mitteris *RA*: mittes *E*   523 ulla *RE*: nulla *A*   526 non l. t. *RE*:
t. non l. *A*   527 imperia *RE*: -ium *A*

Cr. Coacta uerba placidus accipias precor.
Oe. Vlline poena uocis expressae fuit?
Cr. Est procul ab urbe lucus ilicibus niger   530
Dircaea circa uallis inriguae loca.
cupressus altis exerens siluis caput
uirente semper alligat trunco nemus,
curuosque tendit quercus et putres situ
annosa ramos: huius abrupit latus   535
edax uetustas; illa, iam fessa cadens
radice, fulta pendet aliena trabe.

          *   *   *   *   *   *

amara bacas laurus et tiliae leues
et Paphia myrtus et per immensum mare
motura remos alnus et Phoebo obuia   540
enode Zephyris pinus opponens latus.
medio stat ingens arbor atque umbra graui
siluas minores urguet et magno ambitu
diffusa ramos una defendit nemus.
tristis sub illa, lucis et Phoebi inscius,   545
restagnat umor frigore aeterno rigens;
limosa pigrum circumit fontem palus.
    Huc ut sacerdos intulit senior gradum,
haut est moratus: *   *   *   *
    *   *   * praestitit noctem locus.
tum effossa tellus, et super rapti rogis   550
iaciuntur ignes. ipse funesto integit
uates amictu corpus et frondem quatit;
squalente cultu maestus ingreditur senex,   554
lugubris imos palla perfundit pedes,   553

---

532 post 533 R   535ᵇ, 536ᵃ (huius . . . uetustas) om. A
536 illa RE: silua A   fessa RA: spissa E   ante 538 (uel post 541) lacunam
indicauit Reeve   538 bacas RE: bachis A   540 alnus E²ᵖᶜ
543 siluas minores urguet RE: -a -e surgit A   544 ramos una RE: -is
umbra A   545 lucis RE: -us A   546 restagnat E: hinc st- A
547 circum it E: circuit A   549 post moratus uel post locus aliquid
excidisse censet Zw. 1979, 185   553 post 554 transpos. Weber 366

mortifera canam taxus adstringit comam.   555
nigro bidentes uellere atque atrae boues
antro trahuntur. flamma praedatur dapes
uiuumque trepidat igne ferali pecus.

Vocat inde manes teque qui manes regis
et obsidentem claustra Lethaei lacus,   560
carmenque magicum uoluit et rabido minax
decantat ore quidquid aut placat leues
aut cogit umbras; sanguinem libat focis
solidasque pecudes urit et multo specum
saturat cruore; libat et niueum insuper   565
lactis liquorem, fundit et Bacchum manu
laeua canitque rursus ac terram intuens
grauiore manes uoce et attonita citat.
latrauit Hecates turba; ter ualles cauae
sonuere maestum, tota succusso solo   570
pulsata tellus. 'audior' uates ait,
'rata uerba fudi: rumpitur caecum chaos
iterque populis Ditis ad superos datur.'
Subsedit omnis silua et erexit comas,
duxere rimas robora et totum nemus   575
concussit horror, terra se retro dedit
gemuitque penitus: siue temptari abditum
Acheron profundum mente non aequa tulit,
siue ipsa tellus, ut daret functis uiam,
compage rupta sonuit, aut ira furens   580
triceps catenas Cerberus mouit graues.

Subito dehiscit terra et immenso sinu
laxata patuit—ipse pallentes deos
uidi inter umbras, ipse torpentes lacus

---

557 antro *E*: retro *A*   560 Lethaei *Heinsius 174*: letalis *ω*
563 sanguinem libat focis *E*: irrigat sanguis focos *A*   564 solida*s- E²ᵖᶜ*
(*ex* t *ut uid.*)   567 ac *E*: et *A*   569 ter . . . caue *A*: per . . . cauas *E*
570 maestum *ω*: uastum *malit Ax. coll. Phae 1007*   574 comas *E*:
-am *A*   583ᵇ *et* 584ᵇ (ipse . . . deos/ipse . . . lacus) *commutauit E*

noctemque ueram; gelidus in uenis stetit   585
haesitque sanguis. saeua prosiluit cohors
et stetit in armis omne uipereum genus,
fratrum cateruae dente Dircaeo satae.   588
tum torua Erinys sonuit et caecus Furor   590
Horrorque et una quidquid aeternae creant
celantque tenebrae: Luctus auellens comam
aegreque lassum sustinens Morbus caput,
grauis Senectus sibimet et pendens Metus
auidumque populi Pestis Ogygii malum—   589
nos liquit animus; ipsa quae ritus senis   595
artesque norat stupuit. Intrepidus parens
audaxque damno conuocat Ditis feri
exsangue uulgus: ilico, ut nebulae leues,
uolitant et auras libero caelo trahunt.
non tot caducas educat frondes Eryx   600
nec uere flores Hybla tot medio creat,
cum examen arto nectitur densum globo,
fluctusque non tot frangit Ionium mare,
nec tanta gelidi Strymonis fugiens minas
permutat hiemes ales et caelum secans   605
tepente Nilo pensat Arctoas niues,
quot ille populos uatis eduxit sonus.
   Pauide latebras nemoris umbrosi petunt
animae trementes: primus emergit solo,
dextra ferocem cornibus taurum premens,   610
Zethus, manuque sustinet laeua chelyn
qui saxa dulci traxit Amphion sono,
interque natos Tantalis tandem suos
tuto superba fert caput fastu graue
et numerat umbras. peior hac genetrix adest   615

   585 stetit E: om. A   588 satae E: -i A   589 post 594 transp. Leo
pestis E: om. (spat. rel.) A   593 sustinens E: -et A   600 eryx E:
etha A   602 arto Richter: alto ω   603 ionium A: -ius E
606 tepente E: torp- A   608 pauide ω: au- Markland (ad Stat. silu.
5. 1. 111)   umbrosi A: -is E   611 sustinet A: -ens E   614 graue E:
-i A   615 hac E: ac A

furibunda Agaue, tota quam sequitur manus
partita regem: sequitur et Bacchas lacer
Pentheus tenetque saeuus etiamnunc minas.
  Tandem uocatus saepe pudibundum extulit
caput atque ab omni dissidet turba procul   620
celatque semet (instat et Stygias preces
geminat sacerdos, donec in apertum efferat
uultus opertos) Laius—fari horreo:
stetit per artus sanguine effuso horridus,
paedore foedo squalidam obtentus comam,   625
et ore rabido fatur: 'O Cadmi effera,
cruore semper laeta cognato domus,
uibrate thyrsos, enthea gnatos manu
lacerate potius—maximum Thebis scelus
maternus amor est. patria, non ira deum,   630
sed scelere raperis: non graui flatu tibi
luctificus Auster nec parum pluuio aethere
satiata tellus halitu sicco nocet,
sed rex cruentus, pretia qui saeuae necis
sceptra et nefandos occupat thalamos patris   635
[inuisa proles: sed tamen peior parens
quam gnatus, utero rursus infausto grauis]
egitque in ortus semet et matri impios
fetus regessit, quique uix mos est feris,
fratres sibi ipse genuit—implicitum malum   640
magisque monstrum Sphinge perplexum sua.
Te, te cruenta sceptra qui dextra geris,
te pater inultus urbe cum tota petam
et mecum Erinyn pronubam thalami traham,
traham sonantis uerbera, incestam domum   645
uertam et penates impio Marte obteram.

624 stetit per *E*: stetitque *A*   625 obtentus ω: -tec- *recc.* (*MOx.*)
628 enthea *recc.*: ethnea β: penthea *E*δ   629 lacerate *A*: ma- *E*
634 pretia *E*: premia *A*   636, 637 del. Ƶw. *1976, 196*   639 uix *E*:
nec *A*   mos *A*: mox *E*   644 Erinyn pronubam] erynim prenubam *E*:
(h)erines prenubas (pro- *recc.*) *A*   645 incestam *E*: -cer- *A*

Proinde pulsum finibus regem ocius
agite exulem quocumque; funesto gradu
solum relinquat: uere florifero uirens
reparabit herbas; spiritus puros dabit   650
uitalis aura, ueniet et siluis decor;
Letum Luesque, Mors Labor Tabes Dolor,
comitatus illo dignus, excedent simul;
et ipse rapidis gressibus sedes uolet
effugere nostras, sed graues pedibus moras   655
addam et tenebo: reptet incertus uiae,
baculo senili triste praetemptans iter:
eripite terras, auferam caelum pater.'
Oe. Et ossa et artus gelidus inuasit tremor:
quidquid timebam facere fecisse arguor—   660
tori iugalis abnuit Merope nefas
sociata Polybo; sospes absoluit manus
Polybus meas: uterque defendit parens
caedem stuprumque. quis locus culpae est super?
multo ante Thebae Laium amissum gemunt,   665
Boeota gressu quam meo tetigi loca.
falsusne senior an deus Thebis grauis?
   Iam iam tenemus callidi socios doli:
mentitur ista praeferens fraudi deos
uates, tibique sceptra despondet mea.   670
Cr. Egone ut sororem regia expelli uelim?
si me fides sacrata cognati laris
non contineret in meo certum statu,
tamen ipsa me fortuna terreret nimis
sollicita semper. liceat hoc tuto tibi   675
exuere pondus nec recedentem opprimat:
iam te minore tutior pones loco.

---

648 *dist. Zw.*   649 relinquat *recc.*: -et ω   656 reptet *A*: repetet
E: repet *recc.*   658 eripite *E*: prer- *A*   659 OED. *E*: *om. A*
660 Ed. *praef. A, om. E*   662 sociata *A*: -o *E*   absoluit *A*: -et *E*
664 *om. A*   675 liceat ω: -beat *Bothe*   676 nec *E*: ne *A*

237

Oe. Hortaris etiam, sponte deponam ut mea
tam grauia regna? Cr. Suadeam hoc illis ego,
in utrumque quis est liber etiamnunc status:　　　　　680
tibi iam necesse est ferre fortunam tuam.
Oe. Certissima est regnare cupienti uia
laudare modica et otium ac somnum loqui;
ab inquieto saepe simulatur quies.
Cr. Parumne me tam longa defendit fides?　　　　　685
Oe. Aditum nocendi perfido praestat fides.
Cr. Solutus onere regio regni bonis
fruor domusque ciuium coetu uiget,
nec ulla uicibus surgit alternis dies
qua non propinqui munera ad nostros lares　　　　　690
sceptri redundent; cultus, opulentae dapes,
donata multis gratia nostra salus:
quid tam beatae desse fortunae rear?
Oe. Quod dest: secunda non habent umquam modum.
Cr. Incognita igitur ut nocens causa cadam?　　　　　695
Oe. Num ratio uobis reddita est uitae meae?
num audita causa est nostra Tiresiae? tamen
sontes uidemur. facitis exemplum: sequor.
Cr. Quid si innocens sum? Oe. Dubia pro certis solent
timere reges. Cr. Qui pauet uanos metus,　　　　　700
ueros meretur. Oe. Quisquis in culpa fuit,
dimissus odit: omne quod dubium est cadat.
Cr. Sic odia fiunt. Oe. Odia qui nimium timet
regnare nescit: regna custodit metus.

---

679 CRE tam grauia regna cresua deam hoc illis ego *E*: Cre(o). t. g. r.?
Suadeam h. i. e. *A*　　　　680 quis est liber . . . status *A*: qui se subter . . .
status *E^{pc}* (*ex* m)　　　　681 iam *E^{pc}* (*ex* etiam)　　　　682 uia *A*: uox *E*
685 fides *E*: dies *A*　　　　686 fides *E*: dies *A*　　　　693 rear *β*: reor *Eδ*
694 deest secunda *E*: res secunde *A*　　　　698 sequor *A*: ut sequar *E^{pc}* (*ex* o)
701 meretur *E*: fatetur *A*　　　　702 odit omne *E*: omne od. *A*　　　dubium
est cadat *Leo*: obuium est eat *E*: dubium putat *A*

Cʀ. Qui sceptra duro saeuus imperio gerit,   705
timet timentis: metus in auctorem redit.
Oᴇ. Seruate sontem saxeo inclusum specu.
ipse ad penates regios referam gradum.

Cʜᴏʀᴠꜱ

Non tu tantis causa periclis,
non haec Labdacidas petunt   710
fata, sed ueteres deum
irae secuntur: Castalium nemus
umbram Sidonio praebuit hospiti
lauitque Dirce Tyrios colonos,
ut primum magni natus Agenoris,   715
fessus per orbem furta sequi Iouis,
sub nostra pauidus constitit arbore
praedonem uenerans suum,
monituque Phoebi   •
iussus erranti comes ire uaccae,
quam non flexerat   720
uomer aut tardi iuga curua plaustri,
deseruit fugas nomenque genti
inauspicata de boue tradidit.
Tempore ex illo noua monstra semper
protulit tellus: 725
aut anguis imis uallibus editus
annosa circa robora sibilat
superatque pinus,   •

---

705 gerit *Cornelissen 182*: regit ω   710 haec ω: hinc *Leo*   petunt *E*:
premunt *A*   717 nostra pauidus . . . arbore *E*: -e ramis . . . -is *A*
constitit *A*: -sistit *E*   718 uenerans *E*: numer- *A*   720 sq. q. n. f. |
u. a. t. i. c. p. *A*: q. n. f. u. a. t. | i. c. p. *E*   725 sqq. p. t. | a. a. i. u. e. |
a. s. r. s. | s. p. *A*: p. t. a. a. i. | u. e. a. s. | r. s. s. p. *E*   727 circa *Reeve*:
supra ω   superatque *E*: supraque *A*

supra Chaonias celsior arbores
erexit caeruleum caput,
cum maiore sui parte recumberet;   730
aut feta tellus impio partu
effudit arma: ·
sonuit reflexo classicum cornu
lituusque adunco stridulos cantus
elisit aere

            *   *   *   *   *

non ante linguas agiles et ora   735
uocis ignotae clamore primum
hostico experti.

    Agmina campos cognata tenent,
dignaque iacto semine proles
uno aetatem permensa die   740
post Luciferi nata meatus
ante Hesperios occidit ortus.
horret tantis aduena monstris
populique timet bella recentis,
donec cecidit saeua iuuentus   745
genetrixque suo reddi gremio
modo productos uidit alumnos—
hac transierit ciuile nefas!
illa Herculeae norint Thebae
            proelia fratrum.   750
    Quid? Cadmei fata nepotis,
cum uiuacis cornua cerui
frontem ramis texere nouis
dominumque canes egere suum?
praeceps siluas montesque fugit   755

---

728 *del. Leo i 114*   729 er. caer. *E*: c. e. *A*   *post* 734 (aere)
lacunam indicauit Leo i 115   735-7 *discripsi cum Leone* (*i 126*): elisit (734)
. . . linguas | ag. . . . ign. | cl. . . . ex. ω   735 agiles et ora *E*: alias
et arma *A*   738-63 *dimetri praeter* 750 *monometrum* ω   739 dignaque
A: li- *E*   744 recentis *A*: reg- *E*   747 productos *E*^{pc} (*ex* u)

citus Actaeon agilique magis
pede per saltus ac saxa uagus
metuit motas zephyris plumas
et quae posuit retia uitat—
donec placidi fontis in unda   760
cornua uidit uultusque feros,
ubi uirgineos fouerat artus
nimium saeui diua pudoris.

Oedipvs

Curas reuoluit animus et repetit metus.
obisse nostro Laium scelere autumant   765
superi inferique, sed animus contra innocens
sibique melius quam deis notus negat.
redit memoria tenue per uestigium,
cecidisse nostri stipitis pulsu obuium
datumque Diti, cum prior iuuenem senex   770
curru superbus pelleret, Thebis procul
Phocaea trifidas regio qua scindit uias.
    Vnanima coniunx, explica errores, precor:
quae spatia moriens Laius uitae tulit?
primone in aeuo uiridis an fracto occidit?   775

Iocasta

Inter senem iuuenemque, sed propior seni.
Oe. Frequensne turba regium cinxit latus?

757 ac *E*: et *A*   761 feros *A*: -ox *E*   762 ubi *A*: ibi *E*
763 diua *A*: dira *E*   *ante* 764 OEDIPPVS. IOCASTA. *E*δ: Edippus.
Iocasta. senex chorinthius β   764 OED. *E*: *om. A*   769 *om. A*
770 datumque *E*: datum esse *A*   senex *E*ᵖᶜ (*ex* m)   771 thebis *E*: -as *A*
772 scindit *E*: -tur *A*   773 explicer rores *E*: -ca errorem *A*
775 fracto occidit *A*: fractocc- *E*

Ioc. Plures fefellit error ancipitis uiae,
paucos fidelis curribus iunxit labor.
Oe. Aliquisne cecidit regio fato comes? 780
Ioc. Vnum fides uirtusque consortem addidit.
Oe. Teneo nocentem: conuenit numerus, locus—
sed tempus adde. Ioc. Decima iam metitur seges.

SENEX CORINTHIVS

Corinthius te populus in regnum uocat
patrium: quietem Polybus aeternam obtinet. 785
Oe. Vt undique in me saeua Fortuna irruit!
edissere agedum, quo cadat fato parens.
Sen. Animam senilem mollis exsoluit sopor.
Oe. Genitor sine ulla caede defunctus iacet:
testor, licet iam tollere ad caelum pie 790
puras nec ulla scelera metuentes manus.
Sed pars magis metuenda fatorum manet.
Sen. Omnem paterna regna discutient metum.
Oe. Repetam paterna regna; sed matrem horreo.
Sen. Metuis parentem, quae tuum reditum expetens 795
sollicita pendet? Oe. Ipsa me pietas fugat.
Sen. Viduam relinques? Oe. Tangis en ipsos metus.
Sen. Effare mersus quis premat mentem timor;
praestare tacitam regibus soleo fidem.
Oe. Conubia matris Delphico monitu tremo. 800
Sen. Timere uana desine et turpes metus
depone. Merope uera non fuerat parens.
Oe. Quod subditiui praemium gnati petit?
Sen. Regum superbam liberi astringunt fidem.

---

ante 784 SENEX. CORINTHVS. IDEM. E: Senex chorintius. edipus A
786 ut A: et E   787 age dum E: mihi A   790 licet iam A: i. l. E
793 discutient E: -iunt A   799 regibus A: regibus regibus E
800 monitu A: adm- E   804 regum E: regnum A

Oe. Secreta thalami fare quo excipias modo.   805
Sen. Hae te parenti paruulum tradunt manus.
Oe. Tu me parenti tradis; at quis me tibi?
Sen. Pastor niuoso sub Cithaeronis iugo.
Oe. In illa temet nemora quis casus tulit?
Sen. Illo sequebar monte cornigeros greges.   810
Oe. Nunc adice certas corporis nostri notas.
Sen. Forata ferro gesseras uestigia,
tumore nactus nomen ac uitio pedum.
Oe. Quis fuerit ille qui meum dono dedit
corpus requiro. Sen. Regios pauit greges;   815
minor sub illo turba pastorum fuit.
Oe. Eloquere nomen. Sen. Prima languescit senum
memoria longo lassa sublabens situ.
Oe. Potesne facie noscere ac uultu uirum?
Sen. Fortasse noscam: saepe iam spatio obrutam   820
leuis exoletam memoriam reuocat nota.
Oe. Ad sacra et aras omne compulsum pecus
duces sequuntur: ite, propere accersite,
famuli, penes quem summa consistit gregum.
Ioc. Siue ista ratio siue fortuna occulit,   825
latere semper patere quod latuit diu:
saepe eruentis ueritas patuit malo.
Oe. Malum timeri maius his aliquod potest?
Ioc. Magnum esse magna mole quod petitur scias:
concurrit illinc publica, hinc regis salus,   830
utrimque paria; contine medias manus:
ut nil lacessas, ipsa se fata explicant.

---

809 illa E^{pc} (ex e)   819 noscere A: cogn- E   823 sequuntur E:
-an- A   824 quem Zw.: quos ω   825-7, 829-32, 835 sq. Iocastae
tribuit Weil 328: senis sunt in ω   825 occulit E: abstulit A
828 timeri A: -e E   829 petitur A: -turo E   830 illinc E^{pc}
(ex hinc)   831 paria E: patria A   832 ut nil lacessas] ut nihil
arcessas (accersas δ) A: nihil lacessas E   ipsa se E^{pc} (sa sscr.): ipsa te A
explicant A: -ent E

Oe. Non expedit concutere felicem statum:
tuto mouetur quidquid extremo in loco est.
Ioc. Nobilius aliquid genere regali appetis?   835
ne te parentis pigeat inuenti uide.
Oe. Vel paenitendi sanguinis quaeram fidem:
sic nosse certum est.—Ecce grandaeuus senex,
arbitria sub quo regii fuerant gregis,
Phorbas. refersne nomen aut uultum senis?   840
Sen. Adridet animo forma; nec notus satis,
nec rursus iste uultus ignotus mihi.
Oe. Regnum optinente Laio famulus greges
agitasti opimos sub Cithaeronis plaga?

PHORBAS

Laetus Cithaeron pabulo semper nouo   845
aestiua nostro prata summittit gregi.
Sen. Noscisne memet? Ph. Dubitat anceps memoria.
Oe. Huic aliquis a te traditur quondam puer?
effare. dubitas? cur genas mutat color?
quid uerba quaeris? ueritas odit moras.   850
Ph. Obducta longo temporum tractu moues.
Oe. Fatere, ne te cogat ad uerum dolor.
Ph. Inutile isti munus infantem dedi:
non potuit ille luce, non caelo frui.
Sen. Procul sit omen; uiuit et uiuat precor.   855
Oe. Superesse quare traditum infantem negas?
Ph. Ferrum per ambos tenue transactum pedes
ligabat artus, uulneri innatus tumor
puerile foeda corpus urebat lue.
Oe. Quid quaeris ultra? fata iam accedunt prope.—   860

833 OED. *praef.* ω: om. μ   834 OED. *praef.* μ, om. ω   837 uel *E*:
nec *A*   838 sic *Leo*: si *E*: sed *A*   843 sq. *Oedipodi assignandos duxit*
Gronouius: seni continuantur in ω   *ante* 845 PHORBAS.IDEM *E*: Phorbas
et idem *A*   848 Edi. *A*: SEN *E*   851 obducta *A*: ab- *E*
853 infantem *A*: -tis *E*; *cf. Phoen 508 sq., HO 409*   859 lue *A*: lues *E*

quis fuerit infans edoce. PH. Prohibet fides.
OE. Huc aliquis ignem! flamma iam excutiet fidem.
PH. Per tam cruentas uera quaerentur uias?
ignosce quaeso. OE. Si ferus uideor tibi
et impotens, parata uindicta in manu est: 865
dic uera: quisnam? quoue generatus patre?
qua matre genitus? PH. Coniuge est genitus tua.
OE. Dehisce, tellus, tuque tenebrarum potens,
in Tartara ima, rector umbrarum, rape
retro reuersas generis ac stirpis uices.   870
congerite, ciues, saxa in infandum caput,
mactate telis: me petat ferro parens,
me gnatus, in me coniuges arment manus
fratresque, et aeger populus ereptos rogis
iaculetur ignes. saeculi crimen uagor,   875
odium deorum, iuris exitium sacri,
qua luce primum spiritus hausi rudes
iam morte dignus. redde nunc animos pares,
nunc aliquid aude sceleribus dignum tuis.—
i, perge, propero regiam gressu pete: 880
gratare matri liberis auctam domum.

CHORVS

Fata si liceat mihi
fingere arbitrio meo,
temperem Zephyro leui
uela, ne pressae graui   885
spiritu antennae tremant:

862 *Oed.*, 863, 864ᵃ *Phorb.*, 864ᵇ-867ᵃ *Oed. dedit Bothe*: 862-867ᵃ *Oedipodis
sunt in E*: 862, 863 *Oed.*, 864, 865 *Phorb.*, 866-867ᵃ *Oed. dantur in A*
863 quaerentur *Bothe*: -ti ω   864 queso *A*: quaeror *E*   865 parata
(*cf. Hf 1028*) *E*: iam parta *A*   867 est *E*: *om. A*   869 ima *A*: iram *E*
871 infandum (*cf. 915*) *E*: infestum *A*: incestum *recc.*   878 pares
Heinsius 179: -ens *A*: acres *E*   880 propero . . . gressu *E*: porro . . .
cursu *A*   881 auctam domum *E*: -a -o *A*   882-914 *singuli glyconei A*:
882 *proprius uersus*, 883-914 *uersus binorum colorum initiis singulorum distinctis E*

lenis et modice fluens
aura nec uergens latus
ducat intrepidam ratem;
tuta me media uehat   890
uita decurrens uia.

   Gnosium regem timens
astra dum demens petit
artibus fisus nouis
certat et ueras aues   895
uincere ac falsis nimis
imperat pinnis puer,
nomen eripuit freto.
Callidus medium senex
Daedalus librans iter   900
nube sub media stetit
alitem expectans suum
(qualis accipitris minas
fugit et sparsos metu
conligit fetus auis),   905
donec in ponto manus
mouit implicitas puer.
[comes audacis uiae]
quidquid excessit modum
pendet instabili loco.   910
   Sed quid hoc? postes sonant,
maestus et famulus manu
regius quassat caput.—
Ede quid portes noui.

---

909 sq. *extant in marg. Papiae codicis Bern. 276, fol. 139*: Seneca in tragedia
que dicitur (*desideratur* Edipus) | quicquid excedit . . . loco

---

887 lenis et modice *E*: lene sed modicum *A*   890, 891 *om. A*
891 decurrens *Ascensius*: -ere *E*   893 astra *E*: alta *A*   894 fisus *E*:
fidens *A*   898 *om. A*   902 suum *Ascensius*^{u.l.}: suam ω
908 *del. Goebel 737*   comes audacis uie *A*: audacis uiae comes audax *E*
911 quid hoc . . . sonant *E*: quid (quis δ) hic . . . -at *A*   912 *om. A*
et (*cf. 995*) *E*: en *Heinsius 179*   913 regius quassat *E*: -os -ans *A*

Nvntivs

Praedicta postquam fata et infandum genus   915
deprendit ac se scelere conuictum Oedipus
damnauit ipse, regiam infestus petens
inuisa propero tecta penetrauit gradu,
qualis per arua Libycus insanit leo,
fuluam minaci fronte concutiens iubam;   920
uultus furore toruus atque oculi truces,
gemitus et altum murmur, et gelidus uolat
sudor per artus, spumat et uoluit minas
ac mersus alte magnus exundat dolor.
secum ipse saeuus grande nescioquid parat   925
suisque fatis simile. 'quid poenas moror?'
ait 'hoc scelestum pectus aut ferro petat
aut feruido aliquis igne uel saxo domet.
quae tigris aut quae saeua uisceribus meis
incurret ales? ipse tu scelerum capax,   930
sacer Cithaeron, uel feras in me tuis
emitte siluis, mitte uel rabidos canes—
nunc redde Agauen. anime, quid mortem times?
mors innocentem sola Fortunae eripit.'
   Haec fatus aptat impiam capulo manum   935
ensemque ducit. 'itane? tam magnis breues
poenas sceleribus soluis atque uno omnia
pensabis ictu? moreris: hoc patri sat est;
quid deinde matri, quid male in lucem editis
gnatis, quid ipsi, quae tuum magna luit   940
scelus ruina, flebili patriae dabis?
soluendo non es: illa quae leges ratas

---

915 genus *E*: scelus *A*   922 uolat *A*: fluit *E*   927 ait *E*: ut *A*
930 incurret ales *A*: incurre tales *E*   tu *E*: *om. A*   scelerum *E²ˈ³ᵖᶜ*
931 tuis *recc.*: tuas *ω*   934 eripit *A*: -iet *E*   940 ipsi *A*: -a *E*
942 soluendo non es *Grotius*: -a non est *ω*

Natura in uno uertit Oedipoda, nouos
commenta partus, supplicis eadem meis
nouetur. iterum uiuere atque iterum mori 945
liceat, renasci semper ut totiens noua
supplicia pendas—utere ingenio, miser:
quod saepe fieri non potest fiat diu;
mors eligatur longa. quaeratur uia
qua nec sepultis mixtus et uiuis tamen 950
exemptus erres: morere, sed citra patrem.
cunctaris, anime? subitus en uultus grauat
profusus imber ac rigat fletu genas—
et flere satis est? hactenus fundent leuem
oculi liquorem? sedibus pulsi suis 955
lacrimas sequantur: hi maritales statim
fodiantur oculi.' Dixit atque ira furit:
ardent minaces igne truculento genae
oculique uix se sedibus retinent suis;
uiolentus audax uultus, iratus ferox 960
iamiam eruentis; gemuit et dirum fremens
manus in ora torsit. at contra truces
oculi steterunt et suam intenti manum
ultro insecuntur, uulneri occurrunt suo.
scrutatur auidus manibus uncis lumina, 965
radice ab ima funditus uulsos simul
euoluit orbes; haeret in uacuo manus
et fixa penitus unguibus lacerat cauos
alte recessus luminum et inanes sinus
saeuitque frustra plusque quam satis est furit. 970
tantum est periclum lucis? attollit caput
cauisque lustrans orbibus caeli plagas
noctem experitur. quidquid effossis male
dependet oculis rumpit, et uictor deos

950 qua *A*: quae *E*   951 patrem *A*: partem *E*   961 iamiam
Sluiter: tantum ω   971 tantum ω: -i *Heinsius 180*   *interrog. not. pos. Ax.*
974 dependet *A*: -it *E*

OEDIPVS

conclamat omnis: 'parcite en patriae, precor: 975
iam iusta feci, debitas poenas tuli;
inuenta thalamis digna nox tandem meis.'
rigat ora foedus imber et lacerum caput
largum reuulsis sanguinem uenis uomit.

Chorvs

Fatis agimur: cedite fatis;   980
non sollicitae possunt curae
mutare rati stamina fusi.
quidquid patimur mortale genus,
quidquid facimus uenit ex alto,
seruatque suae decreta colus   985
Lachesis dura reuoluta manu.
omnia certo tramite uadunt
primusque dies dedit extremum:
non illa deo uertisse licet,
quae nexa suis currunt causis.   990
it cuique ratus prece non ulla
   mobilis ordo: •
multis ipsum metuisse nocet,
multi ad fatum uenere suum
   dum fata timent.

Sonuere fores atque ipse suum   995
duce non ullo molitur iter
   luminis orbus.

---

976 iusta *Heinsius 463*: iussa ω   tuli ω: lui *Heinsius 180; uide ad Ag 1008*
979 uomit *A*: -et *E*   980-97 *dimetri claudente monometro* ω
980 agimur E^{2pc} (*ex* ageri-)   cedite *Ascensius*$^{u.l.}$: cred- ω   986 dura
ω: nulla *Leo*   987 certo *recc.* (*Ox.e² marg.*): secto ω: recto *Gronouius*
991 it *A*: id E^{ac} 993 metuisse *E*: timuisse *A*   996 sq. d.
n. u. molitur i. | l. o. *A*: d. n. u. l. o. | mollitur i. *E*

249

Oedipvs

Bene habet, peractum est: iusta persolui patri.
iuuant tenebrae. quis deus tandem mihi
placatus atra nube perfundit caput?   1000
quis scelera donat? conscium euasi diem.
nil, parricida, dexterae debes tuae:
lux te refugit. uultus Oedipodam hic decet.
Cho. En ecce, rapido saeua prosiluit gradu
Iocasta uaecors, qualis attonita et furens   1005
Cadmea mater abstulit gnato caput
sensitue raptum. dubitat afflictum alloqui,
cupit pauetque. iam malis cessit pudor,
sed haeret ore prima uox.

Iocasta

                        Quid te uocem?
gnatumne? dubitas? gnatus es: gnatum pudet;   1010
inuite loquere gnate—quo auertis caput
uacuosque uultus? Oe. Quis frui tenebris uetat?
quis reddit oculos? matris, en matris sonus!
perdidimus operam. congredi fas amplius
haut est nefandos. diuidat uastum mare   1015
dirimatque tellus abdita et quisquis sub hoc
in alia uersus sidera ac solem auium
dependet orbis alterum ex nobis ferat.

---

ante 998 OEDIPPVS.CHORVS.IOCASTA ω   1000 perfundit ω:
-fudit *Bothe*   1007 sensitue . . . dubitat *recc.* (*prob. Gronouius coll. Lucan.*
7. 779 sq.): censitque (sen- *Σ*) . . . d. *E*: sensimue . . . traxit *A*
1009 *duobus uersiculis* (*quorum alteri nota Ioc. praefixa cum scholiis erasa uidetur*) *E*:
uno uersu (*Iocastae*) *A*   et (sed *Lipsius*, en *Heinsius 180*) heret ore prima
uox *E*: Cupiunt et horrent ora. nam *A*   1010 pudet *A*: pudor *E*
1011 inuite loquere *E*: inmitis oro *A*   auertis *A*: adu- *E*   1012 frui
ET: frui et *βP*

OEDIPVS

Ioc. Fati ista culpa est: nemo fit fato nocens.
Oe. Iam parce uerbis, mater, et parce auribus: 1020
per has reliquias corporis trunci precor,
per inauspicatum sanguinis pignus mei,
per omne nostri nominis fas ac nefas.
Ioc. Quid, anime, torpes? socia cur scelerum dare
poenas recusas? omne confusum perit,   1025
incesta, per te iuris humani decus:
morere et nefastum spiritum ferro exige.
non si ipse mundum concitans diuum sator
corusca saeua tela iaculetur manu,
umquam rependam sceleribus poenas pares   1030
mater nefanda. mors placet: mortis uia
quaeratur—Agedum, commoda matri manum,
si parricida es: restat hoc operi ultimum.—
rapiatur ensis; hoc iacet ferro meus
coniunx—quid illum nomine haud uero uocas?   1035
socer est. utrumne pectori infigam meo
telum an patenti conditum iugulo inprimam?
eligere nescis uulnus: hunc, dextra, hunc pete
uterum capacem, qui uirum et gnatos tulit.
Cho. Iacet perempta. uulneri immoritur manus   1040
ferrumque secum nimius eiecit cruor.
Oe. Fatidice te, te praesidem ueri deum
compello: solum debui fatis patrem;
bis parricida plusque quam timui nocens
matrem peremi: scelere confecta est meo.   1045
o Phoebe mendax, fata superaui impia.

1021 precor *A*: peto *E*   1025 omne confusum *A*: omne omne contu-
sum *E*   1026 incesta *E*: incerta *A*   1027 et *E*: sed *A*
1028 sator *E*: pater *A*   1033 dist. *Zw*. (*Hermes 1987, 383 n.5*)
operi ω: -ae *Buecheler*   1036 est utrumne *A*: e stuprum ne *E*
pectori *E*: -e *A*   1038 eligere *A*: fli- *E*   1039 uirum et gnatos ω:
patrem et natos *Bentley*   1042 fatidice te te *E*: -ci te *A*   ueri *A*: et u. *E*

Pauitante gressu sequere fallentes uias;
suspensa plantis efferens uestigia
caecam tremente dextera noctem rege.
ingredere praeceps, lubricos ponens gradus,   1050
i profuge uade—siste, ne in matrem incidas.
Quicumque fessi corpore et morbo graues
semanima trahitis pectora, en fugio, exeo:
releuate colla. mitior caeli status
posterga sequitur: quisquis exilem iacens   1055
animam retentat, uiuidos haustus leuis
concipiat. ite, ferte depositis opem:
mortifera mecum uitia terrarum extraho.
Violenta Fata et horridus Morbi tremor,
Maciesque et atra Pestis et rabidus Dolor,   1060
mecum ite, mecum. ducibus his uti libet.

1057 *adfertur in cod. D. Seruii ad Verg. Aen. 12. 395* et seneca ('Statius *uulgo*'
Thilo) in Theb. ite ferte depositis opem

1047 pauitante *A*: putauit ante *E*   fallentes δ: pall- *E*: fallaces β
1050 gradus *E*: pedes *A*   1053 pectora *E*: corpora *A*   1056 uiuidos
E: inui- *A*   1058 terrarum *E*: terris *A*
EXPLICIT OEDIPPVS. INCIPIT AGAMENNON. *E*: Lucii annei.
Senece. edipus explicit. Incipit Troas eiusdem feliciter (eiusdem fel. *om.*, finit
pro explicit *posuit T*; *totam subscr. om. P*) *A*

AGAMEMNON

PERSONAE

Thyestis Vmbra
Clytemestra
Nvtrix
Aegisthvs
Evrybates
Cassandra
Agamemnon
Electra
Strophivs
Orestes tacitus
Pylades tacitus
Chorvs duplex

Scaena Mycenis uel Argis

Thyestis Vmbra

Opaca linquens Ditis inferni loca,
adsum profundo Tartari emissus specu,
incertus utras oderim sedes magis:
fugio Thyestes inferos, superos fugo.
En horret animus et pauor membra excutit: 5
uideo paternos, immo fraternos lares.
hoc est uetustum Pelopiae limen domus;
hinc auspicari regium capiti decus
mos est Pelasgis, hoc sedent alti toro
quibus superba sceptra gestantur manu,   10
locus hic habendae curiae—hic epulis locus.
 Libet reuerti. nonne uel tristes lacus
incolere satius? nonne custodem Stygis
trigemina nigris colla iactantem iubis

  * * * * *

ubi ille celeri corpus euinctus rotae   15
in se refertur, ubi per aduersum irritus
redeunte totiens luditur saxo labor,
ubi tondet ales auida fecundum iecur,
et inter undas feruida exustus siti
aquas fugaces ore decepto appetit   20
poenas daturus caelitum dapibus graues?
 Sed ille nostrae pars quota est culpae senex?
reputemus omnes quos ob infandas manus
quaesitor urna Gnosius uersat reos:
uincam Thyestes sceleribus cunctos meis.   25

 THYESTIS.VMBRA. *E*: Thiestes *A*   9 alti *A*: -e *E*
14 trigemina *ES*: ter- δ*C* nigris *A*: nimis *E*   *post* 14 *tale quid*
intercidisse censet Zw. ⟨uidere et atras Ditis inuisi domus⟩ 15 rote *A*:
-a *E*

a fratre uincar? liberis plenus tribus
in me sepultis? uiscera exedi mea.
Nec hactenus Fortuna maculauit patrem,
sed maius aliud ausa commisso scelus
gnatae nefandos petere concubitus iubet.   30
non pauidus hausi dicta, sed cepi nefas.
ergo ut per omnis liberos irem parens,
coacta fatis gnata fert utero gravi
me patre dignum. uersa natura est retro:
auo parentem, pro nefas, patri uirum,   35
gnatis nepotes miscui—nocti diem.

      Sed sera tandem respicit fessos malis
post fata demum sortis incertae fides:
rex ille regum, ductor Agamemnon ducum,
cuius secutae mille uexillum rates   40
Iliaca uelis maria texerunt suis,
post decima Phoebi lustra deuicto Ilio
adest—daturus coniugi iugulum suae.
Iam iam natabit sanguine alterno domus:
enses secures tela, diuisum graui   45
ictu bipennis regium uideo caput;
iam scelera prope sunt, iam dolus caedes cruor—
parantur epulae. causa natalis tui,
Aegisthe, uenit. quid pudor uultus grauat?
quid dextra dubio trepida consilio labat?   50
quid ipse temet consulis torques rogas,
an deceat hoc te? respice ad patrem: decet.

      Sed cur repente noctis aestiuae uices
hiberna longa spatia producunt mora,
aut quid cadentes detinet stellas polo?   55
Phoebum moramur. redde iam mundo diem.

---

26 sq. *interrog. notas add. M. Müller 1898, 38*; '*an u.* 26 *delend.?*' *Ax.*
31 cepi ω *recte*; *Oct* 865 *confert Ax.*   33 utero graui *Zw. 1977, 166*: -um
-em ω (utero genus *coniecerat Tarrant*)   35 parentem *E*: nepotem *A*
36 miscui *E*: -it *A*   38 incertae *E*: inceste *A*   42 decima *E*: dena *A*
45 secures *A*: -em *E*   51 temet *A*: timet *E*   52 ad *E*: an *A*
patrem *Zw. 1978, 154*: ma- ω

Chorvs

O regnorum magnis fallax
    Fortuna bonis,   •
in praecipiti dubioque locas
    excelsa nimis.
Numquam placidam sceptra quietem   60
certumue sui tenuere diem:
alia ex aliis cura fatigat
uexatque animos noua tempestas.
non sic Libycis Syrtibus aequor
furit alternos uoluere fluctus,   65
non Euxini turget ab imis
    commota uadis
unda niuali uicina polo,
ubi caeruleis immunis aquis
lucida uersat plaustra Bootes,   70
ut praecipites regum casus
    Fortuna rotat.
metui cupiunt metuique timent,
non nox illis alma recessus
    praebet tutos,   •
non curarum somnus domitor   75
    pectora soluit.

Quas non arces scelus alternum
dedit in praeceps? impia quas non
arma fatigant? iura pudorque
et coniugii sacrata fides   80
fugiunt aulas; sequitur tristis

57-107 *dimetri praeter* 70*ᵇ* (p. B.), 76, 89*ᵇ* (f. s.), 107*ᵇ* (p. l.) *monometros* ω
57 o E: *om.* A   magnis ω: uanis *dubitanter Ax. coll. Oed 6, Oct 35*
59 sq. locas excelsa nimis *Bentley*: l. -os n. E: n. -a loco A   63 uexatque
A: uexat E   66 euxini Eᴬ *uel* Eʳᵉᶜ *in ras.*   76 soluit *AMN*: -it *in ras.*
E *uel* Eᴬ: -et F   80 fides E(*uel* Eᴬ)ᵖᶜ   81 fugiunt A: faciunt E

sanguinolenta Bellona manu
quaeque superbos urit Erinys,
nimias semper comitata domos,
quas in planum quaelibet hora   85
        tulit ex alto.
Licet arma uacent cessentque doli,
sidunt ipso pondere magna
ceditque oneri fortuna suo:
uela secundis inflata Notis   90
uentos nimium timuere suos;
nubibus ipsis inserta caput
turris pluuio uapulat Austro,
densasque nemus spargens umbras
annosa uidet robora frangi;   95
feriunt celsos fulmina colles,
corpora morbis maiora patent,
et cum in pastus armenta uagos
        uilia currant,
placet in uulnus maxima ceruix: 100
quidquid in altum Fortuna tulit,
        ruitura leuat.   •
Modicis rebus longius aeuum est:
felix mediae quisquis turbae
        sorte quietus
aura stringit litora tuta   105
timidusque mari credere cumbam
remo terras propiore legit.

CLYTEMESTRA

Quid, segnis anime, tuta consilia expetis?
quid fluctuaris? clausa iam melior uia est.

84 nimias *E*: tumidas *A*   85 quaelibet ω: qua- *recc.*   97 patent
*E*²ᵖᶜ   103 medie quisquis turbe δ: m. t. q. β: q. m. t. *E*   104 sorte *E*:
parte *A*   *ante* 108 CLYTEMESTRA. NVTRIX ω   108 anim*e E*²ᵖᶜ

licuit pudicos coniugis quondam toros   110
et sceptra casta uidua tutari fide;
periere mores ius decus pietas fides
et qui redire cum perit nescit pudor;
da frena et omnem prona nequitiam incita:
per scelera semper sceleribus tutum est iter.   115
Tecum ipsa nunc euolue femineos dolos,
quod ulla coniunx perfida atque impos sui
amore caeco, quod nouercales manus
ausae, quod ardens impia uirgo face
Phasiaca fugiens regna Thessalica trabe: 120
ferrum, uenena—uel Mycenaeas domos
coniuncta socio profuge furtiua rate.
Quid timida loqueris furta et exilium et fugas?
soror ista fecit: te decet maius nefas.

NVTRIX

Regina Danaum et inclitum Ledae genus,   125
quid tacita uersas quidue consilii impotens
tumido feroces impetus animo geris?
licet ipsa sileas, totus in uultu est dolor.
proin quidquid est, da tempus ac spatium tibi:
quod ratio non quit, saepe sanauit mora.   130
CL. Maiora cruciant quam ut moras possim pati;
flammae medullas et cor exurunt meum;
mixtus dolori subdidit stimulos timor;
inuidia pulsat pectus, hinc animum iugo
premit cupido turpis et uinci uetat;   135

---

111 uidua *E*: iuncta *A*   120 trabe *A*: graue *E*   121 miceneas
(mitenas δ) domos *E*δ: -na (-nea *recc.* [*FM*]) -o β   124 soror *E*: sors *A*
126 consilii *A*: -ia *E*   129 proin *E**: proinde *A*   da tempus ac
spatium *E*: d. s. a. t. β: t. d. a. s. δ   131 ut *A*: *om. E*   133 mixtus
A: iux- *E*   134 pectus *A*: cecus *E*

et inter istas mentis obsessae faces
fessus quidem et deiectus et pessumdatus
pudor rebellat. fluctibus uariis agor,
ut, cum hinc profundum uentus, hinc aestus rapit,
incerta dubitat unda cui cedat malo.   140
proinde omisi regimen e manibus meis:
quocumque me ira, quo dolor, quo spes feret,
hoc ire pergam; fluctibus dedimus ratem.
ubi animus errat, optimum est casum sequi.
Nvt. Caeca est temeritas quae petit casum ducem.   145
Cl. Cui ultima est fortuna, quid dubiam timet?
Nvt. Tuta est latetque culpa, si pateris, tua.
Cl. Perlucet omne regiae uitium domus.
Nvt. Piget prioris et nouum crimen struis?
Cl. Res est profecto stulta nequitiae modus.   150
Nvt. Quod metuit auget qui scelus scelere obruit.
Cl. Et ferrum et ignis saepe medicinae loco est.
Nvt. Extrema primo nemo temptauit loco.
Cl. Rapienda rebus in malis praeceps uia est.
Nvt. At te reflectat coniugi nomen sacrum.   155
Cl. Decem per annos uidua respiciam uirum?
Nvt. Meminisse debes sobolis ex illo tuae.
Cl. Equidem et iugales filiae memini faces
et generum Achillem: praestitit matri fidem.
Nvt. Redemit illa classis immotae moras   160
et maria pigro fixa languore impulit.
Cl. Pudet doletque: Tyndaris, caeli genus,
lustrale classi Doricae peperi caput!
reuoluit animus uirginis thalamos meae
quos ille dignos Pelopia fecit domo,   165
cum stetit ad aras ore sacrifico pater

---

137 deiectus *Ascensius*[u.l.]: deuic- δ: -uinc- *Eβ*   143 hoc *E*: huc *A*
dedimus *E*: dedam *A*   146 cui *Eβ*: qui δ   154 rapienda *E*: cap- *A*
158 equidem *A*: et qu- *E*   160 NVT. *E*: cly. *A*   161 lang(u)ore
A: lango *E*   162 doletque *E*: piget- *A*   163 peperi *E*: -it *A*
166 sacrifico *E*: -lego *A*

quam nuptialis! horruit Calchas suae
responsa uocis et recedentes focos.
o scelera semper sceleribus uincens domus:
cruore uentos emimus, bellum nece!   170
sed uela pariter mille fecerunt rates?
non est soluta prospero classis deo;
eiecit Aulis impias portu rates.
    Sic auspicatus bella non melius gerit:
amore captae captus, immotus prece   175
Zminthea tenuit spolia Phoebei senis,
ardore sacrae uirginis iam tum furens.
non illum Achilles flexit indomitus minis,
non ille solus fata qui mundi uidet
(in nos fidelis augur, in captas leuis),   180
non populus aeger et relucentes rogi;
inter ruentis Graeciae stragem ultimam
sine hoste uictus marcet ac Veneri uacat
reparatque amores; neue desertus foret
a paelice umquam barbara caelebs torus,   185
ablatam Achilli diligit Lyrnesida
nec rapere puduit e sinu auulsam uiri—
en Paridis hostem! nunc nouum uulnus gerens
amore Phrygiae uatis incensus furit,
et post tropaea Troica ac uersum Ilium   190
captae maritus remeat et Priami gener.
    Accingere, anime: bella non leuia apparas.
scelus occupandum est; pigra, quem expectas diem?
Pelopia Phrygiac sceptra dum teneant nurus?
an te morantur uirgines uiduae domi   195
patrique Orestes similis? horum te mala

167 quam E: quasi A   169 uincens ω: pensans Bentley coll. Thy. 1103
170 emimus β: -nus Eδ   171 uela A: bella E   173 aulis A: alio E
176 zminthea E: zminthe β: et minthe δ; cf. Tarrant p. 365   senis E: ducis A
182 om. E   185 barbara E: uel suus A   186 lyrnesida E: briseidam A
187 auulsam (cf. Med 949) E: uulsam A   188 paridis A: rapidis E
190 troica A: -iaca E   194 om. A

uentura moueant, turbo quis rerum imminet.
quid, misera, cessas? [en adest gnatis tuis
furens nouerca] per tuum, si aliter nequit,
latus exigatur ensis et perimat duos;   200
misce cruorem, perde pereundo uirum:
mors misera non est commori cum quo uelis.
NVT. Regina, frena temet et siste impetus
et quanta temptes cogita: uictor uenit
Asiae ferocis, ultor Europae, trahit   205
captiua Pergama et diu uictos Phrygas;
hunc fraude nunc conaris et furto aggredi?
quem non Achilles ense uiolauit fero,
quamuis procacem toruus armasset manum,
non melior Aiax morte decreta furens,   210
non sola Danais Hector et bello mora,
non tela Paridis certa, non Memnon niger,
non Xanthus armis corpora immixta aggerens
fluctusque Simois caede purpureos agens,
non niuea proles Cycnus aequorei dei,   215
non bellicoso Thressa cum Rheso phalanx,
non picta pharetras et securigera manu
peltata Amazon, hunc domi reducem paras
mactare et aras caede maculare impia?
Vltrix inultum Graecia hoc facinus feret?   220
equos et arma classibusque horrens fretum
propone et alto sanguine exundans solum
et tota captae fata Dardaniae domus
regesta Danais—comprime adfectus truces
mentemque tibimet ipsa pacifica tuam.   225

198^b, 199^a (en . . . nouerca) *del. Ax.*   199 aliter *E*: aliquid δ: aliud β
201 pereundo *A*: perfunde *E*   202 cum quo ω: cuius *Ax.*
204 temptes *E*: -as *A*   207 nunc ω: tu *Bothe*   et furto *E*: insana *A*
213 immixta aggerens *Gronouius*: -a gerens *E*: -e g. *A*: -is g. *recc.*: immersis
ferens *Bentley*: immixtis f. *Tarrant*   220 ultrix *A*: uictrix *E*
225 ipsa *E²^{pc}*

AEGISTHVS

Quod tempus animo semper ac mente horrui
adest profecto, rebus extremum meis.
quid terga uertis, anime? quid primo impetu
deponis arma? crede perniciem tibi
et dira saeuos fata moliri deos: 230
oppone cunctis uile suppliciis caput,
ferrumque et ignes pectore aduerso excipe,
Aegisthe: non est poena sic nato mori.
    Tu nos pericli socia, tu, Leda sata,
comitare tantum: sanguinem reddet tibi   235
ignauus iste ductor ac fortis pater.
sed quid trementis circuit pallor genas
iacensque uultu languido optutus stupet?
CL. Amor iugalis uincit ac flectit retro,
referimur illuc, unde non decuit prius   240
abire; sed nunc casta repetatur fides,
nam sera numquam est ad bonos mores uia:
quem paenitet peccasse paene est innocens.
AE. Quo raperis amens? credis aut speras tibi
Agamemnonis fidele coniugium? ut nihil   245
subesset animo quod graues faceret metus,
tamen superba et impotens flatu nimis
Fortuna magno spiritus tumidos daret.
grauis ille sociis stante adhuc Troia fuit:
quid rere ad animum suapte natura trucem   250
Troiam addidisse? rex Mycenarum fuit,
ueniet tyrannus: prospera animos efferunt.

---

ante 226 Egistus. Clytemestra *A*: AEGISTVS. CLYTEMESTRA. NV-
TRIX *E*   229 perniciem *A*: permitti *E*   233 Cly. *praef. A*, *om. E*
234 periculi (-cli *recc.* [$\Sigma\mu$]) socia *A*: -clis otia *E*   236 pater *A*:
pariter *E*   240 referimur *M. Müller 1901, 268*: -emus *E*: remeemus *A*
247 impotens *A*: innocens *E*   252 efferunt ω: -ant *recc.* (*e, u.l.*)

Effusa circa paelicum quanto uenit
turba apparatu! sola sed turba eminet
tenetque regem famula ueridici dei.   255
feresne thalami uicta consortem tui?
at illa nolet. ultimum est nuptae malum
palam maritam possidens paelex domum.
nec regna socium ferre nec taedae sciunt.
CL. Aegisthe, quid me rursus in praeceps agis   260
iramque flammis iam residentem incitas?
permisit aliquid uictor in captam sibi:
nec coniugem hoc respicere nec dominam decet.
lex alia solio est, alia priuato in toro.
quid, quod seueras ferre me leges uiro   265
non patitur animus turpis admissi memor?
det ille ueniam facile cui uenia est opus.
AE. Ita est? pacisci mutuam ueniam licet?
ignota tibi sunt iura regnorum aut noua?
nobis maligni iudices, aequi sibi,   270
id esse regni maximum pignus putant,
si quidquid aliis non licet solis licet.
CL.   *   *   *   *   *   *
ignouit Helenae: iuncta Menelao redit
quae Europam et Asiam paribus afflixit malis.
AE. Sed nulla Atriden Venere furtiua abstulit   275
nec cepit animum coniugi obstrictum suae.
iam crimen ille quaerit et causas parat.
nil esse crede turpe commissum tibi:
quid honesta prodest uita, flagitio uacans?
ubi dominus odit, fit nocens, non quaeritur.   280

---

254 turba *E*: longe *A*   258 maritam *cod. Laur. 37, 3 (coni. Heinsius)*:
-a ω: -i *E*ᵖᶜΣμ   260 agis *E*: rapis *A*   262 aliquid *A*:
-quis *E*   264 solio *E*: socio *A*   priuato *A*: -a *E*   in ω: *om. recc.* (*M*)
269 aut *E*: haut *A*   *ante 273 uerba de Menelao facta excidisse uidit Tarrant*
273 ignouit *E*: agn- *A*   276 obstrictum *E*: -struc- *A*   279 uita *E*:
om. A   uacans *E*: carens *A*

Spartenne repetes spreta et Eurotan tuum
patriasque sedes profuga? non dant exitum
repudia regum: spe metus falsa leuas.
Cl. Delicta nouit nemo nisi fidus mea.
Ae. Non intrat umquam regium limen fides.   285
Cl. Opibus merebor, ut fidem pretio obligem.
Ae. Pretio parata uincitur pretio fides.
Cl. Surgit residuus pristinae mentis pudor;
quid obstrepis? quid uoce blandiloqua mala
consilia dictas? scilicet nubam tibi,   290
regum relicto rege, generosa exuli?
Ae. Et cur Atrida uideor inferior tibi,
gnatus Thyestae? Cl. Si parum est, adde et nepos.
Ae. Auctore Phoebo gignor; haud generis pudet.
Cl. Phoebum nefandae stirpis auctorem uocas,   295
quem nocte subita frena reuocantem sua
caelo expulistis? quid deos probro addimus?
subripere doctus fraude geniales toros,
quem Venere tantum scimus inlicita uirum,
facesse propere ac dedecus nostrae domus   300
asporta ab oculis: haec uacat regi ac uiro.
Ae. Exilia mihi sunt haud noua; assueui malis.
si tu imperas, regina, non tantum domo
Argisue cedo: nil moror iussu tuo
aperire ferro pectus aerumnis graue.   305

---

281 Spartenne *Ascensius*: -amne *E*: -em (-en *recc.*) num (non δ) *A*   eurotan
tuum *Gronouius*: eurotantum *E*: a tanto uiro *A*   283 metus *E*: -um *A*
288–91, 293ᵇ, 295–301 *Clyt. tribuit A*: *nutricis sunt in E* (*cf. Leonem i 83*)
290 nubam *recc.*: -et ω   *post* 290 *unum uersum qualis est u. 125 excidisse
suspicatus est Tarrant* (*relicto* nubet)   291 generosa *A*: -o *E*
293 thiestae *E*: -e *A*   297 addimus *E*: aduocas *A*   298 surripere
doctus . . . toros *A*: sub rupe reductus . . . tori *E*: subrupere doctus . . .
toros *Munro ad Lucr. 3. 1031* (*cf. Housman iii 1077*)   300 facesse *E*: secede *A*
ac *E*: om. *A*   nostrae *E*: clare *A*   301 regi ac *A*: regia *E*
302 sunt haud noua *E*: h. s. n. *A*

Cl. Siquidem hoc cruenta Tyndaris fieri sinam.
quae iuncta peccat debet et culpae fidem.
secede mecum potius, ut rerum statum
dubium ac minacem iuncta consilia explicent.

CHORVS

Canite, o pubes inclita, Phoebum! 310
  tibi festa caput turba coronat,
tibi uirgineas laurum quatiens
      de more comas
innuba fudit stirps Inachia.
Tu quoque nostros, Thespias hospes, 315
      comitare choros, ·
quaeque Erasini gelidos fontes,
      quaeque Eurotan,
quaeque uirenti tacitum ripa
      bibis Ismenon, ·
quam fatorum praescia Manto,
      sata Tiresia, 320
Latonigenas monuit sacris
      celebrare deos. ·

Arcus, uictor, pace relata,
      Phoebe, relaxa
umeroque graues leuibus telis
      pone pharetras 325
resonetque manu pulsa citata
      uocale chelys: ·

<hr>

ante 306 *aliquid excidisse suspicor*   306 sinam *A*Σ: am *detersum cum*
scholiis in E   307 iuncta *recc.*: inuita ω   310–87 *dimetri et monometri*
alternis uicibus E: dimetri claudente monometro A   314 fudit *E*: fundit *A*
stirps inachia *A*: -is -iae *E*   315 nostros *EC*: -o δη   Thespias hospes
Richter 1894, 31: thebais h. *E*: thebana manus *A*   321 sacris *A*: -i *E*
322 uictor *E*: -to *A*   pace *E*: phebe *A*

nil acre uelim magnumque modis
    intonet altis,
sed quale soles leuiore lyra
    flectere carmen   330
simplex, lusus cum docta tuos
    Musa recenset.   ·
licet et chorda grauiore sones,
    quale canebas
cum Titanas fulmine uictos
    uidere dei,   ·
uel cum montes montibus altis   335
    super impositi
struxere gradus trucibus monstris,
stetit imposita Pelion Ossa,
pinifer ambos pressit Olympus.

    Ades, o magni, soror et coniunx,   340
consors sceptri, regia Iuno:
tua te colimus turba Mycenae,
tu sollicitum supplexque tui
numinis Argos sola tueris,
tu bella manu pacemque geris;   345
tu nunc laurus Agamemnonias
    accipe uictrix.
Tibi multifora tibia buxo
    sollemne canit,   ·
tibi fila mouent docta puellae
    carmine molli,   350
tibi uotiuam matres Graiae
    lampada iactant:
ad tua coniunx candida tauri

331 lusus *E*: usus *A*   332 sonos *E^{ac}* (e *sscr.*)   334 sq. uictos |
uidere *E*: misso | fregere *A*   345 geris *recc.*: regis ω   346 laurus *E*:
claros *A*   agamennonias *E*: -os *A*

delubra cadet nescia aratri,
nullo collum signata iugo.   355

Tuque, o magni gnata Tonantis,
    incluta Pallas,
quae Dardanias saepe petisti
    cuspide turres,   ·
te permixto matrona minor
    maiorque choro   360
colit et reserat ueniente dea
    templa sacerdos:
tibi nexilibus turba coronis
    redimita uenit,   ·
tibi grandaeui lassique senes
compote uoto reddunt grates   365
libantque manu uina trementi.

Et te Triuiam nota memores
    uoce precamur:
tu maternam sistere Delon,
    Lucina, iubes,   ·
huc atque illuc prius errantem   370
    Cyclada uentis;   ·
nunc iam stabilis fixa terras
    radice tenet,
respuit auras religatque rates
    assueta sequi.
tu Tantalidos funera matris   375
    uictrix numeras: ·
stat nunc Sipyli uertice summo
    flebile saxum

365ᵃ *Prisc. gramm. 6. 68 (GL ii 253. 7)* Seneca in Phaedra 'Hippolyte . . .
facis' (*Phae 710*); in eadem 'compote uoto' (*falso Phaedrae fab. attributum*)

354 cadet *E*: -it *A*   358ᵇ, 358· s. p. c. t. *A*: c. t. s. p. *E*   367 triuiam
nota *E*: -a grata *A*   370 errantem *A*: -e *E*

et adhuc lacrimas marmora fundunt
    antiqua nouas.
colit impense femina uirque   380
    numen geminum.

Tuque ante omnis, pater ac rector
    fulmine pollens,
cuius nutu simul extremi
    tremuere poli,   ·
generis nostri, Iuppiter, auctor,   385
    cape dona libens   ·
abauusque tuam non degenerem
    respice prolem.

Sed ecce, uasto concitus miles gradu
manifesta properat signa laetitiae ferens
(namque hasta summo lauream ferro gerit)   390
fidusque regi semper Eurybates adest.

EVRYBATES

Delubra et aras caelitum et patrios lares
post longa fessus spatia, uix credens mihi,
supplex adoro. uota superis soluite:
telluris altum remeat Argolicae decus   395
tandem ad penates uictor Agamemnon suos.

CLYTEMESTRA

Felix ad aures nuntius uenit meas.
ubinam petitus per decem coniunx mihi
annos moratur? pelagus an terras premit?

---

post 379 *in* E *haec leguntur* lacrimas maesta aeternum | marmora manant
(*ex Ou. met. 6. 312 orta*)   382 tuque E: te- A   385· cape A: caede E
389 ferens E: ge- A   391 regi A: -is E   *ante* 392 Euribates.
Clitemestra A: EVRIBATES. CLYTEMESTRA. CHORVS E
393 credens E: conc(r)edens A

Ev. Incolumis, auctus gloria, laude inclitus   400
reducem expetito litori impressit pedem.
Cl. Sacris colamus prosperum tandem diem
et si propitios attamen lentos deos.
  Tu pande uiuat coniugis frater mei
et pande teneat quas soror sedes mea.   405
Ev. Meliora uotis posco et obtestor deos:
nam certa fari sors maris dubii uetat.
ut sparsa tumidum classis excepit mare,
ratis uidere socia non potuit ratem.
quin ipse Atrides aequore immenso uagus   410
grauiora pelago damna quam bello tulit
remeatque uicto similis, exiguas trahens
lacerasque uictor classe de tanta rates.
Cl. Quis fare nostras hauserit casus rates
aut quae maris fortuna dispulerit duces.   415
Ev. Acerba fatu poscis, infaustum iubes
miscere laeto nuntium. refugit loqui
mens aegra tantis atque inhorrescit malis.
Cl. Exprome: clades scire qui refugit suas
grauat timorem; dubia plus torquent mala.   420
Ev. Vt Pergamum omne Dorica cecidit face,
diuisa praeda est, maria properantes petunt.
iamque ense fessum miles exonerat latus,
neglecta summas scuta per puppes iacent;
ad militares remus aptatur manus   425
omnisque nimium longa properanti mora est.
signum recursus regia ut fulsit rate
et clara laetum remigem monuit tuba,
aurata primas prora designat uias
aperitque cursus, mille quos puppes secent.   430

---

402 prosperum . . . diem *Eβ*: -o . . . die δ   403 attamen *E*: artamur *A*
404 tu pande uiuat ω: t. p.: uiuit? *dubitanter Ax.*   414 quis fare nostras
hauserit casus rates *A*: effare casus quis rates hausit meas *E*   424 summas *A*: -a *E*   428 laetum *Leo* (*i 32*): lentum ω   remigem monuit *E*:
regimen emouit *A*   429 aurata . . . designat *E*: aurora . . . signauit *A*

Hinc aura primo lenis impellit rates
adlapsa uelis; unda uix actu leui
tranquilla Zephyri mollis afflatu tremit,
splendetque classe pelagus et pariter latet.
iuuat uidere nuda Troiae litora,   435
iuuat relicti sola Sigei loca.
properat iuuentus omnis adductos simul
lentare remos, adiuuat uentos manu
et ualida nisu bracchia alterno mouet.
sulcata uibrant aequora et latera increpant   440
dirimuntque canae caerulum spumae mare.
    Vt aura plenos fortior tendit sinus,
posuere tonsas, credita est uento ratis
fususque transtris miles aut terras procul,
quantum recedunt uela, fugientes notat,   445
aut bella narrat: Hectoris fortis minas
currusque et empto redditum corpus rogo,
sparsum cruore regis Herceum Iouem.
tunc qui iacente reciprocus ludit salo
tumidumque pando transilit dorso mare   450
Tyrrhenus omni piscis exultat freto
agitatque gyros et comes lateri adnatat,
anteire naues laetus et rursus sequi;
nunc prima tangens rostra lasciuit chorus,
millesimam nunc ambit et lustrat ratem.   455
iam litus omne tegitur et campi latent
et dubia pereunt montis Idaei iuga;
et uix (quod unum peruicax acies uidet)
Iliacus atra fumus apparet nota.
    Iam lassa Titan colla releuabat iugo,   460
in astra iam lux prona, iam praeceps dies:

432 actu leui *E*: tactu l. (-is β) *A*   439 ualida nisu brachia *A*:
-am subracchia *E**   444 miles *E*: nauita *A*   448 hercaeum *E*:
-culeum *A*   449 tunc *E*: tum *A*   452 agitatque *E*: agitque *A*
457 pereunt *Poggius*: parent ω   458 uix *Zw.*: iam *A*: id *E*
461 astra ω: alta *Damsté 1919, 112*

exigua nubes sordido crescens globo
nitidum cadentis inquinat Phoebi iubar;
suspecta uarius occidens fecit freta.
nox prima caelum sparserat stellis, iacent   465
deserta uento uela. tum murmur graue,
maiora minitans, collibus summis cadit
tractuque longo litus ac petrae gemunt;
agitata uentis unda uenturis tumet:
cum subito luna conditur, stellae latent;   470
nec una nox est: densa tenebras obruit   472
caligo et omni luce subducta fretum
caelumque miscet. undique incumbunt simul
rapiuntque pelagus infimo euersum solo   475
aduersus Euro Zephyrus et Boreae Notus.
sua quisque mittunt tela et infesti fretum
emoliuntur, turbo conuoluit mare:
Strymonius altas Aquilo contorquet niues
Libycusque harenas Auster ac Syrtes agit,   480
[nec manet in Austro; fit grauis nimbis Notus]
imbre auget undas; Eurus orientem mouet
Nabataea quatiens regna et Eoos sinus.
quid rabidus ora Corus Oceano exerens?
mundum reuelli sedibus totum suis   485
ipsosque rupto crederes caelo deos
decidere et atrum rebus induci chaos.
uento resistit aestus et uentus retro
aestum reuoluit; non capit sese mare:
in astra pontus tollitur, caelum perit   471

---

470 latent *E*: cadunt *A*   471 *post u.* 489 *transp. Tarrant*   perit ω:
an ferit? (*Zw. 1977, 169*)   472 una nox est *E*: n. u. e. δ: e. n. u. β
475 infimo euersum solo *A*: -um -o polo *E*   476 aduersus *A*: -os *E*ac
(u *sscr.*)   477 mittunt *A*: -it *E*   479 altas ω: *an* artas? (*Zw. 1977, 170*)
480 ac *A*: ad *E*   481 *del. Richter 1894, 15 sq.*   fit ω: flat *recc.*: sed
Damsté 1919, 112   483 et eoos sinus *A*: eteoeo sonus *E**   484 rabidus
E: rap- *A*   485 reuelli *A*: -it *E*   totum *E*β: mo- δ   486 rupto *E*:
-os *A*   487 decidere *A*: -ce- *E*

undasque miscent imber et fluctus suas.   490
nec hoc leuamen denique aerumnis datur,
uidere saltem et nosse quo pereant malo:
premunt tenebrae lumina et dirae Stygis
inferna nox est. excidunt ignes tamen
et nube dirum fulmen elisa micat;   495
miserisque lucis tanta dulcedo est malae:
hoc lumen optant. Ipsa se classis premit
et prora prorae nocuit et lateri latus.
illam dehiscens pontus in praeceps rapit
hauritque et alto redditam reuomit mari;   500
haec onere sidit, illa conuulsum latus
submittit undis, fluctus hanc decimus tegit;
haec lacera et omni decore populato leuis
fluitat nec illi uela nec tonsae manent
nec rectus altas malus antemnas ferens,   505
sed trunca toto puppis Ionio natat.
    Nil ratio et usus audet: ars cessit malis;
tenet horror artus, omnis officio stupet
nauita relicto, remus effugit manus.
in uota miseros ultimus cogit timor   510
eademque superos Troes et Danai rogant.
quid fata possunt! inuidet Pyrrhus patri,
Aiaci Vlixes, Hectori Atrides minor,
Agamemno Priamo: quisquis ad Troiam iacet
felix uocatur, cadere qui meruit gradu,   515
quem fama seruat, uicta quem tellus tegit.
'Nil nobile ausos pontus atque undae ferent?
ignaua fortes fata consument uiros?

    491 datur *E*: datum est *A*   496 miserisque ω: -ique *Schrader* (lucis . . .
malae *in parenthesi*)   500 mari *recc.*: -e ω   501 sidit *E*: se- *A*
503 lacera *A*: lat- *E*   populato *E*: -a *A*   506 trunca . . . puppis *E*:
structa . . . turpis *A*   ionio ω: in ponto *Housman ad Manil. 4. 767 (coll. 565
et Phae 1012)*: Icario *Wilamowitz*   507 ars cessit *E*: in magnis *A*
514 Agamemno *Gronouius*: -non ω   515 gradu *E*: manu *A*
517 ferent *A*: -unt *E*

perdenda mors est? quisquis es, nondum malis
satiate tantis, caelitum, tandem tuum   520
numen serena: cladibus nostris daret
uel Troia lacrimas. odia si durant tua
placetque mitti Doricum exitio genus,
quid hos simul perire nobiscum iuuat,
quibus perimus? sistite infestum mare: 525
uehit ista Danaos classis? et Troas uehit!'
nec plura possunt: occupat uocem mare.
    Ecce alia clades. fulmine irati Iouis
armata Pallas quidquid aut hasta minax
aut aegide et furore Gorgoneo potest,   530
hoc igne patrio temptat, et caelo nouae
spirant procellae. solus inuictus malis
luctatur Aiax. uela cogentem hunc sua
tento rudente flamma perstrinxit cadens.
libratur aliud fulmen: hoc toto impetu   535
certum reducta Pallas excussit manu,
imitata patrem. transit Aiacem et ratem
ratisque partem secum et Aiacem tulit.
nil ille motus, ardua ut cautes, salo
ambustus extat, dirimit insanum mare   540
fluctusque rumpit pectore et nauem manu
complexus ignes traxit et caeco mari
conlucet Aiax; omne resplendet fretum.
Tandem occupata rupe furibundum intonat:
'superasse saeuum pelagus atque ignes iuuat,   545
uicisse caelum Palladem fulmen mare.

525 sistite A: et s. E   526 dist. Ascensius (cf. Tro 270)   troas A:
troias E   uehit E: simul A   529 aut ω: haut recc. (MN); cf. M. Müller
1898, 38 sq.   530 aut . . . et Gronouius: aut . . . aut ω: haut . . . haut
M. Müller, ibid.   531 hoc Tarrant: aut ω   534 tento E: -so A
perstrinxit ω: prae- Richter 1894, 15   536 certum ω: tortum recc.
538 ratisque AE² (r in ras.): satis- Σ   aiacem recc.: -is A: magis E
542 ignes Madvig ii 125: in se ω   545 saeuum Delz (MH 46,57): nunc E:
nunc se A: n. iam Peiper: cuncta Richter: numen uel nunc nunc Ax.

non me fugauit bellici terror dei,
[et Hectorem una solus et Martem tuli]
Phoebea nec me tela pepulerunt gradu:
cum Phrygibus istos uicimus—tene horream   550
aliena inerti tela iaculantem manu?
quid si ipse mittat?' plura cum auderet furens,
tridente rupem subruit pulsam pater
Neptunus imis exerens undis caput
soluitque montem; quem cadens secum tulit   555
terraque et igne uictus et pelago iacet.
    Nos alia maior naufragos pestis uocat.
est humilis unda, scrupeis mendax uadis,
ubi saxa rapidis clausa uerticibus tegit
fallax Caphereus; aestuat scopulis fretum   560
feruetque semper fluctus alterna uice.
arx imminet praerupta quae spectat mare
utrimque geminum: Pelopis hinc oras tui
et Isthmon, arto qui recuruatus solo
Ionia iungi maria Phrixeis uetat,   565
hinc scelere Lemnon nobilem, hinc Anthedona
tardamque ratibus Aulida: hanc arcem occupat
Palamedis ille genitor et clarum manu
lumen nefanda uertice e summo efferens
in saxa ducit perfida classem face.   570
haerent acutis rupibus fixae rates;
has inopis undae breuia comminuunt uada,
pars uehitur huius prima, pars scopulo sedet;
hanc alia retro spatia relegentem ferit
et fracta frangit. iam timent terram rates   575
et maria malunt. cecidit in lucem furor:

---

548 *del. Leo i 209*   550 tene *E*: tandem *A*   551 iaculantem
manu *Heinsius 116*: pepulerunt gradu *E* (*iteratum ex u. 549*): mitti dextera *A*:
-is d. *Lipsius*: mittentem manu *Bentley*   556 terraque *E^rec* (*ex* o)
566 hinc Anthedona *Gronouius*: h. calchedona *A*: et c. *E*   568 ille *A*: -i *E*
569 e *recc.*: ex *A*: *om. E*   576 et maria malunt *E*: uoluntque maria *A*:
maluntque m. *recc.*

275

postquam litatum est Ilio, Phoebus redit
et damna noctis tristis ostendit dies.
CL. Vtrumne doleam laeter an reducem uirum?
remeasse laetor, uulnus et regni graue   580
lugere cogor. redde iam Grais, pater
altisona quatiens regna, placatos deos.
nunc omne laeta fronde ueletur caput,
sacrifica dulces tibia effundat modos
et niuea magnas uictima ante aras cadat.   585
    Sed ecce, turba tristis incomptae comas
Iliades adsunt, quas super celso gradu
effrena Phoebas entheas laurus quatit.

CHORVS

Heu quam dulce malum mortalibus additum
uitae dirus amor, cum pateat malis   590
effugium et miseros libera mors uocet,
portus aeterna placidus quiete.
nullus hunc terror nec impotentis
procella Fortunae mouet aut iniqui
        flamma Tonantis.   595
pax alta nullos ciuium coetus
timet aut minaces uictoris iras,
non maria asperis insana Coris,
non acies feras puluereamue nubem
motam barbaricis equitum cateruis,   600
non urbe cum tota populos cadentis

---

577 Ilio Phoebus *Gronouius*: illo ph. *E*: ph. in lucem *A*   579 leter an
A: an laetaere *E*   580 laetor *E*: -er *A*   et *E*: at *A*   583 fronde
A: -te *E*   *ante* 589 CHORVS. ILIADVM. CASSANDRA. *E*:
Chorus.Cassandra *A*   593 impotentis *E*: -ens *A*   594 sq. p. f. m.
a. i. | f. t. *E*: p. f. m. | a. i. f. t. *A*   597 minaces *A*: minas *E*
599 -ue *E*: -que *A*   600 motam *A*: -a *E*

hostica muros populante flamma
    indomitumque bellum.
Solus seruitium perrumpet omne
contemptor leuium deorum,   605
qui uultus Acherontis atri,
qui Styga tristem non tristis uidet
audetque uitae ponere finem:
par ille regi, par superis erit.
o quam miserum est nescire mori!   610

    Vidimus patriam ruentem
nocte funesta, cum Dardana tecta
Dorici raperetis ignes.   •
non illa bello uicta, non armis,
ut quondam Herculea cecidit pharetra;
quam non Pelei Thetidisque natus   615
carusque Pelidae nimium feroci
uicit, acceptis cum fulsit armis
fuditque Troas falsus Achilles,
aut cum ipse Pelides animos feroces
sustulit luctu celeremque saltu   620
Troades summis timuere muris,
perdidit in malis extremum decus
fortiter uinci: restitit annis
Troia bis quinis unius noctis
    peritura furto.   •

603 sqq. i. b. p. o. | s. c. l. d. *A*: i. b, | p. o. s. c. | l. d. *E*   603 -que *Ax.*:
-ue *E*: *om. A*   604 sol. seru. p. o. *Zw.*: p. o. seru. *E*: p. o. sol. *A*
606 sqq. qui . . . atri | qui . . . uidet | audetque . . . finem | par . . . erit | o . . .
mori *A*: qui . . . tristem | non . . . uitae | ponere . . . erit | o . . . est | n. m. *E*
611 sq. uidimus . . . funesta | cum . . . ignes ω   613 non armis *E*:
nec a. *A*   616 sqq. carusque . . . feroci | uicit . . . armis | fuditque . . .
achilles *A*: carusque . . . uicit | acceptis . . . troas | f. a. *E*   619 pelides
A: -os *E*   620 sqq. sustulit . . . saltu | troades . . . muris | perdidit . . .
decus | fortiter u. r. annis | troia bis quinis u. n. p. f. *A*: sustulit luctu | celerem-
que . . . summis | timuere . . . malis | extremum . . . uinci | restitit quinis bis
annis u. n. | p. f. *E*   624. furto *E*: fato *A*

Vidimus simulata dona 625
molis immensae Danaumque
fatale munus duximus nostra
creduli dextra tremuitque saepe
limine in primo sonipes cauernis
conditos reges bellumque gestans. 630
et licuit dolos uersare ut ipsi
fraude sua caderent Pelasgi:
saepe commotae sonuere parmae
tacitumque murmur percussit aures,
ut fremuit male subdolo 635
    parens Pyrrhus Vlixi.

Secura metus Troica pubes
sacros gaudet tangere funes.
hinc aequaeui gregis Astyanax,
hinc Haemonio desponsa rogo 640
ducunt turmas, haec femineas,
    ille uiriles.
festae matres uotiua ferunt
    munera diuis,
festi patres adeunt aras; 645
unus tota est uultus in urbe;
et, quod numquam post Hectoreos
uidimus ignes, laeta est Hecabe.

Quid nunc primum, dolor infelix,
quidue extremum deflere paras? 650
moenia diuum fabricata manu,
    diruta nostra?

625 sqq. uidimus . . . immensae | danaumque . . . nostra | creduli . . . sepe *A*:
uidimus . . . immensae | danaumque . . . duximus | nostra . . . saepe *E*
631 sqq. et . . . ipsi | fraude . . . pelasgi | sepe . . . parme | tacitumque . . . aures |
et . . . ulixi *A*: et . . . sua | caderent . . . commotae | sonuere . . . murmur |
percussit . . . subdolo | parens . . . ulixi *E*   631 dolos uersare *E*: uersare
dolos *A*   632 caderent *E*: capti caderent *A*   635 ut *Bothe*: et ω
641-4 *duo trimetri* ω   647 sq. *trim. cum monom. E: uno uersu A*   648 hecabe *recc.*: hecub(a)e ω   650 deflere *A*: deferre *E*   651 sq. *trimeter* ω

an templa deos super usta suos?
non uacat istis lacrimare malis:
te, magne parens, flent Iliades.   655
uidi, uidi senis in iugulo
telum Pyrrhi uix exiguo
        sanguine tingui.

CASSANDRA

Cohibete lacrimas omne quas tempus petet,
Troades, et ipsae uestra lamentabili   660
lugete gemitu funera: aerumnae meae
socium recusant. cladibus questus meis
remouete: nostris ipsa sufficiam malis.

CHO. Lacrimas lacrimis miscere iuvat:
magis exurunt quos secretae   665
        lacerant curae,   •
iuuat in medium deflere suos.
Nec tu, quamuis dura uirago
        patiensque mali,
poteris tantas flere ruinas.
non quae uerno mobile carmen   670
ramo cantat tristis aedon
Ityn in uarios modulata sonos,
non quae tectis Bistonis ales
residens.summis impia diri

---

655 flent *A*: flectent *E*   656-8 *duo dimetri, monom. E: dimeter cum
trim. A*   659 quas tempus petet *E*: q. t. -it *A*: quae t. -ent (*uel* -ant) *dubit.*
Tarrant: quis t. patet *Heinsius 117*   664 *dim.*, 665-8 *trim., dim., trim.*,
669-75 *dimetri*, 676-679ᵃ *duo trim.*, 679ᵇ-681ᵃ *dimetri*, 681ᵇ-685· *trim., duo dim.*,
trim., 686-92 *dimetri A*: 664-92 *dimetri E*   664 lacrimas lacrimis *E*:
-as -as *A*   665 quos *ω*: quae *Hier.*   667 tu *E*: enim *A*
669 flere *ω*: ferre *Courtney* (*in epistula ad Ax. missa*)   670 mobile *E*: no- *A*
671 aedon *Ascensiusᵘ·ˡ·*: -om *E*: edonis *A*   673 bistonis *A*: bis tonos *E*

furta mariti garrula narrat, 675
lugere tuam poterit digne
    conquesta domum,
licet ipse uelit clarus niueos
inter olores Histrum cycnus
Tanainque colens extrema loqui, 680
licet alcyones Ceyca suum
fluctu leuiter plangente sonent,
cum tranquillo male confisae
credunt iterum pelago audaces
fetusque suos nido pauidae 685
    titubante fouent,   ·
non si molles imitata uiros
tristis laceret bracchia tecum
quae turritae turba parenti
pectora rauco concita buxo
ferit ut Phrygium lugeat Attin. 690
non est lacrimis, Cassandra, modus,
quia quae patimur uicere modum.

Sed cur sacratas deripis capiti infulas?
miseris colendos maxime superos putem.
Ca. Vicere nostra iam metus omnis mala. 695
equidem nec ulla caelites placo prece
nec, si uelint saeuire, quo noceant habent.
Fortuna uires ipsa consumpsit suas.
quae patria restat, quis pater, quae iam soror?
bibere tumuli sanguinem atque arae meum. 700
quid illa felix turba fraterni gregis?
exhausta nempe: regia miseri senes
uacua relicti, totque per thalamos uident

675 narrat E: deflet A   678 ipse A: -a E   689 pectora E:
-e A   concita A: -tata   E buxo E: -um A   690 ferit A: fur- E
693 deripis E: di- A   694 CASS. praef. E, om. A   putem E: reor A
701 fraterni E: frm A   702 exhausta A: -u E   regia EC: -am δη
senes ET^{ac}: -is βP   703 uacua E: -am A

praeter Lacaenam ceteras uiduas nurus.
tot illa regum mater et regimen Phrygum,   705
fecunda in ignes Hecuba fatorum nouas
experta leges induit uultus feros:
circa ruinas rabida latrauit suas,
Troiae superstes, Hectori, Priamo, sibi.
CHO. Silet repente Phoebas et pallor genas   710
creberque totum possidet corpus tremor;
stetere uittae, mollis horrescit coma,
anhela corda murmure incluso fremunt,
incerta nutant lumina et uersi retro
torquentur oculi, rursus immoti rigent.   715
nunc leuat in auras altior solito caput
graditurque celsa, nunc reluctantis parat
reserare fauces, uerba nunc clauso male
custodit ore maenas impatiens dei.
CA. Quid me furoris incitam stimulis noui,   720
quid mentis inopem, sacra Parnasi iuga,
rapitis? recede, Phoebe, iam non sum tua,
extingue flammas pectori infixas meo.
cui nunc uagor uesana? cui bacchor furens?
iam Troia cecidit—falsa quid uates agor?   725
    Vbi sum? fugit lux alma et obscurat genas
nox alta et aether abditus tenebris latet.
sed ecce gemino sole praefulget dies
geminumque duplices Argos attollit domus.
Idaea cerno nemora: fatalis sedet   730

---

729 *Aldh. de metr. et enigm.* (*MGH auct. ant. 15, p. 194, 27*) sic eadem d littera
in t transmutatur, ut Lucius Annaeus Seneca in sexto uolumine tetrametro
brachicatalecto sic ait 'geminumque . . . domus'   730 *cf. inscr. Pomp.*
(*CIL iv Suppl. 2, 6698*) idai cernu nemura; *ibidem paulo ante* iter sacmtas, *unde*
sed cur sacratas (*Ag 693*) *ingeniose elicuit Lebek* ΖΡΕ *59, 1985, 1-6*

---

710 phebas *A*: -a *E*   715 immoti *Bentley*: immites ω   725 agor
recc.: ago ω   729 domus *E Aldh.*: -os *A*   730 idea *A*: idae *E*: idai
inscr. Pomp.   730 sq. *interrog. notas posuit Housman 1923, 169*

inter potentes arbiter pastor deas.
timete, reges, moneo, furtiuum genus:
agrestis iste alumnus euertet domum.
Quid ista uecors tela feminea manu
destricta praefert? quem petit dextra uirum   735
Lacaena cultu, ferrum Amazonium gerens?
quae uersat oculos alia nunc facies meos?
uictor ferarum colla sublimis iacet
ignobili sub dente Marmaricus leo,
morsus cruentos passus audacis leae.   740
    Quid me uocatis sospitem solam e meis,
umbrae meorum? te sequor, tota pater
Troia sepulte; frater, auxilium Phrygum
terrorque Danaum, non ego antiquum decus
uideo aut calentes ratibus exustis manus,   745
sed lacera membra et saucios uinclo graui
illos lacertos. te sequor, nimium cito
congresse Achilli Troile; incertos geris,
Deiphobe, uultus, coniugis munus nouae.
iuuat per ipsos ingredi Stygios lacus,   750
iuuat uidere Tartari saeuum canem
auidique regna Ditis! haec hodie ratis
Phlegethontis atri regias animas uehet,
uictamque uictricemque. uos, umbrae, precor,
iurata superis unda, te pariter precor: 755
reserate paulum terga nigrantis poli,

731 potentes ω: pe- e   733 iste E: ille A   735 destricta E: di- A
736 cultu A: uu- E   737 alia A: alta E   738 uictor . . . sublimis
E: -to . . . uexatus A   740 leae E: dee A   742 te sequor A: testis
uel E   745 ratibus exustis A: ruptas bustis E: 'fort. ratibus ambustis'
M. Müller 1898, 39 sq.   746 membra et saucios uinclo A: menbra
connectens uinculo E   747 illos E: fortes A   lacertos A: -o E
sequor nimium A: sequitur tuum E   748 troile A: troia E
751 seuum E^{pc}   753 uehet A: -it E   755 del. Tarrant (om. P.Nd)
756 terga ω: regna Damsté 1919, 113 sq.   nigrantis E: mi- A

leuis ut Mycenas turba prospiciat Phrygum.
spectate, miseri: fata se uertunt retro.

Instant sorores squalidae,
anguinea iactant uerbera,   760
fert laeua semustas faces
turgentque pallentes genae
et uestis atri funeris
exesa cingit ilia

*   *   *

strepuntque nocturni metus   765
et ossa uasti corporis
corrupta longinquo situ
palude limosa iacent.
Et ecce, defessus senex
ad ora ludentes aquas   770
non captat oblitus sitim,
maestus futuro funere.
exultat et ponit gradus
pater decoros Dardanus.

Cho. Iam peruagatus ipse se fregit furor,   775
caditque flexo qualis ante aras genu
ceruice taurus uulnus incertum gerens.
releuemus artus.—En deos tandem suos
uictrice lauru cinctus Agamemnon adit,
et festa coniunx obuios illi tulit   780
gressus reditque iuncta concordi gradu.

759-74 *dimetri E*: *tetrametri A*   760 anguinea *Heinsius 119*: san- ω
uerbera *E*: uerba *A*   762 turgentque *E*: ardent- *A*   764 exesa *A*:
excisa *E*   *post* 764 *lacunam statuit Peiper; aliquid de Lernae nemore dictum
fuisse suspicor*   771 sitim *E*: -is *A*   772 futuro *AE^{pc}*: furore *E^{ac}*
(*ut uid.*)   *ante* 775 Chorus Troianorum *A: om. E*   776 genu *E*:
gradu *A*   777 incertum *E*: incisa *A*   778 en deos *E*: entheos *A*
779 lauru *E*: -o *A*   780 et festa coniux *E*: coniu(n)xque pariter *A*
obuios *A*: -us *E^{ac}*   781 reditque *recc.*: redit *A*: ridetque *E*

AGAMEMNON

Tandem reuertor sospes ad patrios lares;
o cara salue terra! tibi tot barbarae
dedere gentes spolia, tibi felix diu
potentis Asiae domina summisit manus.   785
   Quid ista uates corpus effusa ac tremens
dubia labat ceruice? famuli, attollite,
refouete gelido latice. iam recipit diem
marcente uisu. Suscita sensus tuos:
optatus ille portus aerumnis adest.   790
festus dies est. CA. Festus et Troiae fuit.
AG. Veneremur aras. CA. Cecidit ante aras pater.
AG. Iouem precemur pariter. CA. Herceum Iouem?
AG. Credis uidere te Ilium? CA. Et Priamum simul.   794
AG. Hic Troia non est. CA. Vbi Helena est, Troiam puta.
AG. Ne metue dominam famula. CA. Libertas adest.
AG. Secura uiue. CA. Mihi mori est securitas.
AG. Nullum est periclum tibimet. CA. At magnum tibi.
AG. Victor timere quid potest? CA. Quod non timet.
AG. Hanc fida famuli turba, dum excutiat deum,   800
retinete ne quid impotens peccet furor.
   At te, pater, qui saeua torques fulmina
pellisque nubes, sidera et terras regis,
ad quem triumphi spolia uictores ferunt,
et te sororem cuncta pollentis uiri,   805
Argolica Iuno, pecore uotiuo libens
Arabumque donis supplice et fibra colam.

---

787 *Aldh.* (*uide ad 729*) et infra 'dubia . . . attollite'

ante 782 AGAMENNON. CASSANDRA ω   785 domina *Martini*:
Troia ω   786 quid *E*: cur *A*   793 hercaeum *E*: -culeum *A*
794 'an delend.?' *Ax.*   795 ubi helena ω: H. u. *Schmidt 1860, 51*   puta
Zw. 1980, 192: -o ω   797 mihi mori est s. *E*: mors mihi e. s. β: mors
m. s. e. *P*: mors e. m. s. *T*   798 tibi *E*: t. est *A*   807 supplice
(*cf. Tro 709*) ω: -i *recc.*

AGAMEMNON

Chorvs

Argos nobilibus nobile ciuibus,
Argos iratae carum nouercae,
semper ingentes educas alumnos,   810
imparem aequasti numerum deorum:
tuus ille bis seno meruit labore
adlegi caelo magnus Alcides,
cui lege mundi Iuppiter rupta
roscidae noctis geminauit horas   815
iussitque Phoebum
tardius celeres agitare currus
et tuas lente remeare bigas,
         candida Phoebe.   •
*   *   *   rettulitque pedem
nomen alternis stella quae mutat   820
seque mirata est Hesperum dici.
Aurora mouit   •
ad solitas uices caput et relabens
imposuit seni collum marito.
Sensit ortus, sensit occasus
Herculem nasci: uiolentus ille   825
nocte non una poterat creari.
tibi concitatus substitit mundus,
o puer subiture caelum.

ante 808 Chorus *A*: CHORVS.CASSANDRA *E*   810-15 *discripsi*
cum A, 816 *cum Tarrantio*, 817-818· *cum E*: 810 sqq. s. i. a. | c. n. d. | i. ae. t. i. |
bis . . . labore | a. c. | magnus . . . mundi | I. r. g. h. | r. n. i. Ph. *E*: 816 sqq. i. Ph.
t. c. | a. c. et t. l. | r. b. c. Ph. *A*   810 educas alumnos *A*: al- ed- *E*
811 i. ae. n. d. *A*: n. d. i. ae. *E*   815 r. n. g. h. *A*: g. h. r. n. *E*
818 candida *A*: pallida *E*   819-21 *discripsit Leo*, 822, 823 *Ƶw.*:
r. p. n. a. | stella . . . est | Hesperum . . . mouet | ad s. u. | caput . . .
seni | c. m. *E*: r. p. a. n. | stella . . . est | Hesperum . . . mouit | ad . . .
relabens | imposuit . . . mariti *A*   819 *lacunam indicau. Ƶw.*   retulitque
A: que *om. E*   nomen alternis *E*: a. n. *A*   822 mouit *A*: -et *E*
823 seni collum marito *E*: -is humero -i *A*   825 *uno uersu A*: h. n. |
u. i. *E*   828 puer ω: p. magnum (*cf. Oed 497*) *Fabricius*

Te sensit Nemeaeus arto
pressus lacerto fulmineus leo   830
ceruaque Parrhasis,
sensit Arcadii populator agri
gemuitque taurus Dictaea linquens
            horridus arua.

Morte fecundum domuit draconem   835
uetuitque collo pereunte nasci,
geminosque fratres
pectore ex uno tria monstra natos
stipite incusso fregit insultans
duxitque ad ortus Hesperium pecus,   840
Geryonae spolium triformis.

Egit Threicium gregem,
quem non Strymonii gramine fluminis
Hebriue ripis pauit tyrannus:
hospitum dirus stabulis cruorem   845
praebuit saeuis tinxitque crudos
ultimus rictus sanguis aurigae.

Vidit Hippolyte ferox
pectore e medio rapi
spolium, et sagittis nube percussa   850
Stymphalis alto decidit caelo
arborque pomis fertilis aureis
extimuit manus insueta carpi
fugitque in auras leuiore ramo.

audiuit sonitum crepitante lamna   855
frigidus custos nescius somni,

837-41 *discripsi cum Leone* (*i 131*): geminosque . . . uno | tria . . . incusso | fregit
. . . ortus ω   H. p. | G. s. t. *A*: H. p. G. | s. t. *E*   838 ex *E*: ab *A*
841 gerionae *E*: -ee δ: -ei β   842-4 *discripsi cum A*: egit . . . non |
Strimonii . . . Hebriue | r. p. t. *E*   842 treicium *A*: threc- *E*
846 seuis tinxitque *A*: saeuistrinx- *E*   847 ultimus *A*: -os *E*
849 pectore ω: *an* corpore? *cf. Hf 544*   850, 851 *discripsi cum Marxio* (*47*):
s. et s. | nube . . . alto | d. c. ω   850 sagittis *E*: -as *A*   851 decidit
A: cec- *E*   855 lamna *E*: lamina δ: flamma β

linqueret cum iam nemus omne fuluo
plenus Alcides uacuum metallo.
Tractus ad caelum canis inferorum
triplici catena tacuit nec ullo   860
     latrauit ore,   •
lucis ignotae metuens colorem.
Te duce succidit
mendax Dardanidae domus
et sensit arcus iterum timendos;
te duce concidit totidem diebus   865
     Troia quot annis.

CA. Res agitur intus magna, par annis decem.
eheu quid hoc est? anime, consurge et cape
pretium furoris: uicimus uicti Phryges.
bene est, resurgis Troia; traxisti iacens   870
pares Mycenas, terga dat uictor tuus!
Tam clara numquam prouidae mentis furor
ostendit oculis: uideo et intersum et fruor;
imago uisus dubia non fallit meos:
spectemus! epulae regia instructae domo,   875
quales fuerunt ultimae Phrygibus dapes,
celebrantur: ostro lectus Iliaco nitet
merumque in auro ueteris Assaraci trahunt.
et ipse picta ueste sublimis iacet,
Priami superbas corpore exuuias gerens.   880
  Detrahere cultus uxor hostiles iubet,
induere potius coniugis fidae manu

---

857 fuluo *A*: *om.* *E**   861 sq. latr. . . . ignotae *uno uersu* ω
862–6 met. . . . succ. | m. d. d. | et . . . tim. | te . . . di. | t. q. a. *A*: met. col. | te . . .
men. | dar. . . . arc. | it. . . . con. | tot. . . . annis *E*   862 succidit *A*:
-edit *E*   863 dardanidae *recc.*: -i(a)e ω   864 timendos *A*: -o *E*
ante 867 Cassandra δη: *uersui* 867 *praef.* CAS. *EC*   867 agitur *A*:
-tatur *E*   par annis *A*: per -os *E*   868 anime *A*: -a *E*
870 resurgis *A*: -it *E*   871 pares *A*: parens *E*   872 furor *E*:
pudor *A*   873 et fruor *A*: f. *E*   875 spectemus *E*: -amus *A*

L. ANNAEI SENECAE

textos amictus—horreo atque animo tremo:
regemne perimet exul et adulter uirum?
uenere fata. sanguinem extremae dapes   885
domini uidebunt et cruor Baccho incidet.
Mortifera uinctum perfidae tradit neci
induta uestis: exitum manibus negant
caputque laxi et inuii cludunt sinus.
haurit trementi semiuir dextra latus,   890
nec penitus egit: uulnere in medio stupet.
At ille, ut altis hispidus siluis aper
cum casse uinctus temptat egressus tamen
artatque motu uincla et in cassum furit,
cupit fluentes undique et caecos sinus   895
dissicere et hostem quaerit implicitus suum.
    Armat bipenni Tyndaris dextram furens,
qualisque ad aras colla taurorum prius
designat oculis   *   *   *   *
*   *   *   antequam ferro petat,
sic huc et illuc impiam librat manum.   900
habet, peractum est. pendet exigua male
caput amputatum parte et hinc trunco cruor
exundat, illinc ora cum fremitu iacent.
Nondum recedunt: ille iam exanimem petit
laceratque corpus, illa fodientem adiuuat.   905
uterque tanto scelere respondet suis:
est hic Thyestae natus, haec Helenae soror.
    Stat ecce Titan dubius emerito die,
suane currat an Thyestea uia.

887 perfidae] -e ω   tradit E: -et A   888 negant Gronouius: -at ω
889 inuii A: inuli E   891 egit E: agit A   899 post oculis talem
sententiam excidisse censet Zw. 1978, 156 ⟨et parat certum manu | uulnus
(uel ictum) sacerdos⟩ (post 898 lacunam suspicatus erat Rossbach 1904, 363)
904 exanimem A: -ae E   907 est hic E: h. e. A   thyestae Heroldtus:
-e ω; cf. 985   909 suane A: sua nec E

Electra

Fuge, o paternae mortis auxilium unicum,　　　910
fuge et scelestas hostium euita manus.
euersa domus est funditus, regna occidunt.
　Quis iste celeres concitus currus agit?
germane, uultus ueste furabor tuos.
quid, anime demens, refugis? externos times?　　915
domus timenda est. pone iam trepidos metus,
Oresta: amici fida praesidia intuor.

Strophivs

Phocide relicta Strophius Elea inclutus
palma reuertor. causa ueniendi fuit
gratari amico, cuius impulsum manu　　　920
cecidit decenni Marte concussum Ilium.
　Quaenam ista lacrimis lugubrem uultum rigat
pauetque maesta? regium agnosco genus.
Electra, fletus causa quae laeta in domo est?
El. Pater peremptus scelere materno iacet,　　925
comes paternae quaeritur natus neci,
Aegisthus arces Venere quaesitas tenet.
St. O nulla longi temporis felicitas!
El. Per te parentis memoriam obtestor mei,
per sceptra terris nota, per dubios deos:　　930
recipe hunc Oresten ac pium furtum occule.
St. Etsi timendum caesus Agamemnon docet,
aggrediar et te, Oresta, furabor libens.

---

ante 910 ELECTRA. FVGIENS. ORESTES TACITVS *E*: Electra *A*
911 fuge et *E*: fugito *A*　　euita *A*: uita *E*　　　913 quis iste celeres *A*:
hospes quis iste *E*　　concitus ω: -os *Gronouius*　　915 quid *E*: quos *A*
times *E*: fugis *A*　　*ante* 918 STROPHIVS. ELECTRA. ORESTES *E*:
Strophius. Electra *A*　　918 Phocide relicta ω: *an* -da -am? (*cf. Zw. 1977,*
175)　　924 fletus *E*: luctus *A*　　932 cesus *A*: quid sit *E*

[fidem secunda poscunt, aduersa exigunt]
cape hoc decorum ludicri certaminis,   935
insigne frontis; laeua uictricem tenens
frondem uirenti protegat ramo caput,
et ista donum palma Pisaei Iouis
uelamen eadem praestet atque omen tibi.
Tuque, o paternis assidens frenis comes,   940
condisce, Pylade, patris exemplo fidem.
    Vos Graecia nunc teste ueloces equi
infida cursu fugite praecipiti loca.
EL. Excessit, abiit, currus effreno impetu
effugit aciem. tuta iam opperiar meos   945
hostes et ultro uulneri opponam caput.
    Adest cruenta coniugis uictrix sui,
et signa caedis ueste maculata gerit.
manus recenti sanguine etiamnunc madent
uultusque prae se scelera truculenti ferunt.   950
concedam ad aras.—Patere me uittis tuis,
Cassandra, iungi paria metuentem tibi.

CLYTEMESTRA

    Hostis parentis, impium atque audax caput,
quo more coetus publicos uirgo petis?
EL. Adulterorum uirgo deserui domum.   955
CL. Quis esse credat uirginem— EL. Gnatam tuam?
CL. Modestius cum matre. EL. Pietatem doces?
CL. Animos uiriles corde tumefacto geris;
sed agere domita feminam disces malo.
EL. Nisi forte fallor, feminas ferrum decet.   960

934 *del. Peiper*   secunda *A*: -am *E*   posc. fid. secunda et (at *Ascensius*) adu.
ex. *recc.*   938 donum *E*: demum *A*   951 uittis *E*: uictis *A*
ante 953 CLYTEMESTRA. ELECTRA. (A)EGISTVS. CASSANDRA ω
957 pietatem *E*: eia tandem *A*   959 feminam *A*: semitam *E*
960 nisi *E*: ni *A*

Cl. Et esse demens te parem nobis putas?
El. Vobis? quis iste est alter Agamemnon tuus?
ut uidua loquere: uir caret uita tuus.
Cl. Indomita posthac uirginis uerba impiae
regina frangam; citius interea mihi   965
edissere ubi sit gnatus, ubi frater tuus.
El. Extra Mycenas. Cl. Redde nunc gnatum mihi.
El. Et tu parentem redde. Cl. Quo latitat loco?
El. Tuto quietus, regna non metuens noua:
iustae parenti satis. Cl. At iratae parum.   970
morieris hodie. El. Dummodo hac moriar manu.
recedo ab aris. siue te iugulo iuuat
mersisse ferrum, praebeo iugulum tibi;
seu more pecudum colla resecari placet,
intenta ceruix uulnus expectat tuum.   975
scelus paratum est: caede respersam uiri
atque obsoletam sanguine hoc dextram ablue.
Cl. Consors pericli pariter ac regni mei,
Aegisthe, gradere. gnata genetricem impie
probris lacessit, occulit fratrem abditum.   980

AEGISTHVS

Furibunda uirgo, uocis infandae sonum
et aure uerba indigna materna opprime.
El. Etiam monebit sceleris infandi artifex,
per scelera natus, nomen ambiguum suis,
idem sororis gnatus et patris nepos?   985
Cl. Aegisthe, cessas impium ferro caput

961 demens te parem nobis E: p. n. d. t. A: n. t. p. d. Poggius
962 uobis E: no- A   963 post 965 A   ut E: tu A   967 extra E:
exiit A   970ᵃ Electrae, 970ᵇ Clytem. tribuit Poggius: totus uersus Electrae est
in A, Clytem. in E   iuste A: dixi E   973 tibi E: uolens A: libens recc.
976 paratum E: peractum A   977 obsoletam ET (-sel- T): ab- βP
979 gradere E: grandes δ: gaudes β   (g)nata A: gnatam E   980 occulit . . . abditum E: a. . . . o. A

291

dcmetere? fratrem reddat aut animam statim.
Ae. Abstrusa caeco carcere et saxo exigat
aeuum; per omnes torta poenarum modos
referre quem nunc occulit forsan uolet.   990
inops egens inclusa, paedore obruta,
uidua ante thalamos, exul, inuisa omnibus
aethere negato sero subcumbet malis.
El. Concede mortem. Ae. Si recusares, darem:
rudis est tyrannus morte qui poenam exigit.   995
El. Mortem aliquid ultra est? Ae. Vita, si cupias mori.—
Abripite, famuli, monstrum et auectam procul
ultra Mycenas ultimo in regni angulo
uincite saeptam nocte tenebrosi specus,
ut inquietam uirginem carcer domet.   1000
Cl. At ista poenas capite persoluet suo
captiua coniunx, regii paelex tori.
trahite, ut sequatur coniugem ereptum mihi.
Ca. Ne trahite, uestros ipsa praecedam gradus.
perferre prima nuntium Phrygibus meis   1005
propero: repletum ratibus euersis mare,
captas Mycenas, mille ductorem ducum,
ut paria fata Troicis lueret malis,
perisse dono, feminae stupro, dolo.
nihil moramur, rapite, quin grates ago: 1010
iam, iam iuuat uixisse post Troiam, iuuat.
Cl. Furiosa, morere. Ca. Veniet et uobis furor.

988 AEG. *E*: om. *A*   989 per *A*: et p. *E*   991 obruta *E*: obsita *A*
994^b AEG. *E*: cli. *A*   996 mortem *A*: -e *E*   996^b AEG. *E*: cli. *A*
1001 ista *A*: ipsa *E*   1003 mihi ω: sibi *Grotius (coll. HO 436)*
1008 lueret *E*: tulerit *A*   1009 *dist. Tarrant*   1012 furiosa *E*:
furibunda *A*   MARCI.LVCII.ANNEI. SENECAE. AGAMENNON.
EXPLICIT. INCIPIT THYESTES. FELICITER. *E*: L(ucii) annei senece
agamenon explicit. Incipit octauia eiusdem *A*

THYESTES

PERSONAE

Tantali Vmbra
Fvria
Atrevs
Satelles
Thyestes
Tantalvs
Plisthenes tacitus
Nvntivs
Chorvs

Scaena Mycenis

Tantali Vmbra

Quis inferorum sede ab infausta extrahit
auido fugaces ore captantem cibos?
quis male deorum Tantalo uisas domos
ostendit iterum? peius inuentum est siti
arente in undis aliquid et peius fame   5
hiante semper? Sisyphi numquid lapis
gestandus umeris lubricus nostris uenit
aut membra celeri differens cursu rota,
aut poena Tityi qui specu uasto patens
uulneribus atras pascit effossis aues   10
et nocte reparans quidquid amisit die
plenum recenti pabulum monstro iacet?
in quod malum transcribor? o quisquis noua
supplicia functis durus umbrarum arbiter
disponis, addi si quid ad poenas potest   15
quod ipse custos carceris diri horreat,
quod maestus Acheron paueat, ad cuius metum
nos quoque tremamus, quaere: iam nostra subit
e stirpe turba quae suum uincat genus
ac me innocentem faciat et inausa audeat.   20
regione quidquid impia cessat loci
complebo—numquam stante Pelopea domo
Minos uacabit.

---

scaenae inscriptum TANTALI.VMBRA.FVRIA. in E: inscr. om. A
per totam scaenam Furiae partes Mega(e)rae dantur in A   1 TANT. E:
om. A   inferorum . . . extrahit E: me furor nunc . . . abstr- A
3 uisas E: uiuas A   domos A: -o E   9 qui specu uasto patens E:
semper accrescens iecur A   10 uulneribus ω: uiscer- Auantius
12 monstro ω: rostro Damsté 1918, 368   15 addi Gronouius: -e ω
potest E: -es A   18 uno uersu A: duobus uersiculis (n. q. t. | q. i. n. s.) E
quaere Ascensius: quare ω   20 sqq. integris uersibus A: ac . . . faciat | et . . .
regione | quidquid . . . complebo | numquam . . . domo E

FVRIA

Perge, detestabilis
umbra, et penates impios furiis age.
certetur omni scelere et alterna uice   25
stringatur ensis; nec sit irarum modus
pudorue, mentes caecus instiget furor,
rabies parentum duret et longum nefas
eat in nepotes; nec uacet cuiquam uetus
odisse crimen: semper oriatur nouum,   30
nec unum in uno, dumque punitur scelus,
crescat. superbis fratribus regna excidant
repetantque profugos; dubia uiolentae domus
fortuna reges inter incertos labet:
miser ex potente fiat, ex misero potens,   35
fluctuque regnum casus assiduo ferat.
ob scelera pulsi, cum dabit patriam deus
in scelera redeant, sintque tam inuisi omnibus
quam sibi; nihil sit ira quod uetitum putet:
fratrem expauescat frater et gnatum parens   40
gnatusque patrem; liberi pereant male,
peius tamen nascantur; immineat uiro
infesta coniunx: bella trans pontum uehant,
effusus omnis irriget terras cruor,
supraque magnos gentium exultet duces   45
Libido uictrix; impia stuprum in domo
leuissimum sit facinus: et fas et fides
iusque omne pereat. non sit a uestris malis
immune caelum—cur micant stellae polo
flammaeque seruant debitum mundo decus?   50
nox alta fiat, excidat caelo dies.

26 stringatur ensis nec *E*: -antur -es ne *A*   36 fluctuque *A*: lu- *E*
37 cum *A*: dum *E*   42 sq. *integris uersibus A*: peius . . . nasc. | immin.
. . . uehant *E*   43 infesta ω: inc- *Cornelissen 176*   47 facinus
Bentley: fratris ω   *post* fratris *dist. Commelinus*: *post* sit *edd.*   48 a *A*:
om. E   49 cur *E*: cum *A*   51 alta δ: alia *E*: atra β

Misce penates, odia caedes funera
accerse et imple Tantalo totam domum.
ornetur altum columen et lauro fores
laetae uirescant, dignus aduentu tuo   55
splendescat ignis—Thracium fiat nefas
maiore numero. dextra cur patrui uacat?
[nondum Thyestes liberos deflet suos?]
ecquando tollet? ignibus iam subditis
spument aena, membra per partes eant   60
discerpta, patrios polluat sanguis focos,
epulae instruantur—non noui sceleris tibi
conuiua uenies. liberum dedimus diem
tuamque ad istas soluimus mensas famem:
ieiunia exple, mixtus in Bacchum cruor   65
spectante te potetur; inueni dapes
quas ipse fugeres—siste, quo praeceps ruis?
TA. Ad stagna et amnes et recedentes aquas
labrisque ab ipsis arboris plenae fugas.
abire in atrum carceris liceat mei   70
cubile, liceat, si parum uideor miser,
mutare ripas: alueo medius tuo,
Phlegethon, relinquar igneo cinctus freto.
Quicumque poenas lege fatorum datas
pati iuberis, quisquis exeso iaces   75
pauidus sub antro iamque uenturi times
montis ruinam, quisquis auidorum feros
rictus leonum et dira Furiarum agmina
implicitus horres, quisquis immissas faces
semiustus abigis, Tantali uocem excipe   80
properantis ad uos: credite experto mihi,

53 accerse (*cf. Oed 823*) *E*μ: arcesse *A*   tantalo totam *E*: scelere tan-
taleam *A*   56 splendescat *A*: slen- *E*   58 *del. Tarrant*
59 ecquando *Ascensius*: et qu- ω   60 spument aena *E*: spumante -o *A*
61 patrios ω: -uos *recc.*   67 preceps *A*: -ces *E*   68 amnes *A*:
manes *E*   70 in atrum β: ma- δ: in antrum *E*   72 ripas *A*: ipse *E*
76 iamque *E*: quique *A*   77 feros *A*: -es *E*

amate poenas. quando continget mihi
effugere superos? Fv. Ante perturba domum
inferque tecum proelia et ferri malum
regibus amorem, concute insano ferum   85
pectus tumultu. Ta. Me pati poenas decet,
non esse poenam. mittor ut dirus uapor
tellure rupta uel grauem populis luem
sparsura pestis? ducam in horrendum nefas
auus nepotes? magne diuorum parens   90
nosterque (quamuis pudeat), ingenti licet
taxata poena lingua crucietur loquax,
nec hoc tacebo: moneo, ne sacra manus
uiolate caede neue furiali malo
aspergite aras. stabo et arcebo scelus.   95
    Quid ora terres uerbere et tortos ferox
minaris angues? quid famem infixam intimis
agitas medullis? flagrat incensum siti
cor et perustis flamma uisceribus micat.
sequor.   100
Fv. Hunc, hunc furorem diuide in totam domum.
sic, sic ferantur et suum infensi inuicem
sitiant cruorem.—sentit introitus tuos
domus et nefando tota contactu horruit.
Actum est abunde. gradere ad infernos specus   105
amnemque notum; iam tuum maestae pedem
terrae grauantur: cernis ut fontis liquor
introrsus actus linquat, ut ripae uacent
uentusque raras igneus nubes ferat?

82 *post* 84 *E* (*ordinem corr. al. man.*)   86^b sq. me . . . decet | non . . .
uapor *A*: me . . . poenam | mittor . . . uapor *E*   87 mittor ω: *fort.* mittar . . .?
90 auus *E*: -os *A*   92 loquax *E*: -ar *A*   93 sacra *A*: -as *E*
94 uiolatae *E*: -a *A*   95 aspergite *E*: -at *A*   97 intimis *E*: inf- *A*
98 agitas *E*: ac- δ: acc- β   99 cor ω: iecur *Bentley*   100 sq. sequor
(*proprio uersu*) | hunc hunc *E*: s. | nunc o *A*: sequor hunc (*uno uersu*) *Grotius*
103 sentit *E*: -sit *A*   104 nefando *E^{pc}* (*ex* a)   106 tuum . . . pedem
E: -o . . . -e *A*

pallescit omnis arbor ac nudus stetit   110
fugiente pomo ramus, et qui fluctibus
illinc propinquis Isthmos atque illinc fremit
uicina gracili diuidens terra uada,
longe remotos latus exaudit sonos.
iam Lerna retro cessit et Phoronides   115
latuere uenae nec suas profert sacer
Alpheos undas et Cithaeronis iuga
stant parte nulla cana deposita niue
timentque ueterem nobiles Argi sitim.
En ipse Titan dubitat an iubeat sequi   120
cogatque habenis ire periturum diem.

CHORVS

   Argos de superis si quis Achaicum
Pisaeasque domos curribus inclitas,
Isthmi si quis amat regna Corinthii,
et portus geminos et mare dissidens,   125
si quis Taygeti conspicuas niues,
quas cum Sarmaticus tempore frigido
in summis Boreas composuit iugis,
aestas ueliferis soluit Etesiis,
quem tangit gelido flumine lucidus   130
Alpheos, stadio notus Olympico,
aduertat placidum numen et arceat,
alternae scelerum ne redeant uices
nec succedat auo deterior nepos
et maior placeat culpa minoribus.   135
   Tandem lassa feros exuat impetus
sicci progenies impia Tantali.

114 latus *A*: li- *E*   115 lerna *A*: terra *E*   116 sacer *Gronouius*:
sacras *ω*   123 pisaeasque . . . curribus *E*: -isque . . . tu- *A*
132 aduertat *E*: au- *A*   placidum *A*: -tum *E*

peccatum satis est; fas ualuit nihil
aut commune nefas. Proditus occidit
deceptor domini Myrtilus, et fide 140
uectus qua tulerat nobile reddidit
mutato pelagus nomine: notior
nulla est Ioniis fabula nauibus.
Exceptus gladio paruulus impio
dum currit patrium natus ad osculum, 145
immatura focis uictima concidit
diuisusque tua est, Tantale, dextera,
mensas ut strueres hospitibus deis.
hos aeterna fames persequitur cibos,
hos aeterna sitis; nec dapibus feris 150
decerni potuit poena decentior.
    Stat lassus uacuo gutture Tantalus:
impendet capiti plurima noxio
Phineis auibus praeda fugacior;
hinc illinc grauidis frondibus incubat 155
et curuata suis fetibus ac tremens
alludit patulis arbor hiatibus.
haec, quamuis auidus nec patiens morae,
deceptus totiens tangere neglegit
obliquatque oculos oraque comprimit 160
inclusisque famem dentibus alligat.
Sed tunc diuitias omne nemus suas
demittit propius pomaque desuper
insultant foliis mitia languidis
accenduntque famem, quae iubet irritas 165
exercere manus—has ubi protulit
et falli libuit, totus in arduum
autumnus rapitur siluaque mobilis.

---

139 aut ω: at *recc.*; *an* nil? *uide Abh. Mainz 1987, 92*   140 domini *E*:
-e *A*   148 ut strueres *A*: instr- *E*   149 *om. A*   150 hos . . . sitis *E*:
os . . . -it *A*   152 lassus *E*: lusus *A*   154 auibus ω: dapibus
recc.   155 grauidis *A*: -ibus *E*   164 insultant *A*: -at *E*

Instat deinde sitis non leuior fame;
qua cum percaluit sanguis et igneis   170
exarsit facibus, stat miser obuios
fluctus ore petens, quos profugus latex
auertit sterili deficiens uado
conantemque sequi deserit; hic bibit
altum de rapido gurgite puluerem.   175

ATREVS

Ignaue, iners, eneruis et (quod maximum
probrum tyranno rebus in summis reor)
inulte, post tot scelera, post fratris dolos
fasque omne ruptum questibus uanis agis
iratus Atreus? fremere iam totus tuis   180
debebat armis orbis et geminum mare
utrimque classes agere, iam flammis agros
lucere et urbes decuit ac strictum undique
micare ferrum. tota sub nostro sonet
Argolica tellus equite; non siluae tegant   185
hostem nec altis montium structae iugis
arces; relictis bellicum totus canat
populus Mycenis, quisquis inuisum caput
tegit ac tuetur, clade funesta occidat.
haec ipsa pollens incliti Pelopis domus   190
ruat uel in me, dummodo in fratrem ruat.
    Age, anime, fac quod nulla posteritas probet,
sed nulla taceat. aliquod audendum est nefas
atrox, cruentum, tale quod frater meus

---

171 miser obuios *A*: misero buos *E*   172 petens *E*: uocans *A*
ante 176 ATREVS. SATELLES *E*: Atreus. seruus conscius *A* (*per totam
scaenam satellitis partes seruo dantur in A*)   177 probrum *A*: -bum *E*
180 iratus . . . totus *E*: iras. at argos . . . -um *A*   181 orbis *E*: omnis *A*
182 utrimque classes agere iam *E*: innare (in mare *βP*) classis. iam tuis *A*
189 clade *E*: classe *A*

suum esse mallet—scelera non ulcisceris,   195
nisi uincis. et quid esse tam saeuum potest
quod superet illum? numquid abiectus iacet?
numquid secundis patitur in rebus modum,
fessis quietem? noui ego ingenium uiri
indocile: flecti non potest—frangi potest.   200
proinde antequam se firmat aut uires parat,
petatur ultro, ne quiescentem petat.
aut perdet aut peribit: in medio est scelus
positum occupanti.

SATELLES

                    Fama te populi nihil
aduersa terret? AT. Maximum hoc regni bonum est,   205
quod facta domini cogitur populus sui
tam ferre quam laudare. SAT. Quos cogit metus
laudare, eosdem reddit inimicos metus.
at qui fauoris gloriam ueri petit,
animo magis quam uoce laudari uolet.   210
AT. Laus uera et humili saepe contingit uiro,
non nisi potenti falsa. quod nolunt uelint.
SAT. Rex uelit honesta: nemo non eadem uolet.
AT. Vbicumque tantum honesta dominanti licent,
precario regnatur. SAT. Vbi non est pudor   215
nec cura iuris sanctitas pietas fides,
instabile regnum est. AT. Sanctitas pietas fides
priuata bona sunt; qua iuuat reges eant.
SAT. Nefas nocere uel malo fratri puta.
AT. Fas est in illo quidquid in fratre est nefas.   220
quid enim reliquit crimine intactum aut ubi
sceleri pepercit? coniugem stupro abstulit

202 *om. A*   205 aduersa *E*: au- *A*   207 tam . . . quam *E*: quam
. . . tam *A*   209 ueri *A*: -e *E*   219 puta *A*: -o *E*

302

regnumque furto: specimen antiquum imperi
fraude est adeptus, fraude turbauit domum.
Est Pelopis altis nobile in stabulis pecus,   225
arcanus aries, ductor opulenti gregis,
cuius per omne corpus effuso coma
dependet auro, cuius e tergo noui
aurata reges sceptra Tantalici gerunt;
possessor huius regnat, hunc tantae domus   230
fortuna sequitur. tuta seposita sacer
in parte carpit prata, quae cludit lapis
fatale saxeo pascuum muro tegens.
hunc facinus ingens ausus assumpta in scelus
consorte nostri perfidus thalami auehit.   235
Hinc omne cladis mutuae fluxit malum:
per regna trepidus exul erraui mea,
pars nulla nostri tuta ab insidiis uacat,
corrupta coniunx, imperi quassa est fides,
domus aegra, dubius sanguis et certi nihil   240
nisi frater hostis. quid stupes? tandem incipe
animosque sume: Tantalum et Pelopem aspice;
ad haec manus exempla poscuntur meae.—
Profare, dirum qua caput mactem uia.
Sat. Ferro peremptus spiritum inimicum expuat.   245
At. De fine poenae loqueris; ego poenam uolo.
perimat tyrannus lenis: in regno meo
mors impetratur. Sat. Nulla te pietas mouet?
At. Excede, Pietas, si modo in nostra domo
umquam fuisti. dira Furiarum cohors   250
discorsque Erinys ueniat et geminas faces
Megaera quatiens: non satis magno meum

---

227 cuius *edd. uett.*: huius ω   effuso *E*: inf- *A*
Lipsius   233 saxeo *E*: sacro *A*
238 nostri *A*: generis *E*   240 et *Heinsius 39*: est ω
E: -oque *A*   244 mactem *A*: ia- *E*
247 lenis *E*: -uis *A*

229 tantalici ω: -lei
237 erraui *E*: -it *A*
242 animosque
246 ego *A*: ergo *E*

ardet furore pectus, impleri iuuat
maiore monstro. Sat. Quid noui rabidus struis?
At. Nil quod doloris capiat assueti modum;   255
nullum relinquam facinus et nullum est satis.
Sat. Ferrum? At. Parum est. Sat. Quid ignis? At. Etiam-
                                          nunc parum est.
Sat. Quonam ergo telo tantus utetur dolor?
At. Ipso Thyeste. Sat. Maius hoc ira est malum.
At. Fateor. tumultus pectora attonitus quatit   260
penitusque uoluit; rapior et quo nescio,
sed rapior.—imo mugit e fundo solum,
tonat dies serenus ac totis domus
ut fracta tectis crepuit et moti lares
uertere uultum: fiat hoc, fiat nefas   265
quod, di, timetis. Sat. Facere quid tandem paras?
At. Nescioquid animus maius et solito amplius
supraque fines moris humani tumet
instatque pigris manibus—haud quid sit scio,
sed grande quiddam est. ita sit. hoc, anime, occupa   270
(dignum est Thyeste facinus et dignum Atreo,
quod uterque faciat): uidit infandas domus
Odrysia mensas—fateor, immane est scelus,
sed occupatum: maius hoc aliquid dolor
inueniat. animum Daulis inspira parens   275
sororque; causa est similis: assiste et manum
impelle nostram. liberos auidus pater
gaudensque laceret et suos artus edat.
bene est, abunde est: hic placet poenae modus
tantisper. ubinam est? tam diu cur innocens   280
seruatur Atreus? tota iam ante oculos meos

255 modum ω: -us *Madvig ii 114*   259 hoc ira est *E*: e. i. h. *A*
262 e fundo *A*: eff- *E*   265 uultum *A*: nullum *E*   268 tumet *EP*:
timet *βT*   269 manibus *A*: manimus *E*ᵖᶜ (*sscr. priore* m)
270 occupa *E*: incipe *A* (uel occupa *sscr. T*)   272 quod *E*: om. *A*
faciat ω: -ant *Heinsius 39*   275 daulis *E*: om. *A* (*spat. uac. Pη, sine
spat. TC*)   276 sororque ω: -ue *Bentley*   281 seruatur *Ax.*: uersa- ω

imago caedis errat, ingesta orbitas
in ora patris—anime, quid rursus times
et ante rem subsidis? audendum est, age:
quod est in isto scelere praecipuum nefas,   285
hoc ipse faciet. Sat. Sed quibus captus dolis
nostros dabit perductus in laqueos pedem?
inimica credit cuncta. At. Non poterat capi,
nisi capere uellet. regna nunc sperat mea: 289
hac spe subibit gurgitis tumidi minas   291
dubiumque Libycae Syrtis intrabit fretum,
hac spe minanti fulmen occurret Ioui,   290
hac spe, quod esse maximum retur malum,   293
fratrem uidebit. Sat. Quis fidem pacis dabit?
cui tanta credet? At. Credula est spes improba.   295
gnatis tamen mandata quae patruo ferant
dabimus: relictis exul hospitiis uagus
regno ut miserias mutet atque Argos regat
ex parte dominus. si nimis durus preces
spernet Thyestes, liberos eius rudes   300
malisque fessos grauibus et faciles capi
prece commouebo.   *   *   *
     *   *   *   hinc uetus regni furor,
illinc egestas tristis ac durus labor
quamuis rigentem tot malis subigent uirum.
Sat. Iam tempus illi fecit aerumnas leues.   305
At. Erras: malorum sensus accrescit die.
leue est miserias ferre, perferre est graue.
Sat. Alios ministros consili tristis lege:
peiora iuuenes facile praecepta audiunt;
in patre facient quidquid in patruo doces: 310

282ᵇ, 283ᵃ (ingesta . . . patris) om. A   290 post 292 M: post 289 A:
post 293 EFN   300 eius ω: aeui Heinsius 39 sq.   302 prece
commouebo E: precommouebunt A: prece commouebunt L. Müller 185
post commouebo lacunam indicau. Ax. sic fere explendam ⟨sed libens frater, reor, |
per se ipse ueniet⟩   303 ac Bothe: hinc ω   309 ATR. praef. E,
om. A   310 SAT. praef. E. om. A

saepe in magistrum scelera redierunt sua.
AT. Vt nemo doceat fraudis et sceleris uias,
regnum docebit. ne mali fiant times?
nascuntur. istud quod uocas saeuum asperum,
agique dure credis et nimium impie,   315
fortasse et illic agitur. SAT. Hanc fraudem scient
gnati parari? tacita tam rudibus fides
non est in annis; detegent forsan dolos:
tacere multis discitur uitae malis.
ipsosne, per quos fallere alium cogitas,   320
falles? AT. Vt ipsi crimine et culpa uacent.
quid enim necesse est liberos sceleri meo
inserere? per nos odia se nostra explicent.—
male agis, recedis, anime: si parcis tuis,
parces et illis. consili Agamemnon mei   325
sciens minister fiat et fratri sciens
Menelaus adsit. prolis incertae fides
ex hoc petatur scelere: si bella abnuunt
et gerere nolunt odia, si patruum uocant,
pater est. eatur.—multa sed trepidus solet   330
detegere uultus, magna nolentem quoque
consilia produnt: nesciant quantae rei
fiant ministri. Nostra tu coepta occule.
SAT. Haud sum monendus: ista nostro in pectore
fides timorque, sed magis claudet fides.   335

317^b tacita A: ATR. Tacita E 319 Atr. *praef.* A, *om.* E
320 SAT. *praef.* E, ser. A ipsosne A: -que E 321^b Atr. A: *om.* E
(*sed* ut . . . uacent *proprio uersu discript.*)   ut E: at A 322 quid A: ATR.
Quid E necesse est E: e. n. A meo A: meos E 323 odia se E:
s. o. A 325 illis E: -i A 326 sciens A: insc- E fratri sciens
Bentley: patrisc- E: -is cliens A 328 si A: qui E 329 patruum A:
-rum E 333 occule A: -es E 335 claudet E: cludit A

THYESTES

Chorvs

Tandem regia nobilis,
antiqui genus Inachi,
fratrum composuit minas.
Quis uos exagitat furor,
alternis dare sanguinem   340
et sceptrum scelere aggredi?
nescitis, cupidi arcium,
regnum quo iaceat loco.

Regem non faciunt opes,
non uestis Tyriae color,   345
non frontis nota regia,
non auro nitidae trabes:
rex est qui posuit metus
et diri mala pectoris;
quem non ambitio impotens   350
et numquam stabilis fauor
uulgi praecipitis mouet,
non quidquid fodit Occidens
aut unda Tagus aurea
claro deuehit alueo,   355
non quidquid Libycis terit
feruens area messibus,
quem non concutiet cadens
obliqui uia fulminis,
non Eurus rapiens mare   360

342–52 *Schol. Stat. Theb. 4. 530* ut Seneca in Thyestis choro (*uide Klotz ALL 15,1908,503*): nescitis . . . mouet

---

336 sqq. *singuli glyconei A*: 336-58 *uersus binorum colorum initiis singulorum distinctis*, 359-403 *singuli glyconei E*   340 alternis *E*: -rius *A*
344 regem *E Lact.*: -es *A*   346 regia *Lact.*: -(a)e ω   347 trabes *A*
Lact.: fores *E*   353-5 *om. E*   355 claro μ: caro *A*   359 obliqui
A: -liuiqui *E*

aut saeuo rabidus freto
uentosi tumor Hadriae,
quem non lancea militis,
non strictus domuit chalybs,
qui tuto positus loco   365
infra se uidet omnia
occurritque suo libens
fato nec queritur mori.

Reges conueniant licet
qui sparsos agitant Dahas,   370
qui rubri uada litoris
et gemmis mare lucidis
late sanguineum tenent,
aut qui Caspia fortibus
recludunt iuga Sarmatis,   375
certet Danuuii uadum
audet qui pedes ingredi
et (quocumque loco iacent)
Seres uellere nobiles:
mens regnum bona possidet.   380
nil ullis opus est equis,
nil armis et inertibus
telis, quae procul ingerit
Parthus, cum simulat fugas,
admotis nihil est opus   385
urbes sternere machinis
longe saxa rotantibus.
Rex est qui metuet nihil,
rex est qui cupiet nihil:
hoc regnum sibi quisque dat.   390
Stet quicumque uolet potens
aulae culmine lubrico:

361 rabidus *E*: rap- *A*   363 militis *A*: immitis *E*   372 lucidis *E*:
-dum *A*   376 danubii uadum *E*: -ium licet *A*   383 telis *A*: talis *E*
388 metuet *Bentley*: -it ω   389 *om. A* (388, 389 *del. Leo ii 383*)

me dulcis saturet quies;
obscuro positus loco
leni perfruar otio,   395
nullis nota Quiritibus
aetas per tacitum fluat.
sic cum transierint mei
nullo cum strepitu dies,
plebeius moriar senex.   400
illi mors grauis incubat
qui, notus nimis omnibus,
ignotus moritur sibi.

THYESTES

Optata patriae tecta et Argolicas opes
miserisque summum ac maximum exulibus bonum,   405
tractum soli natalis et patrios deos
(si sunt tamen di) cerno, Cyclopum sacras
turres, labore maius humano decus,
celebrata iuueni stadia, per quae nobilis
palmam paterno non semel curru tuli.   410
occurret Argos, populus occurret frequens—
sed nempe et Atreus. Repete siluestres fugas
saltusque densos potius et mixtam feris
similemque uitam; clarus hic regni nitor
fulgore non est quod oculos falso auferat: 415
cum quod datur spectabis, et dantem aspice.
modo inter illa, quae putant cuncti aspera,

401, 402 *inuerso ordine* (*litt.* b a *restituto*) *E*   401 illi *E*: nulli *A*
ante 404 THYESTES. TANTALVS. PLISTHENES. TACITVS *E*: Thistes
(Tye- *P*) plistenes (phi- β) filius *A*   *per totam scaenam Tantali partes Plisteni* (pli
δ: phi β) *dantur in A*   405 maximum ω: -e *Bentley*   406 tractum
Kapp 11 (*ex ed. uet.* 'Cenae Thiestis' a Conrado Celtis Principi de Anhalt dedicata):
tac- ω   412 sed *A*: sub *E*   repete *A*: -tet *E*   416 quod . . .
dantem *E*: quo . . . tandem *A*

fortis fui laetusque; nunc contra in metus
reuoluor: animus haeret ac retro cupit
corpus referre, moueo nolentem gradum.   420

Tantalvs

  Pigro (quid hoc est?) genitor incessu stupet
uultumque uersat seque in incerto tenet.
Th. Quid, anime, pendes, quidue consilium diu
tam facile torques? rebus incertissimis,
fratri atque regno, credis ac metuis mala   425
iam uicta, iam mansueta et aerumnas fugis
bene collocatas? esse iam miserum iuuat.
reflecte gressum, dum licet, teque eripe.
Ta. Quae causa cogit, genitor, a patria gradum
referre uisa? cur bonis tantis sinum   430
subducis? ira frater abiecta redit
partemque regni reddit et lacerae domus
componit artus teque restituit tibi.
Th. Causam timoris ipse quam ignoro exigis.
nihil timendum uideo, sed timeo tamen.   435
placet ire, pigris membra sed genibus labant,
alioque quam quo nitor abductus feror.
sic concitatam remige et uelo ratem
aestus resistens remigi et uelo refert.
Ta. Euince quidquid obstat et mentem impedit   440
reducemque quanta praemia expectent uide.
pater, potes regnare. Th. Cum possim mori.
Ta. Summa est potestas— Th. Nulla, si cupias nihil.
Ta. Gnatis relinques. Th. Non capit regnum duos.
Ta. Miser esse mauult esse qui felix potest?   445

---

425 *uno uersu A*: *duobus uersiculis* (fratri . . . credis | ac m. m.) *E*
436 sed *A*: sub *E*   438 uelo *E*: uento *A*   439 resistens remigi . . .
refert *E*: resurgens -e . . . feret *A*   440 euince *E*: uince *A*

TH. Mihi crede, falsis magna nominibus placent,
frustra timentur dura. dum excelsus steti,
numquam pauere destiti atque ipsum mei
ferrum timere lateris. o quantum bonum est
obstare nulli, capere securas dapes   450
humi iacentem! scelera non intrant casas,
tutusque mensa capitur angusta scyphus;
uenenum in auro bibitur—expertus loquor:
malam bonae praeferre fortunam licet.
Non uertice alti montis impositam domum   455
et imminentem ciuitas humilis tremit
nec fulget altis splendidum tectis ebur
somnosque non defendit excubitor meos;
non classibus piscamur et retro mare
iacta fugamus mole, nec uentrem improbum   460
alimus tributo gentium; nullus mihi
ultra Getas metatur et Parthos ager;
non ture colimur nec meae excluso Ioue
ornantur arae; nulla culminibus meis
imposita nutat silua, nec fumant manu   465
succensa multa stagna, nec somno dies
Bacchoque nox iungenda peruigili datur:
sed non timemur, tuta sine telo est domus
rebusque paruis magna praestatur quies—
immane regnum est posse sine regno pati.   470
TA. Nec abnuendum est, si dat imperium deus.
nec appetendum est: frater ut regnes rogat.
TH. Rogat? timendum est. errat hic aliquis dolus.
TA. Redire pietas unde summota est solet,
reparatque uires iustus amissas amor.   475
TH. Amat Thyesten frater? aetherias prius
perfundet Arctos pontus et Siculi rapax

---

452 tutusque *A*: to- *E*   scyphus *Ax. 1967, 111*: cibus ω   456 imminentem *Bentley*: emi- ω; *cf. 643, Ag 562*   467 iungenda *E*: ducenda *A*
469 magna *E*: alta *A*   471 est *EP*: *om. βT*   472 est *E*: *om. A*

consistet aestus unda et Ionio seges
matura pelago surget et lucem dabit
nox atra terris, ante cum flammis aquae,   480
cum morte uita, cum mari uentus fidem
foedusque iungent. TA. Quam tamen fraudem times?
TH. Omnem: timori quem meo statuam modum?
tantum potest quantum odit. TA. In te quid potest?
TH. Pro me nihil iam metuo: uos facitis mihi   485
Atrea timendum. TA. Decipi cautus times?
TH. Serum est cauendi tempus in mediis malis.
eatur. unum genitor hoc testor tamen:
ego uos sequor, non duco. TA. Respiciet deus
bene cogitata. perge non dubio gradu.   490

ATREVS

Plagis tenetur clausa dispositis fera:
et ipsum et una generis inuisi indolem
iunctam parenti cerno. iam tuto in loco
uersantur odia. uenit in nostras manus
tandem Thyestes, uenit, et totus quidem.   495
uix tempero animo, uix dolor frenos capit.
sic, cum feras uestigat et longo sagax
loro tenetur Vmber ac presso uias
scrutatur ore, dum procul lento suem
odore sentit, paret et tacito locum   500
rostro pererrat; praeda cum propior fuit,

482 iungent E: -et A   486 decipi Epc (ex r)   cautus Madvig
ii 114 sq.: captus ω   487 thy praef. KQS²: om. ω   488 THY.
praef. E, om. A   testor tamen E: hortamen est A   489 thi. praef. A,
om. E   489b sq. resp. d. | bene . . . gradu A: resp. d. b. c. | perge . . .
gradu E   respiciet E: -at A   ante 491 ATREVS.THYESTES.TAN-
TALVS.PLISTHENES.TACITI. E: Atreus.thiestes A   493 in A:
om. E   496 tempero A: tempore E*   dol. fren. A: fren. dol. E
497 feras E²pc (ex x)   uestigat E²pc (-as M: -ans FN)

ceruice tota pugnat et gemitu uocat
dominum morantem seque retinenti eripit:
cum sperat ira sanguinem, nescit tegi—
tamen tegatur. aspice, ut multo grauis   505
squalore uultus obruat maestos coma,
quam foeda iaceat barba. praestetur fides.
    Fratrem iuuat uidere. complexus mihi
redde expetitos. quidquid irarum fuit
transierit; ex hoc sanguis ac pietas die   510
colantur, animis odia damnata excidant.
TH. Diluere possem cuncta, nisi talis fores.
sed fateor, Atreu, fateor, admisi omnia
quae credidisti. pessimam causam meam
hodierna pietas fecit. est prorsus nocens   515
quicumque uisus tam bono fratri est nocens.
lacrimis agendum est: supplicem primus uides;
hae te precantur pedibus intactae manus:
ponatur omnis ira et ex animo tumor
erasus abeat. obsides fidei accipe   520
hos innocentes, frater. AT. A genibus manum
aufer meosque potius amplexus pete.
Vos quoque, senum praesidia, tot iuuenes, meo
pendete collo. Squalidam uestem exue,
oculisque nostris parce, et ornatus cape   525
pares meis, laetusque fraterni imperi
capesse partem. maior haec laus est mea,
fratri paternum reddere incolumi decus:
habere regnum casus est, uirtus dare.
TH. Di paria, frater, pretia pro tantis tibi   530
meritis rependant. regiam capitis notam
squalor recusat noster et sceptrum manus

---

507 iaceat *A*: -et *E*   prestetur *E*: -atur *A*   516 fratri *A*: -e *E*
521^b sq. a g. manum | aufer . . . pete *E*: a g. manus aufer | m. . . . pete *A*
524 pendete *A*: -ente *E*   526 pares meis *E*: quales mei sunt *A*
fraterni *E*: frater *A*   527 hec *E*δ: hoc *β*

infausta refugit. liceat in media mihi
latere turba. At. Recipit hoc regnum duos.
Th. Meum esse credo quidquid est, frater, tuum.   535
At. Quis influentis dona fortunae abnuit?
Th. Expertus est quicumque quam facile effluant.
At. Fratrem potiri gloria ingenti uetas?
Th. Tua iam peracta gloria est, restat mea:
respuere certum est regna consilium mihi.   540
At. Meam relinquam, nisi tuam partem accipis.
Th. Accipio: regni nomen impositi feram,
sed iura et arma seruient mecum tibi.
At. Imposita capiti uincla uenerando gere;
ego destinatas uictimas superis dabo.   545

Chorvs

Credat hoc quisquam? ferus ille et acer
nec potens mentis truculentus Atreus
fratris aspectu stupefactus haesit.
nulla uis maior pietate uera est:
iurgia externis inimica durant,   550
quos amor uerus tenuit, tenebit.
Ira cum magnis agitata causis
gratiam rupit cecinitque bellum,
cum leues frenis sonuere turmae,
fulsit hinc illinc agitatus ensis,   555
quem mouet crebro furibundus ictu
sanguinem Mauors cupiens recentem—
opprimit ferrum manibusque iunctis
ducit ad pacem Pietas negantes.
Otium tanto subitum e tumultu   560
quis deus fecit? modo per Mycenas

539 THY. *E*: *om. A*   540 thi. *praef. A, om. E*   543 atr. *praef.*
A, om. E   544 ATR. *E*: *om. A*   gere *A*: regem *E*   558 opprimit
A: -et *E*

arma ciuilis crepuere belli:
pallidae natos tenuere matres;
uxor armato timuit marito,
cum manum inuitus sequeretur ensis,   565
sordidus pacis uitio quietae;
ille labentes renouare muros,
hic situ quassas stabilire turres,
ferreis portas cohibere claustris
ille certabat, pauidusque pinnis   570
anxiae noctis uigil incubabat:
peior est bello timor ipse belli.

    Iam minae saeui cecidere ferri,
iam silet murmur graue classicorum,
iam tacet stridor litui strepentis: 575
alta pax urbi reuocata laetae est.
sic, ubi ex alto tumuere fluctus
Bruttium Coro feriente pontum,
Scylla pulsatis resonat cauernis
ac mare in portu timuere nautae   580
quod rapax haustum reuomit Charybdis,
et ferus Cyclops metuit parentem
rupe feruentis residens in Aetnae,
ne superfusis uioletur undis
ignis aeternis resonans caminis,   585
et putat mergi sua posse pauper
regna Laertes Ithaca tremente:
si suae uentis cecidere uires,
mitius stagno pelagus recumbit;
alta, quae nauis timuit secare   590
hinc et hinc fusis speciosa uelis,

---

563 natos tenuere matres *E*: m. t. n. *A*   564 armato *A*: am- *E*
566 sordidus *A*: -bus *E*   571 noctis *E*: -i *A*   576 est *A*: *om. E*
578 choro . . . pontum *E*: ponto . . . chorum *A*   579 pulsatis *A*: -us *E*
580 in portu *E*: in totum *A*: intortum *recc.*   581 haustum *EP*: (h)auster
βT^{ac}   582 ferus *A*: -ox *E*

strata ludenti patuere cumbae,
et uacat mersos numerare pisces
hic ubi ingenti modo sub procella
Cyclades pontum timuere motae.   595
    Nulla sors longa est: dolor ac uoluptas
inuicem cedunt; breuior uoluptas.
ima permutat leuis hora summis.
Ille qui donat diadema fronti,
quem genu nixae tremuere gentes,   600
cuius ad nutum posuere bella
Medus et Phoebi propioris Indus
et Dahae Parthis equitem minati,
anxius sceptrum tenet et mouentes
cuncta diuinat metuitque casus   605
mobiles rerum dubiumque tempus.
Vos quibus rector maris atque terrae
ius dedit magnum necis atque uitae,
ponite inflatos tumidosque uultus:
quidquid a uobis minor expauescit,   610
maior hoc uobis dominus minatur:
omne sub regno grauiore regnum est.
quem dies uidit ueniens superbum,
hunc dies uidit fugiens iacentem.
    Nemo confidat nimium secundis,   615
nemo desperet meliora lassis:
miscet haec illis prohibetque Clotho
stare Fortunam, rotat omne fatum.
nemo tam diuos habuit fauentes,
crastinum ut posset sibi polliceri: 620
res deus nostras celeri citatas
        turbine uersat.

596 sors *E*: fors *A*   597 *om. in textu, add. in marg. E*   605 diuinat
E: -as δ: diuitias β   610 expauescit *E*: extim- *A*

NVNTIVS

Quis me per auras turbo praecipitem uehet
atraque nube inuoluet, ut tantum nefas
eripiat oculis? o domus Pelopi quoque   625
et Tantalo pudenda! CHO. Quid portas noui?
NVN. Quaenam ista regio est? Argos et Sparte, pios
sortita fratres, et maris gemini premens
fauces Corinthos, an feris Hister fugam
praebens Alanis, an sub aeterna niue   630
Hyrcana tellus, an uagi passim Scythae?
quis hic nefandi est conscius monstri locus?
CHO. Effare, et istud pande, quodcumque est, malum.
NVN. Si steterit animus, si metu corpus rigens
remittet artus. haeret in uultu trucis   635
imago facti. ferte me insanae procul,
illo, procellae, ferte quo fertur dies
hinc raptus. CHO. Animos grauius incertos tenes.
quid sit quod horres ede et auctorem indica:
non quaero quis sit, sed uter. effare ocius.   640
NVN. In arce summa Pelopiae pars est domus
conuersa ad Austros, cuius extremum latus
aequale monti crescit atque urbem premit
et contumacem regibus populum suis
habet sub ictu; fulget hic turbae capax   645
immane tectum, cuius auratas trabes
uariis columnae nobiles maculis ferunt.
post ista uulgo nota, quae populi colunt,
in multa diues spatia discedit domus.
Arcana in imo regio secessu iacet,   650

---

ante 623 NVNTIVS. CHORVS ω   623 NVNT. *E: om. A*   uehet
A: -it *E*   624 inuoluet *recc. (Laur. 37, 6):* -it *E:* uoluet *A*
627 pios *E:* imp- *A*   632 cho. *praef. A, om. E*   monstri *E:* nostri *A*
633 CHOR. *E: om. A*   639 ede et *E:* effer *A*   640 quis *A:* quid *E*
650 iacet *E:* patet *A:* latet *Richter*

alta uetustum ualle compescens nemus,
penetrale regni, nulla qua laetos solet
praebere ramos arbor aut ferro coli,
sed taxus et cupressus et nigra ilice
obscura nutat silua, quam supra eminens   655
despectat alte quercus et uincit nemus.
hinc auspicari regna Tantalidae solent,
hinc petere lassis rebus ac dubiis opem.
affixa inhaerent dona: uocales tubae
fractique currus, spolia Myrtoi maris,   660
uictaeque falsis axibus pendent rotae
et omne gentis facinus; hoc Phrygius loco
fixus tiaras Pelopis, hic praeda hostium
et de triumpho picta barbarico chlamys.

Fons stat sub umbra tristis et nigra piger   665
haeret palude: talis est dirae Stygis
deformis unda quae facit caelo fidem.
hinc nocte caeca gemere feralis deos
fama est, catenis lucus excussis sonat
ululantque manes. quidquid audire est metus   670
illic uidetur: errat antiquis uetus
emissa bustis turba et insultant loco
maiora notis monstra; quin tota solet
micare silua flamma, et excelsae trabes
ardent sine igne. saepe latratu nemus   675
trino remugit, saepe simulacris domus
attonita magnis. nec dies sedat metum:
nox propria luco est, et superstitio inferum
in luce media regnat. hinc orantibus
responsa dantur certa, cum ingenti sono   680
laxantur adyto fata et immugit specus

652 qua *recc.*: quae ω   655 supra eminens *A*: suprem- *E*
658 ac *E*: et *A*   661 uicteque *A*: uitae- *E*   663 pelopis *A*: -ops *E*
668 hinc . . . ceca *E*: hic . . . tota *A*   670 audire ω: -ri *Heinsius 41*
672 loco *A*: ioco *E*   675 igne *E*: -i *A*

uocem deo soluente. Quo postquam furens
intrauit Atreus liberos fratris trahens,
ornantur arae—quis queat digne eloqui?
post terga iuuenum nobiles reuocat manus   685
et maesta uitta capita purpurea ligat;
non tura desunt, non sacer Bacchi liquor
tangensque salsa uictimam culter mola.
seruatur omnis ordo, ne tantum nefas
non rite fiat. Сно. Quis manum ferro admouet?   690
Nvn. Ipse est sacerdos, ipse funesta prece
letale carmen ore uiolento canit.
stat ipse ad aras, ipse deuotos neci
contrectat et componit et ferro †admouet;
attendit ipse: nulla pars sacri perit.   695
Lucus tremescit, tota succusso solo
nutauit aula, dubia quo pondus daret
ac fluctuanti similis; e laeuo aethere
atrum cucurrit limitem sidus trahens.
libata in ignes uina mutato fluunt   700
cruenta Baccho, regium capiti decus
bis terque lapsum est, fleuit in templis ebur.
Mouere cunctos monstra, sed solus sibi
immotus Atreus constat, atque ultro deos
terret minantes. iamque dimissa mora   705
adsistit aris, toruum et obliquum intuens.
ieiuna siluis qualis in Gangeticis
inter iuuencos tigris errauit duos,
utriusque praedae cupida quo primum ferat
incerta morsus (flectit hoc rictus suos,   710
illo reflectit et famem dubiam tenet),
sic dirus Atreus capita deuota impiae

---

685 reuocat *A*: religat *E*   688 tangensque salsa *E*: -ue fa- *A*
694 admouet ω: parat Ζw.: adparat *Ax*.   696 solo *A*: loco *E*
698 *om. A*   706 adsistit *E*: assiluit *A*   710 hoc *E*: huc *A*
711 famem β: -en *E*: -am δ   712 dirus *A*: du- *E*

speculatur irae. quem prius mactet sibi
dubitat, secunda deinde quem caede immolet.
nec interest—sed dubitat et saeuum scelus   715
iuuat ordinare. Cho. Quem tamen ferro occupat?
Nvn. Primus locus (ne desse pietatem putes)
auo dicatur: Tantalus prima hostia est.
Cho. Quo iuuenis animo, quo tulit uultu necem?
Nvn. Stetit sui securus et non est preces   720
perire frustra passus; ast illi ferus
in uulnere ensem abscondit et penitus premens
iugulo manum commisit: educto stetit
ferro cadauer, cumque dubitasset diu
hac parte an illa caderet, in patruum cadit.   725
    Tunc ille ad aras Plisthenem saeuus trahit
adicitque fratri; colla percussa amputat;
ceruice caesa truncus in pronum ruit,
querulum cucurrit murmure incerto caput.
Cho. Quid deinde gemina caede perfunctus facit?   730
puerone parcit, an scelus sceleri ingerit?
Nvn. Silua iubatus qualis Armenia leo
in caede multa uictor armento incubat
(cruore rictus madidus et pulsa fame
non ponit iras: hinc et hinc tauros premens   735
uitulis minatur dente iam lasso inpiger),
non aliter Atreus saeuit atque ira tumet,
ferrumque gemina caede perfusum tenens,
oblitus in quem fureret, infesta manu
exegit ultra corpus, ac pueri statim   740
pectore receptus ensis in tergo exstitit;
cadit ille et aras sanguine extinguens suo
per utrumque uulnus moritur. Cho. O saeuum scelus!

713 speculatur *A*: -tor *E*: -tus *Heinsius 41 sq.*   714 secunda *A*: -am *E*
715 saeuum *E*: tantum *A* (*ex 689?*)   731 puerone *recc.* (*Me^{ac}Ox.*):
querone *E*: puerisne *A*   sceleri *A*: -e *E*   732 iubatus *A*: iuu- *E*
733 in *ω*: iam *Damsté 1918, 373*   736 inpiger *Zw.*: piger *ω*
739 fureret *E*: rueret *A*   740 ac *E*: at *A*

Nvn. Exhorruistis? hactenus si stat nefas,
pius est. Cho. An ultra maius aut atrocius   745
natura recipit? Nvn. Sceleris hunc finem putas?
gradus est. Cho. Quid ultra potuit? obiecit feris
lanianda forsan corpora atque igne arcuit?
Nvn. Vtinam arcuisset! ne tegat functos humus
nec soluat ignis! auibus epulandos licet   750
ferisque triste pabulum saeuis trahat—
uotum est sub hoc quod esse supplicium solet:
pater insepultos spectet! o nullo scelus
credibile in aeuo quodque posteritas neget:
erepta uiuis exta pectoribus tremunt   755
spirantque uenae corque adhuc pauidum salit;
at ille fibras tractat ac fata inspicit
et adhuc calentes uiscerum uenas notat.
postquam hostiae placuere, securus uacat
iam fratris epulis: ipse diuisum secat   760
in membra corpus, amputat trunco tenus
umeros patentis et lacertorum moras,
denudat artus durus atque ossa amputat;
tantum ora seruat et datas fidei manus.
haec ueribus haerent uiscera et lentis data   765
stillant caminis, illa flammatus latex
candente aeno iactat. impositas dapes
transiluit ignis inque trepidantes focos
bis ter regestus et pati iussus moram
inuitus ardet. stridet in ueribus iecur;   770
nec facile dicas corpora an flammae gemant:
gemuere. piceos ignis in fumos abit;
et ipse fumus, tristis ac nebula grauis,

---

744 si stat *Heinsius 41 sq.*: sistat *E*: non stat *A*   745 pius *E*: plus *A*
750 nec *E*: ne *A*   auibus *E*: -dus *A*   751 trahat *A*: tradat *E*
757 inspicit *A*: incipit *E*   763 durus ω: di- *recc.*   767 candente *E*:
querente *A*   768 trepidantes ω: crepit- *recc., sed cf. Stat. Theb. 12. 430*
771 dicas *Heinsius 43*: -am ω; *cf. HO 1731*   gemant *A*: magis *E*
772 piceos *ET*: -eus *βP*

non rectus exit seque in excelsum leuat:
ipsos penates nube deformi obsidet.   775
  O Phoebe patiens, fugeris retro licet
medioque raptum merseris caelo diem,
sero occidisti—lancinat gnatos pater
artusque mandit ore funesto suos;
nitet fluente madidus unguento comam   780
grauisque uino; saepe praeclusae cibum
tenuere fauces—in malis unum hoc tuis
bonum est, Thyesta, quod mala ignoras tua.
sed et hoc peribit. uerterit currus licet
sibi ipse Titan obuium ducens iter   785
tenebrisque facinus obruat taetrum nouis
nox missa ab ortu tempore alieno grauis,
tamen uidendum est. tota patefient mala.

CHORVS

  Quo terrarum superumque potens,
cuius ad ortus noctis opacae   790
decus omne fugit, quo uertis iter
medioque diem perdis Olympo?
cur, Phoebe, tuos rapis aspectus?
nondum serae nuntius horae
nocturna uocat lumina Vesper;   795
nondum Hesperiae flexura rotae
iubet emeritos soluere currus;
nondum in noctem uergente die
tertia misit bucina signum:
stupet ad subitae tempora cenae   800

---

777 raptum *recc.* (*Laur. 37, 6*): rup- *ω*; *cf. 638, 793*   780 comam *E*:
-a *A*   781 '*fort.* uino est' *Tränkle p.l.*   precluse *A*: re- *E*   788 tota
patefient *A*: nota -ant *E*   789–884 *dimetri praeter 829, 830 trimetrum
E: dimetri praeter 843, 877, 881 monometros A*   789 potens *Heinsius 43, 219 sq.*:
parens *ω*   791 decus *A*: cecus *E*   798 in noctem *A*: innocentem *E*

nondum fessis bubus arator.
Quid te aetherio pepulit cursu?
quae causa tuos limite certo
      deiecit equos?
numquid aperto carcere Ditis   805
uicti temptant bella Gigantes?
numquid Tityos pectore fesso
renouat ueteres saucius iras?
num reiecto latus explicuit
monte Typhoeus? numquid struitur   810
uia Phlegraeos alta per hostes
et Thessalicum Thressa premitur
      Pelion Ossa?   •
    Solitae mundi periere uices?
nihil occasus, nihil ortus erit?
Stupet Eoos assueta deo   815
      tradere frenos
genetrix primae roscida lucis
peruersa sui limina regni:
nescit fessos tinguere currus
nec fumantes sudore iubas   820
      mergere ponto.   •
Ipse insueto nouus hospitio
Sol Auroram uidet occiduus
tenebrasque iubet surgere nondum
      nocte parata:
non succedunt astra nec ullo   825
      micat igne polus,   •
non Luna grauis digerit umbras.

    Sed quidquid id est, utinam nox sit!
trepidant, trepidant pectora magno
      percussa metu,

---

810 struitur *A*: feruitur *E*   813 *et* 814 *interrogationes esse censuit*
M. *Müller 1901, 270*   818 limina *E*: lum- *A*: munia *Gronouius*
828 trepidant trepidant *ET*: trepidant *βP*

ne fatali cuncta ruina 830
quassata labent iterumque deos
hominesque premat deforme chaos,
iterum terras et mare cingens
et uaga picti sidera mundi
      natura tegat. •
Non aeternae facis exortu 835
dux astrorum saecula ducens
dabit aestatis brumaeque notas,
non Phoebeis obuia flammis
demet nocti Luna timores
uincetque sui fratris habenas 840
curuo breuius limite currens.
   Ibit in unum congesta sinum
     turba deorum:
hic qui sacris peruius astris
secat obliquo tramite zonas, 845
flectens longos signifer annos,
lapsa uidebit sidera labens.
hic qui nondum uere benigno
reddit Zephyro uela tepenti
Aries praeceps ibit in undas, 850
per quas pauidam uexerat Hellen.
hic qui nitido Taurus cornu
praefert Hyadas, secum Geminos
trahet et curui bracchia Cancri.
   Leo flammiferis aestibus ardens 855
iterum e caelo cadet Herculeus,
cadet in terras Virgo relictas
iustaeque cadent pondera Librae
secumque trahent Scorpion acrem.
et qui neruo tenet Haemonio 860

833 cingens *Leo*: et ignes ω   834· tegat *E*: -et *A*   835 aeternae
ω: alt- *Heinsius 43*: alterno *Bentley*   851 uexerat *A*: uix- *E*

pinnata senex spicula Chiron,
rupto perdet spicula neruo.
Pigram referens hiemem gelidus
    cadet Aegoceros
frangesque tuam, quisquis es, urnam;   865
tecum excedent ultima caeli
    sidera Pisces,   •
monstraque numquam perfusa mari
merget condens omnia gurges.
et qui medias diuidit Vrsas,
fluminis instar lubricus Anguis   870
magnoque minor iuncta Draconi
frigida duro Cynosura gelu,
custosque sui tardus plaustri
iam non stabilis ruet Arctophylax.

Nos e tanto uisi populo   875
digni, premeret quos euerso
    cardine mundus?
in nos aetas ultima uenit?
o nos dura sorte creatos,
seu perdidimus solem miseri,   880
    siue expulimus!
Abeant questus, discede timor:
uitae est auidus quisquis non uult
mundo secum pereunte mori.

ATREVS

Aequalis astris gradior et cunctos super   885
altum superbo uertice attingens polum.
nunc decora regni teneo, nunc solium patris.

861 chiron *A*: neruo *E*   862 *om. in textu, add. in marg. E*
865 frangesque *Wakefield ad Lucr. 5. 614*: -et- ω   874 stabilis *A*: inst- *E*
882 abeant *A*: hab- *E*   886 polum *E*: celum *A*

dimitto superos: summa uotorum attigi.
bene est, abunde est, iam sat est etiam mihi.
sed cur satis sit? pergam et implebo patrem   890
funere suorum. ne quid obstaret pudor,
dies recessit: perge dum caelum uacat.
utinam quidem tenere fugientes deos
possem, et coactos trahere, ut ultricem dapem
omnes uiderent—quod sat est, uideat pater.   895
etiam die nolente discutiam tibi
tenebras, miseriae sub quibus latitant tuae.
nimis diu conuiua securo iaces
hilarique uultu; iam satis mensis datum est
satisque Baccho: sobrio tanta ad mala   900
opus est Thyeste.—Turba famularis, fores
templi relaxa, festa patefiat domus.
libet uidere, capita natorum intuens
quos det colores, uerba quae primus dolor
effundat aut ut spiritu expulso stupens   905
corpus rigescat. fructus hic operis mei est.
miserum uidere nolo, sed dum fit miser.
   Aperta multa tecta conlucent face.
resupinus ipse purpurae atque auro incubat,
uino grauatum fulciens laeua caput.   910
eructat. o me caelitum excelsissimum,
regumque regem! uota transcendi mea.
satur est; capaci ducit argento merum—
ne parce potu: restat etiamnunc cruor
tot hostiarum; ueteris hunc Bacchi color   915
abscondet—hoc, hoc mensa cludatur scypho.
mixtum suorum sanguinem genitor bibat:
meum bibisset. ecce, iam cantus ciet
festasque uoces, nec satis menti imperat.

891 ne quid *A*: nequit *E*   892 uacat *E*: uo- *A*   893 quidaem
E^pc (*ex* -dam)   894 ut *A*: et *E*   907 miserum *A*: m. uirum *E*
909 purpure *E*: -a *A*   911 o me *Auantius*: omne *ω*   912 regumque
A: regum atque *E*   919 festasque *A*: -aque *E*

Thyestes

Pectora longis hebetata malis,   920
iam sollicitas ponite curas.
fugiat maeror fugiatque pauor,
fugiat trepidi comes exilii
    tristis egestas
rebusque grauis pudor afflictis: 925
magis unde cadas quam quo refert.
Magnum, ex alto culmine lapsum
stabilem in plano figere gressum;
magnum, ingenti strage malorum
pressum fracti pondera regni   930
non inflexa ceruice pati,
nec degenerem uictumque malis
rectum impositas ferre ruinas.
Sed iam saeui nubila fati
pelle ac miseri temporis omnes   935
    dimitte notas;   •
redeant uultus ad laeta boni,
ueterem ex animo mitte Thyesten.

Proprium hoc miseros sequitur uitium,
numquam rebus credere laetis:
redeat felix fortuna licet,   940
tamen afflictos gaudere piget.
Quid me reuocas festumque uetas
celebrare diem, quid flere iubes,
nulla surgens dolor ex causa?

---

ante 920 Thiestes *A*: CHORVS. THYESTES *E*   *totum canticum Thyestae
datur in A*: 920-37 *choro*, 938-41 *Thyestae*, 942-4 *choro*, 945-60 *Thyestae*, 961-4
choro, 965-9 *Thyestae assignantur in E*; *uide Leonem i 137 n. 6*   *dimetri praeter duos
trimetros* 930^b-933^a *et monometrum in fine E*: *dimetri praeter duos monometros* 956^a
(r. u.), 956^b (u. l.) *et monometrum in fine A*   935 temporis omnes *A*:
-e in omni *E*   936 ad leta *A*: adhl- *E*

quis me prohibet flore decenti   945
uincire comam, prohibet, prohibet?
Vernae capiti fluxere rosae,
pingui madidus crinis amomo
inter subitos stetit horrores,
imber uultu nolente cadit,   950
uenit in medias uoces gemitus.
Maeror lacrimas amat assuetas,
flendi miseris dira cupido est.
libet infaustos mittere questus,
libet et Tyrio saturas ostro   955
rumpere uestes, ululare libet.
    Mittit luctus signa futuri
mens ante sui praesaga mali:
instat nautis fera tempestas,
cum sine uento tranquilla tument.   960
Quos tibi luctus quosue tumultus
        fingis, demens?   ·
credula praesta pectora fratri:
iam, quidquid id est, uel sine causa
        uel sero times.
Nolo infelix, sed uagus intra   965
terror oberrat, subitos fundunt
oculi fletus, nec causa subest.
dolor an metus est? an habet lacrimas
        magna uoluptas?

At. Festum diem, germane, consensu pari   970
celebremus: hic est, sceptra qui firmet mea
solidamque pacis alliget certae fidem.
Th. Satias dapis me nec minus Bacchi tenet.
augere cumulus hic uoluptatem potest,
si cum meis gaudere felici datur.   975

945 quis me prohibet ω: quid m. p. μ: quid me -es *Heinsius 44*
946 uincire *A*: -ere *E*   prohibet prohibet ω: -es -es *Heinsius 44*
961 luctus *E*: uultus *A*   973 sacias *E*: -ies *A*

AT. Hic esse natos crede in amplexu patris.
hic sunt eruntque; nulla pars prolis tuae
tibi subtrahetur. ora quae exoptas dabo
totumque turba iam sua implebo patrem.
satiaberis, ne metue. nunc mixti meis   980
iucunda mensae sacra iuuenilis colunt;
sed accientur. poculum infuso cape
gentile Baccho. TH. Capio fraternae dapis
donum. paternis uina libentur deis,
tunc hauriantur—sed quid hoc? nolunt manus   985
parere, crescit pondus et dextram grauat;
admotus ipsis Bacchus a labris fugit
circaque rictus ore decepto fluit,
et ipsa trepido mensa subsiluit solo.
uix lucet ignis; ipse quin aether grauis   990
inter diem noctemque desertus stupet.
quid hoc? magis magisque concussi labant
conuexa caeli; spissior densis coit
caligo tenebris noxque se in noctem abdidit:
fugit omne sidus. quidquid est, fratri precor 995
natisque parcat, omnis in uile hoc caput
abeat procella. Redde iam gnatos mihi!
AT. Reddam, et tibi illos nullus eripiet dies.
TH. Quis hic tumultus uiscera exagitat mea?
quid tremuit intus? sentio impatiens onus   1000
meumque gemitu non meo pectus gemit.
Adeste, nati, genitor infelix uocat,
adeste. uisis fugiet hic uobis dolor—
unde obloquuntur? AT. Expedi amplexus, pater;
uenere. natos ecquid agnoscis tuos?   1005
TH. Agnosco fratrem. Sustines tantum nefas
gestare, Tellus? non ad infernam Styga

---

978 ora *A*: hora *E*   985 nolunt *E*: non uult *A*   988 fluit *E*:
effl- *A*: ecfl- *Housman i 179*   999 quis *A*: quid *E*   1003 fugiet *A*:
-at *E*   1005 ecquid *A*: et quid *E*

te nosque mergis rupta et ingenti uia
ad chaos inane regna cum rege abripis?
non tota ab imo tecta conuellens solo   1010
uertis Mycenas? stare circa Tantalum
uterque iam debuimus: hinc compagibus
et hinc reuulsis, si quid infra Tartara est
auosque nostros, hoc tuam immani sinu
demitte uallem, nosque defossos tege   1015
Acheronte toto. noxiae supra caput
animae uagentur nostrum et ardenti freto
Phlegethon harenas igneus totas agens
exilia supra nostra uiolentus fluat—
immota, tellus, pondus ignauum iaces?   1020
fugere superi. AT. Iam accipe hos potius libens
diu expetitos: nulla per fratrem est mora;
fruere, osculare, diuide amplexus tribus.
TH. Hoc foedus? haec est gratia, haec fratris fides?
sic odia ponis? non peto, incolumis pater   1025
natos ut habeam; scelere quod saluo dari
odioque possit, frater hoc fratrem rogo:
sepelire liceat. redde quod cernas statim
uri; nihil te genitor habiturus rogo,
sed perditurus. AT. Quidquid e natis tuis   1030
superest habes, quodcumque non superest habes.
TH. Vtrumne saeuis pabulum alitibus iacent,
an beluis uorantur, an pascunt feras?

1008 te nosque ω: noctemque *Damsté 1918, 373*: tenebrasque *B. Schmidt 1865, 9*   1012-14 *disposui cum* E: 1014ᵃ, 1013ᵇ (au. n. si q. i. t. e.) | 1012/1013ᵃ, 1014ᵇ (e. h. r. h. t. i. s.) A   1013 quid infra E: quis intra A   1014 hoc E: huc A   tuam immani A: tua in mani E   1015 demitte E: di- A   uallem A: -e E   1018 totas ω: tortas *Delrius iii 414*: tostas *Raphelengius*   1019 exilia *Gronouius*: exitia ω   1020 iaces A: -et E   1021 fugere superi. ATR. accipe hos potius libens E: Atr. recipe hosce citius. liberis tandem tuis A   *post* superi *B. Schmidt (1860, 20) add.* iam: '*an uersus excidit?*' *Ax.*   1022 expetitos E: -is A   1024 Thi. A: om. E   1025 sic E: si A   1031 habes quodcumque E: habebis quodque A   1033 uorantur *Ax.* (laniantur *temptauerat Zw. coll. 747 sqq.*): seruantur ω   an p. f. A: f. an p. E

Aτ. Epulatus ipse es impia natos dape.
Th. Hoc est deos quod puduit, hoc egit diem   1035
auersum in ortus. quas miser uoces dabo
questusque quos? quae uerba sufficient mihi?
abscisa cerno capita et auulsas manus
et rupta fractis cruribus uestigia—
hoc est quod auidus capere non potuit pater.   1040
Voluuntur intus uiscera et clusum nefas
sine exitu luctatur et quaerit fugam:
da, frater, ensem (sanguinis multum mei
habet ille): ferro liberis detur uia.
negatur ensis? pectora inliso sonent   1045
contusa planctu—sustine, infelix, manum,
parcamus umbris. tale quis uidit nefas?
quis inhospitalis Caucasi rupem asperam
Heniochus habitans quisue Cecropiis metus
terris Procrustes? genitor en natos premo   1050
premorque natis—sceleris est aliquis modus!
Aτ. Sceleri modus debetur ubi facias scelus,
non ubi reponas. hoc quoque exiguum est mihi:
ex uulnere ipso sanguinem calidum in tua
defundere ora debui, ut uiuentium   1055
biberes cruorem—uerba sunt irae data
dum propero. ferro uulnera impresso dedi,
cecidi ad aras, caede uotiua focos
placaui, et artus, corpora exanima amputans,
in parua carpsi frusta et haec feruentibus   1060
demersi aenis; illa lentis ignibus
stillare iussi; membra neruosque abscidi
uiuentibus, gracilique traiectas ueru

1036 auersum A: adu- E   1040 potuit ω: -i Gronouius
1041 uoluuntur Eᵖᶜ (ex u)   1042 fugam E: uiam A   1044 detur
uia E: demus -am A   1047 nefas Eᵖᶜ (ex e)   1052 sceleri E: -is A
1055 defundere E: diff- A   1060 frusta E: -tra A   haec E: hoc A
1061 demersi E: di- A   1063 traiectas E: -to A

331

mugire fibras uidi et aggessi manu
mea ipse flammas—omnia haec melius pater   1065
fecisse potuit, cecidit in cassum dolor:
scidit ore natos impio, sed nesciens,
sed nescientes. TH. Clausa litoribus uagis
audite maria, uos quoque audite hoc scelus,
quocumque, di, fugistis. audite inferi,   1070
audite terrae, Noxque Tartarea grauis
et atra nube, uocibus nostris uaca
(tibi sum relictus, sola tu miserum uides,
tu quoque sine astris), uota non faciam improba.
pro me nihil precabor—et quid iam potest   1075
pro me esse? uobis uota prospicient mea.

Tu, summe caeli rector, aetheriae potens
dominator aulae, nubibus totum horridis
conuolue mundum, bella uentorum undique
committe et omni parte uiolentum intona,   1080
manuque non qua tecta et immeritas domos
telo petis minore, sed qua montium
tergemina moles cecidit et qui montibus
stabant pares Gigantes, hac arma expedi
ignesque torque. uindica amissum diem,   1085
iaculare flammas, lumen ereptum polo
fulminibus exple. causa, ne dubites diu,
utriusque mala sit; si minus, mala sit mea:
me pete, trisulco flammeam telo facem
per pectus hoc transmitte—si gnatos pater   1090
humare et igni tradere extremo uolo,
ego sum cremandus. si nihil superos mouet
nullumque telis impios numen petit,
aeterna nox permaneat et tenebris tegat

1064 aggessi *A*: aggr- *E*   1065 ipse *A*: -a *E*   1069 uos quoque *E*:
uosque dii *A*   1070 di fugistis *recc.* (dij f- *Σ*): diff- *ω*   1081 manuque *β*: -um- *Eδ* (*Leo i 40*)   1084 hac *Scaliger*: haec *ω*   1088 sit si
A: est si *E*

immensa longis scelera. nil, Titan, queror,   1095
si perseueras. At. Nunc meas laudo manus,
nunc parta uera est palma. perdideram scelus,
nisi sic doleres. liberos nasci mihi
nunc credo, castis nunc fidem reddi toris.
Th. Quid liberi meruere? At. Quod fuerant tui.   1100
Th. Natos parenti— At. Fateor, et, quod me iuuat,
certos. Th. Piorum praesides testor deos.
At. Quid? coniugales? Th. Scelere quis pensat scelus?
At. Scio quid queraris: scelere praerepto doles;
nec quod nefandas hauseris angit dapes: 1105
quod non pararis! fuerat hic animus tibi
instruere similes inscio fratri cibos
et adiuuante liberos matre aggredi
similique leto sternere—hoc unum obstitit:
tuos putasti. Th. Vindices aderunt dei;   1110
his puniendum uota te tradunt mea.
At. Te puniendum liberis trado tuis.

1103 quid ω: quin *Heinsius 44*   1105 angit *E*: tangit *A*: te angit *Giardina*
Thyestes explicit. Incipit hercules *E*: Lucij annei senece thiestes explicit
feliciter (fel. *om.* δ). Incipit thebais eiusdem *A*

INCERTI AVCTORIS
HERCVLES [OETAEVS]

fabulam Senecae primus abiudicauisse uidetur D. Heinsius (292, 337);
cf. praef. p. vi

PERSONAE

HERCVLES

IOLE

NVTRIX

DEIANIRA

HYLLVS

ALCMENE

PHILOCTETES

LICHAS tacitus

CHORVS duplex

Scaena primum in Euboea insula
deinde Trachine

HERCVLES

Sator deorum, cuius excussum manu
utraeque Phoebi sentiunt fulmen domus,
secure regna: protuli pacem tibi,
quacumque Nereus porrigi terras uetat.
non est tonandum; perfidi reges iacent,   5
saeui tyranni. fregimus quidquid fuit
tibi fulminandum. sed mihi caelum, parens,
adhuc negatur? parui certe Ioue
ubique dignus teque testata est meum
patrem nouerca. quid tamen nectis moras?   10
numquid timemur? numquid impositum sibi
non poterit Atlas ferre cum caelo Herculem?
quid astra, genitor, quid negas? mors me tibi
certe remisit, omne concessit malum
quod terra genuit, pontus aer inferi: 15
nullus per urbes errat Argolicas leo,
Stymphalis icta est, Maenali nulla est fera;
sparsit peremptus aureum serpens nemus
et hydra uires posuit et notos Hebro
cruore pingues hospitum fregi greges   20
hostique traxi spolia Thermodontiae.
uici regentem fata nec tantum redi,
sed trepidus atrum Cerberum uidit dies
et ille solem. nullus Antaeus Libys
ānimam resumit, cecidit ante aras suas   25
Busiris, una Geryon sparsus manu
taurusque populis horridus centum pauor.

titulus Hercules *E*: Hercules etheus *A*   1 HERC. *E*: *om. A*   excussum *E*: -cess- δ: -cels- β   8 ioue *E*: -i *A*   14 concessit *E*: cum cesset *A*
15 quod *E*: quodcumque *A*   16 Argolicas *Jac. Gronouius* (*coll. 37*):
arcadias ω   20 fregi *E*: fudi *A*   21 hostique δ: -isque *Eβ*
22 uici *Herrmann*: uidi ω   regentem *A*: silentum *E*   26 una *E*: una est *A*

quodcumque tellus genuit infesta occidit
meaque fusum est dextera: iratis deis
non licuit esse. si negat mundus feras, 30
animum nouerca, redde nunc nato patrem
uel astra forti. nec peto ut monstres iter;
permitte tantum, genitor: inueniam uiam.
Vel si times ne terra concipiat feras,
properet malum quodcumque, dum terra Herculem 35
habet uidetque: nam quis inuadet mala
aut quis per urbes rursus Argolicas erit
Iunonis odio dignus? in tutum meas
laudes redegi, nulla me tellus silet:
me sensit ursae frigidum Scythicae genus 40
Indusque Phoebo subditus, cancro Libys;
te, clare Titan, testor: occurri tibi
quacumque fulges, nec meos lux prosequi
potuit triumphos, solis excessi uices
intraque nostras substitit metas dies. 45
natura cessit, terra defecit gradum:
lassata prior est. nox et extremum chaos
in me incucurrit: inde ad hunc orbem redi,
nemo unde retro est. tulimus Oceani minas,
nec ulla ualuit quatere tempestas ratem 50
quamcumque pressi—pars quota est Perseus mei?
Iam uacuus aether non potest odio tuae
sufficere nuptae quasque deuincam feras
tellus timet concipere nec monstra inuenit.

29 iratis *A*: er- *E*   30 si *E*: sic *A*   31 nouerca *A*: coercăm *E*
39 redegi *E*: recepi *A*   40 sciticae *E*: -thie *A*   41 cancro *A*: -i *E*
43 fulges *A*: fuges *E*   44 uices ω: uias *Drakenborch ad Sil. 15. 812*
45 intraque *Gronouius*: infr- ω   47 lassata prior est *E*: laxata per me *A*
48 in me incucurrit *E*: *om.* (*spat. rel.*) *A*   49 nemo unde *recc.*: u. n. *A*:
u. omne *E*   est *E*: *om. A*   51 pressi *A*: -it *E*   perseus mei *E*:
quam prosequor *A*   52 uacuus *A*: uagus *E*   potest *A*: potuit *E*
54 monstra *E*: -um *A*

ferae negantur: Hercules monstri loco   55
iam coepit esse; quanta non fregi mala,
quot scelera nudus? quidquid immane obstitit,
solae manus strauere; nec iuuenis feras
timui nec infans. quidquid est iussum leue est,
nec ulla nobis segnis illuxit dies.   60
o quanta fudi monstra quae nullus mihi
rex imperauit! institit uirtus mihi
Iunone peior. Sed quid inpauidum genus
fecisse prodest? non habent pacem dei:
purgata tellus omnis in caelo uidet   65
quodcumque timuit: transtulit Iuno feras.
ambit peremptus cancer ardentem plagam
Libyaeque sidus fertur et messes alit;
annum fugacem tradit Astraeae leo,
at ille, iactans feruidam collo iubam,   70
austrum madentem siccat et nimbos rapit.
inuasit omnis ecce iam caelum fera
meque antecessit: uictor e terris meos
specto labores, astra portentis prius
ferisque Iuno tribuit, ut caelum mihi   75
faceret timendum—sparserit mundum licet
caelumque terris peius ac peius Styge
irata faciat, dabitur Alcidae locus.
Si post feras, post bella, post Stygium canem
hauddum astra merui, Siculus Hesperium latus   80
tangat Pelorus, una iam tellus erit:
illinc fugabo maria; si iungi iubes,
committat undas Isthmos, et iuncto salo
noua ferantur Atticae puppes uia.

---

56 non *Schenkl 242*: nunc ω   59 leue est *E*: leue *A*   64 fecisse *A*:
freg- *E*   68 messes *A*: menses *E*   69 fugacem *E*: -ate *A*
70 collo *Ascensius*: c(a)elo ω; *cf. Hf 949*   71 rapit *E*: trahit *A*
76 faceret *E*: faciat *A*   77 ac peius *A*: ac leuius *E*   80 haud dum
E^{pc} (*ex* u): nondum *A*   81 iam *E*: *om. A*

mutetur orbis, uallibus currat nouis   85
Hister nouasque Tanais accipiat uias.
Da, da tuendos, Iuppiter, saltem deos:
illa licebit fulmen a parte auferas,
ego quam tuebor. siue glacialem polum,
seu me tueri feruidam partem iubes,   90
hac esse superos parte securos puta.
Cirrhaea Paean templa et aetheriam domum
serpente caeso meruit—o quotiens iacet
Python in hydra! Bacchus et Perseus deis
iam se intulere—sed quota est mundi plaga   95
oriens subactus aut quota est Gorgon fera?
quis astra natus laudibus meruit suis
ex te et nouerca? quem tuli mundum peto.
   Sed tu, comes laboris Herculei, Licha,
perfer triumphos, Euryti uictos lares   100
stratumque regnum. uos pecus rapite ocius
qua templa tollens ora Cenaei Iouis
aestu timendum spectat Euboicum mare.

CHORVS

   Par ille est superis cui pariter dies
   et fortuna fuit; mortis habet uices   105
   lente cum trahitur uita gementibus.
   Quisquis sub pedibus fata rapacia
   et puppem posuit fluminis ultimi,
   non captiua dabit bracchia uinculis
   nec pompae ueniet nobile ferculum: 110
   numquam est ille miser cui facile est mori.
   Illum si medio decipiat ratis
   ponto, cum Borean expulit Africus

---

93 o *E*: at *A*   100 lares *E*^{pc} (*ex* labores)   102 tollens *A*: po- *E*
ora *Bothe*: ara ω: acta *Rutgersius 91 sq.*   103 aestu *Ax. 1967, 106 sq.*:
austro *E*: astro *A*   108 fluminis *E*: lu- *A*

aut Eurus Zephyrum, cum mare diuidunt,
non puppis lacerae fragmina conligit,   115
ut litus medio speret in aequore:
uitam qui poterit reddere protinus,
solus non poterit naufragium pati.

Nos turpis macies et lacrimae tenent
et crinis patrio puluere sordidus.   120
nos non flamma rapax, non fragor obruit:
felices sequeris, mors, miseros fugis.
Stamus, sed patriae messibus heu locus
et siluis dabitur, lapsaque sordidae
fient templa casae; iam gelidus Dolops   125
hac ducet pecudes qua tepet obrutus
stratae qui superest Oechaliae cinis.
illo Thessalicus pastor in oppido
indocta referens carmina fistula
cantu nostra canet tempora flebili;   130
et dum pauca deus saecula contrahet,
quaeretur patriae quis fuerit locus.
Felix incolui non steriles focos
nec ieiuna soli iugera Thessali:
ad Trachina uocor, saxa rigentia   135
et dumeta iugis horrida torridis,
uix gratum pecori montiuago nemus.
At si quas melior sors famulas uocat,
illas aut uolucer transferet Inachus
aut Dircaea colent moenia, qua fluit   140
Ismenos tenui flumine languidus—
hic mater tumidi nupserat Herculis?   142

116 medio E^{pc} (ex o)   118 non p. n. E: n. non p. A   123 sed
Gronouius: nec ω: nos Gruterus: nunc recc.   patrie A: -iis E   messibus E:
meni- A   124 et ω: at Scaliger: sed recc.   126 tepet A: patet E
127 echaeliae E: ethalie (-ol- β) A   131 contrahet E: -it A
133 focos E: locos A   135 trachina recc.: tro- E: tre- Σ: cartina (-ci-
ST^{ac}) A   140 colent E: -unt A   fluit E: fugit A   141 ismenos A:
-on E   142 'interrogative?' Ax.

341

Falsa est de geminis fabula noctibus,   147
aether cum tenuit sidera longius
commisitque uices Lucifer Hespero
et Solem uetuit Delia tardior: 150
quae cautes Scythiae, quis genuit lapis?   143
num Titana ferum te Rhodope tulit,
te praeruptus Athos, te fera Caspia,   145
quae uirgata tibi praebuit ubera?   146
nullis uulneribus peruia membra sunt: 151
ferrum sentit hebes, lentior est chalybs;
in nudo gladius corpore frangitur
et saxum resilit, fataque neglegit
et mortem indomito pectore prouocat.   155
non illum poterant figere cuspides,
non arcus Scythica tensus harundine,
non quae tela gerit Sarmata frigidus
aut qui soliferae suppositus plagae
uicino Nabatae uulnera derigit   160
Parthus Gnosiacis certior ictibus.

Muros Oechaliae corpore propulit;
nil obstare ualet; uincere quod parat
iam uictum est—quota pars uulnere concidit?
pro fato potuit uultus iniquior   165
et uidisse sat est Herculeas minas.
quis uastus Briareus, quis tumidus Gyges,
supra Thessalicum cum stetit aggerem

147-50 *post* 142 *transp. Leo*   144 ferum *E*: -unt *A*   145 fera
Caspia *Ox.*: f. caseta *A*: feracas pias *E*   150 solem *E*: -es *A*
151 membra *E*: monstra *A*   152 sentit *E*: -sit *A*   155 pectore
L. Müller 187: corpore ω   162 oecaliae *E*: oet(h)al- δ: (o)ethol- β
163 quod *E*: qui δ: quidem β   166 uidisse . . . herculeas minas *E*:
uic- . . . -eis -is *A*   167 quis . . . quis *E*: qui . . . qui *A*   Gyges *Ascensius*:
gigas *A*: gigans *E*: Gyas *suspicatus* Gyges *def. Delrius ii 158; uide Heinze ad Hor.*
carm. 2. 17. 14 et West ad Hes. Theog. 149   168 supra *A*: subter *E*
thessalicum cum stetit aggerem *M*: th- st- agg- *EF*: th- consteterit agg- *N^{ac}*:
-os constitit -es *A*

caeloque insereret uipereas manus,
hoc uultu riguit? commoda cladibus   170
magnis magna patent, nil superest mali:
iratum miserae uidimus Herculem.

IOLE

At ego infelix non templa suis
conlapsa deis sparsosue focos,
natis mixtos arsisse patres   175
hominique deos, templa sepulcris:
nullum querimur commune malum.
alio nostras fortuna uocat
lacrimas, alias flere ruinas
        mea fata iubent.   180
quae prima querar? quae summa gemam?
pariter cunctas deflere iuuat,
nec plura dedit pectora Tellus,
ut digna sonent uerbera fatis.

Me uel Sipylum flebile saxum   185
        fingite, superi,   •
uel in Eridani ponite ripis,
ubi maesta sonat Phaethontiadum
        silua sororum;

---

169 caeloque *E*: celo ut *A*   manus *A*: minas *E*   172 misere *A*: -i *E*
173-232 *dimetri praeter* 175^a (n. m.), 175^b (a. p.), 184^b (u. f.), 211^b (q. e.),
232^b (q. t. ae.) *monometros et duo trimetros* 206-209^a *E*: *dimetri praeter* 232^b
(q. t. ae.) *monometrum et duo trimetros* 218-20 *A*   173 at *E*: et *A*
174 *post* focos (*uel post* deis) *aliquid cum uerbo* queror *uel* defleo, *sim. intercidisse
suspiceris, sed uix necessario*   180 mea ω: me *Raphelengius*
182 cunctas *Zw.*: -a *A*: om. *E*   cunctos d. i. ⟨miseram casus⟩
Barrett   182-225 om. *E* (*nota in marg. appicta*), *sed continentur prima manu
scripti folio minore, a quaternione alieno, quod est intermissum inter foll. 159 et 160*
184 fatis *E*: planctu *A*   185 Sipylum *Gronouius*: si syphum *E*: siphili δ:
sisiphi β   185· fingite *E*: figat *A*   188 silua *E*: turba *A*

INCERTI AVCTORIS

me uel Siculis addite saxis,
ubi fata gemam Thessala Siren,   190
uel in Edonas tollite siluas,
qualis natum Daulias ales
solet Ismaria flere sub umbra:
formam lacrimis aptate meis
resonetque malis aspera Trachin.   195
Cypria lacrimas Myrrha tuetur,
raptum coniunx Ceyca gemit,
sibi Tantalis est facta superstes;
fugit uultus Philomela suos
natumque sonat flebilis Atthis: 200
cur mea nondum capiunt uolucres
       bracchia plumas?   •
felix, felix, cum silva domus
       nostra feretur
patrioque sedens ales in agro
referam querulo murmure casus   205
uolucremque Iolen fama loquetur.

Vidi, uidi miseranda mei
       fata parentis,   •
cum letifero stipite pulsus
tota iacuit sparsus in aula:
pro, si tumulum fata dedissent,   210
quotiens, genitor, quaerendus eras!
potuine tuam spectare necem,
nondum teneras uestite genas
necdum forti sanguine, Toxeu?

190 gemam *E*: -it *A*   siren *A*: -enae *E*   191 edonas *recc.*: -ias ω
tollite *A*: ponite *E*   *post* 191 *uersum uelut* ubi maesta querar funera
patris *intercidisse suspiceris, sed uide* Ƶw. *1979, 186 sq.*   192 daulias *E*:
-nias *A*   196 cypria *E*: -as *A*   mirra *A*: myrtha *E*   199 fylomela
E: philomena *A*   200 atthis *E*: athin δ: ythin (ya- *S*) β
205 querulo *A*: qua. erulo *E*   casus *E*: questus *A*   206 fama *E*:
turba *A*   207· fata *A*: fama *E*   210 pro *A*: *om. E*   214 forti *E*:
-is *A*   toxeu *A*: textum *E*

Quid uestra queror fata, parentes,   215
quos in tutum mors aequa tulit?
mea me lacrimas fortuna rogat:
iam iam dominae captiua colus
      fusosque legam.   •
Pro, saeue decor formaque mortem
      paritura mihi,   220
tibi cuncta domus concidit uni,
dum me genitor negat Alcidae
atque Herculeus socer esse timet.
    Sed iam dominae tecta petantur.

CHORVS

Quid regna tui clara parentis   225
proauosque tuos respicis amens?
fugiat uultus fortuna prior.
felix quisquis nouit famulum
      regemque pati
uultusque suos uariare potest.   230
rapuit uires pondusque mali
casus animo qui tulit aequo.

NVTRIX

O quam cruentus feminas stimulat furor,
cum patuit una paelici et nuptae domus!
Scylla et Charybdis Sicula contorquens freta   235
minus est timenda, nulla non melior fera est.

215 queror *E*: -ar *A*   parentes ω: perennes *Ax.*   217 *om. A*
219 saeue decor *E*: sepe dolor *A*   221 concidit *recc.*: -cipit *E*: -tigit *A*
225 regna *EC*: regina δη   226 proauosque *A*: casusque *E*
228 felix *E*: paciens *A*: sapiens *D. Heinsius*   230 *om. A*   231 rapuit
E: pepulit *A*   mali ω: -is *Bothe*: -o *Gronouius*   *ante* 233 NVTRIX.
DEIANIRA (*E ubique* DEL-) ω   233 furor *E*: dolor *A*

Namque ut reluxit paelicis captae decus
et fulsit Iole qualis innubis dies
purisue clarum noctibus sidus micat,
stetit furenti similis ac toruum intuens   240
Herculea coniunx; feta ut Armenia iacens
sub rupe tigris hoste conspecto exilit
aut iussa thyrsum quatere conceptum ferens
Maenas Lyaeum dubia quo gressus agat
haesit parumper; tum per Herculeos lares   245
lymphata rapitur, tota uix satis est domus:
incurrit, errat, sistit, in uultus dolor
processit omnis, pectori paene intimo
nihil est relictum; fletus insequitur minas.
nec unus habitus durat aut uno furit   250
contenta uultu: nunc inardescunt genae,
pallor ruborem pellit et formas dolor
errat per omnes; queritur implorat gemit.
    Sonuere postes ecce praecipiti gradu,
secreta mentis ore confuso exerit.   255

Deianira

Quamcumque partem sedis aetheriae premis,
coniunx Tonantis, mitte in Alciden feram
quae mihi satis sit. si qua fecundum caput
palude tota uastior serpens mouet,
ignara uinci, si quid excessit feras   260
immane dirum horribile, quo uiso Hercules
auertat oculos, hoc specu immenso exeat.

---

238 innubis *A*: in -es *E*   239 purisue clarum *E*: -umue -is *A*
241 armenia *E*: -enta *A*   244 agat *A*: ferat *E*   246 limphata
rapitur *A*: attonita fertur *E*   249 minas *E*: genas *A*   254 dist. *Zw.*
255 exerit *A*: exf- *E*   256 quamcumque *A*: quac- *E*   261 quo *A*:
quod *E*   262 hoc ω: huc *Bentley*   specu (*cf. Hf 665*) *E*: sinu *A*

346

Vel si ferae negantur, hanc animam, precor,
conuerte in aliquod—quodlibet possum malum
hac mente fieri. commoda effigiem mihi   265
parem dolori: non capit pectus minas.
quid excutis telluris extremae sinus
orbemque uersas? quid rogas Ditem mala?
omnes in isto pectore inuenies feras
quas timuit; odiis accipe hoc telum tuis: 270
ego sum, nouerca, perdere Alciden potens:
perfer manus quocumque; quid cessas, dea?
utere furente! quod iubes fieri nefas?
reperi, quid haeres? ipsa iam cesses licet,
haec ira satis est. Nvt. Pectoris sani parum,   275
alumna, questus comprime et flammas doma;
frena dolorem. coniugem ostende Herculis.
De. Iole meis captiua germanos dabit
natis Iouisque fiet ex famula nurus?
num flamma cursus pariter et torrens feret   280
et ursa pontum sicca caeruleum bibet?
non ibo inulta: gesseris caelum licet
totusque pacem debeat mundus tibi,
est aliquid hydra peius: iratae dolor
nuptae. quis ignis tantus in caelum furit   285
ardentis Aetnae? quidquid est uictum tibi
hic uincet animus—capta praeripiet toros?
adhuc timebam monstra, iam nullum est malum:
cessere pestes, in locum uenit ferae
inuisa paelex. summe pro rector deum   290
et clare Titan, Herculis tantum fui
coniunx timentis; uota quae superis tuli

---

269 inuenies *E*: -as *A*   270 timuit *E*: -eat *A*   271 potens *Bentley*:
-es ω   274 reperi *recc.*: pep- ω   275 satis *A*: fati *E*   nu. *A*: NVN. *E*
278 iole *E*: illi *A*   280 num *recc.*: non ω   feret *E*: fer(e)tur *A*: -ent *recc.*
282 sq. *dist. Ax. 1967, 107*   283 tibi *A*: michi *E*   284 peius *E*:
potius *A*   290 pro rector *Lipsius*: prot- ω

cessere captae, paelici felix fui,
illi meas audistis, o superi, preces,
incolumis illi remeat—o nulla dolor   295
contente poena, quaere supplicia horrida,
incogitata, infanda, Iunonem doce
quid odia ualeant: nescit irasci satis.

    Pro me gerebas bella, propter me uagas
Achelous undas sanguine infecit suo,   300
cum lenta serpens fieret, in taurum trucem
nunc flecteret serpente deposita minas,
et mille in hoste uinceres uno feras.
iam displicemus, capta praelata est mihi—
non praeferetur: qui dies thalami ultimus   305
nostri est futurus, hic erit uitae tuae.
Quid hoc? recedit animus et ponit minas;
iam cessat ira—quid miser langues dolor?
perdis furorem, coniugis sanctae fidem
mihi reddis iterum. quid uetas flammas ali?   310
quid frangis ignes? hunc mihi serua impetum,
pares eamus—non erit uotis opus:
aderit nouerca quae manus nostras regat
nec inuocata. Nvt. Quod paras demens scelus?
perimes maritum, cuius extremus dies   315
primusque laudes nouit et caelo tenus
erecta terras fama suppositas habet?
iam tota in istos terra consurget lares
domusque soceri prima et Aetolum genus
sternetur omne, saxa iam dudum ac faces   320
in te ferentur, uindicem tellus suum
defendet omnis: una quot poenas dabis!

---

308 cessat *Burmannus 77*: -it ω   309 sancte *A*: tacitae *E*
312 pares eamus *recc.* (*M*² *marg.*): p. er- *A*: patres erimus *E*   317 fama
E: flamma *A*   318 iam tota *Zw.*: angor *E*: rogos *A*: auctorum *Ax. 1967,
107 sq.*   lares *E*: parens *A*   320 saxa iam dudum ac faces (*cf. 871*) *E*:
nam tuum gens herculem *A*   321 *om. A*   322 defendet *E*: -it *A*

Effugere terras crede et humanum genus
te posse—fulmen genitor Alcidae gerit:
iam iam minaces ire per caelum faces   325
specta et tonantem fulmine excusso diem.
mortem quoque ipsam, quam putes tutam, time:
dominatur illic patruus Alcidae tui.
quocumque perges, misera, cognatos deos
illi uidebis. DE. Maximum fieri scelus   330
et ipsa fateor, sed dolor fieri iubet.
NVT. Moriere. DE. Moriar Herculis nempe incluti
coniunx nec ullus nocte discussa dies
uiduam notabit nec meos paelex toros
captiua capiet. ante ab occasu dies   335
nascetur, Indos ante glacialis polus
Scythasue tepida Phoebus inficiet rota,
quam me relictam Thessalae inspiciant nurus.
meo iugales sanguine extinguam faces.
aut pereat aut me perimat; elisis feris   340
et coniugem addat, inter Herculeos licet
me quoque labores numeret: Alcidae toros
moritura certe corpore amplectar meo.
Ire, ire ad umbras Herculis nuptam libet,
sed non inultam: si quid ex nostro Hercule   345
concepit Iole, manibus euellam meis
ante et per ipsas paelicem inuadam faces.
me nuptiali uictimam feriat die
infestus, Iolen dum supra exanimem ruam:
felix iacet quicumque quos odit premit.   350
NVT. Quid ipsa flammas pascis et uastum foues
ultro dolorem? misera, quid cassum times?

327 putes *Zw.*: -as ω   329 perges *E*: -is *A*   330 illi *Gronouius*: -ic ω
332 nu. *A*: NVN. *E*   nempe *A*: *om. E*   336 indos . . . glacialis polus
E: -is . . . -em -um *A*   337 inficiet *E*: aff- *A*   338 inspiciant *E*: asp- *A*
339 iugales *E*: -i *A*   340 elisis feris *in marg. E*   344 herculis
nuptam libet *E*: -i iunctam licet *A*   346 euellam *e*: a- ω
352 *duobus uersiculis* (u. d. | m. q. c. t.) *E*   cassum *Lipsius*: casum ω

dilexit Iolen: nempe cum staret parens
regisque natam peteret—in famulae locum
regina cecidit: perdidit uires amor   355
multumque ab illa traxit infelix status.
illicita amantur, excidit quidquid licet.
DE. Fortuna amorem peior inflammat magis:
amat uel ipsum quod caret patrio lare,
quod nudus auro crinis et gemma iacet,   360
ipsas misericors forsan aerumnas amat;
hoc usitatum est Herculi: captas amat.
NVT. Dilecta Priami nempe Dardanii soror
concessa famula est; adice quot nuptas prius,
quot uirgines dilexit: errauit uagus.   365
Arcadia nempe uirgo, Palladios choros
dum nectit, Auge, uim stupri passa excidit,
nullamque amoris Hercules retinet notam.
referam quid alias? nempe Thespiades uacant
breuique in illis arsit Alcides face.   370
hospes Timoli Lydiam fouit nurum
et amore captus ad leues sedit colos,
udum feroci stamen intorquens manu.
nempe illa ceruix spolia deposuit ferae
crinemque mitra pressit et famulus stetit,   375
hirtam Sabaea marcidus myrrha comam:
ubique caluit, sed leui caluit face.
DE. Haerere amantes post uagos ignes solent.
NVT. Famulamne et hostis praeferet gnatam tibi?

---

353 cum staret parens *E*: dum -ent lares *A*   354 in *A*: enim *E*
356 multumque *A*: uult- *E*   illa *Heinsius 441 (coll. 394)*: -o ω   status *E*:
-u *A*   362 *om. E*   nu. *praef. A, corr. Delrius iii 362*   363 priami
E: -o *recc.*: primo *A*   368 Hercules retinet *Leo i 3*: ret- herculis *E*:
ret- -lei *A*   369 nempe . . . uacant *E*: mene . . . uo- *A*   thespiades *A*:
-ides *E*   370 illis *Heinsius 441*: -as ω   371 t(h)ymoli lidiam *A*:
tymolidiam *E*   373 udum *Canter 137*: unum *A*: colum *E*: tenerum *Birt
1879, 536*   stamen *A*: ta- *E*   378 dei. *A*: NVT. (*sed exp.*) *E*
379 nu. *A*: *om. E*   -ne et *A*: nec *E*   (g)natam *A*: galatam *E*   !

De. Vt laeta siluas forma uernantes habet,   380
quas nemore nudo primus inuestit tepor,
at cum solutos expulit Boreas Notos
et saeua totas bruma decussit comas,
deforme solis aspicis truncis nemus:
sic nostra longum forma percurrens iter   385
deperdit aliquid semper et fulget minus,
nec illa uenus est: quidquid in nobis fuit
olim petitum cecidit et periit labans,
aetas citato senior eripuit gradu   390
materque multum rapuit ex illo mihi.   389
Vides ut altum famula non perdat decus?
cessere cultus penitus et paedor sedet;
tamen per ipsas fulget aerumnas decor
nihilque ab illa casus et fatum graue
nisi regna traxit. hic meum pectus timor,   395
altrix, lacessit, hic rapit somnos pauor.
Praeclara totis gentibus coniunx eram
thalamosque nostros inuido uoto nurus
optabat omnis, quae nimis quicquam deos
orabat ullos: nuribus Argolicis fui   400
mensura uoti. quem Ioui socerum parem,
altrix, habebo? quis sub hoc mundo mihi
dabitur maritus? ipse qui Alcidae imperat,
facibus suis me iungat Eurystheus licet,
minus est. toris caruisse regnantis leue est: 405

380 laeta *Bentley*: alta ω   habet *E*: alit *A*   381 quas nemore nudo ω:
cum (qua *Ax*.) nemora -a *Schrader* (*Leo i 195*)   382 expulit *E*: ext- A
383 decussit *A*: dis- *E*   384 aspicis β: -it *Eδ*   386 deperdit *E*: -et *A*
387 nec illa uenus *E*: malisque minus *A*: haec i. u. *Kiessling* (*apud Leonem i 195*)
388 periit labans *Ax*. (labans *iam Schenkl 242 sq*.): pariter -at *E*: partu -at *A*
389 *post* 390 *transp. Schenkl ibid.*   392 cultus *D. Heinsius*: uultus ω
395 sq. hic . . . hic *E*: hinc . . . hinc *A*   398 uoto *E*: fato *A*   399 que
nimis *A*: quaeue mens *E*   quicquam *E*: quisquis *A*   400 fui *A*: fuit *E*
401 quem ioui *A*: iuno. quem *E*   402 quis *A*: qui *E*   405 toris
caruisse *E*: -os meru- *A*   regnantis *A*: -te *E*

alte illa cecidit quae uiro caret Hercule.
Nvt. Conciliat animos coniugum partus fere.
De. Hic ipse forsan diuidet partus toros.
Nvt. Famula illa trahitur interim donum tibi.
De. Hic quem per urbes ire praeclarum uides   410
et uiua tergo spolia gestantem ferae,
qui regna miseris donat et celsis rapit
uasta grauatus horridam claua manum,
cuius triumphos ultimi Seres canunt
et quisquis alius orbe consaepto iacet,   415
leuis est nec illum gloriae stimulat decor.
errat per orbem, non ut aequetur Ioui
nec ut per urbes magnus Argolicas eat:
quod amet requirit, uirginum thalamos petit.
si qua est negata, rapitur; in populos furit,   420
nuptas ruinis quaerit et uitium impotens
uirtus uocatur. cecidit Oechalia inclita
unusque Titan uidit atque unus dies
stantem et cadentem; causa bellandi est amor.
totiens timebit Herculi natam parens   425
quotiens negabit, hostis est quotiens socer
fieri recusat: si gener non est, ferit.

  Post haec quid istas innocens seruo manus,
donec furentem simulet ac saeua manu
intendat arcus meque natumque opprimat?   430
sic coniuges expellit Alcides suas,
haec sunt repudia; nec potest fieri nocens:
terris uideri sceleribus causam suis
fecit nouercam. quid stupes segnis, furor?
scelus occupandum est: perage, dum feruet manus.   435
Nvt. Perimes maritum? De. Paelicis certe meae.

---

406 alte illa *A*: altae iam *E*   407-439 *om. E*   408 hic *Heinsius*
444: sic ω   410 hic *ΣeO*: hunc *A*   415 consepto *recc.*: conc- *A*
420 rapitur *Σμ*: ca- *A*   422 echalia *recc.*: etholia *A*   435 perage
Peiper: perge *A*

Nvt. At Ioue creatum. De. Nempe et Alcmena satum.
Nvt. Ferrone? De. Ferro. Nvt. Si nequis? De. Perimam
                                                dolo.
Nvt. Quis iste furor est? De. Quem meus coniunx docet.
Nvt. Quem nec nouerca potuit, hunc perimes uirum?   440
De. Caelestis ira quos premit, miseros facit:
humana nullos. Nvt. Parce, miseranda, et time.
De. Contempsit omnes ille qui mortem prius;
libet ire in enses. Nvt. Maior admisso tuus,
alumna, dolor est; culpa par odium exigat.   445
cur saeua modicis statuis? ut laesa es, dole.
De. Leue esse credis paelicem nuptae malum?
quidquid dolorem pascit, hoc nimium puta.
Nvt. Amorne clari fugit Alcidae tibi?
De. Non fugit, altrix, remanet et penitus sedet   450
fixus medullis, crede; sed magnus dolor
iratus amor est. Nvt. Artibus magicis fere
coniugia nuptae precibus admixtis ligant.
uernare iussi frigore in medio nemus
missumque fulmen stare; concussi fretum   455
cessante uento, turbidum explicui mare
et sicca tellus fontibus patuit nouis.
habuere motum saxa, discussi fores
umbrasque Ditis, et mea iussi prece
manes locuntur, siluit infernus canis;   460
nox media solem uidit et noctem dies: 462
mare terra caelum et Tartarus seruit mihi   461

442*b*-444*a om. E*   443 dei. *praef. recc. (Ox.): om. A*   444*a* dei. *praef.*
A, om. recc. (Ox.)   445 par odium *A*: propius *E*   446 laesa es (laes
aes) *E*: passa es *A*   447 paelicem *Gronouius*: -cis ω   448 nu. *praef. A*,
om. E   hoc *E*: id *A*   449 NVT. *E: om. A*   clari ω: cari *Heinsius* 445
452 fere *A*: fare *E*   455 missumque fulmen *A*: mixt- flu- *E*
458 motum ω: -us *Bentley*   459 umbrasque Ditis *Richter*: umbrae stetistis ω   460 siluit *Ax. 1967, 108 sq.*: sonuit *A*: nouit *E*: tacuit *Leo i 224*
(*cf. Ag. 860*)   461 *om. E, post* 462 *transp. Bothe*   tartarus μ: -um *A*

nihilque leges ad meos cantus tenet:
flectemus illum, carmina inuenient iter.
DE. Quas Pontus herbas generat aut quas Thessala   465
sub rupe Pindus aluit inueniam malum
cui cedat ille? carmine in terras mago
descendat astris Luna desertis licet
et bruma messes uideat et cantu fugax
stet deprehensum fulmen et uersa uice   470
medius coactis ferueat stellis dies:
non flectet illum. NVT. Vicit et superos Amor.
DE. Vincetur uni forsan et spolium dabit
Amorque summus fiet Alcidae labor.

   Sed te per omne caelitum numen precor,   475
per hunc timorem: quidquid arcani apparo
penitus recondas et fide tacita premas.
NVT. Quid istud est quod esse secretum petis?
DE. Non tela sunt, non arma, non ignis minax.
NVT. Praestare fateor posse me tacitam fidem,   480
si scelere careat: interim scelus est fides.
DE. Circumspice agedum, ne quis arcana occupet,
partemque in omnem uultus inquirens eat.
NVT. En locus ab omni tutus arbitrio uacat.
DE. Est in remoto regiae sedis loco   485
arcana tacitus nostra defendens specus.
non ille primos accipit soles locus,
non ille seros, cum ferens Titan diem

   463 tenet *recc.*: -ent ω   465 aut quas *E*: aut que *A*   466 aluit
Rossbach 1888, 136 sq.: aluit ubi *E*: aut ubi *A*; *ante* ubi *aliquid intercidisse censuit
Zw. 1970, 270 sq.*   467 terras *A*: -is *E*   468 astris . . . desertis *A*:
in astra . . . discedat *E*   470 stet *E*: sit *A*   et uersa *A*: adu- *E*
471 medius . . . ferueat *E*: mediis . . . fugerit *A*   472 illum *recc.*: unum ω
472[b] nu. *A*: *om. E*   473 dei *A*: *om. E*   477 fide tacita premas *A*:
-em -am exprimas *E*   478 petis *E*: iubes *A*   479 minax *E*: non
mine *A*   482 occupet ω: aucu- *Scaliger*   485 regiae sedis *E*: sedis
egregie *A*   486 specus *E*: locus *A*   488 ferens ω: premens *Ax.
1967, 32*

lassam rubenti mergit Oceano rotam.
illic amoris pignus Herculei latet.   490
altrix, fatebor: auctor est Nessus mali
quem grauida Nephele Thessalo genuit duci,
qua gelidus astris inserit Pindus caput
ultraque nubes Othrys eductus riget.
Namque ut subactus Herculis claua horridi   495
Achelous omnis facilis in species dari
tandem peractis omnibus patuit feris
unoque turpe subdidit cornu caput,
me coniugem dum uictor Alcides habet,
repetebat Argos. forte per campos uagus   500
Euenos altum gurgitem in pontum ferens
iam paene summis turbidus ripis erat.
transire Nessus uerticem solitus uadis
pretium poposcit; meque iam dorso ferens
qua iungit hominem spina deficiens equo,   505
frangebat ipsas fluminis tumidi minas.
Iam totus undis Nessus exierat ferox
medioque adhuc errabat Alcides uado,
uasto rapacem uerticem scindens gradu;
at ille, ut esse uidit Alciden procul: 510
'tu praeda nobis' inquit 'et coniunx eris;
prohibetur undis', meque complexu ferens
gressum citabat. non tenent undae Herculem:
'infide uector' inquit, 'immixti licet
Ganges et Hister uallibus iunctis eant,   515
uincemus ambos, consequar telo fugam.'

489 lassam ... rotam *A*: -um ... diem *E*: -um ... iugum *M. Müller 1898, 48*
(*coll. 781*)   490 illic *A*: -inc *E*   491 auct. e. n. *E*: n. e. auct. *A*
492 nefele *E*: *om.* (*spat. uac.*) *A*   493 gelidus *Ax. 1967, 64 sq.*: trepidus
E: celsus *A*   494 riget *A*: rubet *E*   496 omnes facilis in species *A*:
-is -es inspicies *E*   498 turpe *E*: -is *A*   502 ripis *A*: siluis *E*
503 uadis *recc.*: uagus *E*: -um *A*   504 ferens ω: ge- *Bentley*; *uide ad Ag 409*
510 at *E*: ast *A*   *post* 511 *unum uersum excidisse suspiceris, sed uix necessario*
cf. Ƶw. 1970, 271 n. 3)   512 complexu *Heinsius 446*: -us *E*: -am *A*
514 uector *A*: ui- *E*   immixti *A*: -us *E*

praecessit arcus uerba; tum longum ferens
harundo uulnus tenuit haerentem fugam
mortemque fixit. ille, iam quaerens diem,
tabem fluentis uulneris dextra excipit   520
traditque nobis ungulae insertam suae,
quam forte saeua sciderat auolsam manu.
tunc uerba moriens addit: 'hoc' inquit 'magae
dixere amorem posse defigi malo;
hoc docta Mycale Thessalas docuit nurus,   525
unam inter omnis Luna quam sequitur magas
astris relictis. inlitas uestes dabis
hac' inquit 'ipsa tabe, si paelex tuos
inuisa thalamos tulerit et coniunx leuis
aliam parenti dederit altisono nurum.   530
hoc nulla lux conspiciat, hoc tenebrae tegant
tantum remotae: sic potens uires suas
sanguis tenebit.' uerba deprendit quies
mortemque lassis intulit membris sopor.

Tu, quam meis admittit arcanis fides,   535
perge ut nitentem uirus in uestem datum
mentem per artus adeat et tacitum intumas
intret medullas. Nvt. Ocius iussa exsequar,
alumna, precibus tu deum inuictum aduoca,
qui certa tenera tela dimittit manu.   540
De. Te te precor, quem mundus et superi timent
et aequor et qui fulmen Aetnaeum quatit,
timende matri teliger saeuae puer:
intende certa spiculum uelox manu,
non ex sagittis leuibus: e numero, precor,   545

---

520 sq. tabem fluentis . . . insertam A: -um -em . . . -um E   ungulae . . . suae
E: -a . . . -a A   523 tunc E: tum A   525 docuit E: monuit A
526 magas E: -am A   534 intulit A: imp- E   536 nitentem . . .
uestem datum E: -es . . . -es satum A   537 tacitum intumas Gronouius:
-us mås E: tactus sinus A   538 medullas A: ad m- E   538ᵇ nu. A:
NVN. E   541 te te precor A: te depr- E   543 teliger A: te al- E
545 e numero A: ex um- E

356

grauiore prome quod tuae nondum manus
misere in aliquem; non leui telo est opus,
ut amare possit Hercules. rigidas manus
intende et arcum cornibus iunctis para.
nunc, nunc sagittam prome qua quondam horridus   550
Iouem petisti, fulmine abiecto deus
cum fronte subita tumuit et rabidum mare
taurus puellae uector Assyriae scidit;
immitte amorem, uincat exempla omnia:
amare discat coniuges. si quas decor   555
Ioles inussit pectori Herculeo faces,
extingue totas, perbibat formam mei.
tu fulminantem saepe domuisti Iouem,
tu furua nigri sceptra gestantem poli,
turbae ducem maioris et dominum Stygis,   560
tuque, o nouerca grauior irata deus,
cape hunc triumphum: solus euince Herculem.
Nvt. Prolata uis est quaeque Palladia colu
lassauit omnem texta famularem manum.
nunc ingeratur uirus et uestis bibat   565
Herculea pestem; precibus augebo malum.
    In tempore ipso nauus occurrit Lichas:
celanda uis est dira, ne pateant doli.
De. O quod superbae non habent umquam domus,
fidele semper regibus nomen Licha,   570

---

546 grauiore prome *recc.*: graui depr- *E*: grauiore profer *A*   548 rigidas manus ω: -a -u *Heinsius 447*   550 quondam *A*: con- *E*   horridus
(*cf. 580*) *A*: -um *E*   552 tu*muit* *E*ᵖᶜ: ti- *A*   rabidum (*cf. Thy 361*) *E*:
rap- *A*   553 scidit *A*: excidit *E*   555 coniuges *A*: -em *E*
556 ioles inussit *E*: immisit ioles *A*   557 formam *E*: flammas *A*
559 furua *recc.*: fulua ω   nigri *E*: -a *A*   561 tuqueo *E*: tu qui *A*
562 euince *A*: et u- *E*   563 colu *A*: -is *E*   564 texta ω: tela (*cf. Ou.
epist. 1,10*) *recc.*   famularem (-um *recc.*) manum *A*: fabularum -us *E*
565 ingeratur *Ax. 1967, 110*: cong- *E*: congregetur *A*   et *E*: ut *A*
567 gnauus *A*: no- *E*   568 dira *E*: illa *A*   pateant *A*: -at *E*
doli *E*: mala *A*   569 quod *E*: quam *A*

cape hos amictus, nostra quos neuit manus,
dum uagus in orbe fertur et uictus mero
tenet feroci Lydiam gremio nurum,
dum poscit Iolen. sed iecur fors horridum
flectam merendo: merita uicerunt malos.   575
non ante coniunx induat uestes iube
quam ture flammas pascat et placet deos,
cana rigentem populo cinctus comam.
ipsa ad penates regios gressus feram
precibusque Amoris horridi matrem colam.   580
  Vos, quas paternis extuli comites focis,
Calydoniae, lugete deflendam uicem.

Chorvs

  Flemus casus, Oenei, tuos
comitum primos turba per annos,
flemus dubios, miseranda, toros.   585
nos Acheloi tecum solitae
pulsare uadum, cum iam tumidas
uere peracto poneret undas
gracilisque gradu serperet aequo
nec praecipitem uolueret amnem   590
flauus rupto fonte Lycormas;

572 orbe *Heinsius 449*: -em ω   574 dum *E*: nunc *A*   fors *A*: -san *E*
575 merendo *E*: em- *A*   uicerunt *E*: uincunt et *A*   576 con. ind.
uest. *E*: uest. ind. con. *A*   577 pascat et placet *E*: spargat et poscat *A*
578 cinctus *E*: ui- *A*   579 ad (*cf. Oed 708*) *A*: in *E*   581 extuli *A*:
expulit *E*   focis *E*: *om. A*   582 lugete deflendam uicem *E*: deflete
lugendas uices *A*   583–705· *dimetri praeter* 603, 691[b] (m. r.) *monometros
et duo trimetros* 623–626[a] *E*: *dimetri praeter* 603 *et* 690[b] (n. p.) *monometros A*
583 oenei *A*: onee (e *supra* o *add.*) *E*   585 miseranda *A*: uenerande *E*:
-a *Gronouius*   588 *om. in textu, add. in marg.* (*iuxta u.* 586) *E*   peracto *A*:
-os *E*   589 gradu *E*: uado *A*   serperet *A*: sēper et *E*   591 rupto *E*:
rapido *A*   fonte ω: ponte *Heinsius 449*   licormas *A*: -nas *E*

nos Palladias ire per aras
et uirgineos celebrare choros,
nos Cadmeis orgia ferre
tecum solitae condita cistis, 595
cum iam pulso sidere brumae
tertia soles euocat aestas
et spiciferae concessa deae
Attica mystas cludit Eleusin.
nunc quoque casum quemcumque times, 600
fidas comites accipe fatis:
nam rara fides ubi iam melior
fortuna ruit.

Tu quicumque es qui sceptra tenes,
licet omne tua uulgus in aula 605
centum pariter limina pulset:
cum tot populis stipatus eas,
in tot populis uix una fides.
tenet auratum limen Erinys,
et quom magnae patuere fores, 610
intrant fraudes cautique doli
ferrumque latens; cumque in populos
prodire paras, comes inuidia est.
noctem quotiens summouet Eos,
regem totiens credite nasci. 615
Pauci reges, non regna colunt:
plures fulgor concitat aulae.
Cupit hic regi proximus ipsi

---

607 cf. Theodulf., carm. 28. 375 (MGH Poet. 1, 503) cum populo stipatus eas

---

592 palladias A: -das E   598 spicifere A: spicae fere E   599 mystas
E: mixtas A   eleusin E: -is A   605 aula A: auia E   607 cum
A: quem E: quom Peiper   607ᵇ, 608ᵃ (stip. . . . pop.) om. A
608 populis μ: -os E   609 tenet A: -eat E   610 quom E: cum A
613 paras Schrader: -ant ω   614 eos A: eous E   617 concitat E:
-uocat A

359

clarus totas ire per urbes
(urit miserum gloria pectus),   620
cupit hic gazis implere famem,
nec tamen omnis plaga gemmiferi
     sufficit Histri
nec tota sitim Lydia uincit
nec quae Zephyro subdita tellus   625
stupet aurato flumine clarum
     radiare Tagum,   •
nec si totus seruiat Hebrus
ruraque diues iungat Hydaspes
intraque suos currere fines
spectet toto flumine Gangen: 630
auidis, auidis natura parum est.
Colit hic reges regumque lares,
non ut presso uomere semper
numquam cesset curuus arator
uel mille secent arua coloni: 635
solas optat quas ponat opes.
colit hic reges, calcet ut omnes
perdatque aliquos nullumque leuet:
tantum ut noceat cupit esse potens.

Quota pars moritur tempore fati!   640
rarum est felix idemque senex: 643
quos felices Cynthia uidit,   641
uidit miseros enata dies,   642
nec sibi felix pauper habetur,   673
nisi felices cecidisse uidet.   674

619 clarus totas *E*: -usque datas *A*: -usque latas *μ*: cl. lae- *Gronouius*
625 quae *E*: qua *A*   628 iungat *E*: cingat *A*   629 intraque *A*:
extra- *E*   630 spectet *E*: -ent *A*   635 secent arua *A*: se centauraia
(u *supra* ai) *E*   636 ponat *Gronouius*: -it *E*: donet *A*   638 aliquos
A: alios *E*   642 enata *E*: *om.* (*spat. rel. β: sine spat. δ*) *A*
643 *post* 640; 673, 674 *post* 642 *transp. Zw.* (643 *post* 639 *inser. Richter*; 673, 674
del. Schrader)

O si pateant pectora ditum! 648
quantos intus sublimis agit
    fortuna metus! 650
Bruttia Coro pulsante fretum
    lenior unda est. •
pectora pauper secura gerit: 652
carpit faciles uilesque cibos, 655
sed non strictos rcspicit enses; 656
tenet e patula pocula fago, 653
sed non trepida tenet illa manu: 654
aurea miscet pocula sanguis. 657
caespes Tyrio mollior ostro 644
solet inpauidos ducere somnos; 645
aurea rumpunt texta quietem
uigilesque trahit purpura noctes. 647
Coniunx modico nupta marito 658
non disposito clara monili
gestat pelagi dona rubentis, 660
nec gemmiferas detrahit aures
lapis Eoa lectus in unda,
nec Sidonio mollis aeno
repetita bibit lana rubores,
nec Maeonia distinguit acu 665
quae Phoebeis subditus euris
legit Eois Ser arboribus:
quaelibet herbae tinxere colus
quas indoctae neuere manus,
sed non dubios fouet illa toros. 670
sequitur dira lampade Erinys
quarum populi coluere diem. 672

644-7 *post* 657 *transp.* *Zw.*   646 texta *Ax. 1967, 111*: tecta ω
651· lenior *E*: mitior *A*   *post* 652 *uersus* 655, 656 (*quos om. A*) *transp.*
Zw. 1970, 272   653 e *A*: *om. E*   654 illa *E*: ipsa *A*
664 bibit *E*: -is *A*   667 Ser arb.] arb. ser *E*: seres arb. *A*

Quisquis medium defugit iter   675
stabili numquam tramite curret:
dum petit unum praebere diem
patrioque puer constitit axe
nec per solitum decurrit iter,
sed Phoebeis ignota petens   680
sidera flammis errante rota,
secum pariter perdidit orbem.
medium caeli dum sulcat iter,
tenuit placidas Daedalus oras
nullique dedit nomina ponto;   685
sed dum uolucres uincere ueras
        Icarus audet
patriasque puer despicit alas
Phoeboque uolat proxumus ipsi,
dedit ignoto nomina ponto: 690
male pensantur magna ruinis.
Felix alius magnusque sonet,
me nulla uocet turba potentem.
stringat tenuis litora puppis
nec magna meas aura phaselos   695
iubeat medium scindere pontum:
transit tutos Fortuna sinus
medioque rates quaerit in alto,
quarum feriunt sipara nubes.

Sed quid pauido territa uultu,   700
qualis Baccho saucia maenas,
fertur rapido regina gradu?

---

676 curret *A*: -it *E*   678 patrioque . . . constitit axe *E*: -osque . . .
concitat -es *A*   680 petens *E*: secat *A*   683 dum *E*: cum *A*
sulcat *E*: purgat δ: peregit β   684 placidas *E*: lacias *A*   692 sonet
E: uolet *A*   693 uocet turba *A*: -ent uerba *E*   potentem *E*: -um *A*
695 meas *E*: -os *A*   701 maenas *E*: thyas *A*   702 rapido *A*:
medio *E*

quae te rursus fortuna rotat,
    miseranda, refer:
licet ipsa neges, uultus loquitur   705
    quodcumque tegis.   •

DEIANIRA

Vagus per artus errat excussos tremor,
erectus horret crinis, impulsis adhuc
stat terror animis et cor attonitum salit
pauidumque trepidis palpitat uenis iecur.
ut fractus austro pontus etiamnum tumet,   710
quamuis quiescat languidis uentis dies,
ita mens adhuc uexatur excusso metu.
semel profecto premere felices deus
cum coepit, urget. hos habent magna exitus.

CHORVS

Quis tam impotens, miseranda, te casus rotat?   715
DE. Vt missa palla est tabe Nessea inlita
thalamisque maerens intuli gressum meis,
nescioquid animus timuit   *   *   *
*   *   *   *   *   et fraudem struit.
libet experiri. solibus uirus ferum

705· tegis *E*: negas *A*   *ante* 706 Deianira chorus *A*: DEIANIRA.
NVTRIX. *E*; *cf. Soph. Trach. 663 sqq.*   706 excussos *A*: -o *E*
710 fractus *E*: fretus *A*   711 languidis *A*: -us *E*   713 NVT *E*,
om. A   semel *E*: simul *A*   premere . . . deus *A*: pro- . . . -os *E*
714 cum cepit *A*: conc- *E*   715 cho *A*: *om. E*   miseranda (*cf. 704*) *E*:
o misera *A*   718 *post* timuit *tale quid intercidisse uidit Leo* ⟨an moriens
uiro | poenas parat Centaurus⟩   struit *ω*: -i *Gronouius*: arguit *Grotius*
719 solibus *A*: sedibus *E*

flammisque Nessus sanguinem ostendi arcuit: 720
hic ipse fraudes esse praemonuit dolus.
et forte, nulla nube respersus iubar,
laxabat ardens feruidum Titan diem
(uix ora solui patitur etiamnunc timor):
medios in ignes solis et claram facem,   725
quo tincta fuerat palla uestisque inlita,
abiectus horret uillus et Phoebi coma
tepefactus arsit (uix queo monstrum eloqui).
niues ut Eurus soluit aut tepidus Notus,
quas uere primo lucidus perdit Mimas,   730
utque euolutos frangit Ionio salo
opposita fluctus Leucas et lassus tumor
in litore ipso spumat, aut caelestibus
aspersa tepidis tura laxantur focis,
sic languet omne uellus et perdit comas.   735
dumque ista miror, causa mirandi perit;
quin ipsa tellus spumeos motus agit
et quidquid illa tabe contactum est labat
tumensque tacita   *   *   *   *
*   *   *   *   quassat caput
natum pauentem cerno et ardenti pede   740
gressus ferentem. prome quid portes noui.

---

720 arcuit *recc.*: arg- ω   721 dolus *E*: deus *A*   722 respersus *A*:
-um *E*   725 et claram *A*: eiceram *E*   727 abiectus *E*: -um *A*
uillus *Richter 1894, 21 sq.*: uirus *A*: sanguis *E*   coma *recc.* (*e*): -am ω
728 arsit *Peiper*: astris *E*: ardet *A*   queo . . . eloqui *A*: quoque est . . . elocor *E*
729 ut *A*: et *E*   aut *A*: et *E*   730 lucidus *E*: lubricus *A*   mimas *recc.*:
-nas *E*: *om.* (*spat. rel.*) *A*   731 euolutos *A*: -us *E*   734 tepidis *A*:
-do *E*   735 uellus . . . comas *E*: uirus . . . -am *A*   736 ista *Heinsius*
451: ipsa ω   739 tumensque tacita | quassat caput (*duobus uersiculis*) *E*:
t. t. sequitur et q. c. *A*   *post* 738 *aliquot uersus intercidisse putat Auantius*
(*in Erratis*) *textu recensionis A recepto*   *locum tali modo sanare temptauerim* tumens-
que tacita ⟨diluit sanies solum. | Sed en quis ille concitū (*uel* Quisnam ille
cursu concito)⟩ quassat caput? *cf. Zw. 1979, 182 n. 66*   740, 741 *om. E*

Hyllvs

I, profuge, quaere si quid ulterius patet
terris freto sideribus Oceano inferis:
ultra labores, mater, Alcidae fuge.
De. Nescioquod animus grande praesagit malum. 745
Hy. Plenae triumphi templa Iunonis pete:
haec tibi patent, delubra praeclusa omnia.
De. Effare quis me casus insontem premat.
Hy. Decus illud orbis atque praesidium unicum,
quem fata terris in locum dederant Iouis, 750
o mater, abiit: membra et Herculeos toros
urit lues nescioqua; qui domuit feras,
ille ille uictor uincitur maeret dolet.
quid quaeris ultra? De. Miserias properant suas
audire miseri; fare, quo posita in statu 755
iam nostra domus est? o lares, miseri lares!
nunc uidua, nunc expulsa, nunc ferar obruta.
Hy. Non sola maeres Herculem: toto iacet
mundo gemendus; fata nec, mater, tua
priuata credas: iam genus totum obstrepit. 760
hunc ecce luctum quem gemis cuncti gemunt;
commune terris omnibus pateris malum.
luctum occupasti: prima, non sola Herculem,
miseranda, maeres. De. Quam prope a leto tamen
ede, ede quaeso iaceat Alcides meus. 765
Hy. Mors refugit illum uicta quae in regno suo
semel est nec audent fata tam uastum nefas

---

ante 742 HYLLVS. ET IDEM. *E*: Ylus deianira *A* 742 i *E*: *om. A*
746, 747 *om.* (*spat. duorum uersuum rel.* β: *sine spat.* δ) *A* 746 plenae
Zw.: regna *E*: certae *Damsté 1918, 292* 752 qua *E*: que *A*
753 ille ille *A*: ille *E* 757 ferar *E*: -or *A* 758 herculem *E*: -es *A*
toto *A*: totoque *E* 760 credas *A*: -is *E* obstrepit ω: -et *Heinsius 320*:
adstrepit *Schrader* 761 hunc ecce luctum *Richter*: nunc ecce -u *E*:
hunc eiulatu β: h. -i δ cuncti *A*: -a *E* gemunt ω: -ent *Heinsius 404*
763 sola *E*: -um *A*

admittere. ipsa forsitan trepida colus
Clotho manu proiecit et fata Herculis
timet peragere. pro diem, infandum diem! 770
hocne ille summo magnus Alcides erit?
DE. Ad fata et umbras atque peiorem polum
praecedere illum dicis? an possum prior
mortem occupare? fare, si nondum occidit.
HY. Euboica tellus uertice immenso tumens 775
pulsatur omni latere: Phrixeum mare
scindit Caphereus, seruit hoc Austro latus;
at qua niuosi patitur Aquilonis minas,
Euripus undas flectit instabilis uagas
septemque cursus uoluit et totidem refert, 780
dum lassa Titan mergit Oceano iuga.
hic rupe celsa, nulla quam nubes ferit,
annosa fulgent templa Cenaei Iouis.
Vt stetit ad aras omne uotiuum pecus
totumque tauris gemuit auratis nemus, 785
spolium leonis sordidum tabo exuit
posuitque clauae pondus et pharetra grauis
laxauit umeros. ueste tunc fulgens tua,
cana reuinctus populo horrentem comam,
succendit aras: 'accipe has' inquit 'focis 790
non false messis genitor et largo sacer
splendescat ignis ture, quod Phoebum colens
diues Sabaeis colligit truncis Arabs.
pacata tellus' inquit 'et caelum et freta,
feris subactis omnibus uictor redi: 795

---

768 ipsa A: -as E 769 fata E: -um A 771 hoc ne A: hoccine E
ille EP: -o βT 772 DEI E: om. A 773 dei. A, om. E precedere
E: -ci- tu A 776 latere E: parte A 779 instabilis uagas E:
-es -us A 780 uoluit E: flectit A 781 mergit recc.: -at ω
iuga E: iubar A 782 nubes E: rupes A 783 chenei A: caenae E
785 tauris . . . auratis E: tantis . . . armentis A 787 grauis A: -es E:
-i recc. (Ox.) 788 tunc A: dum E: tum recc. (M) 793 truncis A:
-us (puncto supra s addito) E 794 om. E

depone fulmen'—gemitus in medias preces
stupente et ipso cecidit; hinc caelum horrido
clamore complet: qualis impressa fugax
taurus bipenni uolnus et telum ferens
delubra uasto trepida mugitu replet,   800
aut quale mundo fulmen emissum tonat,
sic ille gemitu sidera et pontum ferit,
et uasta Chalcis sonuit et uoces Cyclas
excepit omnis; hinc petrae Capherides,
hinc omne uoces reddit Herculeas nemus.   805
flentem uidemus. uulgus antiquam putat
rabiem redisse; tunc fugam famuli petunt.
    At ille uoltus ignea torquens face
unum inter omnes sequitur et quaerit Lichan.
complexus aras ille tremibunda manu   810
mortem metu consumpsit et paruum sui
poenae reliquit. dumque tremibundum manu
tenuit cadauer: 'hac manu, hac' inquit 'ferar,
o fata, uictus? Herculem uicit Lichas?
ecce alia clades: Hercules perimit Lichan.   815
facta inquinentur: fiat hic summus labor.'
in astra missus fertur et nubes uago
spargit cruore; talis in caelum exilit
harundo Getica iussa dimitti manu
aut quam Cydon excussit: inferius tamen   820
et tela fugient. truncus in pontum cadit,
in saxa ceruix: unus ambobus iacet.

---

797 hinc *E*: hic *A*   798 fuga*x* *E*²ᵖᶜ (-as *Σ*)   799 bipenni *E*: -e *A*
800 trepida *A*: te- *E*   802 gemitu *E*: -us *A*   803 calchis *E*: calpe *A*
804 excepit *A*: -ci- *E*   807 tunc ω: tum *Bothe*   809 sequitur
et quaerit *E*: q. e. s. *A*   811, 812 *om. in textu, add. in marg. E*
811 paruum *E*: parum *A*   813 ac manu. ac (hac m. hac *recc.* [*Ne*])
inquit ferar *E*: hac manu inquit te feram *A*   814 uictus *A*: uinc- *E*
uicit *E*: perimit *A*   815 perimet (-it *P*) *A*: -emit *E*   816 inquinentur fiat *E*: -nan- fiet *A*   821 et tela fugient. truncus *E*: fugiente trunco
corpus *A*   822 ceruix *β*: coniunx *δ*: uersus *E*   unus *Grotius*: funus ω

'Resistite' inquit, 'non furor mentem abstulit,
furore grauius istud atque ira malum est:
in me iuuat saeuire.' uix pestem indicat   825
et saeuit: artus ipse dilacerat suos
et membra uasta carpit auellens manu.
exuere amictus quaerit: hoc solum Herculem
non posse uidi; trahere conatus tamen
et membra traxit: corporis palla horridi   830
pars est et ipsa—uestis immiscet cutem.
nec causa dirae cladis in medio patet,
sed causa tamen est; uixque sufficiens malo
nunc ore terram languidus prono premit,
nunc poscit undas—unda non uincit malum;   835
fluctisona quaerit litora et pontum occupat:
famularis illum retinet errantem manus—
o sortem acerbam! fuimus Alcidae pares.

Nunc puppis illum litore Euboico refert
Austerque lenis pondus Herculeum rapit;   840
destituit animus membra, nox oculos premit.
DE. Quid, anime, cessas? quid stupes? factum est scelus:
natum reposcit Iuppiter, Iuno aemulum;

*   *   *   *   *   *   *

reddendus orbi est—quod potest reddi, exhibe:
eat per artus ensis exactus meos.   845
sic, sic agendum est—tam leuis poenas manus
tantas reposcit? perde fulminibus, socer,
nurum scelestam. nec leui telo manus
armetur: illud fulmen exiliat polo,

---

827 carpit auellens *A*: capita ue- *E*   831 pars . . . ipsa *A*: parum . . .
-am *E*   832 patet *ω*; *an* iacet?   834 premit *E*: ferit *A*
836 fluctisona *E*: et nota *A*   839 refert *A*: ferit *E*   841 DEI. *praef.*
E, om. A   842 deia *A*: *om. E*   est *E*: *om. A*   *post* 843 *hunc fere*
uersum ⟨uindex seuerus et patronus gentium⟩ *uel post* reddendus orbi est *tale*
quid ⟨qui manu uindex sua | pacauit urbes⟩ *excidisse censet* Zw.
844 reddi *A*: -e *E*   845 exactus *A*: -os *E*   847 perde *Raphelengius*:
redde *ω*: tolle *recc.*   socer *A*: precor *E*

quo, nisi fuisset genitus Alcides tibi,   850
hydram cremasses: pestem ut insolitam feri
et ut nouerca peius irata malum.
emitte telum quale in errantem prius
Phaethonta missum est: perdidi in solo Hercule
et ipsa populos.—quid rogas telum deos?   855
iam parce socero: coniugem Alcidae necem
optare pudeat: haec erit uoto manus,
a me petatur; occupa ferrum ocius—
cur deinde ferrum? quidquid ad mortem trahit
telum est abunde: rupe ab aetheria ferar.   860
haec, haec renatum prima quae noscit diem
Oeta eligatur; corpus hinc mitti placet.—
leuis una mors est—leuis, at extendi potest: 866
abrupta cautes scindat et partem mei   863
ferat omne saxum, pendeant lacerae manus
totumque rubeat asperi montis latus.—   865
eligere nescis, anime, cui telo incubes!   867
utinam esset, utinam fixus in thalamis meis
Herculeus ensis: huic decet ferro inmori.—
una perire dextera nobis sat est?   870
coite, gentes, saxa et immensas faces
iaculetur orbis, nulla nunc cesset manus,
corripite tela, uindicem uestrum abstuli:
impune saeui sceptra iam reges gerent,
impune iam nascetur indomitum malum;   875

850 nisi *E*: ni *A*   851 cremasses *A*: -as. sis *E*   852 ut *A*: tu *E*
peius δ: penis (*ut uid.*) β: potius *E*   854 in solo Hercule *Heinsius 406*:
sola -em *E*: erepto -e *A*   856 coniugem *A*: -i *E*   857 haec . . .
uoto *E*: hoc . . . -um *A*   858 occupa *E^{pc}* (*ex* -ata)   859 ad *E*:
in *A*   861 noscit *Schrader*: po- ω   862 oetha *A*: oceano *E*
post 862 *u.* 866 *inser. Zw.* (*post* 860 *Summers 52*)   865 montis *E*: pontis
(-i δ) *A*   866 at *A*: et *E*   868 thalamis meis *A*: -os -os *E*
871 immensas *E*: inc- *A*   872 nunc *A*: non *E*   874 gerent *recc.*:
-ant *E*: -unt *A*   875 *om. A*

369

reddentur arae cernere assuetae hostiam
similem colenti: sceleribus feci uiam;
ego uos tyrannis regibus monstris feris
saeuisque rapto uindice opposui deis.—
cessas, Tonantis socia? non spargis facem   880
imitata fratrem et mittis ereptam Ioui
meque ipsa perdis? laus tibi erepta incluta est,
ingens triumphus: aemuli, Iuno, tui
mortem occupaui.

Nvtrix

Quid domum impulsam trahis?
erroris istic omne quodcumque est nefas.   885
haut est nocens quicumque non sponte est nocens.
De. Quicumque fato ignoscit et parcit sibi,
errare meruit: morte damnari placet.
Nvt. Nocens uideri, qui mori quaerit, cupit.
De. Mors innocentes sola deceptos facit.   890
Nvt. Titana fugies? De. Ipse me Titan fugit.
Nvt. Vitam relinques? De. Miseram, ut Alciden sequar.
Nvt. Superest et auras ille caelestes trahit.
De. Vinci Hercules cum potuit, hinc coepit mori.
Nvt. Natum relinques fataque abrumpes tua?   895
De. Quamcumque natus sepelit haec uixit diu.
Nvt. Virum sequeris. De. Praegredi castae solent.
Nvt. Si te ipsa damnas, scelere te misera arguis.
De. Nemo nocens sibi ipse poenas inrogat.

---

878 feris E^{pc} (ex t)   884–982 *nutricis partes Hyllo tribuuntur in E*
885 istic *A*: est hic *E*   889 mori quaerit *E*: petit mortem *A*
891 fugies *A*: -ens *E*   ipse me *A*: thiestem *E*   892 relinques *A*: -ens *E*
DEI miseram, ut *Gronouius*: miseram? DEI ut *E*: -a? dei. at *A*   893 et *A*:
ut *E*   896 quamcumque natus *Scaliger*: quac- n. *E*: quec- -um *A*
898 scelere *E*: -is *A*   899 irrogat *A*: abrogat *E*

Nvt. Multis remissa est uita quorum error nocens,   900
non dextra fuerat. fata quis damnat sua?
De. Quicumque fata iniqua sortitus fuit.
Nvt. Hic ipse Megaram nempe confixam suis
strauit sagittis atque natorum indolem
Lernaea figens tela furibunda manu;   905
ter parricida factus ignouit tamen
sibi, nam furoris fonte Cinyphio scelus
sub axe Libyco tersit et dextram abluit.
quo, misera, pergis? cur tuas damnas manus?
De. Damnat meas deuictus Alcides manus: 910
placet scelus punire. Nvt. Si noui Herculem,
aderit cruenti forsitan uictor mali
dolorque fractus cedet Alcidae tuo.
De. Exedit artus uirus, ut fama est, hydrae;
immensa pestis coniugis membra abstulit.   915
Nvt. Serpentis illi uirus enectae autumas
haut posse uinci, qui malum uiuum tulit?
elisit hydram, dente cum fixo stetit
media palude uictor effuso obrutus
artus ueneno. sanguis hunc Nessi opprimet,   920
qui uicit ipsas horridi Nessi manus?
De. Frustra tenetur ille qui statuit mori:
proinde lucem fugere decretum est mihi.
uixit satis quicumque cum Alcide occidit.
Nvt. Per has aniles ecce te supplex comas   925

---

902 fuit *E*: fugit *A*   903 hic ipse *E*: i. h. *A*   megeram *A*: -re *E*
confixam *AΣ*: conphiniam *E^{ac}* (oph- *E²*)   904 indolem *E*: -es *A*
905 figens *E*: flect- *A*   907 sibi nam furoris *A*: s. non -i *E*: sibimet,
furoris *Ƶw.*   908 axe . . . tersit *A*: -i . . . tor- *E*   909 cur *E*:
quid *A*; *cf. Oct 863*   911 placet scelus *E*: fraudem pl. *A*   punire *A*:
-i *E*   915, 916 *om. in textu, in marg. add.* HYL. serpentis illud | uirus ut
fam[a] | est ydrae (*ad* 914 *aberrans*) *E*   915 immensa *A*: -ersa *recc.*: -issa
Heinsius 409   917 qui *A*: qua *E*   uiuum *E*: et u. *A*   918 cum
fixo *EF*: c. inf- *A*: confixus *Walter 455*   stetit *AF*: tenens *E*   921 horridi
E: -as *A*   922 tenetur *A*: -ent- *E*   924 cum alcidae *E*: alcidem *A*

atque ubera ista paene materna obsecro:
depone tumidas pectoris laesi minas
mortisque dirae expelle decretum horridum.
DE. Quicumque misero forte dissuadet mori,
crudelis ille est: interim poena est mori,   930
sed saepe donum; pluribus uenia obfuit.
NVT. Defende saltem dexteram, infelix, tuam
fraudisque facinus esse, non nuptae, sciat.
DE. Defendar illic: inferi absoluent ream,
a me ipsa damnor; purget has Pluton manus.   935
stabo ante ripas, immemor Lethe, tuas
et umbra tristis coniugem excipiam meum.

   Sed tu, nigrantis regna qui torques poli,
para laborem (scelera quae quisque ausus est,
hic uincit error: Iuno non ausa Herculem est   940
eripere terris), horridam poenam para.
Sisyphia ceruix cesset et nostros lapis
impellat umeros; me uagus fugiat latex
meamque fallax unda deludat sitim;
merui manus praebere turbinibus tuis,   945
quaecumque regem Thessalum torques rota;
effodiat auidus hinc et hinc uultur fibras;
uacat una Danais: has ego explebo uices.
Laxate, manes; recipe me comitem tibi,
Phasiaca coniunx: peior haec, peior tuo   950
utroque dextra est scelere, seu mater nocens
seu dira soror es; adde me comitem tuis,

   927 lesi A: lassi E 929 forte ω: sponte *Garrod 210*   dissuadet A:
sua- E 931 nu. *praef.* A, *om.* E donum E: d. in A uenia obfuit
Grotius: -ae fuit ω; *cf. Hf 1187*   932 NVN. E: *om.* A 933 sciat A:
-ant E 934 absoluent E: sol- A 939 quisque ω: -quam *Madvig
ii 126*   940 uincit *Richter*: uic- A: uincet E 944 deludat E:
decipiat A 948 uacat *Raphelengius* (*coll. Hf 500*): -et ω
949 tibi E: tui A 950 sq. hec A: hac E tuo | utroque E: -a | -aque A
951^b, 952^a (scelere . . . es) *om.* A (*uide ad 973*)

Threicia coniunx, sceleribus; natam tuam,
Althaea mater, recipe, nunc ueram tui
agnosce prolem—quid tamen tantum manus   955
uestrae abstulerunt? claudite Elysium mihi,
quaecumque fidae coniuges nemoris sacri
lucos tenetis; si qua respersit manus
uiri cruore nec memor castae facis
stricto cruenta Belias ferro stetit,   960
in me suas agnoscat et laudet manus:
in hanc abire coniugum turbam libet—
sed et illa fugiet turba tam diras manus.

Inuicte coniunx, innocens animus mihi,
scelesta manus est. pro nimis mens credula,   965
pro Nesse fallax atque semiferi doli!
auferre cupiens paelici eripui mihi. ·
recede, Titan, tuque quae blanda tenes
in luce miseros uita: cariturae Hercule
lux uilis ista est. exigat poenas sibi   970
reddamque uitam—fata an extendo mea
mortemque, coniunx, ad tuas seruo manus?
uirtusne superest aliqua et armatae manus
intendere arcum tela missurum ualent?
an arma cessant teque languenti manu   975
non audit arcus? si potes letum dare,
animosa coniunx dexteram expecto tuam.
mors differatur: frange ut insontem Lichan,

---

954 althea *A*: am *E*   959 memor . . . facis *E*: mora . . . fides *A*
960 belias *A*: bella cum *E*   961 agnoscat *E*: cogn- *A*   962 hanc
. . . coniugum turbam (*cf. 693*) *A*: hac . . . -em -a *E*   963 sed *A*: *om. E*
965 mens *A*: res *E*   966 atque . . . doli *E*: namque . . . -is *A*
969 cariture *A*: -a *E*   970 uilis ista est *β*: i. u. e. *δ*: illa sistat *E*
exigat . . . sibi *E*: -am . . . tibi *A*   971 an *E*: ne *A*   972 ad *E*: in *A*
973 et armatae *Lipsius*: et . . . -a *E*: sarmatica et *A*   *post* 973 *inseritur*
u. 952 (s. d. s. est. a. m. c. t.) *A*; *uide ad* 951^b   974 missurum *A*:
miserorum *E*   ualent *E*: -et *A*   975 an *ET*: non *βP*   976 arcus
A: -u *E*   potes letum *E*: -est telum *A*   977 animosa *A*: -e *E*

373

alias in urbes sparge et ignotum tibi
inmitte in orbem; perde ut Arcadiae nefas 980
et quidquid aliud cessit—at ab illis tamen,
coniunx, redisti.

HYLLVS

Parce iam, mater, precor,
ignosce fatis; error a culpa uacat.
DE. Si uera pietas, Hylle, quaerenda est tibi,
iam perime matrem—pauida quid tremuit manus? 985
quid ora flectis? haec erit pietas scelus.
ignaue dubitas? Herculem eripui tibi:
haec, haec peremit dextra, cui debes patri
auum Tonantem. maius eripui decus,
quam luce tribui. si tibi ignotum est nefas, 990
a matre disce. seu tibi iugulo placet
mersisse ferrum siue maternum libet
inuadere uterum, mater intrepidum tibi
praebebit animum. non erit tantum scelus
a te peractum: dextera sternar tua, 995
sed mente nostra. natus Alcidae times?
ita nulla peragas iussa, nec frangens mala
erres per orbem, si qua nascetur fera
referas parentem: dexteram intrepidam para.
patet ecce plenum pectus aerumnis: feri.— 1000
scelus remitto, dexterae parcent tuae
Eumenides ipsae: uerberum crepuit sonus.

---

980 inmitte *E*: em- *A*   981 cessit. at *Heinsius 410*: cessit *E*: c. et
Gronouius: restitit *A*   982[b] (parce . . . precor) *om. E*   985 pauida *A*:
trepida *E*; *cf. 1719*   986 haec *E*: hoc *A*   987 ignaue *E*: -re *A*
eripui *A*: -uit *E*   990 quam *Heinsius 410*: quam in ω   994 tantum
E: totum *A*   995 *om. E*   996 times *A*: tibi *E*   997 peragas *A*:
-es *E*   frangens *Peiper*: -es *E*: peragens *A*   998 *om. E*   999 *dist. Zw.*
referas *A*: -es *E*: -ens *Bentley*   1001 parcent *E*: -cam *A*

quaenam ista torquens angue uibrato comam
temporibus atras squalidis pinnas quatit?
quid me flagranti, dira, persequeris face,   1005
Megaera? poenas poscis Alcidae? dabo.
iamne inferorum, diua, sedere arbitri?
Sed ecce laxas carceris uideo fores.
quis iste saxum immane detritis gerit
iam senior umeris? ecce iam uictus lapis   1010
quaerit relabi. membra quis praebet rotae?
hic ecce pallens dira Tisiphone stetit,
causam reposcit; parce uerberibus, precor,
Megaera, parce, sustine Stygias faces:
scelus est amoris. Sed quid hoc? tellus labat   1015
et aula tectis crepuit excussis—minax
unde iste coetus? totus in uultus meos
decurrit orbis, hinc et hinc populi fremunt
totusque poscit uindicem mundus suum.
iam parcite, urbes. quo fugam praeceps agam?   1020
mors sola portus dabitur aerumnis meis.
testor nitentis flammeam Phoebi rotam
superosque testor: Herculem in terris adhuc
moritura linquo. Hy. Fugit attonita, ei mihi.
peracta iam pars matris est: statuit mori;   1025
nunc nostra superest, mortis auferre impetum.
o misera pietas: si mori matrem uetas,
patri es scelestus; si mori pateris, tamen

1003 angue *A*: -i *E*   uibrato *Peiper (coll. Hf 789)*: uipereo ω
1004 atras *A*: hastas *E*   1005 flagranti *E*: -e *A*   1006 poscis alcidae
E: -it -des *A*   1007 diua sedere *A*: dira sede sedere *E*   1008 laxas
Gronouius: diras (-a *E*) ω   1009 detritis *E*: -us *A*   1011 prebet *A*:
quaeritur *E*   1012 pallens *A*: patiens *E*   diratis siphone *E*: dira
thesi- *A*   1013 reposcit *E*: pop- *A*   1016 crepuit *A*: creuit *E*
excussis *E*: -cessit *A*   1018 fremunt *E*: pr- *A*   1021 dabitur *A*: la- *E*
meis *E*: locus *A*   1023 in terris (*cf. 1532*) *E*: terris *A*   1025 est *A*: et *E*
1027^b *et* 1028^b (matrem uetas/pateris tamen) *commutantur in A*

in matre peccas—urget hinc illinc scelus.
inhibenda tamen est: pergam et eripiam neci.   1030

Chorvs

Verum est quod cecinit sacer
Thressae sub Rhodopes iugis
aptans Pieriam chelyn
Orpheus, Calliopae genus,
aeternum fieri nihil.   1035
Illius stetit ad modos
torrentis rapidi fragor,
oblitusque sequi fugam
amisit liquor impetum;
et dum fluminibus mora est,   1040
defecisse putant Getae
Hebrum Bistones ultimi.
Aduexit uolucrem nemus
et silua residens uenit;
aut si qua aera peruolat   1045
auditis uaga cantibus
ales deficiens cadit.
Abrumpit scopulos Athos
Centauros obiter ferens
et iuxta Rhodopen stetit   1050
laxata niue cantibus;
et quercum fugiens suam
ad uatem properat Dryas.

1029 peccas urget E^{pc} (*ex* pecca surget): peccas surgit *A*   scelus *E*: nefas *A*
1030 pergam *A*: uerum *E*   neci *Garrod 211*: scelus ω   1031 sqq. *singuli
glyconei A: bini glyconei singulorum initiis distinctis E*   1032 *om. A*   rodopes
(*cf. 1538*) *recc.*: -e *E*   1033 aptans pierian *E*: tangens treiciam *A*
1038 fugam *E*: -as *A*   1041 getae *E*: -en *A*   1043 uolucrem *A*:
uoluere *E*   1045 aera *A*: -e *E*   1048 abrumpit *E*: -rup- *A*
1049 centauros *A*: -us *E*   1050 rhodopen *E*: -e *A*   1051 laxata *A*:
lassatam *E*

Ad cantus ueniunt tuos
ipsis cum latebris ferae   1055
iuxtaque inpauidum pecus
sedit Marmaricus leo
nec dammae trepidant lupos
et serpens latebras fugit
    tunc oblita ueneni.   1060

    Quin per Taenarias fores
manes cum tacitos adit
maerentem feriens chelyn,
cantu Tartara flebili
et tristes Erebi deos   1065
uicit nec timuit Stygis
iuratos superis lacus.
Haesit non stabilis rota
uicto languida turbine,
increuit Tityi iecur,   1070
dum cantus uolucres tenet;   1071
tunc primum Phrygius senex   1075
undis stantibus immemor
excussit rabidam sitim
nec pomis adhibet manus,   1078
et uinci lapis improbus   1081
et uatem potuit sequi.   1082
audis tu quoque, nauita: 1072
inferni ratis aequoris
nullo remigio uenit.   1074

1054 tuos *E*: suos *A*   1055 ipsis *E*: -e *A*   1061 quin *E*: qui *A*
1062 cum tacitos *E*: commonitos *A*   1066 uicit *Bothe*: -dit *E*: mouit *A*
1071 cantus *A*: -u *E*   1072 audis tu *Birt 1879, 29*: audito ω
1075 phrigius *A*: stygius (-s *sscr.*) *E*   1077 excussit *A*: exce- *E*
rabidam *E*: rap- *A*   *post* 1078 *uersus* 1081, 1082, 1072-4 *transp. Zw.*;
1081, 1082 *ibidem inser.* Ax. (*1967, 66 sqq.*), 1072-4 *Richter* (*1894, 28*), *qui* 1081,
1082 *Peiperum* (*1863, 22 sq.*) *secutus post* 1071 *transp.*

Sic cum uinceret inferos 1079
Orpheus carmine funditus, 1080
consumptos iterum deae 1083
supplent Eurydices colus.

sed dum respicit immemor 1085
nec credens sibi redditam
Orpheus Eurydicen sequi,
cantus praemia perdidit:
quae nata est iterum perit.

Tunc solamina cantibus 1090
quaerens flebilibus modis
haec Orpheus cecinit Getis:
' *   *   *   *   *
leges in superos datas
et qui tempora digerens
quattuor praecipitis deus 1095
anni disposuit uices;
nulli non auidi colus
Parcas stamina nectere:
quod natum est properat mori.'
Vati credere Thracio 1100
deuictus iubet Hercules.

Iam, iam legibus obrutis
mundo cum ueniet dies,
australis polus obruet
quidquid per Libyam iacet 1105
et sparsus Garamas tenet;

1079 sic *E*: sed δ: set β   uinceret *Richter 1894, 28*: linqueret *A*: inquirens *E*
1080 carmine funditus *Richter*: -a -dens *A*: -a -deret *E*   1085 sed *E*: et *A*
1089 que nata *A*: quonam *E*   1092 getis (-s *sscr.*) *E*: -icis *A*
post 1092 *lacunam indicauit Leo*   1094 digerens *A*: -rit *E*   1095 pre-
cipitis (*cf. Hf 180*) *A*: -es *E*   *post* 1096 *lacunam suspicatus est Peiper*
1097 auidi colus *E*: -as polo *A*   1098 parcas *A*: -at *E*   1099 properat *Ackermann 389*: poterit ω; *uide ad 1747*   1102 legibus *A*: reg- *E*
obrutis ω: irritis *Gronouius*   1104 obruet *A*: -it *E*

378

arctous polus obruet
quidquid subiacet axibus
et siccus Boreas ferit.
amisso trepidus polo   1110
Titan excutiet diem.
Caeli regia concidens
ortus atque obitus trahet
atque omnis pariter deos
perdet mors aliqua et chaos,   1115
et mors fata nouissima
in se constituet sibi.
    Quis mundum capiet locus?
discedet uia Tartari,
fractis ut pateat polis?   1120
an quod diuidit aethera
a terris spatium sat est
et mundi nimium malis?
Quis tantum capiet nefas
fati, quis, superi, locus   1125
pontum Tartara sidera
regna unus capiet tria?

    Sed quis non modicus fragor
aures attonitas mouet?
est est Herculeus sonus.   1130

HERCVLES

Conuerte, Titan clare, anhelantes equos,
emitte noctem: pereat hic mundo dies

1107 arctous *A*: arctos *E*   1110 amisso *E*: -um *A*   1112 concidens
E: -det *A*   1113 ortus *E*: certos *A*   1117 constituet *A*: -it *E*
1119 discedet *A*: -e *E*   1120 fractis *E*: stratis *A*   1123 nimium *A*:
niueum est *E*   1125 fati *recc.*: -um *A*: fratrum *E*   quis *A*: qui *E*   superi
Gronouius: -is *ω*: -os *Leo*: suberit *Ax. 1967, 114*   1126 tartara sidera *E*:
s. t. *A*   *ante* 1128 Item chorus *βP*, om. *ET*   *ante* 1131 HERCVLES *ω*
1131 HER. *praef. E*: om. *A*

quo morior, atra nube inhorrescat polus;
obsta nouercae. nunc, pater, caecum chaos
reddi decebat, hinc et hinc compagibus   1135
ruptis uterque debuit frangi polus;
quid parcis astris? Herculem amittis, pater.

Nunc partem in omnem, Iuppiter, specta poli,
ne quis Gyges Thessalica iaculetur iuga
et fiat Othrys pondus Encelado leue.   1140
laxabit atri carceris iam iam fores
Pluton superbus, uincula excutiet patri
caelumque reddet. ille qui pro fulmine
tuisque facibus natus in terris eram,
ad Styga reuertor: surget Enceladus ferox   1145
mittetque quo nunc premitur in superos onus.
regnum omne, genitor, aetheris dubium tibi
mors nostra faciet—antequam spolium tui
caelum omne fiat, conde me tota, pater,
mundi ruina, frange quem perdis polum.   1150
Cho. Non uana times, gnate Tonantis:
nunc Thessalicam Pelion Ossam
premet et Pindo congestus Athos
nemus aetheriis inseret astris;
uincet scopulos inde Typhoeus   1155
et Tyrrhenam feret Inarimen;
feret Aetnaeos inde caminos
scindetque latus montis aperti

1133 morior *E*: -ar *A*   1134 nouerce *A*: -a *E*   cecum *A*: caelo *E*
1135 et *A*: *om. E*   1137 astris *A*: austris *E*   amittis *A*: -it *E*
1138 partem in omnem *E*: -e in -i *A*; *cf. 483, 88 sqq.*   specta *A*: -at *E*
1139 ne *A*: nec *E*   Gyges *West*: gigas ω: Gyas *Leo*; *uide ad 167*
1140 leue *E in ras.* (-o *M*: -e *FN*)   1141 laxabit *E*: -uit *A*
1143 *om. E*   1144 natus in terris *E*: i. t. n. *A*   eram β: erat *Eδ*
1146 mittetque *A*: montemque *E*   1148 tui *A*: tibi *E*   1149 fiat *A*:
faciat *E*   1150 perdis *A*: premis *E*   1151 uana *A*: una *E*
1152 nunc *E*: iam *A*   thessalicam . . . ossam *E*: -alia . . . -a *A*
1156 tyrrenam *A*: tyrrheam *E*

nondum Enceladus fulmine uictus:
iam te caeli regna secuntur.   1160
HE. Ego qui relicta morte, contempta Styge,
per media Lethes stagna cum spolio redi
quo paene lapsis excidit Titan equis,
ego quem deorum regna senserunt tria,
morior nec ullus per meum stridet latus   1165
transmissus ensis, haut meae telum necis
saxum est nec instar montis abrupti lapis
aut totus Othrys, non truci rictu gigas
Pindo cadauer obruit toto meum:
sine hoste uincor, quodque me torquet magis   1170
(o misera uirtus!) summus Alcidae dies
nullum malum prosternit; inpendo, ei mihi,
in nulla uitam facta. pro mundi arbiter
superique quondam dexterae testes meae,
pro cuncta tellus, Herculis uestri placet   1175
mortem perire? dirus o nobis pudor,
o turpe fatum: femina Herculeae necis
auctor feretur! morior Alcides quibus!
    Inuicta si me cadere feminea manu
uoluere fata perque tam turpes colus   1180
mea mors cucurrit, cadere placuisset mihi
Iunonis odio: feminae caderem manu,

1160 regna sequuntur E: signa -entur A   1162 stagna E: stadia A
1163 quo E: cum A   lapsis recc. (F): lassis E: trepidis A; cf. Hf 60
1165 morior E: maior A   stridet E: -it A   1166 haut recc. (Ox.): aut ω
1167 om. E   lapis Gronouius: latus A   1168 aut A: est E   othrus A:
athos E   rictu E: uultu A   1172 impendo A: -e E   ei michi E:
male A   1173 uitam A: -a E   1174 testes A: quondam E
1175 herculis uestri (nostri δ) A: -em -um E   1176 mortem perire A:
-e fe- E   1177 fatum ω: factum recc.   1178 morior E: auctor A
1180 perque recc.: ter- A: quod- E   turpes colus A: -e scelus E
1181 mors ω: sors Heinsius 454   placuisset Birt 1879, 541: potuisset E: -em A
1182 feminae caderem manu Heinsius 454: f. c. (-re δ) minis A: cadere
potuissetm (sic) nimis E

sed caelum habentis. si nimis superis fuit,
Scythico sub axe genita domuisset meas
uires Amazon—feminae cuius manu   1185
Iunonis hostis uincor! hinc grauior tui,
nouerca, pudor est. quid diem hunc laetum uocas?
quid tale tellus genuit iratae tibi?
mortalis odia femina excessit tua.
adhuc furebas esse te Alcidae imparem: 1190
uicta es duobus—pudeat irarum deos.
　　Vtinam meo cruore satiasset suos
Nemeaea rictus pestis aut centum anguibus
uallatus hydram tabe pauissem mea,
utinam fuissem praeda Centauris datus   1195
aut inter umbras uinctus aeterno miser
saxo sederem! spolia nunc traxi ultima
Fato stupente, nunc ab inferna Styge
lucem recepi, Ditis euici moras—
ubique mors me fugit, ut titulo inclitae   1200
mortis carerem. pro ferae, uictae ferae!
non me triformis sole conspecto canis
ad Styga reuexit, non sub Hesperio polo
Hibera uicit turba pastoris feri,
non gemina serpens—perdidi mortem, ei mihi,   1205
totiens honestam: titulus extremus quis est!
　　Cho. Viden ut laudis conscia uirtus
　　　non Lethaeos horreat amnes?
　　　pudet auctoris, non morte dolet:

1183 si ω: sin *Gruterus*　　superis (*cf. Tro 56*) *A*: -i *E*　　　　1186 tui ω:
tibi *Gronouius*　　　1187 letum *A*: talem *E*　　　1190 furebas *Gruterus*: fe- ω
1194 (h)ydram . . . pauissem mea *A*: -ae . . . patuisset -as *E*　　　1196 uinctus *recc.*: uic- ω　　　1197 nunc *Leo*: cum ω　　　1198 fato *A*: facto *E*
1199 ditis euici *A*: lucis erui *E*　　　1200 mors me *E*: me mors *A*　　titulo
Heinsius 454: leto ω　　inclitae *E*: -o *A*　　　1201 mortis *E*: fortis *A*: sor- *Leo*
pro *Auantius*: o ω　　uictae *E*: -e o *A*　　　1202 sole conspecto *A*: iole -u *E*
1203 ad *A*: a *E*　　reuexit *Leo*: reduxit ω　　　1205 mortem hei *A*: et
mortem *E*　　　1207 uiden *A*: -et *E*

cupit extremum finire diem   1210
uasta tumidi mole gigantis
et montiferum Titana pati
rabidaeue necem debere ferae.
sed tua causa est, miserande, manus,
quod nulla fera est nullusque gigas: 1215
iam quis dignus necis Herculeae
superest auctor nisi dextra tui?
HE. Eheu quis intus scorpios, quis feruida
plaga reuulsus cancer infixus meas
urit medullas? sanguinis quondam capax   1220
tumidi uigor pulmonis arentes fibras
distendit, ardet felle siccato iecur
totumque lentus sanguinem auexit uapor.
primam cutem consumpsit, hinc aditum nefas
in membra fecit, abstulit pestis latus,   1225
exedit artus penitus et totas malum
hausit medullas: ossibus uacuis sedet;
nec ossa durant ipsa, sed compagibus
discussa ruptis mole conlapsa fluunt.
defecit ingens corpus et pesti satis   1230
Herculea non sunt membra—pro, quantum est malum
quod esse uastum fateor, o dirum nefas!
  En cernite, urbes, cernite ex illo Hercule
quid iam supersit. Herculem agnoscis, pater?

1211 tumidi *E*: pressus *A*   mole *A*: morte *E*   gigantis *E*: -um *A*
1212 montiferum *A*: mort- *E*   1213 rabidaeue *Bentley*: -que ω
1214 sed *E*: si *A*   miserande *Bentley*: -a ω   manus *Gronouius*: maius *E*:
necis *A*   1215 est *A*: *om. E*   1216 iam *A*: nam *E*   1218 eheu
(heu δ) quis *A*: heu qualis *E*   1219 reuulsus *E*: -uer- *A*: -uol- *Housman*
i 178   1221 uigor *Baden*: iecur ω   1223 sanguinem auexit *A*: -e
uexat *E*   1225 pestis latus *E*: costis iecur *A*   1226 totas *A*:
costas *E*   1228 ipsa *A*: ossa *E*   sed *E*: nec δ: uel nec β   1230 pesti
satis *A*: pestis at est *E*   1233 en cernite *A*: inc- *E*   1234 iam *A*:
om. E   agnoscis *A*: -it *E*

hisne ego lacertis colla Nemeaei mali   1235
elisa pressi? tensus hac arcus manu
astris ab ipsis detulit Stymphalidas?
his ego citatam gressibus uici feram
radiante clarum fronte gestantem caput?
his fracta Calpe manibus emisit fretum?   1240
his tot ferae, tot scelera, tot reges iacent?
his mundus umeris sedit? haec moles mei est,
haecne illa ceruix? has ego opposui manus
caelo ruenti? quis mea custos manu
trahetur ultra Stygius? ubi uires prius   1245
memet sepultae? quid patrem appello Iouem?
quid per Tonantem uindico caelum mihi?
iam, iam meus credetur Amphitryon pater.

Quaecumque pestis uiscere in nostro lates,
procede—quid me uulnere occulto petis?   1250
quis te sub axe frigido pontus Scythes,
quae pigra Tethys genuit aut Maurum premens
Hibera Calpe litus? o dirum malum!
utrumne serpens squalidum crista caput
uibrans an aliquod et mihi ignotum malum?   1255
numquid cruore es genita Lernaeae ferae
an te reliquit Stygius in terris canis?
omne es malum nullumque—quis uoltus tibi est?

1235 hisne ω: an his?   colla E: spolia A   nemeei *recc.*: -mei A: -meae E
mali A: -a E   1237 detulit A: -pul- E   1239 radiante
A: -ata E   1240 calpe A: carpent E   emisit *Gronouius*: el- A: elisi E
fretum *ex* ferum E^{pc} 1242 mei A: mea E   1243 has A: hasne E
1244 quis mea E: cuius o A   1245 ubi E: o A   1246 memet
Gronouius: in me ω   1247 mihi A: miser E   1248 *om.* A
1249 uiscere in nostro A: -ibus in -is E   1251 te A: me E
1252 genuit . . . premens A: meruit . . . trahens E   1253 ybea (-ra $\Sigma\mu$)
calpe litus A: eraclia penitus E   1254 utrumne . . . squalidum crista
(*cf. Hf 392*) A: uirumne . . . -do -am E   1255 *om.* E   et mihi ignotum
est T (est *del. Gruterus*): et i. est m. P: m. i. est β   1256 cruore es . . .
fere A: -ris . . . ferens E   1257 reliquit A: requirit E   1258 es *recc.*:
est ω

concede saltem scire quo peream malo;
quaecumque pestis siue quaecumque es fera,   1260
palam timere. quis tibi in medias locum
fecit medullas? ecce direpta cute
uiscera manus detexit; ulterior tamen
inuenta latebra est—o malum simile Herculi!
    Vnde iste fletus? unde in has lacrimae genas?   1265
inuictus olim uoltus et numquam malis
lacrimas suis praebere consuetus (pudet)
iam flere didicit. quis dies fletum Herculis,
quae terra uidit? siccus aerumnas tuli.
tibi illa uirtus, quae tot elisit mala,   1270
tibi cessit uni; prima et ante omnis mihi
fletum abstulisti: durior saxo horrido
et chalybe uoltus et uaga Symplegade
uictus minas infregit et lacrimam expulit.
flentem, gementem, summe pro rector poli,   1275
me terra uidit, quodque me torquet magis,
nouerca uidit.—urit ecce iterum fibras,
incaluit ardor: unde nunc fulmen mihi?
    Cho. Quid non possit superare dolor?
quondam Getico durior Haemo   1280
nec Parrhasio lentior axe
saeuo cessit membra dolori
fessumque mouens per colla caput
latus alterno pondere flectit.

1259 quo peream malo *A*: me malum *E*   1260 siue . . . es fera *E*:
seua . . . es (*om.* δ) effera *A*   1261 timere *Wilamowitz*: -i *E*: -es *A*
1262 direpta ω: de- *Gronouius*   1264 est. o . . . simile *A*: est. esto . . .
simul et *E*   1265 in has lacrime genas *A*: has -as gerit *E*   1266 et *E*:
est *A*   malis *A*: magis *E*   1267 consuetus pudet *A*: -suerit -dis *E*
1270 *om.* *E*   1273 uaga symplegade *A*: -as tymphalida *E*
1274 uictus minas *Ax. 1967, 101 sqq.* (rigidus minas *coniecerat Düring iv 296*):
rictus meos ω   lacrimam *A*: -as *E*   expulit *E*: ext- *A*   1275 pro
rector *E*: prospector *A*   1281 parrasio *recc.*: parn- ω   1282 seuo *A*:
laeuo *E*   1283 mouens *A*: -et *E*

fletum uirtus saepe resorbet: 1285
sic arctoas laxare niues
quamuis tepido sidere Titan
non tamen audet uincitque nefas
solis adulti glaciale iubar.

HE. Conuerte uoltus ad meas clades, pater: 1290
numquam ad tuas confugit Alcides manus,
non cum per artus hydra fecundum meos
caput explicaret; inter infernos lacus
possessus atra nocte cum Fato steti
nec inuocaui; tot feras uici horridas,   1295
reges, tyrannos, non tamen uoltus meos
in astra torsi: semper haec nobis manus
uotum spopondit; nulla propter me sacro
micuere caelo fulmina—hic aliquid dies
optare iussit. primus audierit preces   1300
idemque summus: unicum fulmen peto;
giganta crede (non minus caelum mihi
asserere potui—dum patrem uerum imputo,
caelo peperci). siue crudelis, pater,
siue es misericors, commoda nato manum   1305
properante morte et occupa hanc laudem tibi.
uel si piget manusque detrectat nefas,
emitte Siculo uertice ardentes, pater,
Titanas, in me qui manu Pindum ferant
Ossaque qui me monte proiecto opprimant.   1310
abrumpat Erebi claustra, me stricto petat
Bellona ferro; mitte Gradiuum trucem,

1285 resorbet *E*: resoluit *A*   1288 nefas *A*: faces *E*   1289 adulti
Zinzerlingus 27 (*coll. Petron. 122, u. 148*): adusti ω   *ante* 1290 HER.
ALCMENA *E*: Hercules a. *A*   1296 non *A*: nec *E*   1300 audierit
A: -is *E*   1302 crede *E*: -o *A*   1303 imputo *Heinsius 278*: puto ω
1306 properante morte (*cf. Hf 830*) *E*: propera ante -em *A*   1309 manu
A: -us *E*   pindum *A*: -o *E*: -on *edd.*   ferant *A*: -at *E*   1310 Ossaque
Housman ad Manil. 2. 880: aut ossa *E*: a. te o. *A*   proiecto *A*: -scripto *E*
opprimant *A*: -at *E*   1311 abrumpat *E*: -pe et *A*

armetur in me dirus: est frater quidem,
sed ex nouerca. Tu quoque, Alcidae soror
tantum ex parente, cuspidem in fratrem tuum   1315
iaculare, Pallas. Supplices tendo manus
ad te, nouerca: sparge tu saltem, precor,
telum: perire feminae possum manu.
iam fracta, iam satiata quid pascis minas?
quid quaeris ultra? supplicem Alciden uides,   1320
et nulla tellus, nulla me uidit fera
te deprecantem. nunc mihi irata satis
opus est nouerca—nunc tuus cessat dolor?
nunc odia ponis? parcis ubi uotum est mori.
    O terra et urbes, non facem quisquam Herculi,   1325
non arma tradet? tela subtrahitis mihi?
ita nulla saeuas terra concipiat feras
post me sepultum, nec meas umquam manus
imploret orbis, si qua nascentur mala
nascatur alius: undique infelix caput   1330
mactate saxis, uincite aerumnas meas.
ingrate cessas orbis? excidimus tibi?
adhuc malis ferisque suppositus fores,
ni me tulisses. uindicem uestrum malis
eripite, populi: tempus hoc uobis datur   1335
pensare merita—mors erit pretium omnium.

ALCMENE

    Quas misera terras mater Alcidae petam?
ubi natus, ubinam est? certa si uisus notat,

1322 deprecantem *A*: de precante *E*   satis *Ax. 1967, 69 sq.*: pater *E*:
quidem *A*   1323 nunc *A*: num *E*   1324 nunc *A*: num (*ex* nom) *E*ᵖᶜ
1325 terra *E*: -e *A*   1328 sepultum *A*: -o *E*   1329 nascentur mala *E*:
-etur fera *A*   1330 nascatur alius *A*: -etur odium *E*: -atur ultor *Peiper*
1331 mactate *A*: -re *E*   1334 uestrum *A*: -ris *E*   1335 eripite *E*:
excip- *A*   1336 pensare *E*: -te *A*   1338 natus ubinam est *A*:
intus ubinam *E*; *cf. 1399*

reclinis ecce corde anhelante aestuat;
gemit: peractum est. membra complecti ultima,   1340
o nate, liceat; spiritus fugiens meo
legatur ore: bracchia, amplexus cape.
ubi membra sunt? ubi illa quae mundum tulit
stelligera ceruix? quis tibi exiguam tui
partem reliquit? HE. Herculem spectas quidem,   1345
mater, sed umbram et uile nescioquid mei.
agnosce, mater—ora quid flectis retro
uultumque mergis? Herculem dici tuum
partum erubescis? AL. Quis feram mundus nouam,
quae terra genuit? quodue tam dirum nefas   1350
de te triumphat? uictor Herculeus quis est?
HE. Nuptae iacentem cernis Alciden dolis.
AL. Quis tantus est qui uincat Alciden dolus?
HE. Quicumque, mater, feminae iratae sat est.
AL. Et unde in artus pestis aut ossa incidit?   1355
HE. Aditum uenenis palla femineis dedit.
AL. Vbinam ista palla est? membra nudata intuor.
HE. Consumpta mecum est. AL. Tantane inuenta est lues?
HE. Errare mediis crede uisceribus meis,
o mater, hydram et mille cum Lerna feras.   1360
quae tanta nubes flamma Sicanias secans,
quae Lemnos ardens, quae plaga igniferi poli
uetans flagranti currere in zona diem?
in ipsa me iactate, pro comites, freta
mediosque in amnes—quis sat est Hister mihi?   1365

1339 anhelante *E*: -i *A*   1340 ultima *ω*: -um *Bothe*   1342 amplexus *Richter*: et a. *E*: in a. *A*   1344 tui *E*^{pc} (*ex* a)   1345 *inter*
reliquid *et* HERC. *proprio uersu legitur* quis feram mundus nouam (*u.* 1349) *in E*
1346 umbram et uile *E*: umbre simile *A*   1348 mergis *E*: merens *A*
1350 quodue *A*: -que *E*   1354 quicumque . . . femine irate *A*: cui- . . .
-a -a *E*; *cf. Ag 970*   1355 et *E*: at *A*   1356 femineis *A*: -ea *E*
1357 ista *E*: ipsa *A*   1360 lerna *ω*: -ae *Bothe, sed cf. Verg. Aen. 6. 803*
1361 sicanias *A*: -a *E*   secans *Ax.*: -at *E*: bibit *A*   1362 igniferi *E*:
inferni *A*   1363 uetans *A*: -at *E*   1365 quis *A*: qui *E*

non ipse terris maior Oceanus meos
franget uapores, omnis in nostris malis
deficiet umor, omnis arescet latex.
Quid, rector Erebi, me remittebas Ioui?
decuit tenere: redde me tenebris tuis,   1370
talem subactis Herculem ostende inferis.
nil inde ducam, quid times iterum Herculem?
inuade, mors, non trepida: iam possum mori.
AL. Compesce lacrimas saltem et aerumnas doma
malisque tantis Herculem indomitum refer   1375
mortemque differ: quos soles uince inferos.
HE. Si me catenis horridus uinctum suis
praeberet auidae Caucasus uolucri dapem,
Scythia gemente flebilis gemitus mihi
non excidisset; si uagae Symplegades   1380
utraque premerent rupe, redeuntis minas
ferrem ruinae; Pindus incumbat mihi
atque Haemus et qui Thracios fluctus Athos
frangit Iouisque fulmen excipiens Mimas:
non ipse si in me, mater, hic mundus ruat   1385
superque nostros flagret incensus toros
Phoebeus axis, degener mentem Herculis
clamor domaret; mille decurrant ferae
pariterque lacerent, hinc feris clangoribus
aetheria me Stymphalis, hinc taurus minax   1390
ceruice tota pulset et quidquid fuit

   1370 tenere *A*: -i *E*   1371 talem . . . ostende *A*: qua- . . . -es *E*
1372 inde ducam *A*: indu- *E*   1373 non *A*: ne *E*   1374 erumpnas
A: -a *E*   1376 differ *E*: uince *A*   quos *recc.*: quod ω   1377 horridus
E: -um *A*   1378 auide caucasus *A*: alique casus *E*; cf. *Hf 1208*
1379 scyt(h)ia *A*: scithe *E*   gemente *recc.* (*Ox.*): -em ω   1380 excidisset
P: extit- *EβT*   1381 utraque *recc.*: -eque *E*: -imque *A*   minas ω:
-ax *Leo 1880, 431 n. 1*   1382 ruine *A*: -as *E*   1384 iouisque *E*:
tonantis *A*   excipiens *A*: -cuti- *E*   Mimas *Lipsius*: -nas *E*: iouis *A*
1386 toros *E*: rogos *A*   1389 feris *A*: -a *E*

solum quoque ingens; surgat hinc illinc nemus
artusque nostros dirus immittat Sinis:
sparsus silebo—non ferae excutient mihi,
non arma gemitus, nil quod impelli potest.   1395
AL. Non virus artus, nate, femineum coquit,
sed dura series operis et longus tibi
pauit cruentos forsitan morbos labor.
HE. Vbi morbus, ubinam est? estne adhuc aliquid mali
in orbe mecum? ueniat huc—aliquis mihi   1400
intendat arcus: nuda sufficiet manus.
procedat agedum   *   *   *   *
*   *   *   AL. Ei mihi, sensus quoque
excussit illi nimius impulsos dolor.
dolor iste furor est: Herculem solus domat.   1407
Remouete quaeso tela et infestas, precor,   1404
rapite hinc sagittas: igne suffuso genae   1405
scelus minantur. quas petam latebras anus?—
cur deinde latebras aut fugam uecors petam?   1408
obire forti meruit Alcmene manu:
uel scelere pereat, antequam letum mihi   1410
ignauus aliquis mandat ac turpis manus
de me triumphat.—ecce lassatus malis
sopore fessas alligat uenas dolor

1392 ingens *A*: *om. E*   surgat hinc *A*: urgeat hinc et *E*   nemus *E*:
fremens *A*   1393 dirus *Gronouius*: du- ω   immittat *E*: -minuat *A*
Sinis *Gronouius*: ci- *E*: dolor *A*   1397 series *E*: serpens *A*   tibi *A*: *om. E*
1398 pauit cruentis (-os *Gronouius*) . . . morbos labor *E*: fauet cr. . . . -is
dolor *A*   1399 ubi morbus ubinam est? desine (estne *Gronouius*) adhuc
aliquod (-id *Gronouius*) mali *E*: ubi mors. ubi illa? testis est aliquis m. *A*
1400, 1401 *inuerso ordine A*   1400 mecum *E*: *om. A*: ueniat *recc.*
1402 *maiorem lacunam post* agedum *indicauit Ax. 1967, 48 n. 37*: agedum ⟨huc⟩
Auantius   ei *E*: et *A*   sensus *A*: -um *E*   1403 excussit *E*: -ssus *A*
illi *Bentley*: -e. ω; *cf. 1394*   impulsos *Bentley*: -us *A*: -ans *E*: -u *Delrius iii 346
post* 1403 *u.* 1407 *transp. Zw.*   1406 quas etiam (petam *Gronouius*) . . .
anus *E*: quas fuga . . . petam *A*   1407, 1408 *om. A*   1407 herculem
solus *recc.*: s. h. *E*   1409 meruit *E*: meminit *A*   1410 uel (*cf. Med
515*) *A*: ut *E*   1411 mandat *E*: -et *A*   1413 sopore *A*: -or *E*

390

grauique anhelum pectus impulsu quatit.
fauete, superi. si mihi gnatum inclutum   1415
miserae negastis, uindicem saltem, precor,
seruate terris. abeat excussus dolor
corpusque uires reparet Herculeum nouas.

HYLLVS

Pro lux acerba, pro capax scelerum dies!
nurus Tonantis occidit, natus iacet,   1420
nepos supersum; scelere materno hic perit,
fraude illa capta est—quis per annorum uices
totoque in aeuo poterit aerumnas senex
referre tantas? unus eripuit dies
parentem utrumque; cetera ut sileam mala   1425
parcamque fatis, Herculem amitto patrem.
AL. Compesce uoces, inclutum Alcidae genus
miseraeque fato similis Alcmenae nepos:
longus dolorem forsitan uincet sopor.
Sed ecce, lassam deserit mentem quies   1430
redditque morbo corpus et luctum mihi.
HE. Quid hoc? rigenti cernitur Trachin iugo
an inter astra positus euasi genus
mortale tandem? quis mihi caelum parat?
te te, pater, iam uideo, placatam quoque   1435
specto nouercam. quis sonus nostras ferit
caelestis aures? Iuno me generum uocat.
uideo nitentem regiam clari aetheris
Phoebique tritam flammea zonam rota.

1414 anhelum . . . impulsu E: -o . . . -um A   1415 inclitum A: -ae E
1416 negastis E: -atis A   1417 om. E   1418 nouas Ax. 1967, 115:
nefas E: suas A   ante 1419 HYLLVS. ALCMENA. HERCVLES ω
(Philoctetes tacitus add. Peiper)   1419 dies E: dolor A   1424 tantas
A: tanta se E   eripuit E: -iet A   1431 luctum E: -us A
1432 trachin A: -io E   1433 an Bothe: at A: om. E   1438, 1439 om. E
1438 nitentem δ: intentam β

cubile uideo Noctis; hinc tenebras uocat.   1440
Quid hoc? quis axem cludit et ab ipsis, pater,
deducit astris? ora Phoebeus modo
afflabat axis, tam prope a caelo fui—
Trachina uideo; quis mihi terras dedit?
Oete modo infra steterat ac totus fuit   1445
suppositus orbis; tam bene excideras, dolor!
cogis fateri—parce et hanc uocem occupa.

   Haec, Hylle, dona matris? hoc munus parat?
utinam liceret stipite ingesto impiam
effringere animam quale Amazonium malum   1450
circa niualis Caucasi domui latus.
o cara Megara, tune cum furerem mihi
coniunx fuisti? stipitem atque arcus date,
dextra inquinetur, laudibus maculam imprimam,
summus legatur femina Herculeus labor.   1455
Hy. Compesce diras, genitor, irarum minas;
habet, peractum est, quas petis poenas dedit:
sua perempta dextera mater iacet.
He. Cecidit dolose: manibus irati Herculis
occidere meruit; perdidit comitem Lichas.   1460
saeuire in ipsum corpus exanime impetus
atque ira cogit. cur minis nostris caret
ipsum cadauer? pabulum accipiant ferae.
Hy. Plus misera laeso doluit, hinc aliquid quoque
detrahere uelles: occidit dextra sua,   1465
tuo dolore; plura quam poscis tulit.

   1440 tenebras uocat A: -ae -ant E 1441 quid E: quis A axem ω: arcem *Peiper* et A: om. E 1442 deducit E: -cor A 1443 tam A: iam E caelo fui E: leto fuit A 1445 oetee (-te *Gronouius*) modo E: modo nempe A infra steterat ac totus A: inferas te peracto. tutus E fuit E: mihi A 1448 hec ille A: hoc i. E *interrog. not. pos. Grotius*   1450 malum A: -o E 1452 cara *Heinsius 285*: cl- ω tune A: tum E 1454 maculam imprimam A: -a menbris E 1459 cecidit dolose *Richter 1894, 12*: ceci dolores A: recte dolor es E 1460 perdidit A: -i E 1461 exanime A: -ae E 1464 quoque A: quod- E 1466 dolore A: -i E

Sed non cruentae sceleribus nuptae iaces
nec fraude matris: Nessus hos struxit dolos
ictus sagittis qui tuis uitam expulit.
cruore tincta est palla semiferi, pater,   1470
Nessusque nunc has exigit poenas sibi.
HE. Bene est, peractum est, fata se nostra explicant;
lux ista summa est: quercus hanc sortem mihi
fatidica quondam dederat et Parnassio
Cirrhaea quatiens templa mugitu nemus: 1475
'dextra perempti uictor, Alcide, uiri
olim iacebis; hic tibi emenso freta
terrasque et umbras finis extremus datur.'
nil querimur ultra: decuit hunc finem dari,
ne quis superstes Herculis uictor foret.   1480
     Nunc mors legatur clara memoranda incluta,
me digna prorsus: nobilem hunc faciam diem.
caedatur omnis silua et Oetaeum nemus
succumbat: ingens Herculem accipiat rogus,
sed ante mortem. Tu, genus Poeantium,   1485
hoc triste nobis, iuuenis, officium appara:
Herculea totum flamma succendat diem.
     Ad te preces nunc, Hylle, supremas fero:
est clara captas inter, in uoltu genus
regnumque referens, Euryto uirgo edita   1490
Iole: tuis hanc facibus et thalamis para.

1469 om. E   expulit recc.: ext- A: expuit Delrius iii 347   1471 her.
praef. A, om. E   1472 HER. E: om. A   bene est Ax. 1967, 36 sq.: habet ω:
bene habet glossatores quidam teste Gronouio   peractum A: pater. actum E
1472ᵇ, 1473ᵃ om. A   1473 sortem A: summam E   1475 quatiens A:
pa- E   1476 perempti . . . alcide A: -us . . . -es E   1479 dari A:
-e E   1480 herculis A: -i E   1484 succumbat: ingens scripsi secutus
Leonem (conripite ut ingens) et Peiperum (considat: ingens): suscipiat ignem A:
concipiat ignes E   rogus A: nemus E   1485 tu A: te E   poeantium
E: penatium A   1488 ALC praef. E, om. A   hyle A: ioles E
1489 post 1490 A   1489 in uoltu E: incultum A   1491 talamis E:
flammis A

uictor cruentus abstuli patriam lares
nihilque miserae praeter Alciden dedi—
et ipse rapitur. penset aerumnas suas,
Iouis nepotem foueat et natum Herculis;   1495
tibi illa pariat quidquid ex nobis habet.
    Tuque ipsa planctus pone funereos, precor,
o clara genetrix: uiuet Alcides tibi.
uirtute nostra paelicem feci tuam
credi nouercam, siue nascenti Herculi   1500
nox illa certa est siue mortalis meus
pater est. licet sit falsa progenies mei,
materna culpa cesset et crimen Iouis,
merui parentem: contuli caelo decus,
natura me concepit in laudes Iouis.   1505
quin ipse, quamquam Iuppiter, credi meus
pater esse gaudet; parce iam lacrimis, parens:
superba matres inter Argolicas eris.
quid tale Iuno genuit aetherium gerens
sceptrum et Tonanti nupta? mortali tamen   1510
caelum tenens inuidit, Alciden suum
dici esse uoluit. Perage nunc, Titan, uices
solus relictus: ille qui uester comes
ubique fueram, Tartara et manes peto.
hanc tamen ad imos perferam laudem inclutam,   1515
quod nulla pestis fudit Alciden palam
omnemque pestem uicit Alcides palam.

    1492 HER *praef. E, om. A*   patriam lares *E*: -io a lare *A*   1494 ipse
P: iste *βT*: ipsa *E*   1497 funereos *E*: funebres *A*   1498 uiuet *A*:
-it *E*   tibi *E*: tuus *A*   1500 nascenti Herculi *Viansino*: -e -e *A*:
-ē -ē *E*; *cf. Ax. 1967, 115*   1501 nox *E*: non *A*   1502 mei *E*: mihi *A*
1503 *om. E*   1505 natura *A*: natumque *E*: materque *Leo*
1506 quamquam *A*: quam *E*   1507 parens *E*: meis *A*   1509 genuit
E: peperit *A*   1512, 1513 *inuerso ordine A*   1516 fudit *E*: uicit *A*
1517 omnemque *A*: omem- *E*

Chorvs

O decus mundi, radiate Titan,
cuius ad primos Hecate uapores
lassa nocturnae leuat ora bigae: 1520
dic sub Aurora positis Sabaeis,
dic sub occasu positis Hiberis,
quique feruenti quatiuntur axe,
quique sub plaustro patiuntur ursae,
dic ad aeternos properare manes   1525
Herculem et regnum canis inquieti,
unde non umquam remeabit ille.
sume quos nubes radios sequantur,
pallidus maestas speculare terras
et caput turpes nebulae pererrent.   1530
    Quando, pro Titan, ubi, quo sub axe
Herculem in terris alium sequeris?
quas manus orbis miser inuocabit,
si qua sub Lerna numerosa pestis
sparget in centum rabiem dracones,   1535
Arcadum si quis, populi uetusti,
fecerit siluas aper inquietas,
Thraciae si quis Rhodopes alumnus
durior terris Helices niuosae
sparget humano stabulum cruore?   1540
quis dabit pacem populo timenti,
si quid irati superi per urbes

1520 lassa . . . leuat *A*: laxa . . . flebat *E*   1523, 1524 *inuerso ordine E*
1523 feruenti quatiuntur axe *E*: -em pat- -em *A*   1525 ad *A*: sub *E*
1527 umquam *A*: num- *E*   remeabit *Leo*: -uit ω   ille *Schenkl 245 sq.*: inde
E: ullus *A*   1531 quo sub axe *E*: quoue summe *A*   1533 inuocabit
E: -is *A*   1534 lerna *E*: terra *A*   1535 incentum . . . dracones *E*:
intentam . . . -is *A*   1536 populi uetusti *A*: -is -as *E*   1540 sparget
E: -it *A*: pascet *Gronouius*

iusserint nasci? iacet omnibus par,
quem parem tellus genuit Tonanti.
Planctus immensas resonet per urbes   1545
et comas nullo cohibente nodo
femina exertos feriat lacertos,
solaque obductis foribus deorum
templa securae pateant nouercae.

Vadis ad Lethen Stygiumque litus,   1550
unde te nullae referent carinae;
uadis ad manes miserandus, unde
Morte deuicta tuleras triumphum;
umbra nudatis uenies lacertis
languido uultu tenuique collo,   1555
teque non solum feret illa puppis,

    *   *   *   *

non tamen uilis eris inter umbras:
Aeacon iuxta geminosque Cretas
facta discernes feriens tyrannos.
Parcite, o dites, inhibete dextras: 1560
laudis est purum tenuisse ferrum,
dumque regnabas, minimum procellis
in tuas urbes licuisse Fati.

Sed locum uirtus habet inter astra.
sedis arctoae spatium tenebis   1565
an grauis Titan ubi promit aestus?

1543 iusserint A: -unt E   1547 femina . . . feriat A: -ae . . . -ant E
1551 referent E: -unt A   1554 uenies A: -ens E   1555 tenuique E:
trepidoque A   *post* 1556 *lacunam indicauit* Peiper (⟨quae tulit solum
metuitque mergi⟩ *temptauit* Leo *coll. Hf 775 sq.*)   1558 Aeacon (*sic*
Gronouius) iuxta Ax. *1967, 39 sq.*: -os inter E: -osque i. A: -umque i. *recc.*
1559 discernes A: -nens E   feriens tyrannos E: fieri -i A   1560 o dites
A: o duces E: audaces *Jac. Gronouius*   1562 sq. dumque A: cum- E
minimum procellis | . . . fati *Jac. Gronouius*: minus in p. | . . . -is E:
minimum (nimium δ) cruentis | . . . -is A   1564-1606 *om.* E
post 1566 *fort. unus uersus ab* an *incipiens et* uocem *ortum continens excidit*

an sub occasu tepido nitebis,
unde commisso resonare ponto
audies Calpen? loca quae sereni
deprimes caeli? quis erit recepto   1570
tutus Alcide locus inter astra?
horrido tantum procul a leone
det pater sedes calidoque cancro,
ne tuo uultu tremefacta leges
astra conturbent trepidetque Titan.   1575
   Vere dum flores uenient tepenti
et comam siluis reuocabit aestas   1578
pomaque autumno fugiente cedent   1579
et comam siluis hiemes recident,   1577
tu comes Phoebo, comes ibis astris.   1581
nulla te terris rapiet uetustas: 1580
ante nascetur seges in profundo
uel fretum dulci resonabit unda,
ante descendet glacialis ursae
sidus et ponto uetito fruetur,   1585
quam tuas laudes populi quiescant.
   Te, pater rerum, miseri precamur:
nulla nascatur fera, nulla pestis,
non duces saeuos miseranda tellus
horreat, nulla dominetur aula   1590
qui putet solum decus esse regni
semper intensum tenuisse ferrum;
si quid in terris iterum timetur,
uindicem terrae petimus relictae.

1570 recepto *recc.* (*Ox.*): -i *AΣ*   1576 uenient *FN*: -unt *AM*
1577 *post* 1579 *traiecit Spika 52* (*post 1578 Bentley*): 1577ᵃ, 1578ᵇ, 1579, 1578
(uel . . . estas) *F*   1577 et ω: uel *Richter*   1578 et *Bentley*: uel ω
1579 cedent δ*FN* (1578, 1579 *om. M*): -unt β   1580 *post* 1581 *transp. Richter*
1584 descendet *F*: discedet *AMN*   1590 horreat nulla *Lipsius*: habeat
nec (ne *Σ*) ulla *AΣ*   1591 putet *recc.*: potest *AΣ*   1592 intensum
Auantius (-tum *Heinsius 287*): impensum *AΣ* (-sis *F*)

Heu quid hoc? mundus sonat ecce maestum.　　1595
maeret Alciden pater? an deorum
clamor, an uox est timidae nouercae
Hercule et uiso fugit astra Iuno?
passus an pondus titubauit Atlas?
an magis diri tremuere manes　　1600
Herculem et uisum canis inferorum
fugit abruptis trepidus catenis?
fallimur: laeto uenit ecce uultu
quem tulit Poeans umerisque tela
gestat et notas populis pharetras,　　1605
　　Herculis heres.

Effare casus, iuuenis, Herculeos precor
uoltuue quonam tulerit Alcides necem.

PHILOCTETES

Quo nemo uitam. CHO. Laetus adeone ultimos
inuasit ignes? PH. Esse iam flammas nihil　　1610
ostendit ille. quid sub hoc mundo Hercules
immune uinci liquit? en domita omnia.
CHO. Inter uapores quis fuit forti locus?
PH. Quod unum in orbe uicerat nondum malum,
et flamma uicta est; haec quoque accessit feris:　　1615
inter labores ignis Herculeos abit.
CHO. Edissere agedum, flamma quo uicta est modo?

1595 heu *MN*: een heu *F*: hem *A*　　ecce maestum *Watt 344*: ecce βTΣ:
e. mundus *P*: e. meret *recc.*　　　　　　1598 et (*uel* ac) *Zw.*: an *A*
1599 passus *recc.*: la- *A*　　1600 tremuere *A*: *an* fr-?　　1604 humeris-
que *T*: hūis- *P*: humilis- βΣ　　*ante* 1607 Chorus Philoctetes (*cf. 1604*)
recc.: NVNTIVS.CHORVS. *E*: Nutrix philotetes (*sic per totam scaenam*) *A*
1608 uoltuue *Housman iii 1077*: -ne *E*: -que *A*　　1610 iam *A*: tam *E*
1611 quid *Leo*: qui ω　　　　　　　　hoc mundo *E*: occasu *A*
1612 immune u. liquit en domita *E*: uirtute u. indomita docuit *A*
1614 orbe *A*: -em *E*　　uicerat *E*: uenerat *A*

Ph. Vt omnis Oeten maesta corripuit manus,
huic fagus umbras perdit et toto iacet
succisa trunco, flectit hic pinum ferox   1620
astris minantem et nube de media uocat:
ruitura cautem mouit et siluam tulit
secum minorem. Chaonis quondam loquax
stat uasta late quercus et Phoebum uetat
ultraque totos porrigit ramos nemus;   1625
gemit illa multo uulnere impresso minax
frangitque cuneos, resilit incussus chalybs
uolnusque ferrum patitur et rigidum est parum.
commota tandem cum cadens latam sui
duxit ruinam, protinus radios locus   1630
admisit omnis: sedibus pulsae suis
uolucres pererrant nemore succiso diem
quaeruntque lassis garrulae pinnis domus.
iamque omnis arbor sonuit et sacrae quoque
sensere quercus horridam ferro manum   1635
nullique priscum profuit luco nemus.
Aggeritur omnis silua et alternae trabes
in astra tollunt Herculi angustum rogum:
raptura flammas pinus et robur tenax
et breuior ilex. summa sed complet rogum   1640
populea silua, frondis Herculeae nemus.

1619 huic *Gronouius*: hinc *A*: hic *E*   toto *E*: -a *A*   1620 flectit hic *E*:
flexit hinc *A*   1622 ruitur ac autem . . . tulit *E*: -ura cautes . . . trahit *A*
1624 uasta late *E*: lata uasti *A*   phebum uetat *A*: poenas uocat *E*
1625 totos *ω*: -um *Raphelengius*   nemus *A*: manus *E*   1627 incussus *E*:
exc- *A*   1628 et rigidum est parum *Bothe* (ut r. p. *Gronouius*): frigidus
parum *E*: et truncum fugit *A*   1629 cum *Leo*: tum *E*: est tum (cum
recc.) *A*   latam sui *E*: lenta mora *A*   1632 diem *E*: domus *A*
1633 domos *recc.*: nemus *ω*   1636 luco *E*: ligno *A*   1638 angustum
β: au- *δ*: anguste *E*   1639 raptura *Heinsius 299*: rapitura *E*: rapitque
alta *A*   1640 summa *Bentley*: silua *ω*   sed complet rogos (-um *Leo*)
Bothe: se c. -o *E*: contexit piram *A*

At ille, ut ingens nemore sub Nasamonio
aegro reclinis pectore immugit leo,
fertur—quis illum credat ad flammas rapi?
uoltus petentis astra, non ignes erat.   1645
Vt pressit Oeten ac suis oculis rogum
lustrauit omnem, fregit impositus trabes.

*   *   *   *   *   *   *

arcumque poscit. 'accipe haec' inquit, 'sate
Poeante, dona, et munus Alcidae cape.
has hydra sensit, his iacent Stymphalides   1650
et quidquid aliud eminus uici manu
uictrice. felix iuuenis has numquam irritas
mittes in hostem, siue de media uoles
auferre uolucres nube, descendent aues
et certa praedae tela de caelo fluent,   1655
nec fallet umquam dexteram hic arcus tuam:
librare telum didicit et certam dare
fugam sagittis, ipsa non fallunt iter
emissa neruo tela; tu tantum, precor,
accommoda ignes et facem extremam mihi.   1660
hic nodus' inquit, 'nulla quem cepit manus,
mecum per ignes flagret; hoc telum Herculem
tantum sequetur. hoc quoque acciperes' ait
'si ferre posses. adiuuet domini rogum.'
tum rigida secum spolia Nemeaei mali   1665
arsura poscit; latuit in spolio rogus.

1643 aegro reclinis *Leo*: agere -i *E*: eger -i *A*   immugit *E*: adm- *A*
1645 erat *E*: erant *A*   1647 omnem *E*: -es *A*   *post* 1647 *lacunam*
indicauit Ƶ*w. sic fere explendam* ⟨leuibus sagittis ocius pharetras graues⟩
1648 arcumque poscit *A*: -us poposcit *E*   1649 poeante *E*: pallante *A*
1650 sensit *E*ᵖᶜ (*ex* t)   1651 manu *Rossbach 1904, 368 sq.*: malum ω
1652 uictrice *E*: -ture *A*   iuuenis. has *E*: has enim *A*   1653 siue *A*:
si *E*   1655 praedae *Gronouius*: -a *E*: -am *A*   fluent *E*: ferent *A*
1659 neruo tela *A*: t. n. *E*   1660 ignes *A*: -em *E*   1661 cepit *E*:
capiet *A*   1662 herculem *E*: sequar *A*   1663 tantum *E*: nam cur *A*
sequetur *EC*: -atur δη   hoc *E*: hunc *A*   1664 rogum *A*: regum *E*

Ingemuit omnis turba nec lacrimas dolor
cuiquam remisit. mater in luctum furens
diduxit auidum pectus atque utero tenus
exerta uastos ubera in planctus ferit,   1670
superosque et ipsum uocibus pulsans Iouem
impleuit omnem uoce feminea locum.
'Deforme letum, mater, Herculeum facis,
compesce lacrimas' inquit, 'introrsus dolor
femineus abeat; Iuno cur laetum diem   1675
te flente ducat? paelicis gaudet suae
spectare lacrimas. comprime infirmum iecur,
mater: nefas est ubera atque uterum tibi
laniare, qui me genuit.' et dirum fremens,
qualis per urbes duxit Argolicas canem,   1680
cum uictor Erebi Dite contempto redit
tremente fato, talis incubuit rogo.
quis sic triumphans laetus in curru stetit
uictor? quis illo gentibus uultu dedit
leges tyrannus? quanta pax habitum tulit!   1685
haesere lacrimae, cecidit impulsus dolor
nobis quoque ipsis, nemo periturum ingemit:
iam flere pudor est; ipsa quam sexus iubet
maerere, siccis haesit Alcmene genis
stetitque nato paene iam similis parens.   1690
Cho. Nullasne in astra misit ad superos preces
arsurus aut in uota respexit Iouem?
Ph. Iacuit sui securus et caelum intuens
quaesiuit oculis, arce an ex aliqua pater

1668 furens ω: ruens *Gronouius*   1669 diduxit *A*: de- *E*   auid*um*
E^{pc} (*ex* o)   1670 uastos ubera . . . ferit *A*: -o uerbera (-e *Gronouius*)
. . . furit *E*   1671 uocibus ω: questibus *Ax. 1967, 30 sq.*
1677 comprime infirmum *E*: contine fir- *A*   1679 me *A*: *om. E*
1680 urbes *A*: -em *E*   1682 tremente *E^{pc}* (*ex* o)   1685 habitum *E*:
obitus *A*   1686 impulsus *E*: exp- *A*   1687 periturum *Heinsius 302*:
puerum *E*: morituro *A*   1691 ad *E*: aut *A*   1692 arsurus *A*: *om. E*

despiceret illum. tum manus tendens ait: 1695
'quacumque parte prospicis natum, pater,
te te precor, cui nocte commissa dies
quieuit unus, si meas laudes canit
utrumque Phoebi litus et Scythiae genus
et omnis ardens ora quam torret dies,   1700
si pace tellus plena, si nullae gemunt
urbes nec aras impias quisquam inquinat,
si scelera desunt, spiritum admitte hunc, precor,
in astra. non me noctis infernae locus
nec maesta nigri regna conterrent Iouis,   1705
sed ire ad illos umbra, quos uici, deos,
pater, erubesco. nube discussa diem
pande, ut deorum coetus ardentem Herculem
spectet; licet tu sidera et mundum neges
ultro, pater, cogere: si uoces dolor   1710
abstulerit ullas, pande tunc Stygios lacus
et redde fatis; approba natum prius:
ut dignus astris uidear, hic faciet dies.
leue est quod actum est; Herculem hic, genitor, dies
inueniet aut damnabit.' Haec postquam edidit,   1715
flammas poposcit. 'hoc age, Alcidae comes,   1717
non segnis' inquit 'corripe Oetaeam facem.

1696 *om. E*   1697 sq. te te precor *Richter*: te te pater *E*: iste est pater *A*
cui ... quieuit *Leo*: quem ... qu(a)esiuit *ω*   canit *A*: -is *E*   1699 *om. E*
1700 ardens ora quam *A*: amens ore qui *E*   1701 pace *A*: parce *E*
1703 admitte *Gronouius*: -i *A*: amitte *E*   1704 non *E*: nec *A*   noctis
Heinsius 302: mortis *ω*   1705 conterrent *A*: cum t- *E*   1708 pande
ut *AΣ*: pa . . . . . ut (*spat. quinque litt.*, rere *inser. man. rec.*) *E*   coetus
Heinsius 303: uoltus *ω*   1709 licet *A*: *om. E*   1710 ultro pater *AΣ*:
u . . . (*spat. duodecim litt. rel.*) *E*   1711 abstulerit ullas pande *AΣ*: at . . . it
(*spat. decem litt. rel.*) ulla tange *E*   tunc *E*: tum *T*: cum *P*: tñ (= tamen) *β*
1714 hic *E*: *om. A*   dies *E*: prius *A*   1715 inueniet aut damnabit *E*:
-nit an -uit *A*   hec ... edidit *E*: hoc ... add- *A*   1716 *post u.* 1724
transp. Zw. (*post* 1718 *Gronouius*): *om. E*

quid dextra tremuit? num manus pauida impium
scelus refugit? redde iam pharetras mihi,   1720
ignaue iners eneruis—en nostros manus
quae tendat arcus! quid sedet pallor genis?
animo faces inuade quo Alciden uides
uoltu iacere. respice arsurum, miser:
nouerca cernat quo feram flammas modo.   1716
uocat ecce iam me genitor et pandit polos;   1725
uenio, pater'—uultusque non idem fuit.
Tremente pinum dextera ardentem intuli.
refugit ignis et reluctantur faces
et membra uitant, sed recedentem Hercules
insequitur ignem. Caucasum aut Pindum aut Athon   1730
ardere credas: nullus erumpit sonus,
tantum ingemiscit ignis. o durum iecur!
Typhon in illo positus immanis rogo
gemuisset ipse quique conuulsam solo
imposuit umeris Ossan Enceladus ferox.   1735
    At ille medias inter exurgens faces,
semiustus ac laniatus, intrepidum tuens:
'nunc es parens Herculea: sic stare ad rogum
te, mater' inquit, 'sic decet fleri Herculem.'
inter uapores positus et flammae minas   1740

1719 pauida A: -um et E   1721 eneruis Bentley (coll. Thy 176):
inermis ω   en E: ē (est P) A   1722 quid (cf. Ag 237) E: quis A
1724 iacere] m supra r sscr. E   respice . . . miser om. E   1725 uocat
. . . me om. in textu, sed totum uersum (iam om.) in marg. ascripsit E   uocat E:
rogat A   polos A: deos E   1726 uenio A: uenio uenio E   post pater
lacunam suspicatus est Gronouius   1727 tremente A: -em E   intuli Zw.
1966, 688: imp- A: impulit E   1728 reluctantur A: lu- E
1729 uitant A: -at E   1731 credas . . . erumpit A: cernas . . . irr- E
1732 o durum iecur] ad d- i- A: o dirum it E   1734 conuulsam A:
-cuss- E   1736 at A: ast E   exurgens A: -urens E   1737 intrepidum tuens Heinsius 304: -us ruens E: -us rubens A   1738 es recc. (N):
est E: o A   herculea A: -lem E   1739 fleri A: -e recc. (e): stare E
1740 uapores A: -em E

immotus, inconcussus, in neutrum latus
correpta torquens membra adhortatur, monet,
gerit aliquid ardens. omnibus fortem addidit
animum ministris; urere ardentem putes.
Stupet omne uulgus, uix habent flammae fidem:　　1745
tam placida frons est, tanta maiestas uiro.
nec properat uri; cumque iam forti datum
leto satis pensauit, igniferas trabes
hinc inde traxit, minima quas flamma occupat
totas in ignes uertit et quis plurimus　　1750
exundat ignis repetit intrepidus ferox.
tunc ora flammis implet: ast illi graues
luxere barbae; cumque iam uultum minax
appeteret ignis, lamberent flammae caput,
non pressit oculos. Sed quid hoc? maestam intuor　　1755
sinu gerentem reliquias magni Herculis,
crinemque iactans squalidum Alcmene gemit.

ALCMENE

Timete, superi, fata: tam paruus cinis
Herculeus, huc huc ille decreuit gigas!
o quanta, Titan, in nihil moles abit!　　1760

1742 torquens *Gronouius*: torrens *E*: flectens *A*　　adhortatur *E*: hor- *A*
monet *A*: -uet *E*　　1743 fortem *A*: -e *E*　　1744 ardentem *A*: -e *E*
1747 properat uri. cumque iam *A*: poterat uticumque tam *E*
1748 pensauit *E^{pc}* (*ex* -is)　　1749 minima *recc.* (*M*): nimia ω　　quas *A*:
quis *E*　　1750 totas *Gronouius*: -asque ω　　ignes *E*: -em *A*　　quis
Gronouius: quas *E*: qua *A*　　plurimus *A*: -bus *E*　　1751 repetit *MN*:
-dit *EF*: recipit *A*　　1752 tunc *E*: nunc *A*　　ast *E*: at *A*　　1753 *om. E*
uultum *recc.*: -u *A*　　1755 *om. E*　　quid hoc *recc.*: quid *AF*: quid
hanc *MN*　　1756 gerentem *A*: gem- *E*　　1757 gemit *A*: -uit *E*
ante 1758 Alcmena. philotetes *A*: ALCMENA. HYLLVS. *E* (*debuit*
ALCMENA CHORVS, *cf. indicul. ante 1940*)　　1758 superi *A*: -is *E*
1759 huc huc *E*: est huc *A*　　1760 in *A*: ad *E*

anilis, heu me, recipit Alciden sinus,
hic cumulus ille est: ecce uix totam Hercules
compleuit urnam; quam leue est pondus mihi,
cui totus aether pondus incubuit leue!
   Ad Tartara olim regnaque, o nate, ultima   1765
rediturus ibas—quando ab inferna Styge
remeabis iterum? non ut et spolium trahas
rursusque Theseus debeat lucem tibi—
sed quando solus? mundus impositus tuas
compescet umbras teque Tartareus canis   1770
inhibere poterit? quando Taenarias fores
pulsabis? aut quas mater ad fauces agar
qua mors aditur? uadis ad manes iter
habiturus unum. quid diem questu tero?
quid misera duras uita? quid lucem hanc tenes?   1775
quem parere rursus Herculem possum Ioui?
quis me parentem natus Alcmenen suam
tantus uocabit? o nimis felix, nimis,
Thebane coniunx, Tartari intrasti loca
florente nato teque uenientem inferi   1780
timuere forsan, quod pater tanti Herculis,
uel falsus, aderas. Quas petam terras anus,
inuisa saeuis regibus (si quis tamen
rex est relictus saeuus)? ei miserae mihi!
quicumque caesos ingemunt nati patres,   1785
a me petent supplicia, me cuncti obruent:

1761 recipit *E*: cepit *A*   1762 cumulus *Ax.*: tu- ω   ille *E*: -i *A*
totam *A*: toton *E*   1763 est *A*: *om. E*   1767 spolium *A*: solitum *E*
1768 rursusque *E*: -umque *A*   1769 mundus *E*: ignis *A*
1772 pulsabis *A*: -it *E*   aut *E*: ha *A*   1774 habiturus *E*: ab- *A*
1775 lucem hanc *A*: lucem *E*   1776 parere rursus *A*: -are possum *E*
1777 quis me . . . alcmenen ω: quisnam . . . a. *Gronouius*: quis te . . . -e
Heinsius 315   1779 tartari *A*: -ea *E*   1781 tanti *Zw.*: -um ω
1785 ingemunt nati *A*: -muit -us *E*: -mit -us *Σ*   1786 petent *recc.*
(*e²Ox.*): -unt *A*: -it *E*: -et *Heinsius 316*

si quis minor Busiris aut si quis minor
Antaeus urbes feruidae terret plagae,
ego praeda ducar; si quis Ismarius greges
Thracis cruenti uindicat, carpent greges   1790
mea membra diri; forsitan poenas petet
irata Iuno: totus exurget dolor;
secura uicto tandem ab Alcide uacat,
paelex supersum—quanta supplicia expetet
ne parere possim! fecit hic natus mihi   1795
uterum timendum. Quae petam Alcmene loca?
quis me locus, quae regio, quae mundi plaga
defendet aut quas mater in latebras agar
ubique per te nota? si patriam petam
laresque miseros, Argos Eurystheus tenet;   1800
marita Thebas regna et Ismenon petam
thalamosque nostros, in quibus quondam Iouem
dilecta uidi? pro nimis felix, nimis,
si fulminantem et ipsa sensissem Iouem!
utinam meis uisceribus Alcides foret   1805
exsectus infans! nunc datum est tempus, datum est
uidere natum laude certantem Ioui,
ut hoc daretur, scire quid fatum mihi

1788 urbes *A*: -em *E*: orbem *Heinsius 316*   feruidae *E*: perfide *A*   terret
recc.: -ent *A*: -ae *E*   1789 ismarius *E*: -os *A*   greges *A*: regis (g *supra* r) *E*
1790 *om. E* (*in textu, add. in marg.*) *PS*   t(h)racis *A*: -es *E*   uindicat *T*: -ant
Eβ   carpent greges *A*: partem -is *E*   1791 diri *recc.*: duri *A*: uri *E*;
cf. Hf 226   petet *A*: -it *E*   1792 exsurget *Bentley*: uretur *ω*: huc uerget
(*uel* -tet) *Heinsius 316*   1794 quanta *Ax. 1967, 49* (a quanta *scripserat
Leo*): a qua *E*: de qua *A*   expetet *E*: exigat *A*   1795 possim *E*: -em *A*
1796 uterum timendum *A*: -o -a *E*   1799 per te *E*: certe *A*   si *A*: sed *E*
1800 argos *A*: *om. E*   1801 marita *E*: orbata *A*   thebas *A*: -ae *E*:
-en *Heinsius 316*: -es *Bothe*   regna et Ismenon *Heinsius 316*: regnat i. *E*:
regnum et hismenium *A*   1803 nimis felix nimis (*cf. 1778*) *A*: fel. n. *E*
1806 exsectus *A*: exceptus *E*   tempus datum est (*cf. 1335*) *E*: misere
datum *A*   1807-10 *om. E*   1808 ut *Gruterus*: et *A*   quid
*Ascensius*ᵘˑˡˑ: quod *A*

eripere posset. quis memor uiuit tui,
o nate, populus? omne iam ingratum est genus.   1810
Petam Cleonas? Arcadum an populos petam
meritisque terram nobilem quaeram tuis?
hic dira serpens cecidit, hic ales fera,
hic sus cruentus, hic tua fractus manu
qui te sepulto possidet caelum leo: 1815
si grata terra est, populus Alcmenen tuam
defendat omnis. Thracias gentes petam
Hebrique populos? haec quoque est meritis tuis
defensa tellus: stabula cum regno iacent.
hic pax cruento rege prostrato data est: 1820
ubi enim negata est? Quod tibi infelix anus
quaeram sepulcrum? de tuis totus rogis
contendat orbis. reliquias magni Herculis
quis populus aut quae templa, quae gentes rogant?
quis, quis petit, quis poscit Alcmenes onus?   1825
quae tibi sepulcra, nate, quis tumulus sat est?
hic totus orbis: fama erit titulus tibi.

　　Quid, anime, trepidas? Herculis cineres tenes;
complectere ossa: reliquiae auxilium dabunt,
erunt satis praesidia, terrebunt tuae   1830
reges uel umbrae. Сно. Debitos nato quidem
compesce fletus, mater Alcidae incluti.
non est gemendus nec graui urgendus prece,
uirtute quisquis abstulit fatis iter:

1809 uiuit *Koetschau 158*: -et *A*: -i *Σ*　　　　　1810 iam *Σ*: nam *A*
1811 an *A*: *om. E*　　　1812 meritisque terram nobilem *A*: meritis -as -es *E*
1814 sus *Ζw.*: rex ω　　　1820 cruento . . . prostrato *A*: cauendo . . . ro- *E*
1822 rogis *A*: -us *E*　　　1823 orbis *A*: ur- *E*　　　1824 qu(a)e gentes *A*:
om. E　　rogant *E*: colent *A*　　　1825 quis quis petit *E*: quis iam -et *A*
poscit *E*: -et *A*　　　1827 titulus *E*: tumulus *A*　　　1831[b] Chorus *Andrieu
168*: Phil(oct.) *A*: HYL *E*　　nato *A*: -i *E*　　　1832 alcide *recc.*: alcmen(a)e ω
1833 prece *Peerlkamp 32*: nece ω

aeterna uirtus Herculem fleri uetat: 1835
fortes uetant maerere, degeneres iubent.
AL. Sedabo questus uindice amisso parens
terrae atque pelagi   *   *   *   *
*   *   *   *   quaque purpureus dies
utrumque clara spectat Oceanum rota?
quot misera in uno condidi natos parens!   1840
regno carebam, regna sed poteram dare.
una inter omnes terra quas matres gerit
uotis peperci, nil ego a superis peti,
incolume nato: quid dare Herculeus mihi
non poterat ardor, quod deus quisquam mihi   1845
negare poterat? uota in hac fuerant manu:
quidquid negaret Iuppiter, daret Hercules.
quid tale genetrix ulla mortalis tulit?
deriguit aliqua mater, ut toto stetit
succisa fetu, bisque septenos gregem   1850
deplanxit una: gregibus aequari meus
quot ille poterat! matribus miseris adhuc
exemplar ingens derat: Alcmene dabo.
cessate, matres, pertinax si quas dolor
adhuc iubet lugere, quas luctus grauis   1855
in saxa uertit; cedite his cunctae malis.

1836 uetant . . . iubent *E*: -at . . . -et *A*: -a . . . -e *Gronouius*
1837 uindice amisso *E*: -em amisi *A*   1838–40 *Alcmenae continuantur in*
A: *Hylli sunt in E* (1838, 1839 *Hyllo dant edd.*)   1838 terre . . . pelagi *A*:
-a . . . -us *E*   *ante* quaque *duos uersiculos ab* qua *incipientes excidisse censet Ζw.*
quaque *A*: quae- *E*   1839 occeanum *A*: -o *E*   *post* 1839 (*uel post*
1837) *lacunam statuit Leo*   1840 quot . . . in uno condidi *A*: quod . . .
tu nunc -it *E*   1844 quid *A*: quod *E*   1845 quod deus quisquam
Ax.: quis d. quicquam *A*: quisquam *E*   1848 genitrix ulla *A*: una *E*
1849 diriguit . . . ut *Gronouius*: defleuit . . . et ω   1850 fetu bisque *A*:
fletu uixque *E*   gregem *Leo*: -es ω: -is *L. Müller 189*   1851 deplanxit *A*:
declausit *E*   equari *A*: -e *E*   1852 quot *A*: quid *E*   1853 dabo
E: -is *A*

Agedum senile pectus, o miserae manus,
pulsate—et una funeri tanto sat est
grandaeua anus defecta, quod totus breui
iam quaeret orbis? expedi in planctus tamen   1860
defessa quamquam bracchia: inuidiam ut deis
lugendo facias, aduoca in planctus genus.

Flete, Alcmenae magnique Iouis
　　plangite natum,
cui concepto lux una perit   1865
noctesque duas contulit Eos:
ipsa quiddam plus luce perit.
Totae pariter plangite gentes,
quarum saeuos ille tyrannos
iussit Stygias penetrare domos   1870
populisque madens ponere ferrum.
fletum meritis reddite tantis,
totus, totus personet orbis.
Fleat Alciden caerula Crete,
magno tellus cara Tonanti: 1875
centum populi bracchia pulsent.
nunc Curetes, nunc Corybantes
arma Idaea quassate manu:
armis illum lugere decet.
nunc, nunc funus plangite uerum: 1880
iacet Alcides non minor ipso,
　　Creta, Tonante.

1859 anus . . . quod *A*: manus . . . quam *E*　　breui *E*: -is *A*　　　1861 inu.
ut *Gruterus*: ut inu. ω　　　　1862 in *A*: ut in *E*　　planctus *E*: -um *A*
1863-1939 *dimetri praeter* 1867*ᵇ* (l. p.), 1882, 1916, 1918-1920*ᵃ* (i. l. h. | a. q. p.
| a. p. r. | n. u.), 1931*ᵇ* (u. t.) *monometros*, 1928-1931*ᵃ duo trimetros E: dimetri
praeter* 1916, 1929*ᵇ* (o n. t.) *monometros A*　　ante 1863 Item.Alcmena *A*,
om. E　　　1863 *praef.* CHO *E, om. A*　　　　1866 eos *A*: eous *E*
1867 quid(d)am plus *A*: quid amplius *E*　　　1874 *praef.* ALC *E, om. A*
1875 cara tonanti *E*: cl- -e *A*　　　1880 plangite *EP*: -to *βT*　　uerum *A*:
uestrum *E*

Flete Herculeos, Arcades, obitus,
nondum Phoebe nascente genus:
iuga Parthenii †Nemeaeque sonent   1885
feriatque grauis Maenala planctus:
magno Alcidae poscit gemitum
stratus uestris saetiger agris
alesque sequi iussa sagittas
totum pinnis furata diem.   1890
Flete, Argolicae, flete, Cleonae:
hic terrentem moenia quondam
      uestra leonem   •
fregit nostri dextera nati.
Date, Bistoniae, uerbera, matres
gelidusque sonet planctibus Hebrus: 1895
flete Alciden, quod non stabulis
      nascitur infans
nec uestra greges uiscera carpunt.
Fleat Antaeo libera tellus
et rapta fero plaga Geryonae: 1900
mecum, miserae, plangite, gentes,
audiat ictus utraque Tethys.

Vos quoque, mundi turba citati,
flete Herculeos, numina, casus:
uestrum Alcides ceruice meus   1905
mundum, superi, caelumque tulit,
dum stelligeri uector Olympi
pondere liber spirauit Atlans.

1884 Phoebe *Daniel Gaietanus (apud Ascensium)*: -o ω; *cf. Phae 786*
1885 partheni *E*: -ten δ: sparten β   nemeeque ω: Pheneique *Peiper*: Tegeae-
Wilamowitz: Pholoae- *Leo*   1886 grauis *A*: -es *E*   menala *A*: menela *E*
1887 alcidae poscit gemitum *E*: a. -te g. δ: poscite alcidē -tu β
1888 agris *E*: horis *A*   1890 pinnis furata *Birt 1879, 550 (coll. Ag 914)*:
p. uelata ω: -a uelante *Heinsius 320*   1894 bisthoniae *E*: sith- *A*
matres *A*: natis *E*   1897 nascitur *recc. (e)*: uesc- ω   1899 antheo *A*:
aethnaeo *E*   1899 sq. tellus | et *A*: t. et | *E*   1906 mundum *A*: -i *E*
1907 dum *Bentley*: cum ω   1908 spirauit *A*: strauit *E*

Vbi nunc uestrae, Iuppiter, arces?
ubi promissi regia mundi?   1910
nempe Alcides mortalis obit,
        nempe sepultus:
totiens telis facibusque tuis
        ille pepercit,   •
quotiens ignis spargendus erat.
in me saltem iaculare facem   1915
        Semelenque puta.

Iamne Elysias, o nate, domus,
        iam litus habes,
ad quod populos natura uocat?
an post raptum Styx atra canem   1920
praeclusit iter teque in primo
limine Ditis fata morantur?
quis nunc umbras, nate, tumultus
        manesque tenet?   •
fugit abducta nauita cumba
et Centauris Thessala motis   1925
ferit attonitos ungula manes
anguesque suos hydra sub undas
        territa mersit
teque labores, o nate, timent?

Fallor, fallor uesana furens,   1930
nec te manes umbraeque timent,
non Argolico rapta leoni
fulua pellis contecta iuba
laeuos operit dira lacertos
uallantque feri tempora dentes: 1935

1910 om. E   1911 obit A: ab- E   1913 totiens Richter: quotiens
ω   telis A: stellis E   1914 om. A   1916 puta A: tuam E
1919 ad quod . . . uocat A: at quos . . . ua- E   1919ᵇ (nat. uac.)
post 1920ᵃ (a. p. r.) posuit E   1922 fata E: exta A   1930 furens E:
parens A   1931 timent A: tenent E   1933 contecta A: -tempta E
1934 leuos A: sae- E   dira Leo: dura ω   1935 feri . . . dentes A: -ae . . .
gen- E; cf. Hf 797

donum pharetrae cessere tuae
telaque mittet iam dextra minor.
uadis inermis, nate, per umbras,
ad quas semper mansurus eris.

HERCVLES

Quid me tenentem regna siderei poli   1940
caeloque tandem redditum planctu iubes
sentire fatum? parce: iam uirtus mihi
in astra et ipsos fecit ad superos iter.

AL. Vnde sonus trepidas aures ferit?
unde meas inhibet lacrimas fragor?   1945
agnosco agnosco uictum est chaos.
a Styge, nate, redis iterum mihi
fractaque non semel est mors horrida?
uicisti rursus noctis loca
puppis et infernae uada tristia?   1950
peruius est Acheron iam languidus
et remeare licet soli tibi,
nec te fata tenent post funera?
an tibi praeclusit Pluton iter
et pauidus regni metuit sibi?   1955
certe ego te uidi flagrantibus
impositum siluis, cum plurimus

1936 cessere *A*: fecere *E*   1937 *om.* (*spat. unius uersus rel. PS, sine sp.*
TCV) *A*   *ante* 1940 VOX HERCVLIS. ET IDEM *E*: Hercules *A*
1940 HER *E*: *om. A*   regna ω: templa *Bentley*   1941 planctu *A*:
tantum *E*   1942 iam *EP*: nam βT   1944-6 *tetrametri dactylici A*:
anapaest. dimetri (unde . . . aures | ferit . . . fragor | agnosco . . . chaos) *E*
1944 unde *A*: unde unde *E*   1946 agnosco agnosco . . . est *A*: agnosco
. . . esse *E*   1949 noctis *A*: mortis *E*   1951 *om. E*
1954 pluton iter *A*: -o niger *E*   1957 plurimus *E*: -bus *A*

in caelum fureret flammae metus:
arsisti certe, cur ultima
non tenuere tuas umbras loca?   1960
quid timuere tui manes, precor?
umbra quoque es Diti nimis horrida?

HE. Non me gementis stagna Cocyti tenent
nec puppis umbras furua transuexit meas;
iam parce, mater, questibus: manes semel   1965
umbrasque uidi; quidquid in nobis tui
mortale fuerat, ignis euictum tulit:
paterna caelo, pars data est flammis tua.
proinde planctus pone, quos nato paret
genetrix inerti; luctus in turpes eat: 1970
uirtus in astra tendit, in mortem timor.
praesens ab astris, mater, Alcides cano:
poenas cruentus iam tibi Eurystheus dabit;
curru superbum uecta transcendes caput.
  Me iam decet subire caelestem plagam: 1975
inferna uici rursus Alcides loca.
AL. Mane parumper—cessit ex oculis, abit,
in astra fertur. fallor an uultus putat
uidisse natum? misera mens incredula est.
es numen et te mundus aeternum tenet: 1980
credo triumphis.—regna Thebarum petam
nouumque templis additum numen canam.

    1958 fureret . . . metus E: -ent . . . minis A   1959 certe cur] cur te
cur E: certe uerum A   1962 es Gronouius: est ω   diti A: -is E
1963 gementis E: rigen- A   1964 furua Ascensius: fulua ω   meas A:
om. E   1967 euictum Heinsius 322: -us E: inuictus A   1968 pars
data est flammis tua A: om. E   1969, 1970 om. A   1969 paret
Lipsius: pater E   1974 transcendes E: -ens A   1975 decet A:
discet E   1976 inferna A: int- E   uici E: uito A   1977 cessit A:
precess- E   1980 es numen . . . mundus A: is numen . . . numen E^pc (ex ixi)
aeternum E: -us A   1981 credo A: -e E

Chorvs

Numquam Stygias fertur ad umbras
inclita uirtus: uiuite fortes
nec Lethaeos saeua per amnes   1985
    vos fata trahent,
sed cum summas exiget horas
    consumpta dies,
iter ad superos gloria pandet.
Sed tu, domitor magne ferarum
orbisque simul pacator, ades: 1990
nunc quoque nostras aspice terras,
et si qua nouo belua uultu
quatiet populos terrore graui,
tu fulminibus frange trisulcis:
fortius ipso genitore tuo   1995
    fulmina mitte.

1983-96 *dimetri claudente monometro* ω   1984 uiuite *A*: uiuunt *E*
1985 seua *A*: sola *E*   1988 pandet *A*: pagens *E*   1990 *om. E*
orbisque *Σ*: -ique *A*   1991 aspice *E*: re- *A*   1993 quatiet populos
A: -ens oculos *E*   1996 mitte *E*: -es *A*   MARCI. LVCII. |
ANNAEI. SENECAE. | HERCVLES. | EXPLICIT. *E*: Lucii (L. δ) annei
senece hercules (o)etheus explicit feliciter *A*

INCERTI AVCTORIS
OCTAVIA

fabulam Senecae primus abiudicauisse uidetur I. Lipsius (5 sq.);
cf. praef. p. vi

PERSONAE

Octavia
Nvtrix Octaviae
Seneca
Nero
Praefectvs
Agrippina
Nvtrix Poppaeae
Poppaea
Nvntivs
Chorvs duplex

Scaena Romae

OCTAVIA

Iam uaga caelo sidera fulgens
    Aurora fugat,
surgit Titan radiante coma
mundoque diem reddit clarum.
Age, tot tantis onerata malis,   5
repete assuetos iam tibi questus
atque aequoreas uince Alcyonas,
uince et uolucres Pandionias:
grauior namque his fortuna tua est.
Semper genetrix deflenda mihi,   10
prima meorum causa malorum,
tristes questus natae exaudi,
si quis remanet sensus in umbris.
utinam ante manu grandaeua sua
mea rupisset stamina Clotho,   15
tua quam maerens uulnera uidi
oraque foedo sparsa cruore!
o nox semper funesta mihi;
tempore ab illo lux est tenebris
           inuisa magis: 20
tulimus saeuae iussa nouercae,
hostilem animum uultusque truces.
illa, illa meis tristis Erinys
thalamis Stygios praetulit ignes
teque extinxit, miserande pater,   25
modo cui totus paruit orbis

Octauiae fabula deest in E; falso Senecae adscripta extat in A, inter Agamemnona et Herculem Oetaeum inserta; nouissimum locum obtinet in Σ   1–33 *canticum decurrit dimetris praeter monometros* 6ᵇ (i. t. q.), 20, 27ᵃ (u. O.), 30 *in A* 18 nox *Helm 287 n. 1* (*coll. Tac. ann. 11. 37*): lux *A; cf. Soph. El. 203*   19 lux *Σ*: nox *A*   est *A*: es *Bothe*: o *Gronouius*

ultra Oceanum cuique Britanni
    terga dedere,
ducibus nostris ante ignoti
    iurisque sui;   30
coniugis, heu me, pater, insidiis
oppresse iaces seruitque domus
cum prole tua capta tyranno.

NVTRIX

Fulgore primo captus et fragili bono
fallacis aulae quisquis attonitus stupet,   35
subito latentis ecce Fortunae impetu
modo praepotentem cernat euersam domum
stirpemque Claudi, cuius imperio fuit
subiectus orbis, paruit liber diu
Oceanus et recepit inuitus rates.   40
En qui Britannis primus imposuit iugum,
ignota tantis classibus texit freta
interque gentes barbaras tutus fuit
et saeua maria, coniugis scelere occidit;
mox illa nati: cuius extinctus iacet   45
frater uenenis, maeret infelix soror
eademque coniunx nec graues luctus ualet
ira coacta tegere crudelis uiri,
quem spreta refugit semper atque odio pari
ardens mariti mutua flagrat face.   50
animum dolentis nostra solatur fides
pietasque frustra: uincit immitis dolor

34 fragili *recc.*: facili *A*   41 Britannis *Scaliger Castig. in Tib. iv 1. 149*:
ora tanais (-nys *P*) *A*   iugum *recc.*: -o *A*   46 uenenis *Σ*: -ris *A*
49 quem spreta *Baehrens 116*: quem secreta *A*: secreta *recc.*   50 ardens
mariti mutua flagrat face *A*: ardet maritus, m. -ant f. *Gronouius*: -ent -i, m.
-ant f. *Peiper*   52 uincit *Buecheler 474*: mittit *A*

consilia nostra nec regi mentis potest
generosus ardor, sed malis uires capit.
heu quam nefandum prospicit noster timor 55
scelus, quod utinam numen auertat deum.

Oc. O mea nullis aequanda malis
    fortuna, licet
repetam luctus, Electra, tuos:
tibi maerenti caesum licuit 60
    flere parentem,
scelus ulcisci uindice fratre,
tua quem pietas hosti rapuit
    texitque fides:
me crudeli sorte parentes 65
raptos prohibet lugere timor
fratrisque necem deflere uetat,
in quo fuerat spes una mihi
totque malorum breue solamen.
nunc in luctus seruata meos 70
magni resto nominis umbra.
Nvt. Vox en nostras perculit aures
    tristis alumnae; •
cesset thalamis inferre gradus
    tarda senectus?
Oc. Excipe nostras lacrimas, nutrix, 75
testis nostri fida doloris.
Nvt. Quis te tantis soluet curis,
    miseranda, dies?
Oc. Qui me Stygias mittet ad umbras.
Nvt. Omina quaeso sint ista procul. 80
Oc. Non uota meos tua nunc casus,
    sed fata regunt.

---

ante 57 Octauia. nutrix *A*   57–99 *dimetri hisce monometris insertis* 58,
61, 64, 75ᵃ (e. n.), 76ᵇ (f. d.), 78, 82, 87ᵇ (c. t.) *A*   63 quem *βT*:
quam *GP*   82 fata *μ*: uota *A*

Nvt. Dabit afflictae meliora deus
    tempora mitis;   •
tu modo blando uince obsequio
    placata uirum.   85
Oc. Vincam saeuos ante leones
    tigresque truces   •
fera quam saeui corda tyranni:
odit genitos sanguine claro,
spernit superos hominesque simul,
nec fortunam capit ipse suam,   90
quam dedit illi per scelus ingens
    infanda parens:
Licet ingratum dirae pudeat
    munere matris   •
hoc imperium cepisse, licet
tantum munus morte rependat,   95
feret hunc titulum post fata tamen
femina longo semper in aeuo.
Nvt. Animi retine uerba furentis,
temere emissam comprime uocem.

Oc. Toleranda quamuis patiar, haud umquam queant
nisi morte tristi nostra finiri mala.   101
genetrice caesa, per scelus rapto patre,
orbata fratre, miseriis luctu obruta,
maerore pressa, coniugi inuisa ac meae
subiecta famulae, luce non grata fruor,   105
trepidante semper corde non mortis metu,
sed sceleris—absit crimen a fatis meis,
mori iuuabit; poena nam grauior nece est
uidere tumidos et truces miserae mihi
uultus tyranni, iungere atque hosti oscula,   110

---

83 dabit δ: -is β   87 fera quam Σ: feraque *A*   89 superos
hominesque δ: superbos humil- β   *ante* 100 Octauia. nutrix *A*
100 quamuis *A*: quaeuis *Lipsius*   105 grata Σ: -e *A*

timere nutus cuius obsequium meus
haud ferre posset fata post fratris dolor
scelere interempti, cuius imperium tenet
et sorte gaudet auctor infandae necis.

Quam saepe tristis umbra germani meis   115
offertur oculis, membra cum soluit quies
et fessa fletu lumina oppressit sopor:
modo facibus atris armat infirmas manus
oculosque et ora fratris infestus petit,
modo trepidus idem refugit in thalamos meos; 120
persequitur hostis atque inhaerenti mihi
uiolentus ensem per latus nostrum rapit.
tunc tremor et ingens excutit somnos pauor
renouatque luctus et metus miserae mihi.

Adice his superbam paelicem, nostrae domus   125
spoliis nitentem, cuius in munus suam
Stygiae parentem natus imposuit rati,
quam, dira post naufragia, superato mari,
ferro interemit saeuior pelagi fretis:
quae spes salutis, post nefas tantum, mihi?   130
inimica uictrix imminet thalamis meis
odioque nostri flagrat et pretium stupri
iustae maritum coniugis poscit caput.

Emergere umbris et fer auxilium tuae
natae inuocanti, genitor, aut Stygios sinus   135
tellure rupta pande, quo praeceps ferar.
Nvt. Frustra parentis inuocas manes tui,
miseranda, frustra, nulla cui prolis suae
manet inter umbras cura: qui nato suo
praeferre potuit sanguine alieno satum   140
genitamque fratris coniugem captus sibi

---

114 sorte *Lipsius*: morte *A*   122 nostrum *A*: strictum *Helm*
288 n.1   133 poscit *Gronouius*: captat *A*   134 emergere (*cf.706*) *A*:
emerge ab *Gronouius*   umbris *Gronouius*: undis *A*; *de confus. uide Drakenb. ad*
Sil. 4. 681   140 preferre *β*: perf- *δ*   141 genitamque *A*: gnat-
Heinsius 501   fratris *A*: -re *Gronouius*   captus *A*: pactus *Peiper*

toris nefandis flebili iunxit face.
hinc orta series facinorum: caedes, doli,
regni cupido, sanguinis diri sitis;
mactata soceri concidit thalamis gener   145
uictima, tuis ne fieret hymenaeis potens.
pro facinus ingens! feminae est munus datus
Silanus et cruore foedauit suo
patrios penates, criminis ficti reus.
intrauit hostis, ei mihi, captam domum   150
dolis nouercae, principis factus gener
idemque natus, iuuenis infandi ingeni,
capaxque scelerum, dira cui genetrix facem
accendit et te iunxit inuitam metu.

Tantoque uictrix facta successu ferox   155
ausa imminere est orbis imperio sacri.
quis tot referre facinorum formas potest
et spes nefandas feminae et blandos dolos
regnum petentis per gradus scelerum omnium?
tunc sancta Pietas extulit trepidos gradus   160
uacuamque Erinys saeua funesto pede
intrauit aulam, polluit Stygia face
sacros penates, iura naturae furens
fasque omne rupit: miscuit coniunx uiro
uenena saeua, cecidit atque eadem sui   165
mox scelere nati. Tu quoque extinctus iaces,
deflende nobis semper, infelix puer,
modo sidus orbis, columen augustae domus,
Britannice, heu me, nunc leuis tantum cinis
et tristis umbra; saeua cui lacrimas dedit   170
etiam nouerca, cum rogis artus tuos

---

144 diri *A*: clari (*cf. 89*) *Buecheler 474*: cari *Heinsius 501*; *cf. Helm 307 n. 1*
146 fieret *βG*: fient *PT^{ac}*   149 ficti *Lipsius*: facti *A*   152 infandi
recc.: nef- *A*   153 capaxque scelerum *Ascensius*: scelerumque capax *A*:
scelerum capaxque *L. Müller 387*: scelerum capacis *Peiper*   156 sacri *A*:
-o *Gronouius*   157 quis *β*: qui *δ*   159 gradus *recc.*: -um *A*
166 tu *Σ*: tuo *A*

dedit cremandos membraque et uultus deo
similes uolanti saeuiens flamma abstulit.
Oc. Extinguat et me, ne manu nostra cadat!
Nvt. Natura uires non dedit tantas tibi.   175
Oc. Dolor ira maeror miseriae luctus dabunt.
Nvt. Vince obsequendo potius immitem uirum.
Oc. Vt fratrem ademptum scelere restituat mihi?
Nvt. Incolumis ut sis ipsa, labentem ut domum
genitoris olim subole restituas tua.   180
Oc. Expectat aliam principis subolem domus;
me dira miseri fata germani trahunt.
Nvt. Confirmet animum ciuium tantus fauor.
Oc. Solatur iste nostra, non releuat mala.
Nvt. Vis magna populi est. Oc. Principis maior tamen.
Nvt. Respiciet ipse coniugem. Oc. Paelex uetat.   186
Nvt. Inuisa cunctis nempe. Oc. Sed cara est uiro.
Nvt. Nondum uxor est. Oc. Iam fiet, et genetrix simul.
Nvt. Iuuenilis ardor impetu primo furit,
languescit idem facile nec durat diu   190
in Venere turpi, ceu leuis flammae uapor:
amor perennis coniugis castae manet.
Violare prima quae toros ausa est tuos
animumque domini famula possedit diu,
iam metuit eadem— Oc. Nempe praelatam sibi.   195
Nvt. Subiecta et humilis, atque monumenta extruit
quibus timorem falsa testatur suum.
Et hanc leuis fallaxque destituet deus
uolucer Cupido: sit licet forma eminens,
opibus superba, gaudium capiet breue.   200

172 dedit *A*: -i *Buecheler*   173 saeuiens flamma *Baehrens 117*: feruens
fl. *A*: fl. feru. *recc.* (*N*): funebris fl. *Buecheler 474*   *post* 173 *spatium XXX*
uersuum uac. rel β, *XXVI uersuum P, null. sp. GT*; *cf. Leonem i 45*   175 uires
non *recc.*: n. u. *A*   181 expectat μ: -as *A*   186 uetat δ: uetat uetat β
195 metuit *recc.*: -et *A*   195^b *Octauiae tribuit Ritter* (195^b-197 *Octauiae*
assignauerat Bothe)   197 falsa δηN: fassa *CFM*μ (fessa *e*); *cf. Augustin. conf. 4,*
1, 1 (*Zw. Hermes 1987, 383 n. 5*)   198 destituet *recc.*: -it *A*

Passa est similes ipsa dolores
  regina deum,
cum se formas uertit in omnes
dominus caeli diuumque pater
et modo pennas sumpsit oloris,   205
modo Sidonii cornua tauri;
aureus idem fluxit in imbri;
fulgent caelo sidera Ledae,
patrio resident Bacchus Olympo,
deus Alcides possidet Heben   210
nec Iunonis iam timet iras,
cuius gener est qui fuit hostis.
Vicit sapiens tamen obsequium
coniugis altae pressusque dolor:
sola Tonantem tenet aetherio   215
secura toro maxima Iuno,
nec mortali captus forma
deserit altam Iuppiter aulam.
Tu quoque, terris altera Iuno,
soror Augusti coniunxque, graues   220
  uince dolores.

Oc. Iungentur ante saeua sideribus freta
et ignis undae, Tartaro tristi polus,
lux alma tenebris, roscidae nocti dies,
quam cum scelesti coniugis mente impia   225
mens nostra, semper fratris extincti memor.
utinam nefandi principis dirum caput
obruere flammis caelitum rector paret,
qui saepe terras fulmine infesto quatit
mentesque nostras ignibus terret sacris   230
nouisque monstris; uidimus caelo iubar

---

ante 201 nutrix *A, om. recc.* (*Ox.*)   *carmen decurrit dimetris praeter monometros*
202, 221 *in A*   213 tamen *A:* tandem *Bentley*   215 etherio *recc.*:
-eo *A*

ardens cometen pandere infaustam facem,
qua plaustra tardus noctis alterna uice
regit Bootes, frigore Arctoo rigens:
en ipse diro spiritu saeui ducis   235
polluitur aether, gentibus clades nouas
minantur astra, quas regit dux impius.
non tam ferum Typhona neglecto Ioue
irata Tellus edidit quondam parens:
haec grauior illo pestis, hic hostis deum   240
hominumque templis expulit superos suis
ciuesque patria, spiritum fratri abstulit,
hausit cruorem matris—et lucem uidet
fruiturque uita noxiam atque animam trahit!
Pro summe genitor, tela cur frustra iacis   245
inuicta totiens temere regali manu?
in tam nocentem dextra cur cessat tua?
utinam suorum facinorum poenas luat
Nero insitiuus, Domitio genitus patre,
orbis tyrannus, quem premit turpi iugo   250
morumque uitiis nomen Augustum inquinat!
Nvt. Indignus ille, fateor, est thalamis tuis;
sed cede fatis atque fortunae tuae,
alumna, quaeso, neue uiolenti moue
iram mariti. forsitan uindex deus   255
existet aliquis, laetus et ueniet dies.
Oc. Graui deorum nostra iam pridem domus
urgetur ira, prima quam pressit Venus
furore miserae dura genetricis meae,

---

232 cometen *Zw.*: -em δ: -am β   infaustam *Heinsius 503 (coll. Ou. epist.*
6. 46): infestam *A*   233 alterna *Heinsius 503 (coll. 388)*: aeterna *Auantius*:
eterne *A*   234 frigore *recc. (Heinsius 503, coll. Med 683)*: frigido (-geo *T*)
A; *cf. Oed 546*   arctoo (art- *S*) β: -eo δ   237 quas *recc. (Ox.)*: que *A*
240 hic *recc.*: haec *A*   249 Nero insitiuus *Lipsius*: N. insidiuo (nisi diuo
GT^{ac}) *A*: iste insitiuus *Gronouius*: genere insitiuo *Scaliger*   252 est δ: et β
tuis *recc. (MOx.)*: meis *A*   259 dura *A*: dira *recc. (M²)*

quae nupta demens nupsit incesta face,   260
oblita nostri, coniugis, legum immemor.
illos soluta crine, succincta anguibus
ultrix Erinys uenit ad Stygios toros
raptasque thalamis sanguine extinxit faces;
incendit ira principis pectus truci   265
caedem in nefandam: cecidit infelix parens,
heu, nostra ferro meque perpetuo obruit
extincta luctu; coniugem traxit suum
natumque ad umbras, prodidit lapsam domum.
Nvt. Renouare luctus parce cum fletu pios,   270
manes parentis neue sollicita tuae,
graues furoris quae sui poenas dedit.

CHORVS

Quae fama modo uenit ad aures?
utinam falso credita perdat
frustra totiens iactata fidem,   275
nec noua coniunx nostri thalamos
principis intret, teneatque suos
nupta penates Claudia proles.
edat partu pignora pacis,
qua tranquillus gaudeat orbis   280
seruetque decus Roma aeternum.
Fratris thalamos sortita tenet
    maxima Iuno,
soror Augusti sociata toris
cur a patria pellitur aula?   285
sancta quid illi prodest pietas
    diuusque pater?   •

261 nostri coniugis *A*: iusti -gi(i) *recc.* (*M*² *marg.*): n. -gii *KOx.*
262 illos *Zw.*: -o *A*: -i *Heinsius 504*   269 prodidit *A*: per- *recc.*
ante 273 Chorus. Romanorum *A*: Chorus *recc.* (*e*)   *totum carmen dimetris*
decurrit in A

quid uirginitas castusque pudor?
Nos quoque nostri sumus immemores
post fata ducis, cuius stirpem
prodimus omnem suadente metu.

Vera priorum uirtus quondam
Romana fuit uerumque genus
Martis in illis sanguisque uiris.
Illi reges hac expulerunt
    urbe superbos   •
ultique tuos sunt bene manes,   295
mactata tua, miseranda, manu,   301
    nata Lucreti,
stuprum saeui passa tyranni.   303
Te quoque bellum triste secutum est,   300
uirgo dextra caesa parentis,   296
ne seruitium paterere graue et
improba ferret praemia uictrix
    dira libido.   299
Dedit infandi sceleris poenas   304
cum Tarquinio Tullia coniunx,   305
quae per caesi membra parentis
egit saeuos impia currus
laceroque seni uiolenta rogos
    nata negauit.   •

Haec quoque nati uidere nefas
    saecula magnum,   310
cum Tyrrhenum rate ferali
princeps captam fraude parentem
    misit in aequor.   •
Properant placidos linquere portus
    iussi nautae,

290 omnem *Delz, MH 46, 61sq.*: euo *A*: aegro (*cf. Sil. 16. 666*) *Richter*: atro
Grotius: heu nos *M. Müller 1911, 128* (*coll. 31, 169*)   metu *A*: -um
Wilamowitz   294 expulerunt *recc.* (*Ox.*): -ant *A*   300, 296-9 *post*
303 *transp. Baehrens 119* (296-300 uirgo ... secutum est *deleuerat Richter
1862, 4*)

resonant remis pulsata freta;   315
fertur in altum prouecta ratis,
quae resoluto robore labens
pressa dehiscit sorbetque mare.
Tollitur ingens clamor ad astra
cum femineo mixtus planctu.   320
mors ante oculos dira uagatur;
quaerit leti sibi quisque fugam:
alii lacerae puppis tabulis
haerent nudi fluctusque secant,
repetunt alii litora nantes;   325
multos mergunt fata profundo.
   Scindit uestes Augusta suas
       laceratque comas
rigat et maestis fletibus ora.
postquam spes est nulla salutis,   330
ardens ira, iam uicta malis:
'haec' exclamat 'mihi pro tanto
munere reddis praemia, nate?
hac sum, fateor, digna carina,
quae te genui, quae tibi lucem   335
atque imperium nomenque dedi
       Caesaris amens.
Exere uultus Acheronte tuos
poenisque meis pascere, coniunx:
ego causa tuae, miserande, necis   340
natoque tuo funeris auctor
en, ut merui, ferar ad manes
       inhumata tuos,
obruta saeuis aequoris undis.'
Feriunt fluctus ora loquentis,   345

315 resonant δ: -ent β   316 prouecta *cod. Danielis* (*uide praef. p. ix sq.*):
prof- *A*   317 quae *A*: cum *M. Müller 1911, 128 sq.* (*coll. 730 sqq.*)
342 ferar *A*: -or *Heinsius 504*   345 feriunt β: ferunt δ

ruit in pelagus rursumque salo
      pressa resurgit;
pellit palmis cogente metu
freta, sed cedit fessa labori.
Mansit tacitis in pectoribus   350
spreta tristi iam morte fides:
multi dominae ferre auxilium
pelago fractis uiribus audent;
bracchia quamuis lenta trahentem
uoce hortantur manibusque leuant.   355
    Quid tibi saeui fugisse maris
      profuit undas?
ferro es nati moritura tui,
cuius facinus uix posteritas,
tarde semper saecula credent.   360
Furit ereptam pelagoque dolet
    uiuere matrem
impius ingens geminatque nefas:
ruit in miserae fata parentis
patiturque moram sceleris nullam.   365
missus peragit iussa satelles:
reserat dominae pectora ferro.
Caedis moriens illa ministrum
    rogat infelix,
utero dirum condat ut ensem: 370
'hic est, hic est fodiendus' ait
'ferro, monstrum qui tale tulit.'
post hanc uocem cum supremo
    mixtam gemitu
animam tandem per fera tristem   375
    uulnera reddit.

---

349 freta set (*cf. 316*) *Buecheler 474*: fata et *A*: uada sed *Schrader (coll. Catull.
64. 58*)   354 quamuis *A*: quam uix *Heinsius 505 (cf. Ou. epist. 18. 161 sq.)*
360 credent *Σ*: -unt *A*

SENECA

Quid, impotens Fortuna, fallaci mihi
blandita uultu, sorte contentum mea
alte extulisti, grauius ut ruerem edita
receptus arce totque prospicerem metus?   380
melius latebam procul ab inuidiae malis
remotus inter Corsici rupes maris,
ubi liber animus et sui iuris mihi
semper uacabat studia recolenti mea.
O quam iuuabat, quo nihil maius parens   385
Natura genuit, operis immensi artifex,
caelum intueri, solis et cursus sacros
mundique motus, noctis alternas uices
orbemque Phoebes, astra quam cingunt uaga,
lateque fulgens aetheris magni decus;   390
qui si senescit, tantus in caecum chaos
casurus iterum, tunc adest mundo dies
supremus ille, qui premat genus impium
caeli ruina, rursus ut stirpem nouam
generet renascens melior, ut quondam tulit   395
iuuenis, tenente regna Saturno poli.
Tunc illa uirgo, numinis magni dea,
Iustitia, caelo missa cum sancta Fide
terra regebat mitis humanum genus.
non bella norant, non tubae fremitus truces,   400
non arma gentes, cingere assuerant suas
muris nec urbes: peruium cunctis iter,

---

377 impotens . . . mihi *Siegmund 1910/11, 15* (me impotens . . . diu *coniecerat
Heinsius 505*): me potens . . . mihi *A*   379 grauius *vOx.d*: -is *A*
387*b*, 388*a delend. put. Delrius iii 531*, 388 *Ritter*   387 cursus *recc.*: currus *A*
388 noctis *Gronouius* (*coll. 233*): sortis δ: solis β   389 quam δ: quem β
391 si senescit *Scaliger*: se sen- *GP*: sese n- β*T*   392 tunc *Richter*: nunc
A; *cf. Med 160*   399 terra *A*: terris (*uel* terrae) *Bothe*   400 non
tub. *recc.* (*Ox.*): nec tub. *A*

communis usus omnium rerum fuit;
et ipsa Tellus laeta fecundos sinus
pandebat ultro, tam piis felix parens   405
et tuta alumnis. Alia sed suboles minus
conspecta mitis   *   *   *   *
*   *   *   Tertium sollers genus
nouas ad artes extitit, sanctum tamen,
mox inquietum quod sequi cursu feras
auderet acres, fluctibus tectos graui   410
extrahere pisces rete uel calamo leui,
decipere uolucres crate   *   *   *
tenere laqueo, premere subiectos iugo   412bis
tauros feroces, uomere immunem prius
sulcare terram, laesa quae fruges suas

     *   *   *   *   *   *   *

interior, alte condidit sacro sinu.   415
   Sed in parentis uiscera intrauit suae
deterior aetas; eruit ferrum graue
aurumque, saeuas mox et armauit manus;
partita fines regna constituit, nouas
exstruxit urbes, tecta defendit sua   420
aliena telis aut petit praedae imminens.
neglecta terras fugit et mores feros
hominum, cruenta caede pollutas manus
Astraea uirgo, siderum magnum decus.
cupido belli creuit atque auri fames   425
totum per orbem, maximum exortum est malum

---

407 conspecta *A*: concepta *Baehrens 117*   *post* mitis *nonnulla intercidisse
suspicatus est Richter (1867)*   410 auderet β: audent δ   graui *Gronouius*:
-es *A*   412 d. u. crate uel calamo. aut leui *A; cf. Leonem i 46 sq., qui pro uerbis
falso ex 411 repetitis proposuit* turbidos forti canes; *malim scribere cum Siegmundo
(1909/10, 20)* d. u. crate uel tereti uagas (*posito* uagas *coniecerat Peiper*)
413 uomere *G (marg.) recc.* (*v*): uulnere *A; cf. Ou. met. 1. 102 sq.*
post 414 *tale quid intercidisse puto* ⟨summisit aegre quasque habet largas opes⟩
415 interior *A*: -ius *recc.*   420 sua *Buecheler 474*: suis *A*
423 hominum *A*: h. et *recc.*: h. ac *Heinsius 507*

luxuria, pestis blanda, cui uires dedit
roburque longum tempus atque error grauis.
  Collecta uitia per tot aetates diu
in nos redundant: saeculo premimur graui,   430
quo scelera regnant, saeuit impietas furens,
turpi libido Venere dominatur potens,
luxuria uictrix orbis immensas opes
iam pridem auaris manibus, ut perdat, rapit.
  Sed ecce, gressu fertur attonito Nero   435
trucique uultu. quid ferat mente horreo.

Nero

  Perage imperata: mitte, qui Plauti mihi
Sullaeque caesi referat abscisum caput.

Praefectvs

Iussa haud morabor: castra confestim petam.
Se. Nihil in propinquos temere constitui decet.   440
Ne. Iusto esse facile est cui uacat pectus metu.
Se. Magnum timoris remedium clementia est.
Ne. Extinguere hostem maxima est uirtus ducis.
Se. Seruare ciues maior est patriae patri.
Ne. Praecipere mitem conuenit pueris senem.   445
Se. Regenda magis est feruida adolescentia.
Ne. Aetate in hac satis esse consilii reor.
Se. Vt facta superi comprobent semper tua.
Ne. Stulte uerebor, ipse cum faciam, deos.
Se: Hoc plus uerere quod licet tantum tibi.   450

---

ante 437 Nero.prefectus.Seneca *A* 447 satis *A*: sat *L. Müller 165*
448 ut *β*: et *δ*: ita (*uel* di) *Heinsius 507* 449 ipse *recc.*: esse *A*
450 tibi *δ*: sibi *β*

Ne. Fortuna nostra cuncta permittit mihi.
Se. Crede obsequenti parcius: leuis est dea.
Ne. Inertis est nescire quid liceat sibi.
Se. Id facere laus est quod decet, non quod licet.
Ne. Calcat iacentem uulgus. Se. Inuisum opprimit.   455
Ne. Ferrum tuetur principem. Se. Melius fides.
Ne. Decet timeri Caesarem. Se. At plus diligi.
Ne. Metuant necesse est— Se. Quidquid exprimitur graue
                                                    est.
Ne. Iussisque nostris pareant. Se. Iusta impera.
Ne. Statuam ipse. Se. Quae consensus efficiat rata.   460
Ne. Destrictus ensis faciet. Se. Hoc absit nefas.
Ne. An patiar ultra sanguinem nostrum peti,
inultus et contemptus ut subito opprimar?
exilia non fregere summotos procul
Plautum atque Sullam, pertinax quorum furor   465
armat ministros sceleris in caedem meam,
absentium cum maneat etiam ingens fauor
in urbe nostra, qui fouet spes exulum.
tollantur hostes ense suspecti mihi,
inuisa coniunx pereat et carum sibi   470
fratrem sequatur. quidquid excelsum est cadat.
Se. Pulcrum eminere est inter illustres uiros,
consulere patriae, parcere afflictis, fera
caede abstinere, tempus atque irae dare,
orbi quietem, saeculo pacem suo.   475
haec summa uirtus, petitur hac caelum uia.
sic ille patriae primus Augustus parens
complexus astra est, colitur et templis deus.
illum tamen Fortuna iactauit diu
terra marique per graues belli uices,   480
hostes parentis donec oppressit sui:

457 at *A*: *delend. cens. Richter 1862, 3, sed cf. Ag 794*   461 destrictus
Raphelengius: despectus (resp- *G*) *A*   463 inultus *Raphelengius*: inuictus *A*
opprimar *Σ*: -atur *A*   467 absentium δ: -tum β

tibi numen incruenta summisit suum
et dedit habenas imperi facili manu
nutuque terras maria subiecit tuo;
inuidia tristis, uicta consensu pio,   485
cessit; senatus, equitis accensus fauor;
plebisque uotis atque iudicio patrum
tu pacis auctor, generis humani arbiter
electus orbem spiritu sacro regis
patriae parens: quod nomen ut serues petit   490
suosque ciues Roma commendat tibi.
Ne. Munus deorum est, ipsa quod seruit mihi
Roma et senatus quodque ab inuitis preces
humilesque uoces exprimit nostri metus.
seruare ciues principi et patriae graues,   495
claro tumentes genere quae dementia est,
cum liceat una uoce suspectos sibi
mori iubere? Brutus in caedem ducis,
a quo salutem tulerat, armauit manus:
inuictus acie, gentium domitor, Ioui   500
aequatus altos saepe per honorum gradus
Caesar nefando ciuium scelere occidit.
   Quantum cruoris Roma tum uidit sui,
lacerata totiens! ille qui meruit pia
uirtute caelum, diuus Augustus, uiros   505
quot interemit nobiles, iuuenes senes
sparsos per orbem, cum suos mortis metu
fugerent penates et trium ferrum ducum,
tabula notante deditos tristi neci!

---

487 iudicio p. *Lipsius*: -um p. est *A*   488, 489 *sedes mutare iubet
Frassinetti 1105*   489 spiritu sacro *Gruterus*: sp̄u sacra δ: saρ̇ie s. *C*: sρ̄e
(*i.q.* specie) s. η: prospere sacrum *Leo 1903, 310 sq.*: iam sacṛa specie *Bothe*: tu
sacro auspicio *Heinsius 468*   495 seruare β: -ire δ   ciues δ: uices β
497 sibi *A*: tibi *recc.* (*K*): mihi *Gronouius, sed cf. 475*   500 gent. dom. Σ:
dom. gent *A*   501 altos *A*: *fort.* -o   sepe *A*: ipse *Buecheler*
503 tum *Leo* (tunc *recc.* [*Ox.*]): non *A*

exposita rostris capita caesorum patres   510
uidere maesti, flere nec licuit suos,
non gemere dira tabe polluto foro,
stillante sanie per putres uultus graui.
Nec finis hic cruoris aut caedis stetit:
pauere uolucres et feras saeuas diu   515
tristes Philippi,   *   *   *   *
      *   *   *   hausit et Siculum mare
classes uirosque saepe caedentes suos,
concussus orbis uiribus magnis ducum.
superatus acie puppibus Nilum petit
fugae paratis, ipse periturus breui: 520
hausit cruorem incesta Romani ducis
Aegyptus iterum, non leues umbras tegit.
Illic sepultum est impie gestum diu
ciuile bellum. condidit tandem suos
iam fessus enses uictor hebetatos feris   525
uulneribus, et continuit imperium metus.
armis fideque militis tutus fuit,
pietate nati factus eximia deus,
post fata consecratus et templis datus.

   Nos quoque manebunt astra, si saeuo prior   530
ense occuparo quidquid infestum est mihi
dignaque nostram subole fundaro domum.
Se. Implebit aulam stirpe caelesti tuam
generata diuo, Claudiae gentis decus,
sortita fratris more Iunonis toros.   535

---

516 *post* Philippi *aliquid de bello Perusino excidisse putauerim* (*cf. Sen. clem.
1. 11. 1; Suet. Aug. 9*); *lacunam indicauerat Peiper*   hausit (*cf. Ag 414*) *A*: mersit
Gronouius; alia alii   517 cedentes (cae- *Fabricius*) suos *A*: cedentes suis
Baden: cedentes. suis (*sc.* uiribus) *Rutgersius 65 sq.*; *cf. App. b. c. 5. 120
post* 517 *lacunam indicauit Ageno, post* 518 *Fuchs 75*   522 non *M. Müller
1911, 132*: nunc *A*; *an* nec (*uide ad Tro 246*)*? cf. Hf 230*   526 metus *A*: -u
Auantius; *cf. Oed 704*   533 implebit *recc.*: -uit *A*   534 generata
VΣOx.e²: -o *A*

Ne. Incesta genetrix detrahit generi fidem,
animusque numquam coniugis iunctus mihi.
Se. Teneris in annis haud satis clara est fides,
pudore uictus cum tegit flammas amor.
Ne. Hoc equidem et ipse credidi frustra diu,   540
manifesta quamuis pectore insociabili
uultuque signa proderent odium mei,
tandem quod ardens statuit ulcisci dolor—
dignamque thalamis coniugem inueni meis
genere atque forma, uicta cui cedet Venus   545
Iouisque coniunx et ferox armis dea.
Se. Probitas fidesque coniugis, mores pudor
placeant marito: sola perpetuo manent
subiecta nulli mentis atque animi bona;
florem decoris singuli carpunt dies.   550
Ne. Omnes in unam contulit laudes deus
talemque nasci fata uoluerunt mihi.
Se. Recedat a te (temere ne credas) amor.
Ne. Quem summouere fulminis dominus nequit,
caeli tyrannum, saeua qui penetrat freta   555
Ditisque regna, detrahit superos polo?
Se. Volucrem esse Amorem fingit immitem deum
mortalis error, armat et telis manus
arcuque sacras, instruit saeua face
genitumque credit Venere, Vulcano satum: 560
uis magna mentis blandus atque animi calor
Amor est; iuuenta gignitur, luxu otio
nutritur inter laeta Fortunae bona.
quem si fouere atque alere desistas, cadit
breuique uires perdit extinctus suas.   565

541 insociabili *recc.*: insac- *A*   543 quod *GPd*: que *TCV*
545 cedet *A*: -at (*Ox.*) *uel* -it *recc., sed cf. 768 sq., 775*   553 recedat *A*:
-et *Bothe*   ne credas *A*: ni cr. *M. Müller 1911, 133*: ni ce- *Stuart 40 sq.* (ne cedas
coniecerat uir doctus apud Baden)   559 arcuque sacras *Buecheler* (arcuque
sacro et *coniecerat Heinsius*): arcusque sacros *A*

NE. Hanc esse uitae maximam causam reor,
per quam uoluptas oritur; interitu caret,
cum procreetur semper, humanum genus
Amore grato, qui truces mulcet feras.
hic mihi iugales praeferat taedas deus   570
iungatque nostris igne Poppaeam toris.
SE. Vix sustinere possit hos thalamos dolor
uidere populi, sancta nec pietas sinat.
NE. Prohibebor unus facere quod cunctis licet?
SE. Maiora populus semper a summo exigit.   575
NE. Libet experiri, uiribus fractus meis
an cedat animis temere conceptus furor.
SE. Obsequere potius ciuibus placidus tuis.
NE. Male imperatur, cum regit uulgus duces.
SE. Nihil impetrare cum ualet, iuste dolet.   580
NE. Exprimere ius est, ferre quod nequeunt preces?
SE. Negare durum est. NE. Principem cogi nefas.
SE. Remittat ipse. NE. Fama sed uictum feret.
SE. Leuis atque uana. NE. Sit licet, multos notat.
SE. Excelsa metuit. NE. Non minus carpit tamen.   585
SE. Facile opprimetur. merita te diui patris
aetasque frangat coniugis, probitas pudor.
NE. Desiste tandem, iam grauis nimium mihi,
instare: liceat facere quod Seneca improbat.
et ipse populi uota iam pridem moror   590

  * * * * * * *

cum portet utero pignus et partem mei.
quin destinamus proximum thalamis diem.

566–9 *Neroni tribuunt recc.*: *Senecae continuantur in* A; *cf. Phae 218*
572 possit *recc.*: -et A   577 furor *Auantius*: fauor A; *cf. 784, Hf 363*
post 590 *lacunam indicauit* Zw.; *possis* ⟨cum uacua prole torpeat regis domus; |
quam faustus auctet subole Poppaeae sinus,⟩; *post* 591 *uersum nomen Poppaeae*
continentem excidisse putauerat Baehrens *119* Badenii *coniectura* et ipsa *in u.* 590
recepta

Agrippina

Tellure rupta Tartaro gressum extuli,
Stygiam cruenta praeferens dextra facem
thalamis scelestis: nubat his flammis meo   595
Poppaea nato iuncta, quas uindex manus
dolorque matris uertet ad tristes rogos.
manet inter umbras impiae caedis mihi
semper memoria, manibus nostris grauis
adhuc inultis, reddita et meritis meis   600
funesta merces puppis et pretium imperi
nox illa qua naufragia defleui mea;
comitum necem natique crudelis nefas
deflere uotum fuerat—haud tempus datum est
lacrimis, sed ingens scelere geminauit nefas.   605
perempta ferro, foeda uulneribus sacros
intra penates spiritum effudi grauem
erepta pelago, sanguine extinxi meo
nec odia nati: saeuit in nomen ferus
matris tyrannus, obrui meritum cupit,   610
simulacra, titulos destruit mortis metu
totum per orbem, quem dedit poenam in meam
puero regendum noster infelix amor.

Extinctus umbras agitat infestus meas
flammisque uultus noxios coniunx petit,   615
instat, minatur, imputat fatum mihi
tumulumque nati, poscit auctorem necis.
iam parce: dabitur, tempus haud longum peto.
ultrix Erinys impio dignum parat
letum tyranno, uerbera et turpem fugam   620
poenasque quis et Tantali uincat sitim,

---

ante 593 mater β: Agrippina mater Neronis *recc.* (*N* [m. N. sc. Agr.] *FM*):
inscr. om. (*lin. uac. rel.*) δ   597 uertet β: -at δ   600 et *A*: est *Buecheler*:
ut *M. Müller 1911, 135*   602 nox *recc.* (*Ox.*): uox *A*   607 intra β:
inter δ   617 tumulumque nati *Σ*: t. nasci *A*: suum atque nati *Grotius*

dirum laborem Sisyphi, Tityi alitem
Ixionisque membra rapientem rotam.
licet extruat marmoribus atque auro tegat
superbus aulam, limen armatae ducis   625
seruent cohortes, mittat immensas opes
exhaustus orbis, supplices dextram petant
Parthi cruentam, regna diuitias ferant:
ueniet dies tempusque quo reddat suis
animam nocentem sceleribus, iugulum hostibus   630
desertus ac destructus et cunctis egens.
    Heu, quo labor, quo uota ceciderunt mea?
quo te furor prouexit attonitum tuus
et fata, nate, cedat ut tantis malis
genetricis ira, quae tuo scelere occidit?   635
utinam, antequam te paruulum in lucem edidi
aluique, saeuae nostra lacerassent ferae
uiscera: sine ullo scelere, sine sensu innocens
meus occidisses; iunctus atque haerens mihi
semper quieta cerneres sede inferum   640
proauos patremque, nominis magni uiros,
quos nunc pudor luctusque perpetuus manet
ex te, nefande, meque quae talem tuli.
    Quid tegere cesso Tartaro uultus meos,
nouerca coniunx mater infelix meis?   645

OCTAVIA

    Parcite lacrimis urbis festo
        laetoque die,
    ne tantus amor nostrique fauor
    principis acres suscitet iras
    uobisque ego sim causa malorum.   650

626 immensas β: uniuersas δ   631 ac . . . et *recc.*: et . . . ac *A*; *cf.*
Hf 317, Tro 449   640 quieta . . . sede *recc.* (*Heinsius 509*): -am . . . -em *A*
ante 646 *Octauia.chorus A*   646-68 *dimetri praeter* 655, 657, 660 *monometros A*

non hoc primum pectora uulnus
mea senserunt: grauiora tuli;
dabit hic nostris finem curis
    uel morte dies;   •
non ego saeui cernere cogar
    coniugis ora,   655
non inuisos intrare mihi
    thalamos famulae;
soror Augusti, non uxor ero.
absint tantum tristes poenae
    letique metus—   660
scelerum diri, miseranda, uiri
potes hoc demens sperare memor?
hos ad thalamos seruata diu
uictima tandem funesta cades.

    Sed quid patrios saepe penates   665
respicis udis confusa genis?
propera tectis efferre gradus,
linque cruentam principis aulam.

Chorvs

    En illuxit suspecta diu
fama totiens iactata dies: 670
cessit thalamis Claudia diri
    pulsa Neronis,   •
quos iam uictrix Poppaea tenet,
cessat pietas dum nostra graui
compressa metu segnisque dolor.   675

---

654 saeui *Auantius*: -e *A*   cogar *Σ*: -or *A*   660 metus] *i.q.* metuenda scelera; *cf. 380, 107*   661 scelerum *recc.*: socerum *A*   669-89 *dimetri praeter* 684 *monometrum A*   669 sqq. *rectum ordinem seruat β*; 677^b-684 (quae . . . neroni) *ante* 669 *exhibet P*, 677^b-684 *et* 687-9 *ante* 669 *GT*

Vbi Romani uis est populi,
fregit diros quae saepe duces,
dedit inuictae leges patriae,
fasces dignis ciuibus olim,
iussit bellum pacemque, feras   680
            gentes domuit,   ·
captos reges carcere clausit?
Grauis en oculis undique nostris
iam Poppaeae fulget imago
            iuncta Neroni!
affligat humo uiolenta manus   685
similes nimium uultus dominae
ipsamque toris detrahat altis,
petat infestis mox et flammis
telisque feri principis aulam.

NVTRIX

Quo trepida gressum coniugis thalamis tui   690
effers, alumna, quidue secretum petis
turbata uultu? cur genae fletu madent?
certe petitus precibus et uotis dies
nostris refulsit: Caesari iuncta es tuo
taeda iugali, quem tuus cepit decor   695
et culta sancte tradidit uinctum tibi
genetrix Amoris, maximum numen, Venus.
O qualis altos quanta pressisti toros
residens in aula! uidit attonitus tuam

---

677 diros *M. Müller 1911, 136*: claros *A*   685 affligat *recc.*: affi- *A*;
cf. 796   688 infestis *Grotius*: infelix *A*; *cf. Phoen 405, 560*   689 feri
δ: -is β; *cf. 87, 609, 959*   *ante* 690 Nutrix.poppea (-eia *PT*) *A*: Nutrix
Poppaeae *recc.*   691 quidue *recc.*: quodue *A*   692 madent δ: manent
(-ant *C*) β; *cf. Phae 1121*   694 es Σ: est *A*   696 culta sancte *Birt
1921, 334 sq.* (*1923, 743 sq.*): culpa senece *A*; *cf. Stat. silu. 5. 1. 154*   uinctum
μ: uic- *A*

441

formam senatus, tura cum superis dares 700
sacrasque grato spargeres aras mero,
uelata summum flammeo tenui caput;
et ipse lateri iunctus atque haerens tuo
sublimis inter ciuium laeta omina
incessit habitu atque ore laetitiam gerens 705
princeps superbo: talis emersam freto
spumante Peleus coniugem accepit Thetin,
quorum toros celebrasse caelestes ferunt
pelagique numen omne consensu pari.
Quae subita uultus causa mutauit tuos? 710
quid pallor iste, quid ferant lacrimae doce.

POPPAEA

Confusa tristi proximae noctis metu
uisuque, nutrix, mente turbata feror,
defecta sensu. laeta nam postquam dies
sideribus atris cessit et nocti polus, 715
inter Neronis uincta complexus mei
somno resoluor; nec diu placida frui
quiete licuit. uisa nam thalamos meos
celebrare turba est maesta: resolutis comis
matres Latinae flebiles planctus dabant; 720
inter tubarum saepe terribilem sonum
sparsam cruore coniugis genetrix mei
uultu minaci saeua quatiebat facem.
Quam dum sequor coacta praesenti metu,
diducta subito patuit ingenti mihi 725
tellus hiatu; lata quo praeceps toros
cerno iugales pariter et miror meos,
in quis resedi fessa. uenientem intuor

701 sacrasque *Σ*: sacras *A*   708 quorum δ: quarum *β*   716 uincta
β: uicta δ: iuncta *recc.*

comitante turba coniugem quondam meum
natumque; properat petere complexus meos   730
Crispinus, intermissa libare oscula:
irrupit intra tecta cum trepidus mea
ensemque iugulo condidit saeuum Nero.
Tandem quietem magnus excussit timor;
quatit ora et artus horridus nostros tremor   735
pulsatque pectus; continet uoccm timor,
quam nunc fides pietasque produxit tua.
Heu quid minantur inferum manes mihi
aut quem cruorem coniugis uidi mei?
Nvt. Quaecumque mentis agitat intentus uigor,   740
ea per quietem sacer et arcanus refert
ueloxque sensus. coniugem thalamos toros
uidisse te miraris amplexu noui
haerens mariti? sed mouent laeto die
pulsata palmis pectora et fusae comae?   745
Octauiae discidia planxerunt sacros
inter penates fratris et patrium larem.
fax illa, quam secuta es, Augustae manu
praelata clarum nomen inuidia tibi
partum ominatur, inferum sedes toros   750
stabiles futuros spondet aeternae domus.
iugulo quod ensem condidit princeps tuus,
bella haud mouebit, pace sed ferrum teget.
Recollige animum, recipe laetitiam, precor,
timore pulso redde te thalamis tuis.   755
Po. Delubra et aras petere constitui sacras,
caesis litare uictimis numen deum,

---

731 Crispinus *Aeg. Maserius (apud Ascensium)*: pristinus *A*   intermissa *A*:
inper- *Heinsius 511 (coll. Hor. carm. 3. 6. 27)*   732 irrupit *S*: -um- δ*CV*
intra *A*: -o *Buecheler 474*   cum *A*: tum *Σ*   735 ora *A*: ossa *Buecheler 474*
736 pulsatque δ: pulsat β   timor β: tremor δ *(uers. om. P)*: diu *Leo*
740 intentus *Gronouius*: infestus *A; cf. Lucr. 4. 964*   742 toros *recc.*:
rogos *A*   744 leto δ: -a β   753 mouebit β: -is δ

ut expientur noctis et somni minae
terrorque in hostes redeat attonitus meos.
Tu uota pro me suscipe et precibus piis   760
superos adora, maneat ut praesens status.

Chorvs

Si uera loquax fama Tonantis
furta et gratos narrat amores
(quem modo Ledae pressisse sinum
tectum plumis pennisque ferunt,   765
modo per fluctus raptam Europen
taurum tergo portasse trucem),
quae regit et nunc deseret astra,
petet amplexus, Poppaea, tuos,
quos et Ledae praeferre potest   770
et tibi, quondam cui miranti
fuluo, Danae, fluxit in auro.
Formam Sparte iactet alumnae
licet et Phrygius praemia pastor,
uincet uultus haec Tyndaridos,   775
qui mouerunt horrida bella
Phrygiaeque solo regna dedere.
Sed quis gressu ruit attonito
aut quid portat pectore anhelo?

Nvntivs

Quicumque tectis excubat miles ducis,   780
defendat aulam, cui furor populi imminet.

760 tu *Gronouius*: et *A*: en *Baehrens 122*   761 maneat ... status
Buecheler 474: maneat ... metus *A*: iam abeat ... m. *Helm 323 n. 1*; *cf. Soph.*
El. 648 sqq.   762 loquax *recc.*: -ar *A*   764 quem *recc.*: que *A*
765 ferunt *recc.* (*Ox.*): -um *A*   772 Danae *Ascensius*: dane *A*
779 q. port. pect. *Ascensius* (*cf. L. Müller 104*): q. pect. port. *A*: pect. q.
p. *Schmidt 1860, 66*; *cf. Phae 990*   *ante* 780 Nuntius. chorus *A*
780 excubat miles *Bothe* (m. exc. *proposuerat Raphelengius*): m. exultat
A: m. excubitat *Heinsius 512*

trepidi cohortes ecce praefecti trahunt
praesidia ad urbis, uicta nec cedit metu
concepta rabies temere, sed uires capit.
Сно. Quis iste mentes agitat attonitus furor?   785
Nvn. Octauiae fauore percussa agmina
et efferata per nefas ingens ruunt.
Сно. Quid ausa facere quoue consilio doce.
Nvn. Reddere penates Claudiae diri parant
torosque fratris, debitam partem imperi.   790
Сно. Quos iam tenet Poppaea concordi fide?
Nvn. Hinc urit animos pertinax nimium fauor
et in furorem temere praecipites agit:
quaecumque claro marmore effigies stetit
aut aere fulgens, ora Poppaeae gerens,   795
afflicta uulgi manibus et saeuo iacet
euersa ferro; membra per partes trahunt
diducta laqueis, obruunt turpi diu
calcata caeno. uerba conueniunt feris
immixta factis, quae timor reticet meus.   800
Saepire flammis principis sedem parant,
populi nisi irae coniugem reddat nouam,
reddat penates Claudiae uictus suos.
ut noscat ipse ciuium motus mea
uoce, haud morabor iussa praefecti exequi.   805

  Сно. Quid fera frustra bella mouetis?
inuicta gerit tela Cupido:
flammis uestros obruet ignes

---

786 fauore *Grotius*: furore *A*; *cf. 792*   percussa *A*: -culsa (*cf. Sil. 2. 213*)
Auantius, sed cf. Verg. georg. 2. 476   789 diri *Ritter*: -ui *A*   792 hinc
M. Müller 1911, 138: hic *A*; *cf. HO 1186*   fauor *recc.*: furor *A*   795 aere
Lipsius: ara *A*   ora *Σ*: era *A*   798 diducta *A*: de- *recc.* (*v*)
800 reticet *Delrius iii 555*: recipit *A* (*def. Gruterus coll. Gell. 17. 6. 6 sqq., frustra*)
803 uictus *M.Nve*: uinc- *PVdFOx.*: iunc- *GTᵃᶜC* (*S incertum*)   805 iussa
Σ: om. *A* (*spat. rel. η, sine spat. δC*)   806–19 *dimetri praeter* 812 *et* 817·
(d. u.) *monometros A*

quis extinxit fulmina saepe
captumque Iouem caelo traxit.   810
  Laesi tristes dabitis poenas
        sanguine uestro;
non est patiens feruidus irae
        facilisque regi: •
ille ferocem iussit Achillem
        pulsare lyram,   815
fregit Danaos, fregit Atriden,
regna euertit Priami, claras
        diruit urbes.   •
et nunc animus quid ferat horret
uis immitis uiolenta dei.

NERO

O lenta nimium militis nos⸀ri manus   820
et ira patiens post nefas tantum mea,
quod non cruor ciuilis accensas faces
extinguit in nos, caede nec populi madet
funerea Roma, quae uiros tales tulit!
Admissa sed iam morte puniri parum est,   825
grauiora meruit impium plebis scelus.
en illa, cui me ciuium subicit furor,
suspecta coniunx et soror semper mihi,
tandem dolori spiritum reddat meo
iramque nostram sanguine extinguat suo;   830
mox tecta flammis concidant urbis meis,
ignes ruinae noxium populum premant
turpisque egestas, saeua cum luctu fames.
Exultat ingens saeculi nostri bonis
corrupta turba nec capit clementiam   835

---

811 laesi *A*: -o ²*Bothe*; *cf. Carlsson 1926, 65*   821 nef. t. *recc.*: t. n. *A*
822 quod *A*: quid *v*   823 madet *Σ*: -ent *A*   827 en *Zw.*: et *A*:
at *Bothe*   furor *A*: fauor *Bentley*

446

ingrata nostram, ferre nec pacem potest,
sed inquieta rapitur hinc audacia,
hinc temeritate fertur in praeceps sua:
malis domanda est et graui semper iugo
premenda, ne quid simile temptare audeat   840
contraque sanctos coniugis uultus meae
attollere oculos; fracta per poenas metu
parere discet principis nutu sui.
　　Sed adesse cerno rara quem pietas uirum
fidesque castris nota praeposuit meis.   845

PRAEFECTVS

　　Populi furorem caede paucorum, diu
qui restiterunt temere, compressum affero.
NE. Et hoc sat est? sic miles audisti ducem?
　　＊　　＊　　＊　　＊　　＊　　＊　　＊
compescis? haec uindicta debetur mihi?
PRF. Cecidere motus impii ferro duces.   850
NE. Quid illa turba, petere quae flammis meos
ausa est penates, principi legem dare,
abstrahere nostris coniugem caram toris,
uiolare quantum licuit incesta manu
et uoce dira? debita poena uacat?   855
PRF. Poenam dolor constituet in ciues tuos?
NE. Constituet, aetas nulla quam famae eximat.
PRF. Tua temperet nos ira, non noster timor.
NE. Iram expiabit prima quae meruit meam.

840 audeat δ: uideat β   843 discet A: -at recc.   ante 846 Pre-
fectus nero A   post 848 haec fere excidisse censuit Leo (apud Hoffa-Düring
iv 368) ⟨cruore paruo tot scelestorum nefas⟩   849 compescis A:
compressus? Buecheler: compressit! Peiper   850 cecidere β: re- δ   motus
Bernardinus Marmita (uide Ascensium): me- A   impii recc.: -io A
856 tuos A: -us Stuart 41   858 tua Buecheler 474: qua A: quam recc.
859 expiabit Erasmus Roterod. apud Ascensium: ex(s)pectabit A

Prf. Quam poscat ede, nostra ne parcat manus.   860
Ne. Caedem sororis poscit et dirum caput.
Prf. Horrore uinctum trepidus astrinxit rigor.
Ne. Parere dubitas? Prf. Cur meam damnas fidem?
Ne. Quod parcis hosti. Prf. Femina hoc nomen capit?
Ne. Si scelera cepit. Prf. Estne qui sontem arguat?   865
Ne. Populi furor. Prf. Quis regere dementes ualet?
Ne. Qui concitare potuit. Prf. Haud quemquam, reor,
mulier— Ne. Dedit natura cui pronum malo
animum, ad nocendum pectus instruxit dolis.
Prf. Sed uim negauit. Ne. Vt ne inexpugnabilis   870
esset, sed aegras frangeret uires timor
uel poena; quae iam sera damnatam premet
diu nocentem. tolle consilium ac preces
et imperata perage: deuectam rate
procul in remotum litus interimi iube,   875
tandem ut residat pectoris nostri tumor.

CHORVS

O funestus multis populi
dirusque fauor,   •
qui cum flatu uela secundo
ratis impleuit uexitque procul,
languidus idem deserit alto   880
saeuoque mari.
Fleuit Gracchos miseranda parens,

---

862 uinctum Σ: uic- A   867 qui v: quis A   quemquam A: qua-
quam Lipsius   867b–868a (haud . . . mulier) Praefecto, 868b sq. (dedit . . .
dolis) Neroni, 870a Peiperum secutus Praefecto, 870b sqq. Neroni attribui (1978,
158): 868–76 totum Neronis est in A: 867b–871 (haud . . . timor) Praefecto,
872 sqq. Neroni assignauit Lipsius   872 iam P (Heinsius 514): tam βGT
premet uel -at ²Bothe: -it A   ante 877 Chorus octauia A
877–982 dimetri praeter 913b (t. E.) et 957b (u. n.) monometros et 980, 981
trimetrum A   877 o β: om. δ   882 grac(c)os δ: gratos β

448

perdidit ingens quos plebis amor
   nimiusque fauor,   ·
genere illustres, pietate fide
lingua claros, pectore fortes,   885
   legibus acres.
Te quoque, Liui, simili leto
   Fortuna dedit,
quem neque fasces texere, suae
nec tecta domus—plura referre   890
prohibet praesens exempla dolor:
modo cui patriam reddere ciues
aulam et fratris uoluere toros,
nunc ad poenam letumque trahi
flentem miseram cernere possunt.   895
  Bene paupertas humili tecto
   contenta latet: ·
quatiunt altas saepe procellae
aut euertit Fortuna domos.

Octavia

 Quo me trahitis quodue tyrannus
aut exilium regina iubet?   900
sic mihi uitam fracta remittit,
tot iam nostris euicta malis?
sin caede mea cumulare parat
luctus nostros, inuidet etiam
cur in patria mihi saeua mori?   905

---

883 quos *Σ*: quod *A*   887 Liui *Delrius iii 556*: leui δ: leuis β
889 quem β: quam δ   suae *Wilamowitz*: sui *A*; *cf. Sen. cons. Marc. 16. 4*
890 sq. *fort.* n. t. d. | p. referri p. p. | e. d. |; *cf. Sen. cons. Marc. 16. 3, Phoen 148 sq.*,
nat. 1. 11. 3, clem. 1. 12. 1 (sed etiam Hor. sat. 1. 6. 57)   895 possunt *Σ*:
-it *A*: -is *recc.*   898 domos *recc. (dOx.)*: -us *A*   899 quodue β*T*:
quidue *GP*   901 sic *Heinsius 514*: si *A*   902 euicta *A*: et uicta
Gronouius   903 sin *Gronouius*: si *A*

sed iam spes est nulla salutis:
fratris cerno miseranda ratem.
hac est cuius uecta carina
quondam genetrix, nunc et thalamis
expulsa soror miseranda uehar.   910
nullum Pietas nunc numen habet
    nec sunt superi:
regnat mundo tristis Erinys.
   Quis mea digne deflere potest
mala? quae lacrimis nostris questus   915
    reddere aedon?   •
cuius pennas utinam miserae
    mihi fata darent!
fugerem luctus ablata meos
penna uolucri procul et coetus
hominum tristes caedemque feram.   920
sola in uacuo nemore et tenui
    ramo pendens   •
querulo possem gutture maestum
    fundere murmur.

Cho. Regitur fatis mortale genus
nec sibi quidquam spondere potest   925
    firmum et stabile,
quem per casus uoluit uarios
semper nobis metuenda dies.
Animum firment exempla tuum,
iam multa domus quae uestra tulit: 930
quid saeuior est Fortuna tibi?
Tu mihi primum tot natorum
memoranda parens, nata Agrippae,

---

908 hac *A*: haec *recc.* est *A*: en *Peiper*   915· reddere *recc.* (*e*) -et *A*:
reddat *recc.* (*N*)   aedon *Jacobus Bononiensis* (*apud Ascensium*): e- *A*
918 ablata *A*: al- *recc.* (*e*); *cf. Verg. Aen. 3. 258*   920 cedemque *A*:
se- *Gronouius*   925 quicquam *recc.*: quis- *A*   926 *post* stabile *aliquid
intercidisse suspicatus est Peiper*   927 quem per *Herington 277*: per quem *A*:
per que (*Σe*) *uel* quam *recc.*   930 iam *β*: tam *δ*   931 quid *A*: qui *Bothe*

nurus Augusti, Caesaris uxor,
cuius nomen clarum toto   935
          fulsit in orbe,
utero totiens enixa graui
          pignora pacis,   •
mox exilium, uerbera, saeuas
passa catenas, funera, luctus,
tandem letum cruciata diu.   940
Felix thalamis Liuia Drusi
natisque ferum ruit in facinus
          poenamque suam.
Iulia matris fata secuta est:
post longa tamen tempora ferro   945
caesa est, quamuis crimine nullo.
Quid non potuit quondam genetrix
tua quae rexit principis aulam
cara marito partuque potens?
eadem famulo subiecta suo   950
cecidit diri militis ense.
Quid cui licuit regnum et caelum
sperare, parens tanta Neronis?
non funesta uiolata manu
          remigis ante,   955
mox et ferro lacerata diu
saeui iacuit uictima nati?

Oc. Me quoque tristes mittit ad umbras
ferus et manes ecce tyrannus.
quid iam frustra miseranda moror?   960
rapite ad letum quis ius in nos
          Fortuna dedit.   •
Testor superos—quid agis, demens?
parce precari quis inuisa es

939 funera *A*: uulnera *Jac. Gronouius* (*coll. Suet. Tib. 53*)   952 et
caelum *Watt 347*: in caelum *A*: caeli *Zw.*   954 uiolata *GT*ᵃᶜ*η*: -enta
PC   958 mittit *recc.*: -et *A*

numina diuum: Tartara testor
Erebique deas scelerum ultrices   965
    et te, genitor,
dignum tali morte et poena:
non inuisa est mors ista mihi.
   Armate ratem, date uela fretis
uentisque, petat puppis rector   970
Pandatariae litora terrae.

CHO. Lenes aurae zephyrique leues,
tectam quondam nube aetheria
qui uexistis raptam saeuae
uirginis aris Iphigeniam,   975
hanc quoque tristi procul a poena
portate, precor, templa ad Triuiae.
Vrbe est nostra mitior Aulis
et Taurorum barbara tellus:
hospitis illic caede litatur   980
    numen superum;
ciuis gaudet Roma cruore.

---

967 dignum tali *A*: digna haut tali *Zw.*: tali indignae *Ax.*
971 Pandatariae *Lipsius* (*coll. Tac. ann. 14. 63. 1*): tandem Phariae *A*:
'*an* Pandotirae?' *Herington 277* (*coll. CIL x 6785 = carm. epigr. 1189, u. 5 Buech.*)
973 etheria *recc.*: -ea *A*   977 portate *GT^{ac}*: -are *βP*   978 est *β*: e *δ*
979 Taurorum *Lipsius*: mau- *A*   982 ciuis *C*: cuius *δη*
Lucii annei senece octauia explicit feliciter (fel. *om. PT*), Incipit hercules
etheus eiusdem *βPT*: Explicit Octauia Senece, Incipiunt quaedam sumpta de
Tragediis Senece *G*

APPENDIX ORTHOGRAPHICA VEL GRAMMATICA

I. NOMINA PROPRIA

Achilles — *Tro* 177 -em *A* (*cf. Ag* 159, *Oct* 814): -en *E*; *uide Housman ii 834 sq. et Tarrant pp. 363 sq.*

Aeetes — *Med* 179, 468, 571 -ae *Auantius*: oet(h)e *A*: 179, 468 aetae (179 *i. ras. trium litt. man. sec.*), 571 aete *E* — *Med* 527 -en *Auantius*: aetem *E*: oetem *A*

Agamemno — *Ag* 514 -mno *Gronouius*: -nnon *ET*: -non *PS* (*C ubique* agam̄nō)

Agamemnon — *E Ag* 39; *T Ag* 779, 932, 962 — -ennon *E Ag* 245, *Thy* 325; *EP Ag* 962; *PS Ag* 779; *T Ag* 39 — -ēnon *T Ag* 245, 396, 779 -enon *PS Ag* 39, 245; *EPTS Ag* 396; *ES Ag* 779, 932; *S Ag* 962; *PTS Thy* 325

Albis — *Med* 374 -in *E*: -ī *S*: -im *C*: abliui δ

Alcides — *Phae* 849 -en *E*: -ē β*T*: -em *P* — *HO* 510 -en *Bothe*: -em ω 892 -en *P*: -ē β*T*: -em *E* — 1320 -en *recc.*: -ē *A*: -em *E*; *cf. Housman ii 817 sqq.* — -en *consensus codd. HO* 1353, 1723, 1874, 1896; *dissentiunt codd. his locis HO* 257 -ē *CT*, 271 -ē β*T*: -em *P*, 1352 -ē *C*: -em *S*, 1493 -em δ, 1511 -em *T*, 1516 -em *ST*, 1596 -ē β*T*: -em *P*, 1761 -em *T*

Alcmene — *Hf* 22, *HO* 1689, 1757, 1796, 1853 — 1409 -e *A*: -a *E* — 1777 -en *E*: -ē δ: -ā β — 1816 -en δ: -am β: -ae *E*

Alcyone — *Ag* 680 -es *A*: alti- *E*

Alpheos — *Thy* 131 -os *E*δ: -us β — *Med* 81, *Thy* 117 -os *E*: -us *A*

Araxes — -en *Med* 373 — *Phae* 58 -en *E*: -ē β: arexem *T*: axem *P* — *Oed* 428 -en *RE*: -em *A*

Arctophylax — *recc. Thy* 874: art- ω

Athos — -on *A HO* 1730: -om *E*

Atlas — *HO* 12, 1599 — -ans *E* 1908: athlas *A*; *uide ThLL ii 1042, 20 sqq.; Pease ad Verg. Aen. 4, 481; Börner ad Ou. met. 2, 296; cf. formas* Garamans, gigans, Mimans, *etc.*

Atrides — -en *Ag* 275 — *Oct* 816 *Housman ii 818*: -em *A*

Atthis — *E HO* 200: athin δ: ythin *C*: yathin *S*

Attis — -in *E Ag* 690: -im β: athum δ

Boeotius — *Phoen* 129 -ios] boetios *E*δ: boecios β

Boeotus — -a *E Oed* 666: boeta *A*

Bootes — *EP Med* 315; *EPS Ag* 70; β*G Oct* 234: boetes β*T Med* 315; *CT Ag* 70; *PT Oct* 234

453

Bruttius — -um *E Thy* 578: brutium *A*   *HO* 650 -a *E*: bruthia *A*

Calchas — *A Tro* 533, *Ag* 167   chalchas *E Ag* 167;   *uoc. E Tro* 359: calca *A*

Caphereus — *Ag* 560 chapereus *E*: caphareus *A*   *HO* 777 caphereus *E*: capha- (chapha- *P*) *A*

Capheris — *HO* 804 caphaerides *E*: caphar- *A*

Cephallanes — *Tro* 518 cephallanum *E*: cefala- *A*

Cithaeron — *Phoen* 256 cith- (*uel* cyth-) *A*: cynth- *E*

Clytemestra — *uide Tarrant p. 366*

Cnosiacus, Cnosius — gn- *codd.* (*ubique*); *cf. Tarrant p. 364 (et Leonem ii p. viii)*

Corinthos — *E Med* 35, *Thy* 629: -us *A*

Corus — ch- *codd. ubique, praeter P Phae* 1013 (coro) *et Ag* 599 (coris)

Creo — creon *A Med* 514, 521; *cf.* Agamemno/-on, Pluton   Creo *metro probatur Med* 526, *Oed* 399   *apud Statium ubique* Creon

Cybele (-be) — *Phae* 1136 cibeles *EδC*: -bes *S*   *Tro* 72 cibebe *Th.*: cybelae *E*: cibele (cy- *T*) *A*; *uide Hall ad Claud. rapt. Pros. 1. 212*

Cyclopius — *Hf* 997 -ia *Gronouius*: -ea ω

Cycnus — *E Hf* 486   *Ag* 215 cic- *E*: cig- *A*   *Ag* 679 cyc- *E*: cig- *A*; *cf. Phae* 302 cyg- *E*: cig- *A*; *uide ad* Cnosiacus *et* Cnosius

Cyllaros — *Phae* 811 -on *E*: cillarum (sci- *P*) *A*

Cynosura — *A Thy* 872: -scyra *E*

Daedaleus — *Phae* 1171 dedalea *E*: -ia *A*

Danuuius — *R Med* 724: -bius *EA*   *Thy* 376 -uii *edd.*: -bii *E*: -bium *A*

Deiphobus — *Ag* 749 -be *recc.*: deiphoebe (-ebe *A*) ω

Dictynna — *E Med* 795: diti- *A*

Erinys — *A HO* 609: herinis *A*   *Oed* 644 erynim *E*: herines *A*: Erinys *Scaliger*

Erycina — *Phae* 199 (h)ericina *Eβ*: hercina δ

Euenos — *E HO* 501: hebenus *A*

Europa (-e) — *Oct* 766 -en *S*: -em *δC*: -am *recc.*

Eurotas — *Phoen* 127 -an δ: -am *E*: -ē β   *Ag* 317 -an *E*: -am *A*; *cf. Housman ii 832*

Eurydice — *Hf* 577 -en *A*: -em *E*

Ganges — *Oed* 427 -en *R*: -em *E*: -ē *A*

Garamans — *E Phae* 68: -as *A* (*sic* ω *HO* 1106)

Graiius — *Tro* 70 Graiias *Housman i 180*: gratias *Th.*: graias *EA*   *Tro* 147 Graiium *Housman i 180*: granum *Th.*: graium *EA*

Gyges — *HO* 167 *Ascensius*: gigas *A*: gigans *E* (Gyas *Delrius*)   1139 *West*: gigas ω (Gyas *Leo*)

Hecate — *Tro 389* hec(h)ate δ: aecate *E*: et(h)ate β   *Oed* 569 haecates *E*: echates β: hecate δ

Helle — -en δ *Tro* 1034 (-em *Eβ*), *A Thy* 851 (-em *E*)

Hyrcanius	*Med* 713 -iis *E*: -eis *A*: hercyniis *Auantius* (*metro refragante*); *cf. Leonem i 202*
Iole	*HO* 206 -en *E*: yolē *A*
Iphigenia	*Oct* 976 yphigeniam *PT*: eph- *βG*
Ithacus	δ *Tro* 927: -chus *E*: iratus *β*
Itys	*Ag* 672 ityn *E*: ytin *C*: ythyn *P*: ythim *T*: yrim *S*
Iuppiter	*Oed* 502, *Ag* 815 iupi- *A*: ippi- *E*
Lacaena	*Ag* 704 lacenam *A*: lache- *E*
Lemnos	*Ag* 566 -on *E*: lēnon *βT*: lennon *P*
Lethe	*Hf* 777 -en *Eδ*: -ē *S*: -ea *C*
Leucate	*Phae* 1014 -en *E*: -ē *βT*: -em *P*
Lichas	*HO* 809 -an] lycham *E*: lycam (li- *T*) δ: lycā *β* 978 -an] lycham *E*: licam δ: licā *β*
Lycurgus	*Hf* 903 -i] ligurgi (lu- *P*) ω *Oed* 471 -i] ligurgi *ETh.* (*om. A*)
Megara	*Hf* 203 maegera (me- *A*) ω 347 megara δ: maegera (me- *β*) *Eβ* *HO* 903 -am] megeram *A*: megere *E* 1452 -a] megara ω
Memnon	mennon ω *Tro* 239; *T* Ag 212
Mycenae	*Ag* 998 mycenas *P*: mi- *βT*- me- *E*
Nais	*Phae* 780 naides *EC*: nay- δ: naa- *S*
Nemeaeus	*Ag* 829 *Ascensius*: nemeus ω *HO* 1193 -eaea *Auantius*: -ea ω *Oed* 40 -eei *recc.*: -ei ω *HO* 1235 -eei *recc.*: -ei *A*: -eae *E* 1665 -eaei *Auantius*: -(a)ei ω
Nestoreus	*Hf* 561 -eam *Eδ*: -iam *β*
Oedipodes	*Oed* 1003 oedipodam *E*: edip(p)odam δ: edipodē *β*
Oeta	*Med* 639 aeta *E*: etha *A*
Oetaeus	*HO* 1718 etheam *A*: octaean *E*
Othrys	*E HO* 1140: -us *A* *HO* 494 ot(h)ris *EC*: -us δ*S* (*sic et A HO* 1168)
Pangaeus	*Med* 721 -ei *A*: panchaei *E*
Parnasos	*Oed* 281 -ssos *E*: -sus *A*
Parrhasis	*Auantius Ag* 831: parrahsis *E*: parrasis *A*
Pelopius	*Med* 891 -ia *Bentley* (*coll. Ag* 7, 165): -ea ω *Ag* 165 -ia *E*: -ea (-eia *P*) *A* *Thy* 641 pelopie *P*: -paeae *E*: -pis *βT*
Peparethos	*A Tro* 842 (pre- *P*): pepharetos *E*
Phaethon	*Phae* 1092, *HO* 854 -onta] phetonta ω *Med* 827 phaetonte *E*: phet- *βT*: fet- *P*
Phaethontias	*HO* 188 phetontiadum *A*: phoetontia dum *E*
Phosphoros	*E^rec Hf* 128: bosf- *E^ac*
Phrygius	*Th.A Tro* 70: phyrgius *E* *Tro* 920 -iis *A*: phygiis *E*
Phryx	*Tro* 29 phrigum *A*: phyrigum *E* 474 -gibus *A*: prigibus *E*
Pirithous	*Phae* 244 pyritoy *P*: perithoy (-oi *S*) *EST*: perythoi *C* 831 Pittheo *Damsté*: piritho o *E*: perithoi *A* 1235 pyritoi *P*: perithoi *EβT; uide comment. ad Phae* 244

Plisthenes   *Thy* 726 -em *E*: plystenen (-ē *C*) δ*C*: phistenē *S*

Pluton   *E HO* 935: -o *A*; *cf.* 1142, 1954, *Phae* 628

Polyxene   *A Tro* 195: -a (a *ex* e *man. sec., ut uid.*) *E*; *cf.* 367, 942

Pylos   *Hf* 561 -on *ET*: phy- *S*: phi- *CP*   *Tro* 848 pilon an δ: pil'o an β: phylonan *E*

Pyrrhus   *Ag* 512 pirrus *E*δ*C*: pirtus *S*   637 pyrrus *ES*: pirrus *CT* (*om. P*)   *Tro* 666, 1000 pyrre (pi- *P*) *A*: pyrri *E*

Python   *E HO* 94: phyton *A*   *Med* 700 pi- *R*: phyton (*uel* phi-) *EA*

Rhesus   *Ag* 216 -o *ET*: reso *P*: theso *S*: theseo *C*

Rhoeteus   *Tro* 1122 rethea (-tea *T*) *A*: rhretea *E*

Scarphe   *Tro* 848 scarphen *A*: -pen *E*

Scytha   *Med* 483 -t(h)e *A*: sithae *E*

Scythes   *A HO* 1251: sy- *E*   *Hf* 1210 -ten β*T*: sichen *P*: scythem *E*

Scythia   *Hf* 533 scythie *T*: scythyae *E*: sychie *P*: scicie β

Semele   *HO* 1916 -en] -em ω

Sipylus   *Hf* 391 sypilo *E*^{ac}: syph- (*uel* siph-) *A*

Sisyphius   *HO* 942 -ia *A*: -ea *E*   *Hf* 751 -ia] -ea ω

Sisyphus   *Med* 512 sisiphi (sysy- *P*) *A*: siscyphi *E*   *Thy* 6 sisyphi *A*: siscyphi *E*

Sparte   *Phoen* 128 -en δ: -ē β: -am *E*   *Ag* 281 -en *recc.*: -ē (-em *P*) *A*: -am *E*; *uide Tarrant p. 365*

Sphinx   spynx *E Phoen* 422   spinx *E Oed* 246   spinga ω *Oed* 92   spinge ω *Oed* 641

Strymon   *Oed* 604 strimonis *A*: strynnonis *E*

Sulla   *Oct* 439 -ae *recc.*: sille *A*   465 -am *recc.*: sillam *A*

Sunion   δ *Phae* 27: sy- *E*: sym- *C*: sim- *S*

Taenarius   *HO* 1061, 1771 -ias *E*: -eas *A*   *Phae* 1201 -ii *recc.*: -ei *A*: tenerai *E*   *Oed* 171 -ii *recc.*: -ei ω; *cf. Verg. georg.* 4. 467; *Ou. met.* 2. 247; 10. 13; *fast.* 4. 612; *epist.* 13. 45; 15. 276; *Lucan.* 6. 648; *Val. Fl.* 1. 427; 5. 512; *Stat. Theb.* 1. 96, 355; 3. 422; 4. 214; 6. 508; 7. 588, 659: *ubique eadem confusio*

Tanais   *Ag* 680 -in *Bothe* (-yn *recc.*): -im *E*: -ī β: -ym δ

Tartesius   *Hf* 232 tartesij *P*: cartesii *E*: tharcesii *T*^{ac}: charcesii β

Tethys   *E Hf* 1328: thethis *A*   *Tro* 879, *Phae* 571, 1161 thethis *E*: -tis *A*   *Med* 377 thethis *E*: yphis (-ys *P*) *A*   *HO* 1251 taethys *E*: tethis *P*: thetis β*T*   1902 thethys *E*: -this *P*: -tis β*T*   *Hf* 887 tethios *E*: tetyos *P*: thetios β*T*

Thetis   *Oct* 707 -in] -ī β: -im δ

Thule   *Med* 379 thylae *E*: tyle *A*; *cf. Verg. georg.* 1. 30; *Boeth. cons.* 3, *carm.* 5. 7

Thyestes   *Thy* 476 -en *E*: thyestem (ty- *P*) δ: thiestē β

Tigris   *Tro* 11 -in β: tygrin *P*: tygrim *T*: tigrim *E*

Timolus   *HO* 371 tym- *EP*: thym- *CT*: thim- *S*

Tiphys   *Med* 3 typhyn *E*: -ī β: thyphym (-im *T*) δ

456

APPENDIX ORTHOGRAPHICA VEL GRAMMATICA

Tityos   *E Hf* 756, 977, *Thy* 807: -tius *P Hf* 756; *A Hf* 977; *S Thy* 806:
         -cius *T Hf* 756; *CP Thy* 806: tycius β *Hf* 756; *C Thy* 806
         Thy 9 tityi *E*: tycii *A* (*sic et C HO* 1070; ticij *CT Oct*
         621)   *Phae* 1233 tityo *E*: -tio *S*: ticio *T*: tycio *CP*

Tmolus   *E Phoen* 602: -os (et molos *P*) δ: timolos (tin- *S*) β

Vlixes   *Tro* 149 -em *EA*: -en *Th*.   569 -em *EP*: -ē β*T*   614 -ē *A*: -en
         E   682 -ē ω   987 -em *CP*: -ē *ST*: -en *E*   1099 -em *CP*: -ē
         ST: -en *E*; -en *et apud alios auctores minus certa lectio*; cf. *Housman*
         ii 834 sq.

Xanthus   *A Tro* 187 (x *i. ras. E*), *Ag* 213 (sa- *E*)

Zacynthus   *Tro* 856 zacintho *T*: zachintho *E*: zacincto *P*: ac(c)intho β

2. VARIA

(*uide insuper Schmidt 1860, 6 sqq. et indicem orthographicum in editione Teubneriana
anno 1867 emissa*)

-es/-is

acc. pl.

omnes ω   *Hf* 193, 307, 452, 1241, *Tro* 479, 1146, *Phoen* 634, *Med* 124, 346,
    364, 965, *Phae* 239, 352, 495, *Ag* 23, 989, *HO* 253, 269 (443, *om. E*), 637,
    809, 1842
    (*Oct* 203, 551)
omnis *E*: -es *A*   *Hf* (137, *om. A*), 306, 996, 1057, 1088, 1167, 1176, *Tro* 713,
    Med 352, *Phae* 198, 552, 566, 579, 604, 938, *Oed* 73, 165, 364, 975, *Ag* 32,
    382, 695 (β*T*), *Thy* 44, *HO* 496, 526, 1114, 1271, 1631
    (*Oct* 551 β: -is δ)
omnis ω   *Med* 562, *Phae* 759

alia adiectiua uel participia

-is *E*: -es *A*   *Hf* 414 exsangu-, 989 leu-, *Tro* 671 inerm-, 884 horrent-, *Phae*
    190 furent-, *Oed* 256 carent-, 282 bimar-, 645 sonant-, *Ag* 167 nuptial-, 717
    reluctant-, *Thy* 668 feral-, 762 patent-, 826 grau-, 1025 incolum-, *HO* 1557
    uil-
-is *A*: -es *E*   *Phoen* 441 abnuent-, *Med* 724 arent-, *Phae* 1063 trepidant-,
    Oed 706 timent-, *Ag* 237 trement-, 602 cadent-, *HO* 787 grau-, 1381
    redeunt- (*HO* 1566, *om. E*)

substantiua

-is *E*: -es *A*   *Phae* 392 aur-, 993 clad-, *Thy* 107 font-, *HO* 791 mess-, 1789
    greg-

APPENDIX ORTHOGRAPHICA VEL GRAMMATICA

nom. pl.

omnes ω   *Tro* 99, 156, 390, 722, 1016, *Med* 233, 501, *Phae* 1026, *Thy* 895

alia adiectiua

-es *A*: -is *E*   *Tro* 839 facil-
-is ω   *Phae* 1041 insign- (*corr. Gronouius*)

substantiua

-es *A*: -is *E*   *Med* 127 urb-, *Phae* 1038 aur-, *HO* 1909 arc-
-es *E*: -is *A*   *Tro* 996 ign-

uoc. pl.

-es *E*: -is *A*   *Phae* 1229 nocent-
-es *A*: -is *E*   *HO* 756 lar-

nom. sing.

omnis *A*: -es *E*   *HO* 248

alia adiectiua

-is *A*: -es *E*   *Tro* 851 trist-, *Med* 628 uolucr-, *Phae* 991 grau-, 1105 funebr-,
    Oed 238 turp-, 1056 leu-, *HO* 295 incolum-, 1886 grau-

substantiua

-is *A*: -es *E*   *Ag* 752 rat-
-is *E*: -es *A*   *Phae* 325 Pers-, *HO* 1754 ign-
-es *A*: -is *E*   *HO* 815 clad-, Hercul-, 1611 Hercul-

gen. sing.

Hf 332 urbis *E^{pc}δ*: -es *E^{ac}*: -i β   *Tro* 918 cladis *recc.*: -es ω   *Med* 394 ueteris
    E: -es *A*   *Oed* 495 lactis] -es *E* (lacus *A*)   *Thy* 837 estatis *A*: -es *E*
    HO 1095 precipitis (*cf. Hf* 180) *A*: -es *E*   1207 laudis *A*: -es *E*   1451
    niualis β (-i δ): -es *E*   1790 thracis *CT* (*om. PS*): -es *E*

dubia (a uario sensu grammatico pendentia)

Tro 375 tristis *E*: -es *A*   *HO* 779 instabilis *E*: -es *A*   1535 dracones *E*: -is
    A   1790 greges *CT* (*om. PS*): -is *E*

-ius/-eus

aetherius *E*: ethereus *A*   *Phoen* 421, *Med* 344, 570, *Phae* 889 (-i- *EP*), 1128,
    Thy 476, 802, 1077, *HO* 256, 860, 1154, 1390, 1509

siderium *E*: -eum *A*   *Phae* 677
   Vide sub rubro 'Nomina Propria' Cyclopius, Hyrcanius, Pelopius, Sisyphius,
   Taenarius; Daedaleus, Nestoreus (*cf. Leonem i 89*).

de-/di(s)-

derigo
di- ω   *Phoen* 62, 120, 163, *Phae* 813, *HO* 160
de- *E*: di(s)- *A*   *Tro* 1102 desiluit (diss-), *Oed* 147 deminuto (di-), *Thy* 1055
   defundere (diff-), 1061 demersi (di-)
de- *A*: di(s)- *E*   *Phoen* 446 descendit (di-), *Phae* 39 demissi (di-), 669
   descendi (di-)
di(s)- *E*: de-: *A*   *Hf* 279 dispulsas (dep-), *Tro* 452 dispelle (dep-)
di(s)- *A*: de- *E*   *Hf* 1175 differte (-rre *PS*) fletus (defer tellus), *Med* 939
   diducit (de-)

e/i

genetrix (-ni-)
-ne- *E*: -ni- *A*   *Tro* 768, *Phoen* 552, *Phae* 115, 689, *Oed* 615, 746
-ni- ω   *Tro* 1050, *Med* 144, *Ag* 979, *Thy* 816, *HO* 1498
-ni- *E*   *HO* 1970 (*om. A*)
-ni- *A*   *HO* 1848 (*om. E*), *Oct* 10, 102, 153, 188, 259, 536, 635, 697, 722, 909,
   947

neglegit *E*: -li- *A*   *Thy* 159, *HO* 154

tremibunda *E*: -me- *A*   *HO* 810, 812

pinna (pe-)
   (a) *i.q.* muri fastigium: pi- ω   *Tro* 1070, *EC Thy* 570 (premis *PS*, prms *T*)
   (b) *i.q.* pluma:
      pi- ω   *Phae* 46
      pi- *E*: pe- *A*   *Hf* 147 (pe- *recc.*, *uersum om. A*), 243, *Phoen* 423, *Med*
         783, *Oed* 390, 897, *HO* 1004, 1633, 1890
      pe- *A*   *Oct* 205, 765, 916, 919

i/u

optimus (-um-)
-im- ω   *Hf* 655, *Phoen* 276, 491, *Phae* 450, 881, *Ag* 144
-um- *E*: -im- *A*   *Tro* 486, *Phoen* 151
-im- *A*   *Phoen* 55 (*interpol.*)

proximus (-um-)
-im- ω   Hf 458, 1098, Oed 291, HO 618
-um- E: -im- A   HO 689
-im- A   Oct 592, 712

decimus (-um-)
-im- ω   Oed 783, Ag 502
-im- E   Ag 42 (dena A)
-um- E   Tro 76 (-im- Th., decies A)

inclitus (-clu-)
-cli- ω   Hf 339, 347 (-y- P), Tro 236, 463 (-y- E), Phoen 185 (-y- E), 536, Med
    130, 226 (-y- P), 367, 511, Ag 125, 310, 400, Thy 123 (-y- P), 190, HO 1200,
    1984
-clu- E: -cli- A   Tro 714, Oed 221, Ag 357, 918, HO 332, 882, 1415, 1427,
    1481, 1515, 1832
-clu- E   Hf 134 (uersum om. A)
-cli- A   HO 422 (uersum om. E)

cumba (cy-: ci-)
cu- Eδ: ci- β   Med 368
cu- E: cy- δ: ci- β   Hf 775, Oed 166, Thy 592, HO 1924
cu- E: ci- A   Ag 106

sipara E: supp- A   Med 328, HO 699

tegimen (-gu-)
-gi- ω   Hf 1151
-gi- A: -gu- E   Phoen 472

Cf. Phoen 613 portibus Eδ: -u- β; Ag 298 surripere doctus A: sub rupe
reductus E, unde Housman iii 1077 subrupere, sed cf. Tarrant 367; uide etiam
nomina propria Sulla, Sunion, Thule.

o/u

uultus (uo-)
uu- ω   apud Senecam 88-ies; in HO 17-ies: 165, 170, 227, 247, 251, 392 (corr.
    in cu- D. Heinsius), 483, 700, 705, 1017, 1348, 1555, 1574, 1684, 1726, 1978,
    1992
uu- E   HO 230 (om. A), 356 (pro multum A), Ag 736 (pro cu- A)
uu- A   HO 1168 (pro rictu E), 1603 (om. E), 1753 (om. E), Thy 265 (null- E),
    961 (pro luct- E); 16-ies in Oct
uo- E: uu- A   HO 808 (uo- Σ: uu- AEᵖᶜ), 1258, 1266, 1273, 1290, 1296,
    1489 (incu- A), 1608, 1645, 1724 (cf. 1708 coetus Heinsius: uol- E: uul- A;
    1219 reuulsus E: -uer- A: -uol- Housman i 178)

uulnus (uo-)
uu- ω   *apud Senecam 11-ies*; *in HO* 7-*ies*:151, 160, 164, 518, 520, 1250,
    1626
uu- *A*   *Oct* 414, 651
uo- *E*: uu- *A*   *HO* 799 (uo- *Σ*: uu- *AE^pc*) 1628 (*cf.* auulsus ω *Med* 949, *Ag*
    187, *Thy* 1038; -uo- *E*: -uu- *A HO* 522)

uulgus (uo-)
uu- ω   *ubique* (*in HO* 605, 806, 1745) *praeter Hf* 170 (uo- *P*); *cf. Housman iii*
    1077 ad Hf 1198 (neruom: -os *E*: -um *A*)

suboles (so-)
so- ω   *Ag* 157
su- *E*: so- *A*   *Tro* 463, 528, *Phae* 468

domos (-us), *acc. pl.*; *cf. Leonem i 61*
-os ω   *Hf* 138, 239, 438, 533, 1062 (-us *P*), *Tro* 527, 1165, *Phoen* 548, *Phae*
    210, 539, 553 (-us *P*), *Oed* 4, 48, 256, *Ag* 84, 121 (-o *A*), *Thy* 3 (-o *E*), 123,
    1081, *HO* 1870
-us ω   *HO* 1917 (-us *ex* -os *C*); *cf.* 1632 sq. diem *E*: domus *A* | . . . domus *recc.*:
    nemus ω
-us *E* (*et Aldhelmus*): -os *A*   *Ag* 729
-us *A*   *Oct* 898 (-us *ex* -os *C*)

colos (-us), *acc. pl.*; *cf. Leonem i 61*
-os ω   *HO* 372
-us *E*: -os *A*   *HO* 218, 668 (u *supra* -os *sscr. E*), 768, 1084, 1180 (turpe scelus
    E: turpes colos *A*)
-os *ET*: -us *PC*: -ůs *S*   *Hf* 559

Vide etiam nomina propria Alpheos, Corinthos, Cyllaros, Parnasos, Tmolus.

bubus *E*: bo- *A*   *Tro* 1021, *Thy* 801

cum/quom, *cf. Leonem i 61*; *Rossbach 1888, 116 sq.*
cum *A*: quom *E*   *HO* 610
cum *A*: qum *E*   *HO* 208 (quin *i.e.* qum *E*), 301; *cf. Ritschl, opusc. iv 156; v 349*
cum *A*: quum *E*: quom *Peiper*   *HO* 587, 596
cum *A*: quem *E*: quom *Peiper*   *HO* 607
quo *E*: cum *A*: quom *Peiper*   *HO* 1163
    Vide Cic. rep. ed. K. Ziegler, ⁷Leipzig 1969, pp. xxi sq. (*Quint. inst. or. 1. 7. 5*) *et cf.*
ex. gr. HO 550 quondam *A*: con- *E*; 1396 coquit *A*: quoquit *E*; *Hf* 1336
quoniamque *E*: cum iamque δ (quique β); *Phae* 1073 obliquum *ETC*: -qum *P*:
-quom *S*; *Oed* 365 oblicus *E*: -quus δ: -qus β; 712 secuntur *E*δ: -qun- *C*: -quun-
S; *Thy* 1004 obloquuntur *ETS*: -qun- *C*: -qui- *P*; *Donat. ad Ter. An. 167*
(cui/qui) et 'cui' per q ueteres scripserunt; *Phae* 1070 quacumque *A*: -quum-
E; *Med* 200 (a)equum *EA*: aecum *R*, (a)equus *E*: equs *A*: aecus *R*.

APPENDIX ORTHOGRAPHICA VEL GRAMMATICA

claudo/cludo

clud- ω   Tro 139 (ETh.A, clau- P), Phoen 148, 467, Thy 232, HO 1441
clud- E: claud- A   Phae 47, Ag 889, Thy 916, HO 599
clud- A: claud- E   Tro 167, Thy 335
clus- ω   Tro 186
clus- Eδ: claus- β   Med 820
clus- EP: claus- βT   Hf 281
claud- ω   Phae 781, HO 956
claus- ω   Hf 306, 986, Tro 317, Phoen 246, Med 458, 464, Phae 222, 534, 781, 863, 939, 1226, Oed 504, Ag 109, 559, 718, Thy 491, 1068
claus- A   Oct 681

natus/gnatus

na- ω   137-ies
gna- ω   20-ies: Hf 1002, Med 1024, Phae 171, 998, 1165, 1199, 1240, Oed 21, 54, 301, 628, 803, 873, Ag 956, 966, Thy 41, 296, 444, 778, 997
gna- Eδ: na- β   20-ies (Tro 247 metro repugnante): Hf 1008, 1016, Tro 247, 248, Med 145, 543, Oed 940, 1006, 1010 (ter), 1011, 1039, Ag 30, 33 (g sscr. E), 36, 198, 293, 985, HO 379 (gna- δ: gala- E: na- β)
gna- EP: na- βT   Med 1000, Ag 356, 967
gna- E: na- A   22-ies (Med 845, Thy 1005 metro repugnante): Hf 310, 388, 520, 1160, 1260, Tro 686, Phoen 107, 306, Med 843, 845, Phae 555, 666, 948, 1064, 1272, Oed 637, Thy 40, 317, 1005, 1090, HO 1151, 1415
gna- A: na- E   quater (Thy 1002 metro repugnante): Phoen 306, Phae 1276, Thy 996, 1002
gna- A   Phae 1085 (pro fusus E)
gna- δ: na- Eβ   ter (Med 1004 metro repugnante): Med 880, 1004, HO 843
gna- β: na- δ   Oct 45
gna- P   HO 425 (na- βT, om. E), 953 (na- EβT)
gna- T   Oed 237 (na- EβP)

gigas/gigans

-as ω   HO 1215, 1139 (Gyas Leo)
-ans E: -as A   HO 167 (Gyas Delrius), 1168, 1759

post terga/posterga

post terga ω   Hf 584, Thy 685; cf. Tro 153 p. t. EA (poterga Th.)
post t. A: post. E   Phoen 577, Med 303, Oed 1055; cf. Phae 937 post te A: poste E (Phae 1046 pone tergus); uide Thomas 309 sq., sed et Hofm.-Sz. § 131[a]

462

formo(n)sus

-os- ω   *Phae* 772
-os- *RA*: -ons- *ETh.*   *Oed* 508
-os- *A*: -ons- *E*   *Phae* 781 (*cf. Leumann, Lat. Laut- u. Formenl. 342, 4; Coleman, Vergil, Eclogues (Cambridge 1977), 39*)

sem(i)ustus

semu- ω   *Tro* 1085, *Ag* 761
semiu- *E*δ: semu- β   *Thy* 80
semiu- *E*: semu- *A*   *HO* 1737; *cf.* semianimis (*uel* -us) *Phae* 1102 semianimen
    E: -ē *A*; *Oed* 1053 semianima *A*: semanima *E*

CONSPECTVS METRORVM

Hercules

1–124 iamb. trim.	830–74 sapph. min.
125–203 anap.	875–94 glycon.
204–523 iamb. trim.	895–1053 iamb. trim.
524–91 asclep. min.	1054–1137 anap.
592–829 iamb. trim.	1138–1344 iamb. trim.

Troades

1–66 iamb. trim.	736–813 iamb. trim.
67–163 anap.	814–60 sapph. min. cum adoniis
164–370 iamb. trim.	(825, 835, 850)
371–408 asclep. min. (408 de- curt.)	861–1008 iamb. trim.
409–704 iamb. trim.	1009–55 sapph. min. cum adonio
705–35 anap.	(1017)
	1056–1179 iamb. trim.

Phoenissae

1–664 iamb. trim.

Medea

1–55 iamb. trim.	670–739 iamb. trim.
56–74 asclep. min.	740–51 troch. tetram. cat.
75–92 glycon.	752–70 iamb. trim.
93–109 asclep. min.	771–86 iamb. systema epodicum
110–15 dact. hexam.	(iamb. trimetrum sequi-
116–300 iamb. trim.	tur dim.)
301–79 anap.	787–842 anap.
380–578 iamb. trim.	843–8 iamb. trim.
579–669 systemata sapphica	849–78 iamb. dim. cat. cum
(septies ternos uersus	tribus clausulis (857,
sapph. excipit adonius,	865, 878)
septies octonos uersus	879–1027 iamb. trim.
sapph. excipit adonius)	

CONSPECTVS METRORVM

Phaedra

1–84 anap.	824–958 iamb. trim.
85–273 iamb. trim.	959–88 anap.
274–324 sapph. min.	989–1122 iamb. trim.
325–57 anap.	1123–7 anap.
358–735 iamb. trim.	1128–9 asclep. min.
736–52 sapph. min. cum adoniis	1130 glycon.
(740, 752)	1131 pherecr.
753–60 asclep. min.	1132–48 anap.
761–3 dact. tetram. acat.	1149–53 sapph. min.
764–82 asclep. min.	1154–1200 iamb. trim.
783 glycon.	1201–12 troch. tetram. cat.
784 pherecr.	1213–80 iamb. trim.
785–823 asclep. min.	

Oedipus

1–109 iamb. trim.	445–8 dact. hexam.
110–53 sapph. min. cum adoniis	449–66 dact. tetram. acat. cum
(123, 132, 144)	adonio claudente
154–201 anap.	467–71 dact. hexam.
202–22 iamb. trim.	472–502 canticum polymetrum*
223–32 troch. tetram. cat.	503–8 dact. hexam.
233–8 dact. hexam.	509–708 iamb. trim.
239–402 iamb. trim.	709–37 canticum polymetrum*
403–4 dact. hexam.	738–63 anap.
405–15 canticum polymetrum*	764–881 iamb. trim.
416–28 sapph. min. cum adonio	882–914 glycon. (bas. troch.)
(428)	915–79 iamb. trim.
429–31 dact. hexam.	980–97 anap.
432–44 anap.	998–1061 iamb. trim.

Agamemnon

1–56 iamb. trim.	659–63 iamb. trim.
57–107 anap.	664–92 anap.
108–309 iamb. trim.	693–758 iamb. trim.
310–87 anap.	759–74 iamb. dim.
388–588 iamb. trim.	775–807 iamb. trim.
589–636 canticum polymetrum*	808–66 canticum polymetrum*
637–58 anap.	867–1012 iamb. trim.

* Cantica polymetra pp. 467–469 discribuntur.

465

CONSPECTVS METRORVM

Thyestes

1-121 iamb. trim.
122-75 asclep. min.
176-335 iamb. trim.
336-403 glycon.
404-545 iamb. trim.
546-622 sapph. min. cum adonio
    claudente

623-788 iamb. trim.
789-884 anap.
885-919 iamb. trim.
920-69 anap.
970-1112 iamb. trim.

Hercules [Oetaeus]

1-103 iamb. trim.
104-72 asclep. min.
173-232 anap.
233-582 iamb. trim.
583-705 anap.
706-1030 iamb. trim.
1031-1130 glycon.
1131-50 iamb. trim.
1151-60 anap.
1161-1206 iamb. trim.
1207-17 anap.

1218-78 iamb. trim.
1279-89 anap.
1290-1517 iamb. trim.
1518-1606 sapph. min. cum adonio
    claudente
1607-1862 iamb. trim.
1863-1939 anap.
1940-3 iamb. trim.
1944-62 dact. tetram. acat.
1963-82 iamb. trim.
1983-96 anap.

Octauia

1-33 anap.
34-56 iamb. trim.
57-99 anap.
100-200 iamb. trim.
201-21 anap.
222-72 iamb. trim.
273-376 anap.
377-645 iamb. trim.

646-89 anap.
690-761 iamb. trim.
762-79 anap.
780-805 iamb. trim.
806-19 anap.
820-76 iamb. trim.
877-982 anap.

Oedipus

405 sapph. catal.
406 glyc.
407 ascl. 1
407· glyc.
408-9 ascl.
410 glyc.
411 sapph. 2
412 dim. troch. catal.+sapph. 1
(sapph. 1+sapph. 1 immis-
sa voce iambica)
413 sapph. (quarta syll. sol.)
414 sapph. 2
415 alc. decasyll.

472 ascl. 1+sapph. 2
473 tetr. dact.
474-6 sapph. 1+sapph. 1
477 sapph. (quarta syll. sol.)
478-80 sapph.
481 glyc. hypercatal.
482 sapph. 2+sapph. 2
483 sapph. 1
484 ascl. 1+sapph. 1
485 sapph. 2 voce iamb. praemissa (aristoph. adiecta
anacrusi)
486 sapph.
487 alc. 1+sapph. 2
488 sapph.
489 sapph. 1 (quarta syll. sol.)+
ithyphall.
490 sapph. 1+adon.
491 sapph. 1
492 glyc.
493-4 sapph.
495 sapph. 2+sapph. 1

496 alc.
497 sapph.
498 alc. 1
499 sapph.
500 glyc. hypercatal. (basi troch.)
500· sapph. 1
501 ascl.
502 alc. 1+sapph. 2

709 dim. anap.
710 glyc.
711 glyc. (basi troch.)
712 alc.
713 ascl.
714 alc. 1+sapph. 2
715 ascl. (brevibus contractis)
716 alc.
717 ascl.
718 glyc.
718· sapph. 2
719 sapph.
720 ascl. 2 (brevibus contractis)
721 sapph.
722 alc. 2+alc. 1
723 alc. (basi iamb.)
724 sapph.
725 sapph. 1
726-7 alc.
727· sapph. 2
728 ascl.
729 glyc. adiecta anacrusi
730 ascl.
731 alc. 1+sapph. 1
731· alc. 1
732-3 sapph. 2+sapph. 1

734 alc. 1
735 alc. 1 + sapph. 2

736 sapph. 1 + alc. 1
737 sapph. 1

Agamemnon

589 ascl. syll. longa immissa
590 ascl.
591 ascl. (secunda syll. sol.)
592 sapph.
593 sapph. 1 + alc. 1 (basi iamb.)
594 sapph. adiecta anacrusi
595 adon.
596 alc. 1 + sapph. 1
597 sapph. 2 + alc. 1
598 alc. 2 + alc. 1
599 alc. 2 + aristoph.
600 ascl. 1 + sapph. 2
601 sapph. adiecta anacrusi
602 sapph.
603 aristoph.
604 ascl. 1 + alc. 1
605-6 glyc. hypercatal.
607 tetr. dact.
608 ascl. 1 + adon.
609 alc.
610 dim. anap.
611 glyc. hypercatal. (basi troch.)
612 sapph. 1 + adon. (adiecta anacrusi)
612· glyc. hypercatal. (basi troch.)
613 alc. 1 + sapph. 1
614 ascl. 1 + sapph. 2
615 ascl. 2 (brevibus contractis) + sapph. 2
616 sapph. adiecta anacrusi
617 sapph. 1 + alc. 1
618 alc. 1 + adon.
619 sapph. adiecta anacrusi
620-1 sapph.
622 ascl. 2 + ascl. 2 (brevibus contractis)
623 sapph. 1 + adon.
624 sapph. 1 + sapph. 1
624· sapph. 2

625 glyc. hypercatal. (basi troch.)
626 sapph. bicatal.
627 alc. 1 + sapph. 1
628-9 sapph.
630 sapph. 1 + alc. 1
631 alc. 2 + alc. 1
632 alc. decasyll.
633 sapph.
634 sapph. 2 + alc. 1
635 glyc. (secunda syll. sol.)
636 pher.

808 ascl.
809 sapph. 1 + alc. 1
810 sapph. 1 + ithyphall.
811 sapph.
812 sapph. 2 (hypercatal.) + sapph. 2
813 sapph. 1 + sapph. 1
814 alc. 1 + sapph. 1
815 sapph.
816 alc. 1
817 sapph. (quarta syll. sol.)
818 sapph.
818· adon.
819 sapph. 1 (quarta syll. sol.)
820-1 sapph. 1 + sapph. 1
821· alc. 1
822 alc. 2 + sapph. 2
823 alc. 2 + alc. 1
824 sapph. 1 (catal.) + sapph. 1
825-6 sapph.
827 sapph. 2 + sapph. 1
828 glyc. hypercatal. (basi troch.)
829 glyc. hypercatal.
830 alc.
831 alc. 2
832 sapph. (quarta syll. sol.)

833 sapph. 2 + alc. 1
834 adon.
835 sapph.
836 sapph. 2 + sapph. 2
837 sapph. 2
838 sapph.
839 sapph. 1 + sapph. 1
840 alc.
841 alc. decasyll.
842 glyc.
843 ascl.
844 alc. 1 + alc. 1
845 sapph.
846 sapph. 1 + alc. 1
847 sapph. 1 + sapph. 1
848-9 glyc. (basi troch.)

850 sapph. 2 + sapph. 1
851 alc. 1 + sapph. 1
852 alc.
853 alc. 2 + alc. 1
854 alc. 1 + sapph. 2
855 ascl. 1 + sapph. 2
856 sapph. 1 + sapph. 1
857-9 sapph.
860 sapph. 2 + sapph. 2
860· alc. 1
861 sapph.
862 alc. 2
863 glyc.
864 alc. 1 + sapph. 2
865 alc. 2 + sapph. 2
866 adon.

INDEX NOMINVM

470